耕耘逐梦 初心永继

傅恒志院士从教70年纪念文集

傅恒志院士文集编委会

科学出版社
北京

内 容 简 介

傅恒志院士长期从事高温材料及凝固科学技术的教学和研究工作，本书收集了傅先生学习和工作的珍贵照片，收录了媒体上部分的新闻报道，傅先生作为校长、师长、家长的部分讲话和随笔，部分著作的前言或概述，傅先生获得的部分奖项和证书，亲友、同事、朋友、学生等纪念文章，以及傅先生发表过的论文清单，从不同侧面和角度反映了傅恒志院士从教70年以来的心路历程和科研成就。

本书可供从事材料科学技术研究和教学的人员参阅。

图书在版编目（CIP）数据

耕耘逐梦　初心永继：傅恒志院士从教70年纪念文集 / 傅恒志院士文集编委会编. —北京：科学出版社, 2018

ISBN 978-7-03-058124-2

Ⅰ. ①耕…　Ⅱ. ①傅…　Ⅲ. ①傅恒志—纪念文集　Ⅳ. ①K826.16-53

中国版本图书馆 CIP 数据核字 (2018) 第 134691 号

责任编辑：吴凡洁　冯晓利 / 责任校对：彭　涛
责任印制：师艳茹 / 封面设计：黄华斌

科学出版社 出版
北京东黄城根北街 16 号
邮政编码 :100717
http://www.sciencep.com

中国科学院印刷厂 印刷
科学出版社发行　各地新华书店经销
*
2018 年 6 月第　一　版　开本：787 × 1092　1/16
2018 年 6 月第一次印刷　印张：29
字数：547 000

定价：298.00 元

前　言

傅恒志，材料及冶金学家，教育家，中国工程院院士。1950 年毕业于西北工学院机械系，1955年哈尔滨工业大学研究生毕业，1962年苏联列宁格勒工学院研究生毕业，获副博士学位。历任西北工业大学金属工学教研室主任、科研处处长、材料科学与工程学系主任，1984～1992年任西北工业大学校长。

傅恒志长期从事金属凝固理论技术及高温合金材料的研究和教学工作，1993年当选国际高校科学院院士，1995年当选俄罗斯宇航科学院外籍院士，同年当选为中国工程院院士，2013年获中国机械工程学会授予的中国铸造终身成就奖。

根据国务院领导指示精神和《老科学家学术成长资料采集工作实施方案》，中国科学技术协会联合中共中央组织部、教育部、科学技术部、工业和信息化部、财政部、文化部、国务院国有资产监督管理委员会、中国人民解放军总政治部、中国科学院、中国工程院、国家自然科学基金委员会11部委共同组成领导小组，于2010年启动了老科学家学术成长采集工程。采集工程以学术成长经历为主线，重点面向年龄80岁以上、在我国科技事业发展中做出突出贡献的老科学家，系统采集反映老科学家家庭背景、求学历程、师承关系、学术交往、科研活动等的各类口述资料、音视频资料和书信、手稿等文献资料，以及各种学习生活用品和仪器等设备，用以宣示和弘扬中国科学家的科学精神与科学传统，并真实全面展现中国科技发展历程。根据中国科学技术协会调研宣传部工作安排，傅恒志院士学术成长采集工程于2016年正式启动。

在学校领导的关心和组织下，依托西北工业大学党委宣传部和材料学院，成立傅恒志院士学术成长采集工程工作组，一年来开展了大量卓有成效的工作，力争系统、直观和全面地展示傅恒志院士的学术成长历程。在即将迎来傅院士从教70年之际，我们将部分图片、讲话、回忆文章等汇编整理，于是有了这本纪念文集，并由傅先生定名为《耕耘逐梦　初心永继——傅恒志院士从教70年纪念文集》。

《耕耘逐梦　初心永继——傅恒志院士从教70年纪念文集》收录了傅恒志先生在西北工学院、西北工业大学及留苏期间的学习和工作的珍贵照片，媒体上部分关于傅先生的新闻专稿和参与活动的新闻报道，傅先生作为校长、师长、家长的部分讲话和随笔，傅先生撰写和参编的部分著作的前言或概述，傅先生获得的部分奖项和证书，亲友、同事、朋友、学生等回忆与傅老相处的真实而精彩的故事，傅先生发表过的学术论文目录。本书从不同侧面和角度反映了傅恒志院士从教70年以来的心路历程和科研成就。

西北工业大学材料学院院长李金山教授、党委书记董文强研究员统筹全部书稿，陈仲昌老师、李晓历老师做了大量资料整理和编辑工作，西北工业大学材料学院、哈尔滨工业大学材料科学与工程学院、河南理工大学材料科学与工程学院的相关领导和老师等为本书的素材收集和成稿做了大量工作，在此不一一致谢。由于编者水平有限，疏漏之处在所难免，敬请读者批评指正。

傅先生曾说："埋首研究工作，不知老之已至。看看，还有这么多工作需要去做，况正值空前大好时机，更当有所作为。来日虽已不多，愿将它奉献给我一生为之奋斗的理想——共产主义。"

这本《耕耘逐梦　初心永继——傅恒志院士从教70年纪念文集》呈现的不仅仅是傅先生的学术成长的历程，更承载了老一辈科学家对青年一代的殷殷嘱托——耕耘逐梦，初心永继。

编　者

2017年12月

中国科协调研宣传部关于支持实施老科学家学术成长资料采集工作的函

傅恒志同志：

根据国务院领导指示精神和《老科学家学术成长资料采集工作实施方案》，中国科协联合中组部、教育部、科技部、工业和信息化部、财政部、文化部、国资委、解放军总政治部、中国科学院、中国工程院、国家自然科学基金委员会11部委共同组成领导小组，于2010年启动了老科学家学术成长采集工程（以下简称采集工程）。

采集工程以学术成长经历为主线，重点面向年龄80岁以上、在我国科技事业发展中做出突出贡献的老科学家，系统采集反映老科学家家庭背景、求学历程、师承关系、学术交往、科研活动等的各类口述资料、音视频资料和书信、手稿等文献资料，以及各种学习生活用品和仪器等设备。上述宝贵资料将永久存储于采集工程馆藏基地，用以宣示和弘扬中国科学家的科学精神与科学传统，并真实全面展现中国科技发展历程。

截至2015年年底，已启动396位老科学家的学术成长资料采集工作，获得手稿、书信等实物原件资料75345件，数字化资料204890件，视频资料272040分钟，音频资料313680分钟，正式出版科学家传记57册。2013年12月15日至2014年1月17日，基于采集工程阶段性成果，中国科协联合教育部、财政部等8部委在中国国家博物馆成功举办了“科技梦·中国梦——中国现代科学家主题展”（以下简称展览），中央领导充分肯定，社会各界高度关注。刘延东副总理亲自到中国国家博物馆参观了展览并对采集工程给予充分肯定，明确指示要做好采集资料的永久保存和使用，在全国范围内组织主题展巡展。随后两年间，在全国26个省（自治区、直辖市）31个城市组织巡展，有87万余人次现场参观，社会影响不断扩大。

经采集工程专家委员会提议并经领导小组审议，已将您列入2016年度采集对象名单，将于近期组织采集小组开展采集工作。衷心感谢您的支持配合，祝您健康长寿。

中国科协调研宣传部

2016年1月14日

目　录

傅恒志

傅恒志，男，1929年8月出生，河南省开封市人，中国共产党党员。1950 年毕业于西北工学院机械系，1955年哈尔滨工业大学研究生毕业，1962年苏联列宁格勒工学院研究生毕业，获副博士学位。历任西北工业大学助教、讲师、副教授、教授和博士生导师，教研室主任、科研处处长、系主任、校长（1984～1992年)。

1986年任陕西省航空学会理事长；1987年任中国航空学会副理事长兼常务理事，1993年后任常务理事；1991年任中国材料研究学会常务理事，西安市科学技术协会名誉主席。1992年被俄罗斯国立圣彼得堡技术大学授予名誉博士，1993年当选国际高校科学

资料来源：《20世纪中国知名科学家学术成就概览·化工、冶金与材料工程卷·冶金工程与技术分册（二）》，干勇主编，科学出版社。

院院士，1995年被选为俄罗斯宇航科学院外籍院士，同年当选为中国工程院院士，第八届全国政协委员。

傅恒志教授是著名的材料冶金学家。长期从事凝固理论与技术及高温材料的研究和教学工作，在非平衡凝固理论，亚快速定向凝固及组织超细化，高温合金、稀土永磁合金的凝固组织与性能，电磁约束成形定向凝固技术等方面进行了开创性研究。傅恒志院士领导研制的超高梯度定向凝固装置的温度梯度可达1300℃/cm，超出当时世界水平三倍多；主持创建了枝胞转换及亚快速定向凝固的理论框架，开辟了单晶及定向凝固组织超细化研究的新领域。在此基础上，又提出了电磁约束成形、电磁冷坩埚定向凝固新技术及金属间化合物材料晶向与组织控制的研究方向。

先后获国家科学技术进步奖一项，国家发明奖两项，省部级奖11项，发表论文800余篇，出版专著6部，培养博士近百名（包括我国铸造学第一位博士）。1990年获全国高校先进科技工作者，1991年获航空航天部劳动模范、有突出贡献的回国留学人员及航空航天部有突出贡献专家等称号。1993年和2013年分别获美国传记研究院和中国机械工程学会授予的终身成就奖。

一、成长经历

傅恒志1929年8月出生于河南省开封市。他的童年是在抗日战争期间度过的。为躲避日军，一家人逃难到西安。1946年他考进焦作工学院，1947年因交通阻隔转入西北工学院机械系学习。傅恒志上大学的那几年，学生运动一波接一波。就在这种背景下他与几个同学组织了一个“马恩列研究小组”，如饥似渴地看一些如《国家与革命》《大众哲学》之类的书籍，明白了不少革命道理。在进步同学的影响下，他积极投入到反对国民党黑暗统治的学生运动中。

1950年傅恒志大学毕业后留校任助教。1952年学校派他去哈尔滨工业大学攻读研究生学位，跟着苏联专家开始了三年的研究生学习，使他接触到当时铸造专业的国际前沿，打下了深厚的专业基础，成为他以后事业的起点。

研究生毕业后，傅恒志返回西北工学院，不久被任命为金属工学教研室主任，负责筹建热加工的四个专业。1957年10月西北工业大学（以下简称西工大）并校成立，他担任首任铸造教研室主任。正当傅恒志带领教研室师生从事教学研究之际，高教部通知他考取留苏研究生，要求即刻去北京报到。1958年冬，他被派往列宁格勒（现圣彼得堡）研究铸造高温合金。三年时间他系统地研究了多种合金元素的强化作用及其机制及近万小时的组织稳定性，所筛选出的一批合金的持久性能优于当时美国Hastelloy系列。1961年，他研制的锌新合金M15B3Б2P1在尚未最后定型、论文尚未答辩的情况下，就被用在苏联某航空发动机导向叶片上。该成果获得苏联科学技术发明专利。傅恒志于1962年取得苏联列宁格勒工学院副博士学位。在列宁格勒的留学生活是多彩的，傅恒志还担任留学生列宁格勒党的负责人之一及所在校的分总支书记。面对近两千留学生的要求与问题，当时的政治形势，他几乎要把一半时间投入到社会工作中。1962年春回国时，他虽只30岁出头，却已鬓发皆白。

傅恒志回国后即被任命为西工大校科研委员，后又兼科研处长。在他负责学校科研工作期间，他力倡学校必须“教学、科研并重”“大学应该形成教学与科学研究两个中心相辅相成”“学校不仅要传授知识还要创造知识”等论点。在他的坚持与组织下，一批紧密结合国防需要的科研课题，如小直升机、W-1航空发动机、单人飞行器等项目自国防科委纷纷下达，极大地活跃了学校的学术研究氛围，推动了专业教学生动活泼的局面。在专业领域，他所建立的非铝钛高温合金系列及关于高温合金成分、组织、铸造性能与力学性能关系的研究，在1964年全国第一届“铸造高温合金”会议上被特邀做报告，受到极大关注，得到时任中国铸造学会理事长荣科和中国科学院金属研究所师昌绪等专家的高度赞扬。正当他全力投入工作之际，“文化大革命”开始了，傅恒志当时刚在伦敦开完国际会议回来，即被揪出批斗，冠以“走资派、反动学术权威、反革命修正主义分子、国民党特务”等各种帽子。1971年形势稍有缓和，在还未“解放”的情况下又被任命担任西工大铸造教研室主任。1976年，傅恒志主持成立了“高温定向凝固与组织控制”科研组。他和同事知难而上，在缺乏资金和存在多项技术难题的困难条件下，发扬自力更生、艰苦创业的精神，经过几年的奋战，与北京航空材料研究所及上海电炉厂合作共同研制出我国第一台HRS高速定向凝固炉，其功能和技术参数均达到了国内先进水平。1978年又带领科研组成功研制我国第一台液态金属冷却定向凝固实验设备，开创了高梯度定向凝固研究的先河。

1984年，西工大调整领导班子首次采用投票民意测验方式选举校长，时任材料系系主任的傅恒志以最高得票被任命为校长。八年的任期，学校“在紧日子中奋进，在改革中发展”。“七五”“八五”期间国务院批准西工大为全国重点建设的15所大学之一，是全国14所校长由国务院任命的重点院校之一。1985年以来，学校几乎年年被评为先进单位，航空工业部组织的两次对院校的教学评估中，西工大均名列榜首。1992年，国家教委公布对全国高校科研的统计结果显示，西工大科研经费排第四，获奖数名列全国高校第一。

1992年年底，傅恒志离开了领导岗位，又重新回到课题组，面对新的形势，他再次带领定向凝固课题组的教师咬紧牙关，发奋图强，终于在原来的基础上取得了新的进展：在高温合金定向凝固领域获得了超过当时世界水平三倍多的定向温度梯度及超出同

国家教委公布1992年度全国普通高校科技统计数据（Ⅱ）

据1993年国家教委公布的1992年度全国普通高校科技统计资料，按六项主要指标，分部委属高校和省市区属高校分别摘报。

一、部委属高校科技发展情况

六项指标排在前十名的学校分别是：

1. 研究与发展人员（单位：人）

学校	总人数	全时人员
清华大学	4210	2342
西安交通大学	2785	1351
浙江大学	2701	1989
大连理工大学	2339	1111
华中理工大学	2034	1318
天津大学	2030	1141
上海交通大学	2016	1447
北京大学	1908	1109
哈尔滨工业大学	1901	1290
西北工业大学	1791	1242

2. 研究与发展经费（单位：万元）

学校	总经费	预算外拨入
清华大学	11094.1	10113.1
浙江大学	7631.3	7308.7
北京大学	6982.4	6396.5
西北工业大学	6112.4	5089.8
上海交通大学	6019.3	5734.8
东南大学	5553.8	5185.0
哈尔滨工业大学	5120.6	3535.2
西安交通大学	4898.3	4450.6
北京航空航天大学	4674.3	2577.1
天津大学	4402.0	4029.3

3. 研究与发展课题

学校	课题（项）	当年拨入（万元）
[illegible]	1834	5625.5
西北工业大学	1588	4648.2
同济大学	1586	4111.1
清华大学	1476	9999.8
上海交通大学	1147	5482.2
天津大学	1060	4152.9
西安交通大学	1015	4254.4
南京航空航天大学	1003	2040.0
北京航空航天大学	999	2778.9
东北大学	935	4200.3

4. 研究与发展成果

学校	鉴定成果（项）	发表论文（篇）
清华大学	198	1689
浙江大学	112	2249
天津大学	103	1186
哈尔滨工业大学	103	1057
同济大学	92	648
上海交通大学	91	1718
北京大学	91	1688
东北大学	90	1681
西安交通大学	77	1077
东南大学	76	1533
北京科技大学	76	776

5. 技术转让

学校	合同（项）	当年实收入（万元）
哈尔滨工业大学	195	1135.5
成都科技大学	128	425.5
清华大学	104	208.2
天津大学	90	453.8
华南理工大学	87	178.0
浙江大学	80	395.0
华东理工大学	79	221.9
西北轻工业学院	60	56.0
重庆大学	59	246.5
复旦大学	55	219.5

6. 成果授奖（单位：项）

学校	获奖总数	其中国家级奖
西北工业大学	139	7
清华大学	120	31
哈尔滨工业大学	100	4
华中理工大学	97	9
西安交通大学	80	8
东北大学	74	8
北京航空航天大学	63	6
西安电子科技大学	58	1
中山大学	56	1
华南理工大学	55	3

二、各省市区属高校科技发展情况

六项指标排在前十名的学校分别是：

1. 研究与发展人员（单位：人）

学校	人员总数	全时人员
河南医科大学	881	803
云南大学	769	575
福州大学	1015	536
上海科技大学	745	525
河南农业大学	662	487
山东工业大学	725	469
上海工业大学	705	463
杭州大学	644	382
安徽大学	455	375
太原工业大学	478	370

注：以全时人员为准排序

2. 研究与发展经费（单位：万元）

学校	总经费	预算外拨入
上海工业大学	2611.9	2237.0
北京工业大学	2146.2	1179.2
上海科技大学	1318.9	891.0
杭州大学	924.2	837.7
上海第二医科大学	847.7	261.4
浙江农业大学	831.5	661.5
山东工业大学	828.2	483.2
西北大学	573.1	541.1
浙江工学院	553.2	510.3
浙江医科大学	366.5	202.5

3. 研究与发展课题

学校	课题（项）	当年拨入（万元）
福州大学	663	188.5
浙江农业大学	442	524.3
上海科技大学	387	985.0
浙江工学院	384	524.6
上海工业大学	382	2167.9
山东工业大学	340	537.2
浙江医科大学	312	189.6
北京工业大学	291	1025.0
南京师范大学	277	194.5
云南大学	275	228.5

4. 研究与发展成果

学校	鉴定成果（项）	发表论文（篇）
上海工业大学	77	332
上海科技大学	60	250
哈尔滨医科大学	53	391
浙江工学院	50	279
山东农业大学	45	320
山东工业大学	40	381
浙江农业大学	38	785
河北工学院	33	117
上海工程技术大学	32	120
浙江医科大学	31	270

5. 技术转让

学校	合同数（项）	当年实收入（万元）
福州大学	58	120.0
安徽师范大学	55	137.8
太原工业大学	46	68.9
浙江农业大学	39	36.7
杭州大学	29	31.8
山东工业大学	25	30.2
河北轻化工学院	24	18.6
苏州大学	23	86.0
安徽大学	22	107.0
河北工学院	20	44.0

6. 成果授奖（单位：项）

学校	获奖数	其中国家级奖
河南医科大学	64	0
河南大学	62	0
杭州大学	54	0
浙江农业大学	47	1
浙江医科大学	44	1
南京体育学院	44	0

1992年度全国普通高校科技统计数据

类合金100%～300%的高温持久性能。此后，傅恒志将这一研究成果拓展至亚快速凝固领域，在国际上首次提出单晶叶片定向组织超细化的概念，并在高温合金和铝合金中获得超细定向单晶。他还主持创建了超细晶形成与生长机制及近绝对稳定亚快速定向凝固的理论框架。由于傅恒志的学术威望和出色的管理能力，他一直担任西工大学术委员会主任至2002年。在此期间，他主持成立了校学术委员会的几个分支，理顺了各种关系，使这些分会在教学、科研和学科建设方面发挥了重要作用。

二、研究领域和学术成就

（一）负笈苏联，获苏联科学技术发明专利

新中国成立初期，中国材料及冶金工业相对国际先进水平还比较落后，特别在航空航天领域，高温材料的研发基本上处于空白。为了迅速提高中国航空材料性能和制造技术水平，1958年，傅恒志作为当时全国铸造学科唯一考取留苏的研究生，被派往列宁格勒工学院，师从苏联铸造界权威聂亨齐进行科学研究。那时，用于航空航天尖端技术领域的镍基高温合金，性能优良，但都以较高含量的铝钛作为主要强化元素。20世纪60年代初，由于铝钛的高化学活性必须在真空下熔化和浇铸，而国内这样的真空冶炼设备稀缺，针对这一实际情况，傅恒志提出：能不能搞出一种不含铝、钛，不需要真空熔炼，而其性能又与含铝、钛的镍基高温合金相当的高温合金呢？傅恒志把这一设想告诉了自己的导师，没想到不仅得到了导师的首肯，还得到了导师的大加赞赏，认为具有创新思维。

在导师的支持下，傅恒志进行了艰难的探索。他先后设计了60余种合金方案，每一种方案的性能测试都要在800℃的高温下持续做6000h的实验。经过两年多时间的不懈努力和反复筛选。在对镍铬钼钨铌合金系进行系统研究的基础上，终于研制出了“无铝、钛的镍铬基”这一新型高温合金系列。在论文尚未答辩、合金尚未最后定型的情况下，其所研制的高温合金就被用在苏联某航空发动机的导向叶片上。为什么苏联航空专家特别喜欢这种新型合金呢？因为该类合金不含铝、钛，不需真空熔炼，但却达到了当时世界上含铝钛的某些镍基高温合金的力学性能，并具有优异的铸造性能。这在当时被认为填补了国际高温合金研究领域的一项空白，受到了国内外专家的高度赞誉。也正因为如此，他的这项研究成果获得了苏联科学技术发明专利，也因此获得苏联科学技术副博士学位。

（二）钩深致远，勇攀先进材料科学研究巅峰

在高温合金的研究上所取得的成功，对他是一个极大的鼓舞。从苏联学成归国后，他继续致力于高温合金的成分、组织、铸造性能与力学性能关系的研究。

定向凝固及单晶技术可使铸件凝固组织按特定方向排列，可大大提高其力学性能，这是材料和冶金科学技术发展的一个大趋势。然而，当时使用的单晶及定向凝固技术与装置所达到的温度梯度较低，如世界上水平最高的德国Leybold公司生产的定向凝固设备，温度梯度在100K/cm以内。为保证定向生长，必须限定相当低的抽拉速率（1.5～3mm/min），从而造成很低的冷却速率（0.1～2K/s），导致材料内部出现定向组织粗大、偏析严重和大量横向亚枝晶产生，限制了材料性能潜力的进一步发挥。针对

上述情况，傅恒志及其团队创造性地将区熔（zone melting）与布里奇曼（Bridgman）工艺相结合，推出了超高梯度区熔液态金属冷却（zone melting and liquid metal cooling，ZMLMC）定向凝固方法，在实验室实现了高达1000K/cm以上的温度梯度，比德国Leybold公司生产的定向凝固设备的温度梯度整整高出10倍左右，达到了当时世界领先水平。采用这项技术制备出的各类材料，其枝晶间距仅几微米到十几微米，γ′相达到亚微米及纳米尺度。组织的超细化赋予了材料优异的性能，促使了枝晶侧向分枝的消退、偏析程度的大幅度减小及强化相分布及形态的改善，进一步挖掘材料性能的潜力，赋予了材料优异的性能。这些研究成果得到了包括我国材料界权威师昌绪及瑞士材料学家Kurz等国内外专家的一致肯定和高度重视，经有关部门检询，当时世界上尚无第二家开展与ZMLMC超高梯度定向凝固技术相关或类似的研究。这项成果因而获得了航空航天工业部科技进步一等奖及国家科学技术进步奖二等奖。

仪器仪表工业的发展对磁性材料提出了新的要求，用传统粉末冶金方法制出的稀土永磁材料性能极脆，容易破损，无法制作出很薄或形状复杂的永磁体。为了解决这一问题，傅恒志以凝固理论、磁学理论和复合材料理论为指导，提出了引入塑性相的新构思和运用控制凝固过程的新手段，经过他与研究团队几年共同的努力，建立了第二代（钐钴）和第三代（钕铁硼）永磁体的铸造组织、成分、凝固特性、晶体取向和磁性能的关系，发明了可加工的稀土钴永磁材料。这种材料可以车削，可以变形，也可切削成厚度仅0.2mm超薄磁片，从而突破了钐钴合金完全脆性、不可能加工的禁界。用这种方法制备材料的磁能积居当时国际同类材料的领先水平。这项成果被专家认为是“国内首创，并居世界领先水平”，已成功地应用于某国产卫星的隔离器上，并获得了航空航天部科技进步奖一等奖及国家发明奖三等奖。

（三）开物成务，在凝固理论与技术研究上硕果累累

许多先进材料的制备往往采用凝固加工的路线，因而凝固过程的设计与控制就成为决定材料组织与性能的关键因素。傅恒志率先在国内建立了用于合金凝固过程研究和合金单向生长的定向凝固实验，研制成功多台性能达到或超过同类国际水平的实验设备，开辟了国际上仅有的在宽变温度梯度和宽变冷速条件下（10^{-3}～10^{3}K/s）合金单向凝固过程的实验研究。这些设备的成功研制和凝固技术国家重点实验室的建立，在国内影响巨大，是获得多项国家级及部委级奖项的基础。

凝固过程中溶质的重新分配是影响凝固过程与组织形成的基本因素，此前均以平衡溶质分凝系数作为分析依据，存在较大偏差。傅恒志提出了液固界面非平衡溶质再分配的概念，认为液固界面存在着一个有别于平衡溶质分配的实际溶质分配系数，并相继在

镍基、钴基和铝基合金中进行了考证和发展，发现实际溶质分配系数是熔体状态和凝固参数的函数。此后，他将这一研究成果拓展至亚快速凝固领域，在国际上首次提出定向凝固组织超细化的概念，并在高温合金和铝合金中获得超细定向柱晶。同时，从凝固基本规律出发，又最先在定向凝固条件下获得枝晶向超细胞晶及超细胞晶向绝对稳定平界面转变的实验结果，并细致考察了这些转变的形态学特征及其与凝固参数的相应关系，以及描述这些转变的数理模型。后来，他与他的学生又在严格的单向热流条件下获得了凝固理论预测的在极高生长速率下出现的绝对稳定平界面组织和非线性振荡结构。国际上虽有人在激光快凝条件下发现过这种组织结构，但在单向热流条件下，由于实验条件限制，还从未有过获得这种结构的有关报道。在此基础上他还主持创建了超细晶形成及其生长机制与近绝对稳定亚快速定向凝固的理论框架，对近平衡与极端不平衡之间的亚快速单向凝固区域（$1\sim10^3$K/s）进行了填补性研究。

（四）格物致知，实现材料成形技术的新跨越

20世纪90年代中期以来，傅恒志承担了一系列有关单晶与定向叶片组织超细化与自约束成形综合技术的课题研究。这些研究试图解决材料冶金技术上的两个重大难题：一是如何使凝固组织细化；二是如何消除污染使材质净化。液态合金在熔凝成形过程中的污染，是长期困扰冶金材料技术发展的一大难题，特别是那些化学性质比较活泼的金属和某些高熔点金属，在熔炼和凝固成形过程中与炉衬、坩埚、铸型接触后极易产生反应，导致在材料中产生各种杂质，恶化材料的性能，而且熔模精密铸造的粗厚、导热性差的陶瓷模壳，不仅降低了合金熔体中的温度梯度和凝固速度，还给合金熔体带来了严重污染。傅恒志在研究中发现，他所建立的亚快速定向凝固和组织超细化技术，在实际构件上的应用也受成形容器材料的污染和其散热条件的限制。傅恒志的过人之处就在于，他是一个不断探索、不断追求的人。面对这个难关，他反复考虑，其中一个出路就是完全甩掉坩埚、铸型等熔炼及成形容器，让液态金属在不与任何东西接触的情况下成形。基于这个思路，自20世纪末开始他又进一步把超高温度梯度ZMLMC定向凝固方法与电磁自约束成形技术相结合，构建一种超高梯度电磁自约束成形，并具有高冷却能力的新型定向及单晶技术，已获得无（少）偏析、组织超细化、高精确取向的高温合金或以金属间化合物为基的复合材料，从而满足跨世纪更新一代的高推重比、长寿命航空发动机对涡轮叶片和导向叶片的要求。

1995年，中国航空工业总公司组织了对“超高梯度电磁自约束定向技术和超细单晶及定向涡轮叶片研究”项目的立项论证会，由专家组对项目进行了鉴定，认为此项技术“构思新颖，立论正确，技术上有独到之处，成功后将带来可观的技术经济效益”。

该项目从立项之后，傅恒志带领课题组因陋就简，进行了一系列的探索性实验与研究，初步实现了无坩埚、无铸型的合金熔炼与定向凝固成形。研究表明，利用高梯度ZMLMC定向凝固并引入电磁自约束成形技术就完全有可能获得设定形状的高纯净超细柱晶的叶片铸坯，从而实现具有特定三维形状涡轮叶片的定向凝固组织的超细化，并使叶片的高温综合性能大幅度提高。如今，通过不断地实验与研究，傅恒志院士创建的超高梯度电磁自约束定向凝固成形技术取得明显进展，已经可以使液态金属在无接触情况下初步成形为多种不规则形状。如果这项技术能取得最后的成功，将实现材料无接触、无污染、直接凝固成形的设想。

这项完全自主创新的技术得到国内外专家的一致肯定。1999年，瑞士洛桑联邦理工大学Kurz在参观了西工大的电磁场约束成形定向凝固实验室后说："这项技术（指电磁自约束定向凝固成形）的成功将是世界级的贡献"。1999年国际先进材料科学会议上，当有人问到对高熔点活泼合金如何既能避免污染又能得到高纯净的材料，既能获得高度细化的组织又可严格控制凝固过程时，Kurz回答说："西工大电磁自约束定向凝固成形技术将有可能解决这些问题"。国家最高科学技术奖得主师昌绪于2003年7月11日在《科技日报》上撰文回顾"中国航空材料的发展历程"中将电磁成形定向凝固技术列为我国40年来铸造高温合金领域的几项原始创新成果。师昌绪指出："西工大傅恒志利用磁场约束及高温度梯度技术研制定向凝固叶片，完全免去与坩埚接触而得到高纯度材料，现已具雏形"。该技术的阶段性成果"特种金属材料电磁约束成形原理和技术"获得2005年陕西省科学技术奖一等奖。

傅恒志院士深刻认识到，电磁约束成形定向凝固是一项难度很大、涉及面很宽、过程异常复杂的课题。熔体成形凝固涉及电磁场、温度场、流场、溶质场的多种变化过程及它们的耦合作用。傅恒志不断提醒他的学生：在这个重大课题面前，他们面临的是在科学上要揭示多物理场与熔体交互作用的规律及对相变过程的影响；在技术上要实现材料的无容器成形并控制组织结构；在应用上要解决某些高纯净、高均质、高性能零部件的制造问题。

（五）献身科学，业绩辉煌仍奋斗不已

傅恒志院士献身科教事业硕果累累，业绩辉煌。他先后获国家科技进步及发明奖3项，获部、省级特等奖及一等奖4项，发表论文800多篇。他多次应邀参加国际学术会议及到国外讲学，先后在美国里海大学、美国国家标准局、德国柏林工业大学、德国亚琛工业大学等院校和研究所作学术报告。他还多次赴苏联及俄罗斯、乌克兰的一些著名大学和研究机构访问讲学。在圣彼得堡国立技术大学及莫斯科航空材料研究院，他的"关

于晶体定向生长及单晶高温合金问题”的讲学受到高度评价。圣彼得堡国立技术大学教授、苏联功勋科学家、科学院院士哈洛沙伊洛夫认为，傅恒志关于“定向凝固溶质再分配”的讲学，是“合金相变理论中的一个突破”。

在科学研究上所取得的卓越成就，使他在1992年被俄罗斯圣彼得堡国立技术大学授予名誉博士称号，同年由美国传记研究院提名并获世界终身成就奖，1993年成为中国首批入选由世界著名科学家、教育家组成的国际高校科学院院士，1995年当选为俄罗斯宇航科学院外籍院士，同年当选为中国工程院院士。

在新世纪伊始，傅恒志又将电磁冷坩埚熔炼和定向凝固技术结合，创造性地提出了冷坩埚定向凝固的设想。2000年傅恒志应邀赴哈尔滨工业大学（以下简称哈工大）合作研究。针对哈工大在钛合金熔铸方面的良好基础和向铸造叶片发展的愿望，傅恒志经反复思考提出了“钛铝合金电磁冷坩埚定向凝固与晶向控制”的研究方向，并研制出“多功能电磁冷坩埚定向凝固装置”。冷坩埚凝壳熔炼是20世纪90年代兴起的新型熔炼技术，用以解决钛合金超高化学活性的问题，但它是不能定向凝固的，而叶片的发展趋向却必走定向凝固途径。冷坩埚定向凝固的设想提出伊始就受到多方面质疑。由于它具有极强的横向导热性能，被认为不可能形成纵向单向凝固条件。傅恒志做了详细论证，指出对定向凝固而言，关键在于正处在“凝固”的固液界面处要保证纵向单向热流，其他部分的横向热流并不影响“凝固过程”，而且还可以通过选择电源频率调整和加强集肤效应，使固液界面处由局部涡流产生的热量抵消横向散热。此后的实验与模拟均证实上述分析。根据这一设想，经过几届研究生和教师的不懈努力，于2006～2007年先后制备出具有定向凝固组织的钛合金及钛铝金属间化合物材料的近叶片坯件，取得初步成功，这在国际上是首例在水冷铜坩埚中获得定向凝固组织。

三、老师与校长

傅恒志从担任西工大铸造教研室第一任主任起，就以富有远见卓识和胆略非凡而著称。1955年，刚从哈工大回校，他就承担起创建西北工学院（现西工大）铸造专业的重任。在专业发展方向上，为了祖国的航空航天事业，他们弃轻车熟路不走，宁可走崎岖艰难的道路，开辟有色及高温合金、特种铸造、特种冶金的蹊径。他们心中有一个信念：努力把铸造学科办成国内领先、国际上有发言权的一流学科。50多年过去了，如今西工大的铸造学科已是国家重点学科，在全国评比中多次名列第一，拥有凝固技术国家重点实验室，形成了以周尧和、傅恒志、张立同为核心的学术带头人和学科梯队。铸造学科能发展到今天的规模与傅恒志等带头人高瞻远瞩的战略眼光和深厚的学术基础是分不开的。傅恒志自“文化大革命”前开始培养研究生到现在已有90余名学生获得博士学位。他对研究生培养坚持高标准、严要求，选题与论文内容坚持“前沿、创新、实用、可信”的原则，关键处必须重复验证。他探索研究生培养的规律，他给刊物《中国研究生》题词“研若战，预则立，不预则废”，勉励和启发他们在研究工作中加强科学性、预见性，减少或避免盲目性。他领衔总结的“立足国内，培养高水平博士研究生的途径”获国家优秀教学成果奖二等奖。在他从事教育工作60周年之际（2009年），哈尔滨工业大学、上海交通大学、西北工业大学、北京航空航天大学、河南理工大学等高校纷纷致信祝贺。北京航空航天大学（以下简称北航）的贺信中说，“您非常重视对学生的培养，言传身教，率先垂范，培养了一大批材料拔尖人才，桃李满天下。您一丝不苟，精益求精的治学态度，严肃认真、锲而不舍的求实作风，勇于开拓、不断进取的创新精神是我国广大科技工作者和高等教育工作者的楷模”。

在西工大的几十年里，傅恒志历任教研室主任、科研处处长、系主任、校长等职。繁重的社会工作，占用他不少搞科研的时间。为了占领学科前沿，他往往要比别人多付出成倍的精力，然而他从未向上级组织提过要求。即使在“文化大革命”时，他在被批斗的同时还承担着组织领导某项国防科研重大项目的任务，1971年尚未“解放”的他又挑起教研室主任的担子。

1984年，西工大在副教授、副处长以上的教师、干部中进行民意测验，并在此基础上民选校长。选举结果傅恒志众望所归，名列榜首。上任伊始，西工大被中共中央组织部（以下简称中组部）、教育部和航空工业部确定为全国试行校长负责制的7所院校之一。学校内部领导体制这一重大改革，没有现成的经验可资借鉴。刚刚出任校长的傅恒志，成了改革成败的关键人物。工作千头万绪，他迎难而上，大胆实践，决心创出一条高校改革的新路子来，把西工大办成国内一流、国际知名的大学。

他和其他领导同志用两个月时间，对全校情况进行调查研究，并制定5年规划和实施细则，然后对教学、科研、后勤、党政等进行一系列改革，归纳为“六改六转变”：一是改革学校管理体制，实行校长负责制和党政分工负责制，既发挥行政系统对教学、科研统筹、组织、指挥的功能，又发挥党的政治领导核心作用；二是改革教师工作制度，实行教师责任制，把教书和育人紧密结合起来；三是改革教学、科研管理体制，实行教学、科研并重，把两者紧密结合起来；四是改革学生学籍管理体制，实行全面学分制、一学年三学期制和中期选拔淘汰制，改变学好学差都一样的状况；五是改革后勤管理制度，实行岗位责任制，把后勤工作与育人相脱节的旧观念转变为管理育人、服务育人的新观念；六是改革教育结构，实行多学科体制，把学科单一的办学模式转变为多学科综合体制的新模式。

对西北工业大学《关于实行校长负责制的申请报告》的批复

航教函〔1984〕1475号

西北工业大学：

你校《关于实行校长负责制的申请报告》收悉，经研究同意你校实行校长负责制的试点。实行校长负责制是学校内部领导体制的一项重大的改革，也是整个教育体制改革的一个重要组成部分。你校要认真贯彻邓小平同志关于"教育要面向现代化、面向世界、面向未来"的指示和中央有关改革工作的精神，积极做好思想准备和组织准备，有领导、有计划、有步骤地扎扎实实地做好这项改革工作。

现批复以下问题：

一、同意你校在完成部下达的各项任务的前提下，挖掘潜力，扩大办学面向，接受其他部位和地方委托培养研究生、本科生、大专生以及承担科研、生产任务。方式可联合办学、合办系和专业、委托代培等，但招生计划由部归口上报。

二、同意你校本着加强与企业、科研单位的联系和合作的精神，有权按每年毕业生总数百分之十自行做分配计划（不包括留校的师资）。但分配应优先考虑部内厂所的需要，分配计划需报部统一下达。

三、同意在部批准的编制数和自然减员补充指标范围内，学校可自主决定补充各类人员，并实行人员合理流动。

四、同意校长有权每年批准教职工总数百分之一晋级。

五、同意在部批准的科研编制数内，学校有权决定设立科研所、室，但其中需部给予专项资金者应报部审批。

六、同意学校基金的百分之四十可用于奖金、岗位津贴和集体福利事业。

七、同意学校试行浮动岗位津贴。

希望你校通过实行校长负责制，使校长和行政系统的作用得到加强；使党的领导得到改善和加强；使民主管理得到加强。使校长、党委和群众三个方面的积极性都能充分调动起来，为多出、快出、出好人才，多出科研成果，为加速航空工业和国民经济现代化作出新贡献。

中华人民共和国航空工业部
一九八四年十二月十八日

对西北工业大学《关于实行校长负责制的申请报告》的批复

实行校长负责制，首先要强化管理。为此，傅恒志把加强校内规章、落实责任、调动各类人员的积极性放在首位，组织制定了《系主任负责制暂行条例》《机关工作人员岗位责任制及考核办法》等条例制度，把系主任和各级各类管理干部的责、权、利充分结合起来，使行政工作逐步走向规范化、程序化、制度化。

正确处理好行政和党委的关系，是校长负责制面临的又一重大课题。傅恒志特别注意在行政工作中，主动争取党委的合作与支持，真正做到了书记对校长支持而不包揽，校长对行政工作大胆决策而不专断，党政各有分工，相互密切配合。他总结经验提出了"三不决策"，即对重大问题，未征求党委、专家和干部群众意见之前不决策；未听取不同意见之前不决策；未做调查研究和论证方案可行性及效益之前不决策。以此保证决策的民主化和科学化，形成了"校长负责，党政配合，齐抓共管，专兼结合"的生动活泼局面。

对于学校的教学改革，傅恒志一直把它作为基础工作来抓，提出了“充分发挥自己优势，以‘三航’（航空、航天和航海）为中心，以质取胜，以特色取胜”“横办中心、竖办所室”“提高教学质量，加强基础课程建设”等方向原则的看法。他还从学校历史发展和社会反映中总结凝练西工大的学风为“三实一新”（基础扎实、工作踏实、作风朴实，开拓创新），现已正式被确认为西工大的校风。

在处理教学和科研的关系上，傅恒志根据西工大的特点和国家需求，明确提出把学校办成“既是教学中心，又是科研中心的一流重点大学”，并主持制定了一整套促进科研的政策。他指出要主动适应国防工业战略转移的形势，在攀高峰、上水平的同时，立足于经济建设和人才培养。他强调重视科技成果的价值，搞好成果的推广应用。他注意研究外部形势，积极主张发挥学校的综合优势，开展多形式、多渠道的横向联合，拓宽专业面向，建立开放的科研体系。“文化大革命”前和20世纪80年代中期傅恒志亲手奠立的水声研究室和无人机研究所，现已成为我国声呐和无人机的重要研发基地。由于傅恒志的这种超前思想和配套政策，使西工大的科研迅速恢复，并很快走在全国高校的前列。

傅恒志以他善于探索科学奥秘的头脑和雷厉风行的工作作风，使学校各项事业得到超常发展。在“七五”和“八五”期间，国务院批准西工大为全国重点建设的15所重点大学之一，是当时全国由国务院直接任命校长的14所重点院校之一，是首批设立研究生院的高校。按原国家教委统计发布，1992年度全国普通高校科研实力排序，西工大进入前10名，在全国一百多所重点院校中，西工大的科研经费数排列第四，获得的研究与发

关于将西北工业大学列为国家重点建设项目的通知

计文[1985]142 号

航空工业部：

为了更好的培养国防科技人才、加速国防科学技术和国防工业的发展，经国务院批准，同意将西北工业大学列为国家重点建设项目。所需基本建设投资，在国防科研、工业基本建设投资中统筹解决，并纳入“七五”计划和各个年度计划。请按基本建设程序编好设计任务书，做好建设前期工作。有关用地、设计、施工等问题，请陕西省、西安市人民政府加速建设的要求予以协助，以便尽快列入国家按合理工期组织建设的重点项目施工计划。

中华人民共和国国家计划委员会　中华人民共和国教育部
中华人民共和国国防科学技术工业委员会
一九八五年一月二十四日

将西北工业大学列为国家重点建设项目的通知

资料来源：《西北工业大学年鉴》，1985卷

1993年国际科技论文机构排名榜

名次	高等学校（SCI）	（篇）	研究机构（SCI）	（篇）	高等学校（被引）	（篇）	研究机构（被引）	（篇）	高等学校（EI）	（篇）
1	南京大学	232	中科院物理所	158	北京大学	259	中科院物理所	226	清华大学	156
2	北京大学	206	中科院上海有机所	128	南京大学	222	中科院上海有机所	219	西安交通大学	127
3	中国科技大学	165	中科院长春应化所	117	中国科技大学	177	中科院金属所	151	北京科技大学	124
	兰州大学	165								
4			中科院金属所	98	复旦大学	167	中科院长春应化所	138	北京大学	97
5	清华大学	151	中科院化学所	73	清华大学	147	中科院化学所	109	西北工业大学	90
									哈尔滨工业大学	90
6	复旦大学	119	中科院上海光机所	62	兰州大学	143	中科院福建物构所	93		
7	南开大学	110	中科院大连化物所	61	南开大学	121	中科院上海冶金所	63	华中理工大学	87
8	吉林大学	97	中科院高能物理所	57	山东大学	103	中科院大连化物所	62	浙江大学	84
9	浙江大学	88	中科院理论物理所	53	武汉大学	97	中科院生物物理所	55	中国科技大学	81
10	山东大学	87	中科院上海冶金所	45	吉林大学	94	中科院上海光机所	54	东北大学	79

1993年中国科技论文统计结果

编者按：

本报12月22日一版刊发《国家科委公布我国1993年科技论文统计结果》的消息后，读者纷纷来信来电，希望了解论文统计结果的详细情况。我们特将1993年中国科技论文统计的部分结果刊发，以满足广大读者的需要。

1993年国际科技论文机构排名榜

资料来源：《科技日报》1994年12月31日第2版

展课题数名列第二，获奖成果数名列全国第一。

傅恒志任职期间提出的教师职称评定中的“三个倾斜”政策，提拔了一大批优秀的年轻人。这些人现在仍然是支撑西工大教学科研的骨干。现在在位的年轻副校长、长江学者特聘教授、国家杰出青年基金获得者、年轻的博士生导师，许多都是傅恒志任校长时提议破格晋升的。西工大被列为全国重点建设院校奠定了首批进入“211”重点建设学校的基础。

四、壮心不已 创新不止

1995年傅恒志当选为中国工程院院士，他以此为自己奋斗的新起点，他呼吁建立一个大凝固科学以适应新材料的发展。2003年，傅恒志在中国工程院化工、冶金与材料工程学部和国家自然科学基金委员会的支持下，主持召开了以“凝固科学技术与材料发展”为主题的第211次香山科学会议，并作了主题报告，首次提出了建立大凝固科学的倡议，得到了与会院士专家的积极回应。在与凝固相关联的许多学科专家的努力下，近年来凝固科学技术与新材料相结合在我国得到了快速发展，取得了许多新的突破。第八届“全国相变与凝固学术会议”2008年在上海举行，特意安排庆祝傅恒志八十寿辰的活动，面对一大批年轻的材料学者，他在会上赋诗“八十虚度空自乏，与时俱进步益差。盛会不觉催人老，材凝大地遍新芽”，表达了他对中国凝固学科新人辈出的喜悦心情。

无论沉潜基层还是身居高位，傅恒志一直埋头做学问，对待科研的认真与执着始终不渝。近几年，傅恒志一直在忙着撰写一部学术专著。这部书耗费了他大量的心血，他精心策划，确定主要内容，并极为认真地撰写自己承担的章节，还逐字逐句地修改合作者的文稿。2008年由傅恒志主撰的学术专著《先进材料定向凝固》终于面世。这部著作凝聚了傅恒志50多年的深厚学术积累，集“系统性、原创性、实用性、前瞻性和普遍性”于一体（师昌绪作序），深受学术界好评。时任中国工程院院长徐匡迪欣然提笔为该书作序，在序言中徐匡迪写到：“2006年中国工程院第12次院士大会期间，傅恒志院士向我提及拟组织相关同志撰写《先进材料定向凝固》一书，我当即表示十分支持，这不仅是因为我对傅先生在这一领域中斐然的学术成就早已十分敬慕，还深知他是治学严谨的领军人物，承担着这一学科的国家重大科研项目，并培养出了不少优秀的中青年科研、教学带头人。院士大会后，我曾听说傅先生患了眼疾，也着实为他挂念了一番，却不料今年的院士大会前夕，100余万字的书稿已请人送到我的案头……我对傅恒志先生致以诚挚的祝贺，并为中国材料科学工作者感到自豪”。该书于2011年被国家新闻出版总署评选为“三个一百”（科学技术类、人文社科类、文艺少儿类各选100本）原创出版工程。

岁月已老，风云犹在。在傅恒志的研究生眼里，他是一位战略科学家，他的思想充满创造性和前瞻性，他总是比别人站得高看得远；他对新生事物有着更敏锐的直觉，总能超前捕捉到科学的发展方向，因此他提出的很多研究方向代表的都是国际前沿。即便年逾八旬，傅恒志仍是一位精力充沛、思想敏锐的人，他依然站在学术第一线，他的思想还在不断地创新发展。事实上，他本人的成长历程就是一个不断创新的过程，在这个过程中，他也逐渐成为一名科学的领军人。为表彰他在冶金材料领域所做的贡献，2013年中国机械工程学会授予他“中国铸造终身成就奖”。

耕耘逐梦 初心永继

傅恒志院士从教70年纪念文集

第二部分

照片、影像

安详的晚年（2013年）

全家福（2016年）

两岸一家亲——胞妹在台湾的一家（1997年）

傅博自意大利回来看望爷爷奶奶（2016年）

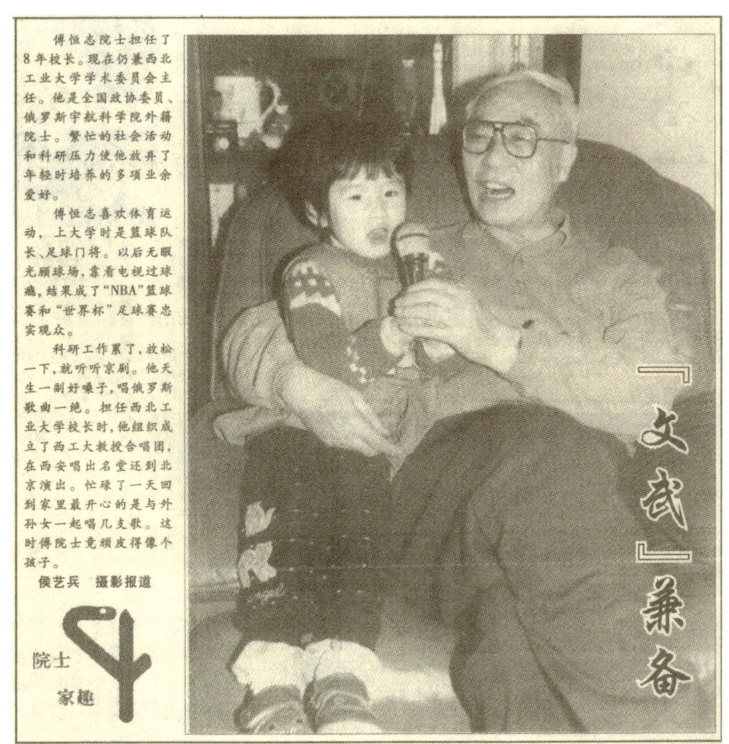

『文武』兼备

傅恒志院士担任了8年校长。现在仍兼西北工业大学学术委员会主任。他是全国政协委员、俄罗斯宇航科学院外籍院士。繁忙的社会活动和科研压力使他放弃了年轻时培养的多项业余爱好。

傅恒志喜欢体育运动，上大学时是篮球队长、足球门将。以后无暇光顾球场，靠看电视过球瘾，结果成了"NBA"篮球赛和"世界杯"足球赛忠实观众。

科研工作累了，放松一下，就听听京剧。他天生一副好嗓子，唱俄罗斯歌曲一绝。担任西北工业大学校长时，他组织成立了西工大教授合唱团，在西安唱出名堂还到北京演出。忙碌了一天回到家里最开心的是与外孙女一起唱几支歌。这时傅院士竟顽皮得像个孩子。

侯艺兵　摄影报道

院士家趣

"文武"兼备（1998年11月21日《光明日报》第五版）

与侯连圣、彭兴恕、曾祥炎研究实验设备改装（1980年）

1985年参加国际大学校长会议与会议主办单位加州大学洛杉矶分校校长夫妇合影（1985年）

欢迎校田径队载誉归来（1986年）

傅恒志、季文美、刘元镛会见国际著名生物材料学家、校友冯元祯先生（1986年）

傅恒志校长向军训优秀标兵佩戴红花（1986年）

傅恒志校长会见解放军英模代表、校友贺先觉（1987年）

傅恒志校长检阅学生军训方阵（1987年）

傅恒志为西工大名誉教授师昌绪先生佩戴校徽（1987年）

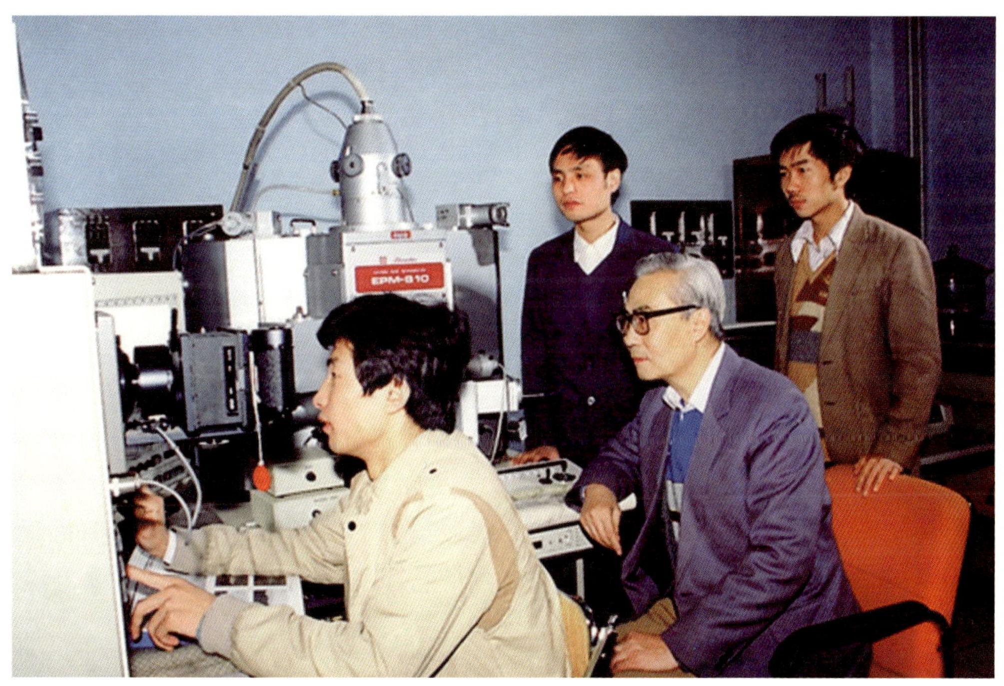

傅恒志教授指导研究生刘林、于家康、陈钟敏进行课题研究（1988年）

苏联莫斯科鲍曼技术大学来访，与西工大签订合作协议（1989年）

傅校长与西工大名誉教授航空部副部长何文治亲切交谈（1989年）

傅校长授予德国慕尼黑工业大学拉希卡教授西工大名誉教授证书（1989年）

傅恒志校长、周延海书记向国防科工委副主任谢光汇报工作（1990年）

第一届中–苏宇航科学与技术讨论会主席团（1990年）

左侧为哈工大前校长黄文虎，右侧为航空航天部科技委主任孙家栋、哈工大时任校长、苏联萨马拉大学校长及莫斯科国立鲍曼技术大学科列斯尼科夫院士

傅恒志与学生毛协民（中国铸造学科首位博士学位获得者）（1990年）

傅恒志校长会见苏联圣彼得堡技术大学校长华西列夫斯基（1991年）

傅恒志陪同白清才省长（左二）视察学生宿舍（1991年）

苏联列宁格勒国立技术大学来访并与西工大签订合作协议（1991年）

陈香梅女士被聘为西工大顾问教授（1991年）

傅恒志校长代表西工大与飞行实验研究院签署全面合作协议（1991年）

傅恒志与校领导班子讨论学校发展规划（1991年）

国际航空代表团与西工大专家学者座谈（1992年）

参政议政——参加全国政协八届一次会议（1993年）

与国外材料发展动向研讨会部分代表合影（1994年）

傅恒志向中国工程院副院长朱高峰介绍科研情况（1995年）

首座进行“211”评审试点的国防科技大学（1996年）

中为国防科工委李继耐政委，其右侧为吴佑寿院士（清华大学）及程开甲院士（国防科学技术工业委员会），前排左三为西交大史维祥校长，右三为国务院学位办王忠烈主任

傅恒志校长出席96届学生毕业典礼（1996年）

为“三航科普宣传万里行”学生送行（1998年）

出席院士挂像仪式留影（2000年）

自左至右为杨士莪、陈士橹、傅恒志、周尧和、陈一坚、沈绪榜

傅恒志出席四方共建协议签字仪式（2002年）

与西工大校友会理事们合影存念（2003年）

傅恒志与姜澄宇校长、张立同院士参观校科技展览（2003年）

在中央电视台百家讲坛作“空天科技与材料发展”学术报告（2003年）

傅恒志给孩子们讲科普知识（2004年）

傅恒志与西北工学院老校友李恒德、师昌绪、康沫狂先生留影（2004年）

傅恒志与西北工学院老校友重游古路坝办学旧址并为纪念碑石揭幕（2004年）

傅恒志与西北工学院老校友重游古路坝办学旧址（2004年）

傅恒志感谢西工大摄影师郭友军赠送摄影创作集（2004年）

河南理工大学周英副校长陪同傅恒志夫妇参观云台山（2005年）

应聘为河南理工大学教授（2005年）

右侧为时任校长邹友峰教授

傅恒志在西工大材料学院50周年学术会上作学术报告（2006年）

傅恒志在寿松涛老校长塑像前与前校领导合影（2008年）

傅恒志院士向科技部程津培副部长汇报科研工作（2008年）

傅恒志与师昌绪、陈一坚亲切交谈（2008年）

傅恒志与老书记刘海滨夫人毕波同志亲切交谈（2008年）

与河南理工大学王少安书记在行政楼前合影（2008年）

傅恒志院士在河南理工大学作凝固科学技术学术报告（2008年）

在刘海滨老书记、寿松涛老校长铜像揭幕仪式上致辞（2008年）

傅恒志院士致辞感谢大家的祝贺（2009年）

傅老师与两位新秀（苏海军、高峻）合影（2010年）

长江后浪推前浪，一代新人胜旧人（2010年）

出席开学典礼与时任陈小筑书记、姜澄宇校长亲切交谈（2011年）

傅恒志院士与哈工大学术团队部分师生合影（2012年）

与哈工大陈瑞润教授夫妇闲谈合影（2013年）

主讲《宇宙大爆炸——化学元素的起源》学术报告（2013年）

傅恒志参加“翱翔英才计划”追梦班开班仪式并向长江学者张秋禹颁发指导教师聘书（2013年）

傅恒志夫妇与时任学校领导陈小筑、姜澄宇亲切交谈（2013年）

傅恒志院士出席“翱翔英才计划”追梦班开班典礼（2013年）

傅恒志院士获第三届中国机械工程学会“中国铸造终身成就奖”（2013年）

傅恒志接受媒体采访（2013年）

与魏炳波副校长共祝学校发展（2014年）

在“礼敬吾师”教师节晚会上，传承“师德杯”（2016年）

右二为汪劲松校长

外孙女给姥爷颁发奖状——哈工大学生对外交流协会主席王冰清给傅院士颁奖（2016年）

春满院——傅老与研究生在一起（2016年）

“中国航天日”中国文联向傅院士及时代楷模、大国工匠徐立平赠献画像[①]（2017年）

左二为著名歌唱家殷秀梅

①2017年4月24日，西工大承办的第二个“中国航天日”主场活动圆满完成。第二个“中国航天日”活动以“航天创造美好生活”为主题，“一带一路”航天创新联盟、中国航天科技教育大会、无人系统技术创新与发展论坛、军民融合发展论坛等丰富多彩的主场活动，唱响“航天好声音”，赢得了社会各界广泛赞誉。中国文联文艺志愿服务团到西工大专场慰问演出，并给为中国航天事业作出贡献的西工大原校长、航空航天材料专家、中国工程院院士傅恒志，时代楷模、大国工匠徐立平赠送著名画家邹立凯等为二人创作的肖像画。

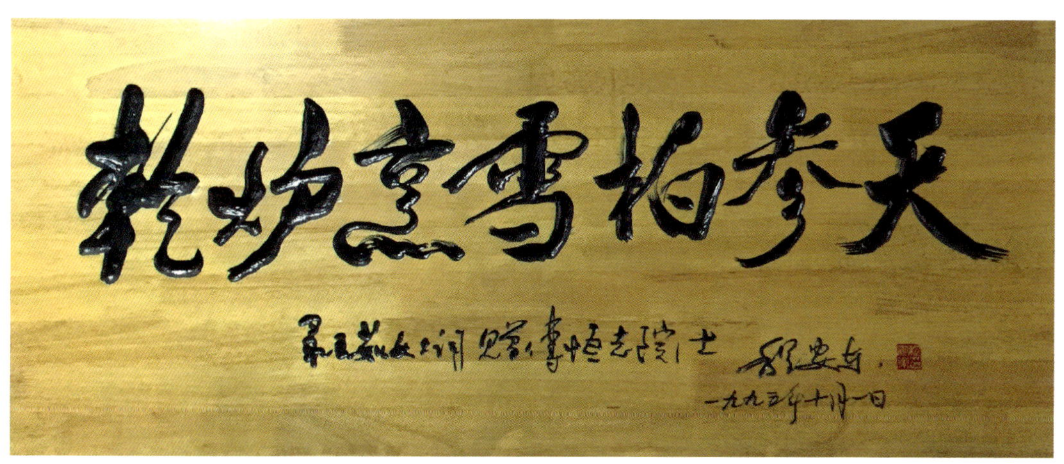

时任陕西省省长程安东给傅恒志院士题字赠匾（1995年）

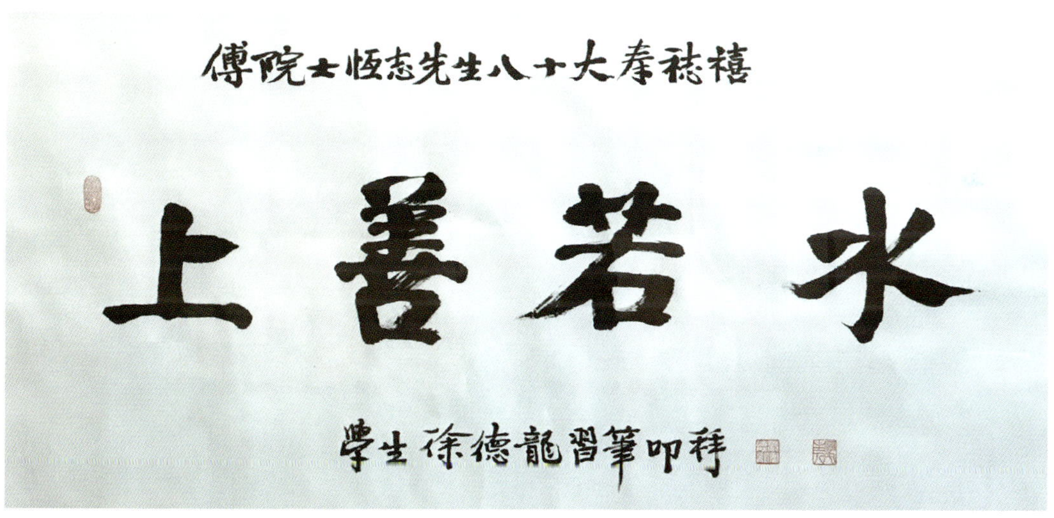

时任西安建筑科技大学校长的中国工程院副院长徐德龙为傅恒志院士从教60周年题字赠匾（2009年）

西工大1983级4391班三十年前展望未来，三十年后风雨聚首

院士资料采集工程工作组采访傅倩、仲东（2017年）

院士资料采集工程工作组合影（2018年）

耕耘逐梦 初心永继

傅恒志院士从教70年纪念文集

第三部分

讲话、报告、随笔

坚持改革，开拓前进，努力开创我校工作新局面

——在西北工业大学教职工代表大会二届二次会议上的报告

（1984年10月）

各位代表：

在党的十二届三中全会精神的鼓舞下，学校第二届教职工代表大会第二次全体会议胜利召开了，我向大会表示热烈的祝贺。现在，就我校改革问题向大会报告如下：

一、高校改革势在必行

党的十二届三中全会作出了以城市改革为重点的整个经济体制改革的决定。这个改革关系到国家的前途，必将引起人们在政治、经济、物质和文化生活上的重大变化。决定指出："随着经济体制的改革，科技体制和教育体制的改革越来越成为迫切需要解决的战略性任务。"我们要深刻领会中央的这一精神，积极做好教育体制改革的准备。事实上，在中央关怀下，高校战线的改革在几年前就已经开始了。近两年来，我校也做了大量的工作，取得了可喜的成绩，在改革上也进行了不少尝试，在一些方面也取得了不少进展。在教学方面，我们开展了多规格、多层次、多种形式的办学，进行了以培养能力为中心的教学方法的改革试点；在科研工作中，开展了面向社会科技服务及开发经营工作，并开始探索包承包制或合同制的管理办法；在人事管理方面也进行了一些改革的准备工作。应该说我们所进行的这些工作，都是在改革方面的有益尝试，也收到了一定的效果。但是我们必须看到，从全国来说，高教战线的改革刚刚起步，从我校来说，更仅仅是开始。所以无论从适应我国经济发展的要求出发，或是从社会主义高等教育本身的规律来看，教育改革都势在必行。经济和社会的发展，要求高等教育事业发展的速度与之相适应，不断提高教育质量，培养更多的德、智、

资料来源：《西北工业大学年鉴》1984年卷。

体全面发展的合格人才。学校要适应新的历史条件，适应“四化”建设的需要，就必须进行改革。否则，必将拖经济改革、经济建设的后腿。我们必须充分认识到教育改革的重要性和紧迫性。

中央领导同志曾指出，不改革，高等学校就没有出路。从我校的实际情况及我们自己的体会都说明了这个问题。首先，面对世界范围内科技技术的迅猛发展及新技术革命的挑战，我们高教的内容和质量很不相适应。就面向现代化、面向世界、面向未来而言，都有很大差距。近年来，新学科、新技术、新材料、新工艺不断涌现，而我校现有专业，有相当一部分还基本停留在五十或六十年代的水平。不少内容陈旧，设备落后，对新兴学科和边缘学科重视不够，发展缓慢。第二，我们传统的管理办法和教学方法不利于人才成长，更不利于培养拔尖人才。当代高等教育发展的趋势是加强综合教育，重视智能培养，造就创造性人才。也就是适应面应宽一些，能力应强一些，创造精神应更大一些。但是，我们对学生管得太死，学校教育的指导思想、管理体制及教学制度和方法都比较死，不利于学生主动性、创造性的发挥。譬如，我们比较重视传授知识，而对能力的培养重视不够，措施不多。我们对同学的管理多是立足于管，防范多，限制多，而引导、启发学生自己教育自己、自己组织自己、自己锻炼自己就做得不够。所有这些，都是不利于发展学生的个性和才能，这是我们教育上的一个极为突出的问题。第三，长期来，我们在管理体制上集中过多，管得太死。一个普通人员的调动、提职、几块钱的支出，都要层层过关、学校审批。没有充分注意发挥基层单位在教学、科研、实验室建设、人事、财务管理上的自主性和积极性。没有很好地把责、权、利结合起来，其后果下面事事等领导，束手束脚；领导事必躬亲，被动忙乱，没有时间和精力调查研究，也没有时间和精力分析决断具有方向性、政策性的大事。学校包揽不少本应由系、部管的事情，而许多必须由学校管的事又未能管好。实际上集中不起来，贯彻不下去，形成“上下不通、左右阻塞、议而难决、决而难行”的局面。第四，没有很好地贯彻按劳付酬、多劳多得的原则。“大锅饭”平均主义相当严重，办学不讲效益，办事不讲效率，个人积极性没有得到充分发挥。应该说，我校人、财、物的浪费现象严重，而人、财、物的潜力又是很大的。按教育部规定，高校教职工与学生之比为1∶3，而我校目前是1∶1.8。我校教职工总数比“文化大革命”前增加1481人，而本科生在校人数还未达“文化大革命”前的最高水平。和工厂、企业一样，学校潜力的源泉在于教职工的积极性和创造性。一方面，要加强思想教育；另一方面，要把他们工作的贡献与自身的物质利益结合起来。要把单位完成任务的效益、效率、数量、质量和单位的奖、罚结合起来。

解决以上问题的出路何在？如何才能适应“四化”建设对我们学校提出的要求？

回答只有一句话，只有改革，才有出路。我们西工大今天面临的是改革的形势，是竞争的形势，是处在一个严峻关键时刻。前进，就位于重点大学先进行列；犹豫、等待，就会衰退到二流、三流的水平。不进则退，这就是摆在我们西工大每个成员面前的形势。这里，前途、出路就是改革。所以我们说，改革是一场革命，关系到学校的全局，关系到学校的未来，也关系到每一个人。全校同志对我校的改革都给予很大的关心，我们的态度是，不管改革的道路上会遇到多大困难，我们都要坚定不移地把它进行下去。

高等教育、高等学校是个多功能、多因素、结构复杂、内容广泛的系统工程，这就决定了高校的改革是一件复杂细致的工作。改革涉及面很广，需要做的事情很多，从何着手？我们认为，我们学校的改革，总的应该统筹安排、明确目的、抓住重点、讲求实效，按照学校自身的规律，有领导、有计划、有步骤地进行。

二、从管理改革入手，推动全面改革

西工大要办得生机勃勃，多出人才，多出成果，其前提是必须打破保守、呆板、僵死的局面，把学校办“活”。胡耀邦同志最近指出，“改革的关键是把经济搞活”，我们学校的改革，显然，也必须在“活”字上下夫。就是要使学校灵活机动，能适应客观形势发展、变化对我们的要求：要使学校充满活力，充分发挥个人、单位及其他一切积极因素。教学质量的提高，科研成果的取得，学校的发展，从根本上说，要依靠广大教职员工和基层单位的积极性，教学、科研、后勤等方面的改革也要依靠这种积极性，这种积极性是学校办活的前提。学校办活了，才能使学生生动活泼地学习，才能培养出有智慧、有活动能力的人才，才能出有创造性的科技成果。

把学校办活，使之充满力量。根据我们现实存在的问题，首先，必须从管理改革入手。通过体制上、管理上的改革来激发、调动基层单位和个人的积极性和主动性。我校的现状与“三个面向”很不适应。在学校内的各种矛盾中，管理体制上的矛盾是主要矛盾；在存在的各种弊端中，管理体制上的弊端是最大弊端。解决了这个问题，才能调动人们的积极性，才能有效地推动教学、科研方面的改革顺利进行。

进行管理改革，目标有二：一是放权，使每个单位在办学中都能充满活力；二是改变“吃大锅饭”的局面，克服平均主义，调动人的积极性。

要调动积极因素，把学校办活的首要一步，是改变上面统得过死、管得过细、束缚过紧的局面。我校每年给国家输送上千名本科生和研究生，但是，连分配一名毕业生的权力都没有。在上级每年给我校下达的设备经费中，购置单价超过二万元的设备，得报北京去批。盖一栋宿舍楼，图纸要送到北京去批。自筹资金盖房子，造价超过五万元的也得送到北京去批。上级对学校捆得很死，同样，学校对系也捆得很死。有的系主任讲："我是上无瓦片，下无寸土，手无分文。"特别在人权、财权、物权上，系几乎没有多少周转的余地。在这种情况下系的主动性、积极性怎么发挥？怎么能够"活"起来？"活"，就要有活动余地，统死、绑紧，绝不可能"活"起来。要让系、教研室"活"起来，我们应下决心扩大系的自主权，使各系、部都能逐步成为在学校统一领导下，自主进行教学、科研、生产、经营、开发的单位，使他们承担国家和社会给予的责任，拥有相应的权利，并得到相应的利益。为此，学校拟定了《关于系和系主任职责权限的暂行规定》，已经在9月10日下发各系。这个文件的主要精神有两点：第一是实行系主任责任制，明确规定了系主任的职权和责任；第二是扩大系的自主权。这是学校给系"松绑"放权的第一步。文件本身还不完善，而且有关的实施细则还没有制定出来，因而贯彻落实还有不少困难。我们决定由党办、校办、组织部、人事处组成一个小组，选择一个系，协助这个规定进行贯彻、落实。要逢山开路，遇水架桥，督促实施细则的制定，使这个文件真正付诸实施。我们进一步的设想是，最大限度地发挥系的自主作用，独立解决和处理问题。除了一部分重大的、全校性、综合性的和方针、政策性的问题之外，在上级允许的范围内，尽可能地把权放到系上。譬如，讲师、工程师职称的决定权，硕士学位的授予权。二万元以下设备的购置权，以系的名义对外协作、开发经营的决定权，以及各种经费、基金的审批权等。我再次说明，这个文件只是向系放权的第一步，绝不意味着限制各系的积极性，如果在办学中需要突破这个文件的规定，可以报请学校批准后去做。还要强调的是，社会主义大学在大政方针上，应当集中统一。扩大系的自主权绝不是各行其是，搞分散主义。相反，深入贯彻《关于系和系主任职责权限的规定》可以更有效地集中统一，运用学校全局的优势和整体的力量为"四化"建设做更多的贡献。

另外，关于是否在我校实施校长责任制的问题，党委正在与上级进行研究。校长负责制是教育领导体制改革的重要方面之一，我们采取积极的态度，正在准备向这方面发展。

其次，要根本改变"吃大锅饭"的局面，克服平均主义。调动积极性，就必须在定编的基础上贯彻执行岗位责任制，并实行岗位津贴。对所有在工作岗位上的人都按照岗位责任制的规定进行严格的考核，然后根据成绩、贡献、态度、表现、能力等几个方面进行评定，按照多劳多得、奖优罚懒的原则发放岗位津贴和职位津贴。虽然由于历史的因素和现实的条件，我们还不能完全做到按劳付酬，不能彻底克服"大锅饭"、平均主义的弊端，但我们认为这总是向正确的方向迈开了一步，岗位津贴的原则大体上是应适当拉开距离的基础上照顾到面。适当增加中青年骨干教师所得的比例，对在职领导实行职务津贴，对工人实行浮动奖励办法，我们将岗位及职务津贴作为对教师、干部、工人工作好坏、贡献大小、奖勤罚懒的一种补充形式，是在国家还未实行新的工资制度之前的一种过渡性的分配方式。我们希望尽可能体现脑力劳动和体力劳动、复杂劳动和简单劳动、熟练劳动和非熟练劳动、繁重劳动和非繁重劳动之间的差别，尤其是要改变脑力劳动报酬偏低的状况。在一般情况下，只要努力工作，取得成绩，都可能从岗位津贴得到相当于自己工资上升一级或两级、甚至三级以上的津贴。初步估算，按现在草拟的津贴标准，学校每年约需支付70万元至80万元。应该说明的是，这次制定的岗位津贴标准，并不认为已经很高了，我们认为还不够。限于学校的条件和财力，当前只能达到这样一个水平。虽然，我们所制定的岗位津贴办法还不够完善，甚至在某些方面还会有欠妥的地方，在执行过程中必然会遇到这样那样的一些问题。我们还是要在本学期内下发执行，在实践中不断予以充实和完善。当前的形势不允许我们再犹豫等待，首先必须把这一步迈出去，不能等着有了一个十全十美的方案以后再去行动。我们相信，全校绝大多数同志能为学校的前途着想，能从大局出发，支持这样做，并积极贯彻执行。

再次，我们重新制定了收益提成分配办法，总的原则是提高系的分成比例，减低学校的提成比例，扩大系的资金使用范围和权限，取消机关职能部门自己提成的权利。刺激并鼓励各系、部、处（机关除外）在保证完成学校规定的任务之外进行经营、开发的积极性。我们提倡使基层单位活起来、富起来，也只有在这个基础上，学校才能够更多地积累资金，去推动教学、科研、实验室、后勤的建设和发展，才能使学校活起来。当然，收益提成的分配应该考虑到各部门的特点，不能千篇一律。现在初步拟定的办法也许还需要在实践中不断补充和完善，使其更科学、更合理、更有活力。

以上我着重讲了管理改革的问题，我们在进行管理改革的同时，还必须积极着手进行教学、科研等各项工作的改革。

教学改革，必须以“三个方面”为指导方针，以开发学生的智力，提高能力为主要目标。

第一，实行学分制。实行学分制可以改变对学生灌得多、管得死的现状，有利于学生生动活泼、积极主动地学习。有利于能力培养，也有利于促进教学方法和各项教学管理工作的改革。我们决定，从八五级新生开始，由学年学分制转向试行学分制。就是要求从教学计划、教学内容、课程安排到生产实习、后勤管理等方面都进行较大的改革，才能与之相适应。各系和各有关部门，从本学期起，就要积极进行这方面的准备工作。

第二，实行教师聘任制。全校教师的人事关系一律属学校及系管理，系部主任、研究所所长根据定编额向学校及有关系、部聘请教师，签订聘任合同。这样做有利于人尽其才，才尽其用，有利于学科之间的渗透。作为聘任制的第一步，可以先实行任课教师聘任制和选课制。现在，要制定实施细则，认真做好准备，在明年暑假后执行。

第三，进行专业的调整、改造。我校现有34个专业，都面临着如何适应新形势的问题，都需要不断翻新专业内容，加宽专业面向，增强学生就业的适应能力。有的要压缩合并，有的要改变方向，还要加宽建设国家经济建设和国防建设急需的，以及边缘学科、新兴学科方面的专业。

第四，要重视教学方法的改革。要认真总结几年来教学方法改革试点的经验，使教学方法的改革进一步深入下去。

我们还要进一步挖掘潜力，继续抓好多规格、多层次、多种形式的办学。

在科研工作上，我们要认真坚持科研为经济建设服务的方针，改革管理办法，狠抓重点项目，多出成果：①要完善校、系两级分管的管理办法，扩大系的管理范围，学校主要抓规章制度、国家任务的安排、检查督促任务完成情况和成果管理，并直接管理跨系跨学科的重大项目；②要狠抓重点，下定决心，采取措施，力争在近几年内攻下几个水平高、价值大、影响也大的项目；③要抓紧对科研机构的建设，尽快组建好小型无人机研究所等所、室，并要注意在特区及沿海开放城市的技术开发经营工作。

校办工厂是我校的重要组成部分，应该在为教学、科研服务的方针下，广开门路，大幅度地增加生产，增加收益，学校决定工厂实行厂长负责制，并全面承包。

后勤工作要重点抓好伙食。要加快伙食工作改革的步子，抓紧办企业化承包的试点，对试点食堂的主要负责人可进行张榜招贤，努力提供对全校师生员工的优化伙食服务。最近，就要开始快餐、多样早点、夜宵的营业，在学校食堂中重新恢复通用饭票和延点食堂。

三、几个认识问题

（1）关于改革的指导思想。经济部门的改革，是为了提高经济效益，增加利润。高校改革是为了多出人才、快出人才、出好人才，出更多科研成果。大学通过向社会提供科技服务，实行科研成果有偿转让，接受委托培养人才，可以增加经济收入。但这不是我们办学的根本目的，这一点在思想上必须搞清楚。在任何时候，我们都要坚持办学的正确方向，不能把学校办成经济中心。但是，目前在国家财力不足，对教育投资较少，特别是航空工业部财力比较困难的情况下，我们通过科研和教学的服务活动，增加学校的收入，这对于增加学校活力，改善办学条件和教职工的工作和生活条件都是十分必要的。当前，我们创收的工作仅仅是开始，不是多了，而是很不够，还需要大大增加。

（2）要正确对待改革开放带来的新形势。我们已经讲到，改革是一场革命，它必将带来社会政治、经济生活的新变化。我们通过管理改革方面的各种措施，奖勤罚懒、奖优罚劣，体现多劳多得、少劳少得，就必然会出现在个人经济收入上的较大差距，这是改革的必然结果。另一方面，改革是一件新事物，我们制定的各种办法，不可能一下子做到十分完善，难免在局部范围内出现一些不合理的现象。对于改革带来的这样一个新的形势，每个同志都应当有足够的思想准备和正确的认识。正像十二届三中全会决定中所指出的，长期以来在消费资料的分配上存在一种误解，似乎社会主义就是要平均。如果一部分劳动者的收入比较多，出现了较大的差别，就认为是两极分化，背离社会主义，这种平均主义思想同马克思主义是不相容的。我们的同志由于在旧的轨道上行走惯了，都会不同程度地存在着这种平均主义的思想，这是当前进行改革的思想障碍。我们希望全体代表和全校同志，都要认真学习十二届三中全会的决定，深刻认识经济体制改革和教育改革的重大目的，使自己的思想跟上改革的新形势，做改革的促进派。

我们要进行的改革，固然有许多兄弟院校的经验可以借鉴，但仍是探索性的，存在着成功和失败两种可能，要求万无一失，那就等于取消改革。致力改革，就必须不怕困难，不避风险，允许在探索中有失误，但不允许不改革。新生事物总是不完善的，只要利多弊少，就应当坚持，在实践中加以完善。全校人员都应以搞好改革为己任，意气风发、雄心勃勃，在探索中前进。可以预见，烂漫的春色即将来到西工大。

（3）要搞好改革，开创新局面，领导是关键。一定要努力把我们的领导班子建设成一个有胆识、敢创新、团结实干的战斗集体。领导一定要有战略眼光，解放思想，面向未来，紧跟十二届三中全会的新形势，想大事，议大事，敢于碰硬，敢于解决问题。在工作中要善于发现，大胆启用事业心强、有开创性精神的干部。加强各级领导，并下决心采取各种措施，为我校培养一支精干的管理队伍。要树立实事求是、讲求效率、联系群众的工作作风。为了提高领导工作的水平和效率，准备建立必要的智囊参谋组织，建立领导工作的信息反馈系统。我们要虚心学习，学习党的方针政策，学习兄弟院校的先进经验，虚心听取同志们的好意见。搞好领导成员的岗位责任制，分工协作，搞好工作。

我们准备在今年年底，结合岗位考核，把校领导、机关各职能部门放在系、教研室和群众中评一评，给分数、提意见，并把这些作为考核和岗位津贴的重要参考。

同志们，我们正处于一个社会历史伟大转折的新时期，开创我校新局面，有许多繁重而艰苦的工作等待着我们去做，有许多困难等着我们去克服。只要全校同志振奋精神，团结奋斗，坚持改革，开拓前进，我们的目标一定能够实现。

总结经验　深化改革　开拓前进

（1987年10月）

今年10月5号是我校并校30周年的喜庆日子。与大家一起回顾我校的发展历史，检阅30年来在人才培养、科学研究和学校各方面工作的成绩，总结办学经验，这对学校今后的建设发展具有十分重要的意义。

我们西工大是1957年10月根据国务院的决定，由原西北工学院和西安航空学院正式合并成立的。西北工学院成立于1938年，她的前身是北洋大学工学院、北平大学工学院、东北大学工学院和焦作工学院，院内设有机械、土木、矿冶、化工、电机、航空、水利、纺织、工业管理九个系，抗战胜利后学校由陕南城固迁至陕西咸阳。西安航空学院即原华东航空学院，系由交通大学、浙江大学、南京大学（原中央大学）三校的航空系合并而成，1952年在南京建校，1956年迁来西安。1970年，哈尔滨工程学院航空工程系内迁并入我校。经过几次院系调整，我校成为一所新型的、以工为主、以“三航”为特色的工、理、管、文相结合的综合性科学技术大学。我校的历史可以追溯到半个世纪以前。我们的校友在航空航天航海工业、石油化工工业、纺织工业、土木建筑、矿冶、水利、电子、能源工程，以及科技、教育等各条战线上为国家建设做出了重要贡献，也为母校增添了荣誉。并校30年来，我校为国家培养了24000多名工程技术和科学研究人才，大多已成为航空、航天、航海及各方面的技术骨干，还有不少人担负了各级重要领导职务，在我国的国民经济和国防建设中发挥着重要作用。我校还培养出了我国第一个航空宇航制造工程博士、第一个飞行力学博士、第一个航空发动机博士和第一个铸造科学与工程博士。这一切，我们感到无比自豪。

1957年两校合并成立西工大时，仅有5个系，12个专业，教职工2100人，在校学生4400名。随着国家经济建设的发展，我们学校也迅速发展壮大起来。1960年被列为全国

资料来源：《西北工大报》热烈庆祝西北工业大学并校30周年专刊，1987年10月5日。

重点大学之一，1985年经国务院批准列为我国“七五”期间的重点建设项目。到目前，学校已有17个系、40个专业、6个研究所、9个研究中心、15个研究室；相继成立了研究生院、继续教育学院、函授学院及出版社等；图书馆藏书120多万册，各种期刊5100余种；学校占地1000多亩，建筑面积40万m^2；现有教职工4200人，其中正副教授512名；在校学生7500多名，其中攻读博士、硕士学位的研究生1239名；40个专业全部可授予学士学位，37个学科（专业）可授予硕士学位，14个学科（专业）可授予博士学位，并设有固体力学博士后流动站。

30年来，学校有了很大发展，但是我们走过的道路是不平坦的。从1957年并校到“文化大革命”前，是我校建设发展的第一个好时期。当时在中央正确路线、方针、政策指引下，在国防科委、中央有关工业部和陕西省委的直接领导和支持关怀下，我校认真贯彻了德、智、体全面发展的方针，经过全校同志特别是广大教师的共同努力，师资队伍和一批新专业迅速成长，科学研究逐步开展，教育质量逐年提高，尽管有“左”的干扰和小的挫折，但学校呈现出欣欣向荣、蓬勃发展的景象，并形成了奋发图强、淳朴踏实的良好风气，广大校友至今仍然十分怀念。很可惜的是，十年动乱使学校蒙受了一场浩劫，广大干部和知识分子的身心受到严重摧残。粉碎“四人帮”以后，特别是党的十一届三中全会以来，在国防科工委、航空工业部和陕西省委的正确领导下，学校党政领导带领全校同志认真贯彻执行了中央的路线、方针、政策，拨乱反正，团结奋斗形成了安定团结的政治局面，使学校的工作重心转移到以教学、科研为重点，培养社会主义建设人才这个根本任务上来，学校重新走上了健康发展的道路。在学科建设、人才培养、科学研究及思想政治工作、行政管理、后勤保障等各方面都取得了比较突出的成绩，成为学校建设发展中第二个好时期。

根据中央《关于教育体制改革的决定》和“教育要面向现代化、面向世界、面向未来”的方针，近年来，我们大力进行了以教育改革为中心的各项改革，旨在优化人才培养过程，全面提高人才培养质量，增强办学活力，提高办学的效率和效益。根据“拓宽专业，加强基础，重视实践，培养能力”的要求，吸取国内外办学经验，调整专业设置，进行专业内容的改造，拓宽了专业口径，恢复和兴办应用数学、应用物理、机械、工程力学、管理工程、社会科学及外语等系科；进行教学内容、教学方法改革，注意加强课程设计、毕业设计、工厂实习等实践教学环节，开始进行招生分配制度的改革实验；实行学分制、三学期制、中期选拔与合理淘汰制，努力做到优材优育；提出关于加强本科生教学、全面提高教学质量的十一条措施；同时实现多层次、多规格、多种形式办学。这些改革，使学校呈现出活力，促进教育质量的全面提高，为优秀人才的脱颖而出创造条件。

在科学研究方面，我们坚持“以应用研究为主，重视基础研究，加强技术开发”的方针，主动适应国防工业战略转移的形势，在保持和发挥我校独有的“三航”优势的同时，大力发展扶持新兴学科与边缘学科，加强重点学科与重点实验室建设，在校内采取“竖办所室、横办中心”的办法，相继成立无人机指挥部和研究所、计算机科学与信息工程研究所等一批富有特色的研究实体，组成仿真与控制中心、CAD/CAM（CIMS）研究中心、复合材料研究中心及计算热物理研究中心等一批跨系、跨学科的研究组织，使有限的人力和设备得到一定程度的集中，初步形成拳头，为发挥学校综合力量强的优势，实现内联外争创造了条件。我校的实验室已从1980年的54个增加到1986年的77个，包括高速水洞实验室等一批居国际国内先进水平的实验室，实验设备净增9842台套，包括IBM4381M及 PRIME—550II计算机辅助设计系统等一批高水平设备。年度科研经费“六五”期间保持在700万元的水平上，去年达到1000万元，今年可突破1200万元。1984～1986年，我校的科研成果获得国家省、部级奖励的有190多项。我校研制的鱼-4乙型水下航行器、无余量工艺、GC-11型钢等项目，具有重大的经济价值和国防价值，在无人小型飞机研制方面已居于国内领先地位，在先进翼型设计研究、CAD/CAM（CIMS）、激光编码制导、稀土永磁电机、超级计算机航空吊放声呐等方面的研究已走在全国的前列。我校的学报在国内外享有较高声誉，所发表论文被国外著名文摘介绍的数量已超过400篇，在全国各航空单位名列前茅。1987年上半年我校获国家科学技术进步奖5项，其中一等奖、二等奖各1项。

随着改革开放形势的发展，我校积极开展了科学研究和人才培养的多方面的联合，实现了多层次、多规格、多种形式的人才培养，对外科技服务经费1986年已达300多万元。我校的西北西南科技协作中心和中国设备管理培训中心，在科技交流合作与人才培养方面进行了卓有成效的工作。近年来，我校广泛开展与国外的学术交流，先后与美国、联邦德国、英国等国家的8所院校、14个科研机构建立协作关系，有33名国外专家学者被聘为我校的名誉教授、顾问教授或兼职教授，先后有20个国家和地区的1500多名专家学者来我校讲学或参观访问。

我校的思想政治工作、后勤保障工作，在形势变化大和条件比较困难的情况下，积极实践探索，初步摸索了新形势下适合我校特点的一些新方法、新路子，受到国家教委、航空部及陕西省委的肯定与赞扬，中央和地方的多家新闻单位曾多次报道介绍。在今年5月国家教委召开的高校思想政治工作座谈会上，转发了我校的《教书育人、服务育人工作暂行条例》和《教职工支部工作暂行条例》。1985年、1986年连续两年，我校被评航空工业部的先进单位。伙食工作，去年也被国家教委评为全国高校的先进单位。

我们西工大经过了30年的曲折变化和努力奋斗，现已发展到空前规模的程度。在办学上，我们已经实现了几个方面的转变：一是从以教学为中心向教学、科研两个中心的转变；二是由工科大学向以工为主，工、理、管、文相结合的综合性科学技术大学的转变；三是由军工向军民结合的方向转变；四是由本科生培养为主向多层次、多规格、多种形式培养人才的转变；五是由封闭型向开放型的转变。在此基础上，我校制定了1986～1990年的学校发展规划。根据这个规划，到1990年，列入国家培养计划的博士生将达到210人，硕士生将达到1500人，本科生将达到5590人，后继教育200人，另有函授、夜大生2500人。除新学科外，所有学科都能授予硕士学位，争取有更多学科能授予博士学位；教师和专职科研人员将增加到1800人。能够培养出基础扎实、能力较强、能适应国家建设需要的本科生、专科生，又能培养出具有国际国内先进水平的博士生、硕士生；能够独立承担国家重大科研任务，解决国防和国民经济建设中的重大科学技术问题，创造出一批具有国际先进水平的重大科研成果。总之，我们的目标是把学校办成具有自己特色的、教学和科研并重的大学，努力为创造出第一流的教育质量、第一流的科研水平、第一流的管理水平的大学，做出我们应有的贡献。为此，我们必须坚定不移地坚持社会主义办学方向，大力改进马克思主义理论课教学，进一步加强思想政治工作，建设一支高水平的教师队伍和职工队伍，继承和发扬我校的优良传统，树立“求实、创新”新校风，不断深化教育改革，努力开创各项工作的新局面。

艰苦奋斗　勤俭办学　建设良好校风
全面提高教育质量

——在西北工业大学三届二次教代会上的工作报告

（1987年4月20日）

各位代表，同志们：

首先，我代表学校党政领导，对我校三届二次教职工代表大会的召开表示热烈祝贺。现在，我向大会报告工作，着重讲全面提高教育质量及发扬艰苦奋斗精神、坚持勤俭办学原则、加强校风建设问题，请各位代表讨论，提出宝贵意见。

我的报告共分以下三个部分。

一、一年多来工作的回顾

在去年元月召开的我校三届一次教代会上，吴心平副校长代表学校，就我校如何创第一流的教学质量、第一流的科研成果、第一流的管理水平，向大会做了工作报告。一年多来，在航空工业部和陕西省委领导下，我校党政领导紧密配合，带领广大干部和群众，为实现我校的"七五"奋斗目标，争创三个"第一流"，团结奋斗，锐意改革，不断进取，做了大量工作，使学校的工作面貌发生明显变化：①我校作为全国重点高等院校之一，基本任务是培养社会主义现代化建设需要的德、智、体、美全面发展的合格人才，这是检验我们办学成败的主要标志，这一点全校上下基本统一了认识；②安定团结的局面进一步巩固，广大干部和教职工表现出奋发图强、力争上游的良好精神状态，学校工作出现了蓬勃向上的好形势；③我校的政治思想工作、科学研究、总务后勤、校长负责制的试行等方面工作取得了比较突出的成绩，进入全国高等院校的先进行列。可以说，过去的一年，是全校同志团结奋斗、锐意进取的一年，是出成绩、出成果的一年。

资料来源：《西北工业大学年鉴》1987年卷。

其主要标志可以概括为以下几个方面。

（一）思想政治工作水平有了新的提高

我校的思想政治工作，在形势变化大、外界影响多的困难情况下，继续保持发扬了过去的优良传统，积极探索进取，初步摸索到了新时期高校思想政治工作的一些好的做法，水平有了提高。在指导思想上，实现了几个根本观念的转变，即把党的领导从党委包揽一切的旧观念转变为主要是思想政治领导的新观念；把思想政治工作从“统帅”的旧观念转变为为实现新时期总任务、总目标服务的新观念，在学校就是要为建设“两个中心”和培养“四有”建设人才服务的新观念；把思想政治工作的主要工作方式从抓消极因素、搞批判斗争的旧观念转变为发现培养、宣传体现时代精神的先进典型，调动广大群众的社会主义积极性的新观念；把思想政治教育的基本方法，从单向灌输和僵硬训导的旧观念转变为疏导和自我教育相结合的新观念。我们始终保持并基本稳定了一支素质较好，以专职为骨干、兼职为主体、专兼结合的思想政治工作队伍，形成了具有我校特色的思想政治教育网络和党委、校长、干部、教师、工人对学生齐抓共管的新局面。1986年4月我校成立了思想政治工作研究会，大力开展了思想政治工作研究，初步摸索了坚持疏导方针，广泛开展教书育人、服务育人活动，大力表彰带有时代特色的先进典型及领导与群众直接对话等一些在新时期进行思想政治工作的有效方法，并涌现出周尧和、赵令诚、屈秀梅等一大批教书育人、服务育人的先进个人和先进集体。在前年和去年的两次学潮中，我校党政领导和各级组织，为抵制资产阶级自由化影响，阻止学生上街闹事，旗帜鲜明，态度坚决，措施得力，维持了学校的稳定局势，这也是对我校思想政治工作的考验。在国家教委1986年召开的高校思想政治工作座谈会上，我校关于思想政治工作的发言，受到一致好评，教委将材料印发各校，多家新闻单位作了介绍。我校的思想政治工作研究会被航空部评为优秀研究会。去年12月，我校召开了贯彻落实十二届六中全会决议工作会议，进一步提出了加强精神文明建设的六项措施，并制定、颁发了总支、支部和教书育人、服务育人三个暂行工作条例，做出了加强学生思想政治教育工作队伍建设的决定，正在贯彻实施。这些都说明，我校的思想政治工作大大前进了一步，水平有了新的提高。

（二）教育改革不断深入，学校的事业有了新的发展

一年多来，我们以“加强基础、拓宽专业、扩大面向、注重实践”为基本指导思想，从教学内容、教学方法和教学管理等各个方面进行了改革。

从八五级开始，以全面实行学分制为突破口，实行了三学期制，对几门重要基础

课实行了分级教学，为统一教学计划，加强基础理论与实践环节教学，扩大学生的知识面、鼓励优秀学生冒尖创造了有利条件。同时，从各方面，通过多渠道加强了实践性教学环节，加强了教学管理，设立了多种教学奖励，颁发了“中期选拔与合理淘汰”等制度，并付诸实施，取得了良好的效果。积极进行专业调整改造和学科建设工作。根据当前学科的高度分化与高度综合这一现代科学技术发展的特点，针对我校专业设置口径过窄，边缘新兴学科较少，系、学科、专业之间横向联系太少和教学内容陈旧、课程设置狭窄单一等弊端，我们在专业调整改造与学科建设上采取了积极、慎重的态度，从各学科的实际情况出发，把注意力放在改造专业的内涵上，保持和发扬了我校的“三航”特色，拓宽了专业面向，加速了新兴学科与交叉学科的发展。新增设的应用数学、应用物理、工程力学、政治思想教育、工业管理工程、热能工程工业与民用建筑等8个专业，在过去一年多的时间里有了较大的发展。老专业的调整改造也取得了一定的成绩，如航空电器专业，在原来的基础上扩展为通用电器技术专业，成为航空工业部所属院校专业调整改造成功的典型之一。

1986年，经上级批准，我校相继成立了研究生院、继续教育学院和函授学院。这“三院”的成立，大大增强了我校培养博士、硕士等高级专门人才和开展继续教育、函授教育的能力。我校在校研究生已达1200多名，居全国高校前10名之内。我校还是全国10个在职人员申请硕士学位的试点单位之一，到目前为止已有24人在职申请、获得了硕士学位。这是高级人才培养的一个新的途径，今后我们还要加强这方面的工作。西北西南科技协作中心和中国设备管理培训中心为西北西南国防系统的合作与开发，为设备管理方面各种规格人才的培养做了大量工作。最近教委特别批准在我校设立全国唯一的设备工程与管理专业，这是对我们这方面工作的充分肯定。另外，我校在继续教育和函授教育方面所做的工作也多次得到国家和经委及其他上级部门的表扬。

在过去的一年多时间里，我校的教学工作虽然遇到了不少困难和阻力，但是，由于我们把握住了改革的方向，坚持了质量第一的原则，做了大量深入细致的工作，我们的成绩是明显的、主要的。通过调查，我校八五级、八六级的基础课教学质量较八二、八三、八四几个年级有所提高，在陕西省举办的工科院校高等数学统测中取得了第一名；学生的实践能力也有所加强，毕业设计联系生产实际也取得了可喜成绩，产生了一批质量较高的毕业论文。

今年元月份，我们召开了教学工作会议，以如何提高教学质量为中心议题，对我们前一段的教学工作做了全面的回顾和总结，做出了《关于加强本科教学提高教学质量的若干问题的决定》。由于我们的这项工作方向正确，起步较早，措施得当，陕西省高教局向全省高校转发了这一《决定》，国家教委也对我校这项工作给予了好评。我们相

化”建设的要求对照，还相差甚远；与先进院校相比，我们的教学质量还亟待提高。我们的科研工作、后勤工作还要认真找出差距，再接再厉，更上一层楼。我们领导部门对全校的组织管理工作抓得不紧，措施不够有力，尤其是对治“散”、治“软”抓得不狠，成效还很不理想。对广大干部使用多，培养提高重视不够，以致一些干部不能很好地胜任本职工作。我校当前教风不严、学风不浓的现象已日益突出，主要原因之一是我们领导要求不严，我校各项制度的建设还不配套、不完善，我们对重大问题进行决策的民主化、科学化程度还需要进一步提高等。这些都必须引起我们高度重视，并要通过全校同志的努力来共同克服。

经过一年多的努力，我们深深感到，我校各项工作所取得的成绩都是来之不易的。总结各方面的经验教训，我们有以下几点体会。

（1）坚决、全面地贯彻党的各项方针政策，是学校工作顺利前进的保证。紧跟党中央，坚决、认真、全面地贯彻党的三中全会以来的路线和中央的各项方针政策，是我校以前各届领导给我们留下的好传统。从近几年来的工作实践中我们也体会到，只有这样做，才能保证我们的各项工作在正确的轨道上不断前进。根据党的十二大精神，我校党委及时地把主要精力转移到党的建设和思想政治工作方面来，认真研究新时期思想政治工作的特点和规律，切实落实加强党的建设和思想政治工作的措施，两年多来使这两方面的工作都取得了显著成绩，打开了局面，初步走出了新的路子。1985年1月，中央发出了加强和改善以伙食为中心的高校总务后勤工作的指示，我校及时贯彻落实，提供了必要的物质技术保障，使总务后勤工作在较短时间内迅速改变了面貌，有力地保证了学校中心任务的完成，受到全校同志的一致好评。再如，我校贯彻落实六中全会《决议》及教学、科研、实验室工作几个会议的召开；中央1～4号文件的传达学习；教书育人、服务育人活动的开展等，由于认真学习领会了中央精神，看准了方向，起步较早，抓得较紧，都收到了好的效果，得到了上级的肯定与表扬。毛泽东同志曾经说过:“政策和策略是党的生命，各级领导同志务必充分注意，万万不可粗心大意”。这是至理名言，做领导工作的各级干部确实应当牢记，并把它认真贯彻到自己的工作中。

（2）加强五支队伍的建设是办好学校的基础。高等院校的教职员工，是由教师、思想政治工作干部、行政管理干部、实验技术人员和生产后勤工人5部分组成的，办学就靠的这5支队伍。这5支队伍担负的任务各有不同，但目标是相同的。办好学校，必须同时调动这5支队伍的积极性，少了哪一部分人的积极性都不行。我校是一所老校，目前以中年为骨干的这5支队伍，是经过党的长期教育和几十年的工作实践壮大发展起来的，从整体来说，觉悟高、素质好，是办好学校的基础。大家都清楚地看到，我们上面讲到的我校各项工作取得的成绩不是任何人恩赐的，都是这5支队伍奋发图强、辛勤工作创造出来的。目前，学校工作的正常运转靠这5支队伍，今后学校的发展，“七五”规划的实现还靠这5支队伍。因此，作为学校的领导，关心爱护这5支队伍，切实加强这5支队伍的建设，不断提高其政治思想和业务素质是一项十分重大而紧迫的任务。

（3）加强党政团结、干群团结、全校人员之间的团结是我们力量的源泉。“十年动乱”之后，经过拨乱反正、党的十一届六中全会决议的学习和党的知识分子政策及其他各项方针政策的贯彻落实，校内逐步形成了安定团结的局面，保证了学校各项工作的顺利发展。近两年来，经过整党，使这种团结得到进一步加强，学校工作出现了蓬勃向上的好形势。校内各单位，内部团结一致，工作就上得快；团结不好，互相掣肘，内耗大，情况就相反，这是一条重要的经验教训。团结是我们力量的源泉，胜利总是和团结伴随在一起的。每一个同志都应当珍惜这种团结，以实际行动增强我校党政之间、干群之间及全校同志之间的团结。

同志们，回顾我们过去一年多来的工作，我们为全校师生员工努力奋斗所取得的成绩感到高兴和振奋，它使我们对学校的未来充满了信心，并激励着我们奋发图强，齐心协力去争取更大的胜利。

二、深入改革，突出重点，全面提高教育质量

在今年2月国家教委召开的工作会议上，李鹏副总理分析了当前高教战线的形势后明确指出:“今年教育战线要抓好两件大事，一件是反对资产阶级自由化，一件是继续进行教育领域各项改革，努力提高教育质量。”也就是说，当前高等学校，一要解决方向问题，二要解决质量问题。对教育质量必须全面理解和全面贯彻，决不可有所偏废。我们认为，这两个问题抓住了当前高等教育的要害，具有非常强的现实针对性，既符合全国情况，也符合我校情况。

1985年和1986年的两次全国性学潮反映出，方励之等人散布的“全盘西化”、否定党的领导和社会主义道路的资产阶级自由化思潮，在相当一部分学生中颇有市场。这是一个危险的信号，说得严重一点，这是一个关系到我们的社会主义大学为社会主义事业培养接班人还是掘墓人的问题。这两次学潮，我校学生都没有上街，但这并不意味着没有问题。应当说，各校的工作状态不同，学生的情况会有差异，但当前在校大学生有其共同的思想特点和规律。今年初，在中央1号文件传达学习之后，在全国的政治大气候已经发生了根本变化的形势下，校学生办对200多名学生进行了问卷调查，结果表明，仍有30%以上的学生对坚持四项基本原则没有明确态度，有一半以上学生对外地学生去年冬天上街游行闹事认识是模糊的。问题的严重性，由此可见一斑，至于在道德修养、纪律观念等方面存在的问题那就更令人担忧了。

学生在业务素质方面存在的问题同样是不容忽视的。国家教委副主任何东昌同志在去年的一次会议上说，据教委的调查，全国的大学生有1/3的人不努力学习。1985年、1986年两年，北京、上海因成绩不合格被处理的大学生都数以百计。我校学生的学习情况没有详细调查，粗略估计，不努力学习的人数，也大致接近1/3这个比例。曾经出现过一个小班到三年级结束时，已经有13名学生拿不到学位的情况。有一个小班，期末一次考试，就有23人不及格。据初步统计，在今年研究生考试中，我校相当多的专业出现了“两个低”：一个是应届生的初选率低于在职人员的初选率，一个是本校应届生的初选率低于外校应届生的初选率，这些情况是往年所未有的。工厂、研究所等一些用人单位反馈回来的信息，也是说从1981年以来，我们的毕业生质量一届不如一届，而轻视实际、眼高手低的现象尤为突出。

无论作为学校的领导、教师、干部还是工人，我们的目标是共同的，我们是重任在肩，党和人民把近万名青年交给我们，看到我们培养出来的毕业生不能达到国家规定的培养目标，不能很好地适应祖国社会主义现代化事业的需要，我们能不着急吗？所以，我要借我校召开教职工代表大会这个机会，大声疾呼全面提高教育质量的问题，并且我希望通过各位代表，把我的这个呼吁传达给每一个教职工，以引起全校的共同关注。

关于全面提高教育质量，涉及的问题很多，根据当前的形势和我校的实际情况，我们认为，就培养人才的政治方向和思想素质来说，需要着重抓好以下四个方面的工作，或者说，要解决以下四个问题。

（一）要坚持办学的社会主义方向，从实际上切实解决我们培养的毕业生为谁服务的问题

社会主义教育的目的是保护和发展社会主义公有制，发展社会生产力，培养有理想、有道德、有文化、有纪律的一代新人。资本主义教育的目的是保护资本主义的私有制和所谓自由竞争，把学生培养成所谓“民主个人主义者”。这是两种教育的本质区别。我们的大学的社会主义性质决定了我们培养的人必须是社会主义事业的建设者和无产阶级革命事业的接班人，因此，我们的办学方针，就必须坚持四项基本原则，坚定不移地沿着社会主义的道路前进，这一点，不能有丝毫的动摇。如果我们培养的学生不拥护共产党和社会主义，不全心全意为社会主义服务，缺乏理想，自私自利，只顾个人，不顾集体，不讲公德，不守纪律，那就是办学的最大失败。方励之等人鼓吹“全盘西化”，说什么“大学生就不应受某种思想的约束”，实际就是任凭违背甚至反对四项基本原则的资产阶级自由化思潮在大学自由泛滥。如果这样，我们的学校将会变成什么样子？所以说，坚持四项基本原则，是我们社会主义教育事业成败的关键，只有明确了这

个方向，才能统一思想，使学校培养人才的各项工作走上正确轨道。

要解决为谁服务这个根本问题，一要对学生坚持不懈地进行坚持四项基本原则、反对资产阶级自由化的教育。学生只有牢固树立坚定正确的政治方向，在学校才能自觉地为实现祖国的“四化”奋发学习，将来走向社会，才能为祖国、为人民做出贡献。这个教育是长期的。进行这个教育，是党委的责任，也是校长的责任，是政工干部的工作，也是全校广大教师和每个教育工作者的共同任务。我们一定要把这个教育当作大事来抓，不能有丝毫的动摇和松懈。二要努力改进和加强马克思主义基本理论教育，帮助学生树立起共产主义远大理想和世界观。要按照中央要求，认真搞好政治理论课的改革，力争在1988年按照新的课程体系全面开新课，不断改进教学方法，提高教学效果。要贯彻理论联系实际的方针，结合学生思想实际，帮助学生掌握马克思主义的立场、观点、方法，努力回答国际国内出现的和学生关心的重大现实问题，提高教育质量。三要积极开展学生的实践活动。社会实践是一个伟大的课堂，古人也主张“读万卷书，行万里路”，参加实践，不仅可以使理论与实际结合，把死知识变为活知识，增长才干，而且可以了解社会，接触群众，体会劳动人民的思想感情，促进知识分子与工农群众的结合，收到转变思想的良好效果，这种思想教育的效果，光靠校内的思想教育是不易达到的。大学生参加社会实践，这是知识分子成长的正确道路，中年以上的同志对此都是深有体会的。我们正是要从成才道路的高度来认识参加实践活动的重要意义。这些年来在批“左”的时候，把这个正确的东西也丢掉了，不能不是一个失误、一个损失。现在20岁左右的大学生，他们从家门到校门，最缺乏的就是社会实践和体力劳动，我们的这个失误在他们身上造成的损失是显而易见的。今后，要把学生参加社会实践和体力劳动作为一条重要的教育思想恢复起来、确定下来，要从教学计划中体现出来，给以保证。要在全面考虑、统筹兼顾的前提下，合理安排入学后的军训，并作为制度定下来；要强化课程设计、生产实习和毕业设计等实践性教学环节。要积极开展勤工助学、科技咨询、社会调查、参观访问及参加公益劳动等活动，努力克服轻视实践、轻视工农、轻视劳动的不良倾向。四要大力加强对学生的道德品质和增强组织纪律观念的教育。近年来，学生在道德和纪律方面存在的问题都是大家看到的，是令人非常不安的，社会上也有比较强烈的反响，我们在校内的各种会议上也多次讲到这个问题，加强学生的道德和纪律教育是个不容忽视的重要任务。针对学生道德面貌的现状，我们的教育应以社会公德为起点（这实际上带有补课性质），以职业道德教育为重点，以社会主义道德为普遍要求，以树立共产主义道德为最高目标。要通过实施《大学生文明行为ABC》、持续开展“五讲四美”活动等多种形式把道德教育落到实处。还要加强美育教育，培养学生积极健康的审美情趣，提高审美能力，养成文明高雅的习惯。同时，还要把民主观念与法制观念结合起来，对学生进行公民意识教育和增强组织纪律观念的教育，使学生树立权利与义务相统一、自由与纪律相统一的观念，增强公民意识，成为一个合格的新型大学生。

要完成上述任务，我们必须建立和保持一支宏大的以专职为骨干、兼职为主体、专兼结合的思想政治工作队伍，强化思想政治工作的效果。当前要把重点放在这支队伍的稳定与提高上。要大力开展思想政治工作的研究。要使思想政治工作干部的劳动得到全校以至全社会的承认与尊重。要认真执行我校制定的《关于加强学生思想政治教育工作队伍建设的决定》。给政工干部以应有的地位和待遇，妥善解决他们今后的发展方向问题。我们正在进行思想政治教育工作干部教师职务的聘任工作，并将逐步进行其他系列的职务聘任工作。我们希望，广大的专兼思想政治工作的同志，努力加强自身建设，发扬党的思想政治工作的优良传统，研究新情况，创造新经验，走出新路子，通过自己卓有成效的工作，树立思想政治工作的权威，不辜负党和人民的信任与重托。

（二）严格管理，切实解决执教不严、学风不正的问题，大力提高教学质量

今年10月，是我校并校30周年。30年来，我们已经为国家培养了20000多名毕业生，其中大多数人，特别是“文化大革命”前的毕业生，已经成为“四化”建设各条战线挑大梁起骨干作用的中流砥柱，有的做出了突出成绩和重大贡献，有的担负了各级重要领导职务，而且一般都认为，我校的毕业生到了工作岗位后，有一种艰苦朴素、埋头苦干、认真负责、讲求实效的良好作风，受到社会各方面的普遍好评。这个事实说明，我们学校是能够培养出高质量的毕业生的。近五六年来，随着我国经济的繁荣和社会主义建设事业的发展，在党和国家的重视和主管上级部门的支持下，和许多兄弟院校一样，我校从专业数量、设备更新、基本建设到教职工数量和招生规模，都有了较大较快的发展，这也是社会主义教育事业兴旺发达的标志。我校作为全国重点大学之一，又被列为“七五”期间的重点建设单位，我们的主要任务是在保证全面完成国家下达的指令性计划任务的同时，把重点放在提高质量上，要努力争创三个“第一流”。今后学校的规模还会有适当发展，但必须把提高质量放在第一位，要把主要精力用到提高教育质量上来，要在保证提高质量的前提下适当发展数量，绝不能因发展数量影响提高质量。但是，正如前面我们已经指出的，我校的教育和教学质量确实存在着令人担忧的问题。造成的原因很多，影响因素很复杂，但从学校本身来说，执教不严、学习风气不浓则是最大的原因，这反映出我们领导缺乏从严治校的精神，对教学质量问题抓得不狠，措施不够得力。提高教育质量，必须突出一个“严”字，要从严抓起。大家都知道严师出高徒的道理，《三字经》上也说“教不严、师之惰”，所以首先要解决严谨治学、严格执教的问题。要通过思想教育和各种政策措施，充分调动教师教学的积极性和对学生高度负

责的精神，不但要做到认真备课，认真教授，一丝不苟、严肃负责地对待每一个教学环节，千方百计提高教学质量，还要既管教，也管学，对学生严格要求，不高抬贵手，不送人情分，不得过且过。要严起来，政策要对头，学校还要给教师撑腰，相应的措施要跟上，解除教师的各种顾虑。提高教育质量，除了从严治校、严格管理之外，还必须坚定不移地把教育改革推向前进。在“教育要面向现代化，面向世界，面向未来”的战略指导思想和中央关于经济、科技、教育三个体制改革决定的指引下，我校在教育改革方面做了大量工作，开创了改革的局面，收到明显成效。但这仅是一个开端，要取得根本性的进展，全面提高教育质量实现我校“七五”规划的奋斗目标，必须坚定不移地把改革引向深入作长期坚持不懈的努力。对我们已经进行的改革，要“巩固、消化、补充、改善”，例如，我们在全面推行计划学分制，经过两年试点之后，应该进一步总结、完善，处理好诸如基本规格与因材施教的关系，计划性与灵活性的关系，系的指导作用与学生兴趣的关系，把学分制的实行提高到一个新的高度。改革的深入发展，既要坚决，勇于创新，又要谨慎，注重实效。我们要走自己的路，从我校实际出发探索改革之路，做艰苦细致的工作，不搞花架子，逐步形成自己特点。应特别指出的是，改革的效果最终要通过实践来检验，不能简单地、过早地对某项具体改革的得失成败做肯定或否定的结论，要允许失败，给改革创造一个宽松的环境，防止折腾和反复。当前我们的教学改革必须突出重点，着重抓好11门主干基础课程的建设，加强实践性教学环节，教师队伍特别是青年教师队伍的培养提高以及严格教学管理等方面的工作，要落实措施抓到底，抓出成效。

（三）围绕全面提高教育质量这个中心，科研要继续出成果、上水平

作为一所重点院校，在“七五”规划中我们已经明确规定了我校的奋斗目标，就是到1990年把我校建成具有自己特色的、学术水平比较高的、以“三航”为主、军民结合、工理管文结合的、多学科的教育和科研中心，成为教学的示范单位，开展科学研究的“国家队”。这是一个有雄心壮志的奋斗目标，需要通过全校同志的艰苦努力才能实现。教学和科研都是为“四化”建设服务的。教学工作是学校的一项主要的经常性的基本工作，我们必须牢牢抓好这项工作。科学研究也是我校丝毫不可缺少、丝毫不能放松的重要工作。我校的教学、科研是互相依存、相辅相成的。科研为教学提供了基础和素材，丰富了教学内容。教学、人才培养也对科研提出了更新更高的要求。人才是在出成果的过程中成长起来的，成果又是人才创造性劳动的结果。如果没有一个学术气氛浓厚、科学思想活跃、实验研究基础良好、人人愿学科学、为“四化”建设献身的气氛和环境，是难以真正培养出创造性优秀人才的。因此，教育和科研两个中心不能看作是独立无关的两个方面，对于重点大学来说，单独建成一个高水平的中心是不可想象的。把

两个中心对立起来的观点，一个为主、一个为辅的观点，都是片面的。只有把教学和科研密切地结合起来，互相促进，才能把我校的工作搞上去。就科研来说，我们要能够承担国家的重大研究任务，不断做出有先进水平的科研成果，一方面直接为国民经济和国防建设服务，另一方面为提高教育质量、培养人才服务。一所重点院校，科研水平上不去，教学水平也难以提高，教学质量的提高就会受到很大限制。这一点，在研究生的培养上表现得尤为突出。所以，从完成全面提高教育质量、培养高质量建设人才这个基本任务的角度，科学研究工作也需要大力加强，不断地出成果、上水平。

我校的科研工作取得了显著成果，出现了蓬勃向上的好势头，这是令人鼓舞的，但必须看到，这仅仅是开始，我们的成果和水平与我们的奋斗目标尚有很大差距，与先进的兄弟院校也有较大差距，不能骄傲自满，更不能产生停步不前的松劲情绪，而要利用这个有利形势，鼓干劲，立雄心，树壮志，继续攀登新的高峰，创造出更加丰硕的成果。

要开创我校科研工作新局面，出成果，上水平，更好地为提高质量和培养人才服务，针对我校现状，必须从以下几个方面着手：一要进一步增强竞争意识，要发扬不甘落后、分秒必争、奋力拼搏、为学校争荣誉、为国家争光的精神；二要树立发扬我校“三航”优势，扬长避短，以特色取胜，以质取胜的战略思想；三要在坚持科研面向经济建设方针的前提下，突出重点，跟踪高技术，占领制高点，集中精力狠抓T-6及其他国家重点项目；四要加强科研组织工作，继续治“散”，树立全校一盘棋的思想，合理组织科研梯队，协同作战，联合攻关；五要努力促进科研与教学的结合，把科研成果及时反映到教学内容中去，并尽可能地吸收高年级本科生、研究生和青年教师参加科研工作，给他们提供接触实际、增长才干的机会，通过成果的取得，促进人才的全面成长。

（四）其他各方面的工作也要同步进行

培养人的工作是一项系统工程，学校各方面的工作都是为完成培养人这个基本任务服务的。全面提高教育质量是全校各方面的共同任务。上面重点讲了加强思想政治工作和教学、科研工作，并不是其他各方面的工作就不重要了，相反，只有各方面的工作同步前进，全面提高教育质量的任务才能在各方面工作的协调发展中落到实处。我们的行政管理工作、技术后勤工作、总务后勤工作、图书资料工作等，都要围绕全面提高教育质量这个总目标，都要发扬成绩，寻找差距，积极改革，更上一层楼，努力做出自己的贡献。

三、艰苦奋斗、勤俭办学，建设良好校风

以上我从四个方面讲了全面提高教育质量的问题，实际上，这个问题涉及的方面很多，根据当前的形势和我校的具体情况，我在这里想着重强调一下艰苦奋斗、勤俭办学

和建设良好校风的问题。

（一）艰苦奋斗、勤俭节约是我们党在长期的革命斗争和经济建设中形成的优良传统

在过去相当长的一段时间里，我们在全校人员中广泛进行了延安精神和延安作风的教育，坚持和发扬了这一优良传统，它对我校的发展，特别对我校的人才培养和“三实”传统的形成起到了极大的促进作用，很多校友至今还十分怀念。近几年来，这方面的教育有所放松，不适当地提出了脱离实际的高消费的口号，并造成了很大的影响，使得艰苦奋斗、勤俭节约的观念在许多人的心目中淡薄了，甚至有人把它当作过时的东西，当作笑话来对待。这一不良倾向给我们的各项工作带来极为不利的影响。学校中花钱大手大脚、办事讲排场、摆阔气，不讲效益的风气日趋严重：行政开支增加过多、过快，设备利用率不高，库存积压太多，人力浪费严重；不少学生追求舒适的生活条件，缺乏艰苦奋斗的精神；损坏公物、浪费水电和粮食的现象相当普遍。在这种情况下，我们根据中央的精神，重新强调恢复和发扬艰苦奋斗、勤俭节约的优良传统就显得尤其必要、尤其紧迫，它对我校的建设与发展，特别是对全面提高教育质量、培养“四有”人才有着重大的现实意义和深远的历史意义。

（1）艰苦奋斗、勤俭节约是社会主义精神文明建设、培养社会主义建设合格人才的需要。无产阶级要靠自己解放自己，要靠自己的艰苦劳动来创造新世界，不能因为我们的生活水平有了提高就大讲享受而不讲艰苦奋斗，不讲勤俭节约，不讲辛勤劳动了。我们不是坐享其成的阶级，即使以后富裕了，日子更加好过了，我们也还要艰苦奋斗，也还要勤俭节约。特别在目前的情况下，总的来说我们的底子还很薄，我们的生活水平还不够高，我们还要建设四个现代化，还有许许多多的工作要做，还需要几代人甚至几十代人的艰苦劳动。高等院校是社会主义精神文明建设的坚强阵地，担负着为社会主义建设培养高级专门人才的重任，他们能否养成艰苦奋斗与勤俭节约的良好作风直接关系到将来以什么样的精神面貌走向社会，关系到他们能否担当起创业的重任，对此我们在思想上要给予充分的重视。

（2）艰苦奋斗、勤俭节约是学校建设发展的需要。随着学校的发展，我们有许多事情要做，例如，实验需要扩大，设备需要更新，体育设施需要增加，教职工的生活福利需要改善等，这些要求从发展的角度来看我们都应给予充分的考虑，但是从航空工业部和学校的现实来看则不可能同时满足。譬如，部里决定，今年给我校的教育经费比去年要压缩10%，这使我校的教育经费减少到了1985年的水平（1492万元），去年我校还有291万元赤字；今年基建还有380多万的缺口要学校垫付，再加上“七五”期间，我们每年要自筹450万～500万来用于学校的发展和教职工的福利，再考虑到人员增加，物价上涨等因素，就使学校的建设需要与财力的矛盾变得十分突出。在这种情况下，提倡艰苦奋斗、勤俭办学是关系学校发展的大事。如果我们能够精打细算，厉行节约，勤俭办学，我们就能在现有的财力下把事情办得更多一些、更好一些。全校师生员工必须积极行动起来，把艰苦奋斗、勤俭办学当作一项长期的战略方针，贯彻到我们的各项工作中。首先我们要在广大师生员工中进行艰苦奋斗的教育。在学生中开展这一教育，既不是又要去吃忆苦饭，也不是衣服穿得越破越好，主要是教育他们继承和发扬党的光荣传统，发扬艰苦奋斗精神，克服贪图安逸、追求享乐、铺张浪费的不良风气，树立艰苦朴素、勤俭节约、刻苦学习的良好风气。在教工中开展这一教育，就是要求大家作为教育者能够以身作则，以自己良好的行动与思想去教育学生，感染学生，同时要以艰苦奋斗、勤俭节约的精神来做好各项工作。总之通过开展艰苦奋斗的教育，要在我校形成铺张浪费可耻、艰苦奋斗光荣的良好风气。发扬艰苦奋斗、勤俭办学的精神落实到我校的具体工作中就是要厉行节约，要把有限的教育经费用好，努力提高教育投资的效益。当前，我们要整顿、清理校系两级财务，加强宏观控制，压缩不合理开支；公开年度财务预算，实行民主理财，加强群众监督；严格控制审批购买各种车辆、设备及高档办公用品；举办并校30周年活动也不能铺张浪费，主要是以学术讨论会、报告会等简朴的形式表示庆祝；减少不必要的会议；坚决制止用公款大吃大喝、请客送礼。同时我们要调动一切积极因素，加强计划外创收。学校已经成立了“增产节约、增收节支”领导小组，全面统筹安排这项工作。要在近期内对各单位落实增收节支计划情况进行一次普查，把计划切实落到实处，争取早日完成今年增收节支400万～450万元的任务。

（二）建设良好校风

学校作为精神文明建设的坚强阵地，应该走在全国的前列。当前我们在人才培养方面一个突出的问题就是学生的思想品德素质有所下降。因此，加强思想政治工作，加强精神文明建设已成为目前刻不容缓的重要任务。重视和加强校风建设，是高等院校进行精神文明建设的重要手段和内容。一个学校的校风是学校精神风貌和特色的集中体现，是学风、教风和机关工作作风的结晶。一个良好的校风会在全校形成一种共同的意志和精神状态，成为一股促进师生员工积极向上、奋发图强、生动活泼、不断进取的无形力量，对学校的建设发展和人才培养起着熏陶感染、潜移默化的重大作用。因此我们要通过校风建设来加强和促进我校的精神文明建设。在我校贯彻六中全会决议的会议上我们已明确提出要把校风建设作为精神文明建设的突破口来抓。

根据我校在长期发展过程中所形成的优良传统和特色，结合时代的要求，经过一段时期的酝酿和讨论，有的同志建议以“求实、创新”四个字作为我校的校风概括语。

“求实”集中反映了我校基础扎实、作风朴实、工作踏实的优良传统，它要求我们在工作与学习中力戒好高骛远、华而不实、做表面文章，坚持实事求是、一切从实际出发的思想路线和科学态度，认真踏实，注重实效，在工作中始终保持清醒的头脑和实干的精神。

“创新”就是要破除墨守成规，安于现状，无所作为的保守思想，不断追求，勇于探索，奋发向上，开拓前进，一定要比前人有所突破，有所创造，有所前进。这也是改革、开放、搞活的时代精神对我们所提出的要求。

“求实、创新”基本上反映了我校的优良传统和时代的特点，能否作为我校的校风概括语，请代表们和全校师生员工共同讨论。

现在，我想着重谈谈校风建设中极为重要的两个方面，即教风和机关作风的问题。

优良的教风是全面提高教育质量的重要保证。通过去年的教育思想大讨论，在明确建设良好教风的重要性的基础上，经过全校教师的共同努力，我校的校风有了好转，教书育人工作也得到了广泛、深入的开展。但是必须看到，在教风方面，我们还存在着许多问题，个别领导对教书育人工作重视不够，组织领导不力。有的教师在教学工作中不能严格执教、以身作则；还有些教师，只教书，不育人，学生有了思想问题，找上门来，他也是勉强应付，上述这些现象违背了教师“教书育人”的职业道德，不利于培养德、智、体、美全面发展的人才。我们要全面贯彻党的教育方针，大力加强教风建设，并把它作为一项经常性的工作来抓。我们广大教师要切实树立人才的全面质量观，严谨治学，严格执教，在关心学生的生活与学习的同时，更要关心学生的思想，既教书又育人，把育人作为根本目的落实到各个环节中去。要认真贯彻《西北工业大学教书育人、服务育人工作暂行条例》和教学工作会议精神，每个教师都应以自己第一流的工作、良好的思想作风、严谨的治学态度和高度的责任心去教育学生、感染学生，确保教育质量的全面提高。

机关作风是校风的一个重要组成部分，我们全体机关干部要从自己做起，从点滴做起，认真改进机关作风。为此我们首先必须牢固树立服务的思想，把为教学科研服务、为师生员工服务、为培养人服务作为机关工作人员的第一职责，认真克服以往指挥多、布置多、调查研究少、检查督促少的弊病，要深入基层，调查研究，为学校的发展做一些踏踏实实的工作。第二，必须加强组织纪律观念，提高工作效率和质量。坚决纠正对上级和学校布置的工作执行不力、拖着不办、能推就推、敷衍了事的做法，真正做到令行禁止，雷厉风行，注重成效。第三，在完善各种制度，明确分工，落实责任的同时，部门之间要加强横向联系和交流协作，加强团结协作，树立全局观念。要改变以往那种井水不犯河水、互相推诿扯皮的状况，切实树立全校一盘棋的思想，以全局为重，以工作为重，既要讲分工，又要讲团结，讲协作，齐心协力把各项工作做好。第四，改进机关作风的关键在于提高管理人员的素质，学校准备从今年起用三、五年的时间，把机关干部全部轮训一遍，以进一步加强干部队伍建设。

校风建设是一件重要而又艰巨的任务，必须长期坚持，综合治理。把在一定时间内集中精力抓与平时深入细致地抓结合起来，为建设我校良好的校风做出坚持不懈的努力。

同志们，全面提高教育质量是一项长期、艰巨而复杂的任务。我们相信，有我们已经取得的较好成绩做基础，有全校同志争创第一流的强烈愿望，只要我们坚决认真贯彻执行中央的方针政策，坚持改革，勤奋工作，我们的目标一定能够实现。全校同志团结起来，艰苦奋斗、勤俭办学，努力建设良好校风，为全面提高教育质量，把我校办成全国第一流的重点大学而奋斗!

谈西北工业大学的优良传统

（2012年3月）

一、西北工业大学的贡献

去年6月，我在哈尔滨遇到了师昌绪先生。师先生是咱们西工大的老校友，是西北工学院1945年毕业的，是两院院士，是中国工程院副院长，还是国家自然科学基金委员会的副主任，是咱们的名誉教授，而且他是2010年国家最高科技奖的获得者。碰见了以后，他就给我说，他上个月，也就是2011年5月，到西工大去了一下。当时是两院院士组织了一个调查组，这个调查组是调查什么东西呢？是科技复合型人才培养创新的经验。他是去西安调查，到了西工大。经过调查，他们发现了一个“西工大现象”。

什么是“西工大现象”呢？就是我们西工大培养的学生和他们的工作成就，远远超过了学校所在的地域、条件、环境所给予他的，远远超过一般人所预期的。他举了几个例子，后来又把他的秘书小濮叫来，给我谈了很多。比如他说，据中国航空工业集团有限公司2011年一个最新的统计显示，在中航工业集团下面有三个大研究所：一个是第一飞机设计研究所，就在咱们西安；一个是成都飞机设计研究所；还有一个沈阳飞机设计所，这三个大所。还有三个大厂，就是西安飞机工业（集团）有限责任公司、成都飞机工业（集团）有限责任公司、沈阳飞机工业（集团）有限公司。这三个大所、三个大厂，里面担任总工程师的，或者是重大型号的总工程师、特级专家，以及国家三大奖获得者中间，西工大的毕业生，也就是咱们的校友，占了60%以上。大家知道“歼10”是我们国家第三代的军机，相当于美国的F-15、F-16，那是很先进的了。在这个“歼10”飞机工程中间，有30多位受表彰的功臣，在这个功臣里面，西工大的校友占了13位。2011年4月，中航工业隆重表彰了10位航空报国特等金奖获得者，西工大的毕业生校友占了6位。其中一个叫杨伟的，还同时被中航工业授予唯一的一个“中青年自主创新领

资料来源：2012年3月，傅恒志在“翱翔名家讲堂”上对西工大师生的一次演讲，该演讲比较完整地讲述了西工大的历史、发展过程及贡献。本文根据演讲内容整理而成。

军人才”这样一个光荣称号。他们还举了好多例子，比如在中华人民共和国成立六十周年的国庆大阅兵期间，首次集体亮相、举世瞩目的无人机方队，有三个型号，这三个型号的无人飞机都是西工大研制生产的。因为在武器装备型号研制中间取得的突出成绩，我们学校受到中共中央的褒奖，是全国获得这项荣誉的唯一一所高校。在航天领域，早年有所谓“航天三少帅”这样一个说法，就是领军的三个年轻人，其中“两帅”是我们西工大的毕业生。以中国航天科技集团公司第四研究院作为例子，它的重大型号的总工程师中，西工大的校友占了44%；国家两大奖获得者中间，西工大的校友占了45%。在我们国家，船舶和水中兵器，如鱼雷、水雷等，这些领域里的领军人物中，主持研制我们国家第一代声呐的，以及在以后又成功研制出两种型号两代航空吊放声呐的，以及我们国家自主研发的先进的水下航行器的这些人，都是我们西工大的老师或毕业生，其中两位是工程院院士。所以在国防建设、保卫国家安全方面，我们西工大的的确确做出了突出贡献。我们国家设立了科学技术方面三个大奖，分别是国家发明奖、国家自然科学奖及国家科技进步奖。由于对一等奖的要求非常高，特别像国家发明奖，必须要有重大的创新和发明，所以这个奖项的一等奖从1998年开始，一年一年的空缺，就是达不到这个水平，评不上，一直到2004年共空缺了六年，2004年一下子就有两家拿到了国家发明一等奖，其中一个就是我们学校的张立同院士团队。2011年，世界科学技术文献的数据库发布了统计材料（它每年都发布），把全世界比较有名的材料类的研究机构和大学的研究论文数发表了一个排序，因为这个机构太多了，就把全世界科技论文被引用次数最多的前百分之一排出来，有多少个呢？有659个单位。这659个单位又进行了排序，就是按照科技论文总数又进行了排序，我们西北工业大学材料学方面的论文排到第22名。这是什么概念呢？你想，几万个里边挑出659个，是1%里边最强的，这一个最强的里边再排序，我们西工大在这里边占了第22名。东京工业大学排了第21名，大家知道东京工业大学是世界上有名的大学。另外大家都知道剑桥大学，剑桥大学排多少名呢？排第30名。在20世纪八九十年代，原来航空航天工业部对其所属的厂所进行了两次所有的毕业生的质量全面评估，两次西北工业大学都是名列第一。

上面讲的都是师先生和他的秘书给我举的一些例子，就是说这是“西工大现象”。师先生说他们在讨论的时候，有的院士就问，西工大怎么这么厉害，过去没听说过啊？西工大不咋呼、不张扬，怎么做了那么多事情呢？还有的院士问西工大位处西北，背临荒漠，地域贫困，环境也比较恶劣，经济还很落后，那么它怎么能招得了生呢？怎么能够留住人呢？所以“西工大现象”像是一个不能按照惯常逻辑去理解的现象。深层次的原因到底是什么？为什么在“孔雀东南飞”，人们都往南边跑、东南跑的时候，有人说甚至麻雀都东南飞了，那是什么精神让西工大人能够坚持、执着地坚守西北呢？执着的坚守国防呢？在出国潮持续的涌动、市场经济大潮席卷全国的形势下面，是什么力量让一代又一代的西工大人坚持“三航报国”的理想？西工大人的爱国、奉献和创新的动力究竟从哪里来呢？问我呢，我说我回答不了这个问题，但是他说起这些例子，我说事实就是这样。历史就是这样写的，西工大的作风就是这样，基础扎实、工作踏实、作风朴实、开拓创新，西工大人历来就是这样干的。国家至上，国防第一。不虚、不浮、不夸、不图名、不图利，甘当无名英雄。这就是西工大，客观就是这样子。至于这是不是“西工大现象”的根源呢？最基本的东西我也说不上来。在这个情况下，我回答不了问题。最后，师昌绪先生他自己倒回答了这个问题。

二、西北工学院形成的优良传统

师先生讲，在他那一代人，和更老的一代人所处的时代，经历了鸦片战争、八国联军侵华、东北沦陷，一直到七七事变，国破家亡，中国人要当亡国奴了。在20世纪30年代为什么先后在中央大学、交通大学、浙江大学、北洋大学、清华大学建立了航空专业？那时候不叫专业，那时候叫航空门，为什么建立了航空门呢？正是一批一批忧国忧民、怀抱着航空救国的先进的学子，去国外学了航空，回国建立起来的。爱国心、救国心、报国心，是这一切的基础。像我们国家著名的惯性导航自动控制专家、两院院士陆元九先生，他是咱们原来航天部的总工程师，为我们国家运载火箭的惯性制导这一方面做出了突出贡献。他就是1937年抗战爆发以后立志航空救国，考入了我们学校的前身——中央大学航空工程系的。

七七事变之后，日本人打过来了，东北、华北、华东、华南、华中大片国土沦陷，大学纷纷西迁，北大、清华、燕京、南开这些大学，一边逃难一边上课，辗转流离，最后陆续抵达昆明成立了西南联大。东北大学、北洋大学、北平大学、北京师范大学、焦作工学院等这些学校千辛万苦沿着京浦、陇海这两条线辗转集中到了陕西，合起来成立了西北联大。这么多学校的学生，两三千人到了西安在哪儿住？在哪儿上课？没有地方，所以分散挤住在西安的中学、小学的教室里，甚至有的还住在庙里面。那个时候师先生也是刚刚跟家里的人从家乡逃难逃到西安不久。那时候在西安的街上总是能碰到一些衣衫褴褛，头发很长，夹着几本书，但是你看他目光炯炯的年轻人，什么人呢？——流亡的大学生。那时候正值第二次国共合作，在共产党的领导和影响下，许多从沦陷区逃出来的学生和随着学校西迁的师生，在西安组织了各种各样的宣传抗日活动。西安一下子变样了，街上到处是演讲、活报剧、墙报、标语、募捐、给前线将士募寒衣等活动此起彼伏。颠沛流亡的学生，碰到这种场面，他是什么态度呢，必然是激发他无穷的爱国心、无穷的救亡图存的思想，这就是思想，就是精神。两三千大学生在那时候把西安翻了天，使得古老的西安一下子跃进了几十年。我只举个小例子，1938年，武汉失守的消息传来，我那时才上小学三年级，我们全班同学抱头痛哭。我那时候才八九岁，懂什么呢？但是就在这个气氛下，那一股的爱国情绪下，我是一个资本家的孩子，参加了共产党的抗日少年先锋队，这就是思想的作用、精神的作用。当时日本飞机不断轰炸，西安待不成，也容纳不了那么多流亡学生，于是决定打乱原有学校的框架和建制，把能够成为独立学院的先独立出去，不然几千学生没办法，于是先后在古路坝（陕南）组建了西北工学院；在武功组建了西北农学院，就是现在的西北农林科技大学；在兰州组建了西北师范学院。

1938年成立的国立西北工学院，是当时工科院校中间系科最全的高等学校，有土、矿、机、电、化、纺、水、航、管九个系，地址就在汉中的古路坝，那是在陕南群山中间的一块平地，四川人就把他叫“坝”。离最近的城固县城也有好几十里，借用了一个天主教堂，加上附近的旧民房，就搭建起了我们国家西部最高等工科学府。条件自然是非常艰苦，教室是泥房，晚自习没有电，都点蜡烛和小的煤油灯，教授上课经常没有粉笔。当时在后方，西南西北叫后方，传说有所谓“三坝大学”，华西大学，那时是一个私立学校，教会学校，很有钱，还有一些从沿海迁过去的学校，这些大学在成都的华西坝，有钱的学生多一点，生活环境条件相对优越一点，就把这叫作天堂；中央大学这样一些高等学校，都集中到重庆沙坪坝，生活环境相对较清苦，把它叫作人间；而古路坝的西北工学院呢，是交通、生活、学习条件最差的，在大山沟里面，非常的艰苦，就叫作地狱。所以有天堂、人间和地狱之称。但是就在这人间地狱，你可以感到中华民族的脊梁、中国人的志气。面对中华民族存亡之秋，个人是家破人亡，从关外流浪到关内，好容易有一个立足的地点，还有学可上，所以大家无不刻苦学习。老师呕心沥血，生怕给学生教少了。

我在中学的时候就听说，西北工学院有一个叫“七星夜火”的故事。古路坝还是容纳不了整个西北工学院的学生，就分两个地方，古路坝是二、三、四年级，把一年级放在七星寺，离古路坝不远的另外一个地方。一年级学生把七星寺叫鬼门关，学校要求非常严格。每年都有近1/2的学生留级或补考，同学们学习非常用功刻苦。师昌绪先生对我说，近似于古代头悬梁、锥刺股用功的劲头，那时候在西北工学院比比皆是。他和一个叫高景德的住在一个宿舍，高景德何许人也呢？他是西北工学院1945年的毕业生，也是后来的两院院士，是20世纪80年代清华大学的校长。师昌绪先生是吃了晚饭就去教室看书学习，一直到夜里两三点钟回宿舍。回到宿舍时，高景德又出去学习了。学生分两批人，一批是学到两三点钟，另一批是从两三点钟学到早上。他们两个人，几个星期见不着一面。这种情况，师先生说，当时各个班都是这个样子。那时没有电灯，都是蜡烛和煤油灯，由于开夜车的人都衔接起来了，所以教室里灯一直亮着，夜里从远处看，点点滴滴的灯光，所以叫七星夜读，七星寺是彻夜灯火。就是在这种极端艰苦的条件下，同学们发奋刻苦学习，所以西北工学院的学生连续两年或三年考取公费留学生的人数是全国各个大学中的第一名，是考取人数最多的学校。

西北工学院提出了“公诚勇毅”的校训，教育师生要公正、诚信、勇敢、坚毅，努力学习，以科学、以工业抗敌救国。我想，这也应该是西工大历史文化的一部分。也就是在这种思想、精神的抚育下，在那样的艰苦条件下，西北工学院为国家培养了成百上千的科技人才，出现了像师昌绪、高景德、吴自良、史绍熙、李恒德等许多院士。吴自良是谁呢？他1939毕业于西北工学院航空系，科学院院士，曾经获得国家发明奖一等

《古路坝灯火》电影介绍

《古路坝灯火》取材于国立西北联大、西北工学院（今西北工业大学前身）在陕西城固县古路坝办学的真实事件，以艺术形式再现了师生们在抗日战争艰苦环境中学习生活的场景和科技报国的情怀。影片从国立西北工学院师生艰难跋涉秦岭，历经千幸万苦来到古路坝办学起笔，集中描述了教师潜心治学、学生发奋苦读、秉承“公诚勇毅”校训的感人故事；讴歌了广大知识分子在中华民族存亡之际，共赴国难，立志教育报国的崇高精神；再现了秉烛夜读、共克时艰的“古路坝灯火”；展示了一段抗战烽火中保存国家教育精魄，奠基中国高等工程教育的辉煌历史。八年抗战，八年坚守，国立西北工学院共培养了1300余名学生，其中以师昌绪、高景德、史绍熙、李恒德、叶培大、傅恒志等先生为代表的毕业生，成为新中国建设的中坚力量和领军人物。她改变了西北地区高校的落后面貌，为中国高等工程教育奠定了高起点的基础。

2013年，西北工业大学与西部电影集团有限公司合作，对国立西北工学院的办学历史进行深入挖掘，聘请国家一级作家、西影集团编剧莫伸创作《古路坝灯火》电影剧本，并获得陕西省委宣传部重点支持。2014年，由西影集团、西工大、城固县人民政府联合拍摄的电影《古路坝灯火》圆满完成。电影的拍摄上映，是西工大献给抗战胜利70周年和学校建校77周年的一份厚礼。

电影《古路坝灯火》宣传资料

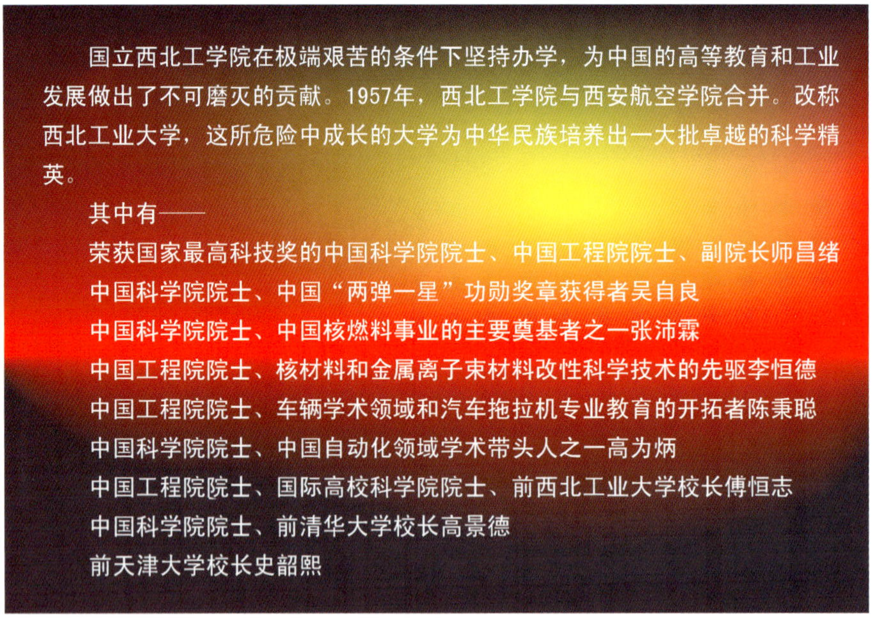

国立西北工学院在极端艰苦的条件下坚持办学，为中国的高等教育和工业发展做出了不可磨灭的贡献。1957年，西北工学院与西安航空学院合并。改称西北工业大学，这所危险中成长的大学为中华民族培养出一大批卓越的科学精英。

其中有——

荣获国家最高科技奖的中国科学院院士、中国工程院院士、副院长师昌绪

中国科学院院士、中国“两弹一星”功勋奖章获得者吴自良

中国科学院院士、中国核燃料事业的主要奠基者之一张沛霖

中国工程院院士、核材料和金属离子束材料改性科学技术的先驱李恒德

中国工程院院士、车辆学术领域和汽车拖拉机专业教育的开拓者陈秉聪

中国科学院院士、中国自动化领域学术带头人之一高为炳

中国工程院院士、国际高校科学院院士、前西北工业大学校长傅恒志

中国科学院院士、前清华大学校长高景德

前天津大学校长史韶熙

电影《古路坝灯火》视频截图

奖和国家科技进步奖特等奖。他是我们国家分离铀同位素的最主要的发明人，为成功爆炸原子弹做出了重大的贡献，是我们国家“两弹一星”功勋奖章的获得者。史绍熙是谁呢？他1942年西北工学院电机系毕业的，科学院的院士，曾任天津大学的校长。李恒德呢？他1942年西北工学院矿冶系毕业的，是后来中国材料研究协会的创始人和理事长，工程院院士，清华大学的教授。20世纪50年代大陆已经解放了，美国政府把所有在美国的留学生的护照全部没收，不让这些学生回国。当时留学生和在那里工作的中国人，团结起来和美国政府斗争，反对美国政府这种不讲道理的行径。钱学森当时就是在这个斗争中间，胜利以后回来的，回来好多人。李恒德就是这个斗争的组织者，他是地下党员。不过他那个时候在美国的组织关系已经弄丢了，是以后才又恢复组织关系的。大家可以想到，面对民族存亡、国难当头，孑然一身、走投无路的留亡学生，怀着国破家亡和对敌人的深仇大恨，这种情况下，忽然到了一个难得的学习环境中间，他能不努力学习吗？这就是现实，历史的现实，存在决定意识，在那样的环境条件下，涌现出来像师昌绪、李恒德、陆元九、庄逢甘这样的，或者类似他们那样的人物，我想是毫不奇怪的。

三、新中国以后的发展

新中国成立以后不久，国家就开始了院系调整，为了加强我国的国防建设，决定把上海交通大学、南京大学（就是原来的中央大学）、浙江大学的航空系，组建为一个独

立的航空院校——华东航空学院，1952年成立了华东航空学院。但在学校稍微稳定以后没几年，1956年又决定将此学校西迁。根据全国高校布局的规划和国防建设的需要，做了这样一个总的、长远的决定。大家可以想到，对华东航空学院有多么大的影响，它刚刚组建起来没几年。大家也都知道，西安虽然是十三朝古都，但是到了20世纪，无论经济、文化、物质环境都已经相当落后了，生活工作条件和南京相差得很远。从一个繁花似锦的大都市南京跑到被认为是荒凉落后的西安，一般情况下是难以想象的。这是什么精神？没有一点精神，华航能西迁吗？但是就在党的号召下，在奋发图强、建设新中国的思想指导下，华航全校师生员工，义无反顾、整建制地由南京西迁到西安，这种国家至上、国防第一的奉献精神，我想也应该是我们西工大的精神，是我们历史文化的一部分，是产生“西工大现象”的历史源泉。

同样，1955年根据当时的国际国内形势，中央决定把西北工学院改建为军工院校，设置了像火炮、坦克、水下兵器、军工机械等这样一些系，除了留下基础学科和机械学科以外，前面我讲了，西北工学院当时是我们国家工科院校中学科最全的，有九个系，把其中八个系全部都调出去。当时的国防工业部，那时候叫二机部，专门派了刘海滨同志，到这里担任党委书记，大家在老校区校园里边可以看见他的铜像。

但是到了1957年，由于我们国家1956年国民经济形势不好，建设项目纷纷下马，西北工学院改建为军工院校，搞了一半搁浅了。那西北工学院怎么办呢？1957年夏天，国务院召集了西北工学院和交大两个代表团到北京听取意见。周总理亲自主持。教育部、二机部、电力部的部长都参加了。当时，康生也参加了，康生当时是中央分管教育的。那天开了一天会，从上午一直开到下午，我也有幸在那儿吃了国务院两顿饭。会上经过了反复的研究，周总理讲了差不多两个小时的话，最后决定，交大按原定计划西迁西安，西工和西安航空学院合并，成立西北工业大学。

所以，从1957年起，历史又进入西北工业大学的建设时期。虽然那是并校，改了新的校名，但是西工大却继承着西北工学院和北洋大学、东北大学、北平大学、焦作工学院这些学校的优良传统，继承着西航、华航和交通大学、中央大学、浙江大学航空系的优良传统。这就是西工大的历史存在。强强结合，当时合校，全校一片欢腾，师生极为振奋。我们学校，由原来西航仅有的当时叫“五系”“七系”，就是飞机系、发动机系，一下子扩充到六个系。一系，应用数学系；二系，化学化工系；三系，航海工程系；四系，材料工程系；五系，飞机系；七系，发动机系。以后，又陆续增加了九系，自动控制系；六系，电子工程系；八系，宇航工程系。西工大建立之初，师资力量非常雄厚，仅二级教授就有九位。到1970年，哈尔滨军事工程学院空军工程系整建制并进来，岳劼毅、陈伯屏、罗时钧等著名教授都过来了，西北工业大学的师资力量更为雄厚。刚才举的这几个教授的名字，都是我们中国大百科全书专门收录、给予介绍的著名专家。

学校对理论教学和师资的培养非常重视。我记得1957～1958年，我们有名的老教授胡沛泉先生，专门给我们教师开微分方程讲座。1961年，在季文美先生的倡导下，学校成立了基本理论委员会，加强基础教学，提出了对学生要强化三基训练，什么叫“三基训练”呢？就是基本理论、基本知识、基本技能的训练。选派了一大批中青年教师到苏联学习，当时在西安地区，在高校里边，西工大派去留苏的人数最多。我们西工大，从开始就注意高层次人才的培养，为了普遍地提高师资水平，推动科学研究，西工大从1960年开始，就开始招收研究生，不过那个时候是没有学位的，有三年制和四年制，根据需要，不拘一格。到“文化大革命”前，我们先后招收培养了近200名研究生，他们后来都成为航空、航天、航海领域和高校的骨干。像有一个叫陈启顺，“文化大革命”以前，他是学生会的主席，后来是我们国家试飞研究院的院长，为我们国家航空试飞事业做出了很大的贡献。像八系、现在叫航天学院的吴心平；材料学院、那时候叫四系的沈凤歧，后来都担任了我们学校的副校长、副书记。吴心平是我们学校的副校长，后来还被浙江省挖走了，担任了宁波大学的校长。他之后继任宁波大学校长的叫张钧澄，也是我们发动机系的研究生。当时季文美教授的第四研究室，就隶属于我管的科研处，研究生实际上都归科研处管，都在我那儿管。他指导的研究生朱位秋，后来成为我们国内有名的力学专家、科学院院士。当时在全国，大概只有20个学校可以招收研究生。1965年，高教部召开了首届研究生培养教育的研讨会。整个西北、西南地区，只有西工大和西安交通大学（以下简称西交大）参加。会上交流了经验，制定了今后研究生教育的发展规划，确定了保证质量、改善条件、扩大规模几项原则。大家都期待，我们国家的研究生教育有一个比较快的发展，但是不到一年，就开始了“文化大革命”，当时倡导的高层次人才的研究生教育，也成了修正主义教育路线的一个典型。我也因为两次出国、两次做研究生，又宣扬研究生教育，被批为典型的反革命修正主义分子。

西工大从建校开始，就非常重视科学研究。20世纪60年代初，我们就成立了教学工作、科研工作、总务工作三个委员会，协助学校统筹三个方面的工作。针对部分干部教师只抓教育教学，忽视轻视科研工作的情况，我们就提出来了教学、科研并重的原则，后来就进一步发展为教学、科研两个中心，由我们一位副校长刘咸一和王培生教授主持科研委员会，把科研处作为科研委员会的执行机构。1962～1965年，我们学校先后建立了六个研究室，第一研究室是飞机结构强度；第二研究室是发动机燃烧；第三研究室是实验空气动力学，就是风洞；第四研究室就是非线性振动；第五研究室叫直升机，因为那时候直升机这个学科专业在西工大；第六研究室是水声。聂荣臻同志在1962～

1963年主持制定我们国家“十二年科学发展规划”，在这个规划中间，有两项是我们学校代国家起草的，一个就是黄玉珊先生起草的气动弹性，一个是季文美先生起草的非线性振动。所以在这两个领域里面，后来执行的规划基本上都按照我们的规划来起草的，为此，季文美先生还收到钱学森的亲笔来信，赞扬鼓励开展非线性振动的研究工作，认为这个工作非常有意义，季文美和钱学森是同学。从20世纪60年代初，我们学校就承担了许多重要的研究课题和项目，像小型直升机、W1小发动机、单人飞行器、航空吊放声呐、固体火箭振荡燃烧、高强度贝氏体钢等。我记得，1965年，那时候还叫国防科委（国防部国防科学技术委员会），他们给我打了个电话，说是这给你们的科研经费定了，多少钱呢，380万，是8个国防院校中最多的，比北京航空航天大学（以下简称北航）、哈尔滨工业大学都要多100万，让我向我们学校当时的寿校长汇报，看看有什么意见。那能有什么意见呢？比别的学校都多，当然没意见了。当时380万就觉得多得不得了，现在我们有的教授，一个项目四千多万。可是在当时那个时候，我们的全校上下，科研发展的气氛很浓，你一到西工大来，就感觉到和别的学校不一样。

由于有国防科委大量的项目和学校设立的自由研究课题，所以我们学校毕业生的毕业设计和毕业论文有相当多的部分，都直接参与到这些项目和课题中间，对学生的基础理论和处理解决实际问题能力的提高，起了非常大的作用。当时吸收同学们参加了实际项目，提出了要求，要“三好”，基础好、工作好、作风好，因为都是军用项目。这“三好”呢，以后就变成“三实”了。现在大家都知道了，就是基础扎实、工作踏实、作风朴实。在当时，这是对西工大学生的要求，也就成了西工大毕业生的特点。我们的毕业生为什么在各个地方受欢迎，取得那么大的成绩，就是我们有“三实一新”的作风。从1964年开始，学校又实行对高年级学生的因材施教这样一个措施，就是对四年级中班上“吃不饱”的拔尖学生，让他们参加研究课题，给他们制定单独的培养方案。1965年时就给我安排了两个学生，因材施教。一个叫毛协民，后来就是我们国家第一个铸造学科的博士；另外一个叫张鑫华，后来在北京航空材料研究院工作，由于他做出来的突出贡献，被选为党的十五大代表。这样的措施极大地调动了优秀学生的积极性，另一方面，也促使教师在相关的领域开展深入的钻研，并努力创造研究条件。我们学校在狠抓“三基”教育、因材施教、大力开展科学研究的同时，对学生的思想作风教育也非常重视。从“文化大革命”以前，大力倡导的是学雷锋、学焦裕禄、学铁人的螺丝钉精神和艰苦奋斗精神的教育，一直到“胸中怀有全国人民，唯独没有自己”的焦裕禄的献身精神，我们都抓得非常紧。“文化大革命”以后，根据中央有关拨乱反正、改革开放、以经济建设为中心的方针，结合咱们学校面临的形势和任务，我们在总结学校历史传统的基础上，提出了扎根西部、面向全国、放眼世界的观念。我们树立起建立以“三航”为特色，以工、理、管、文、经、法相结合的多科性大学的目标。西工大的教学质量、科研成果、学术水平又有了快速的提升。1992年，国家教委发布全国普通高校科研的排序，那是我国第一次排序，在一百多个重点院校中间，西工大的科研经费数排第四，获得的研究课题数名列第二，获奖的成果数名列全国第一，但是我要说，这是整个总数，如果要只考虑省部级以上的奖数的话，那么清华是第一，我们不是第一。

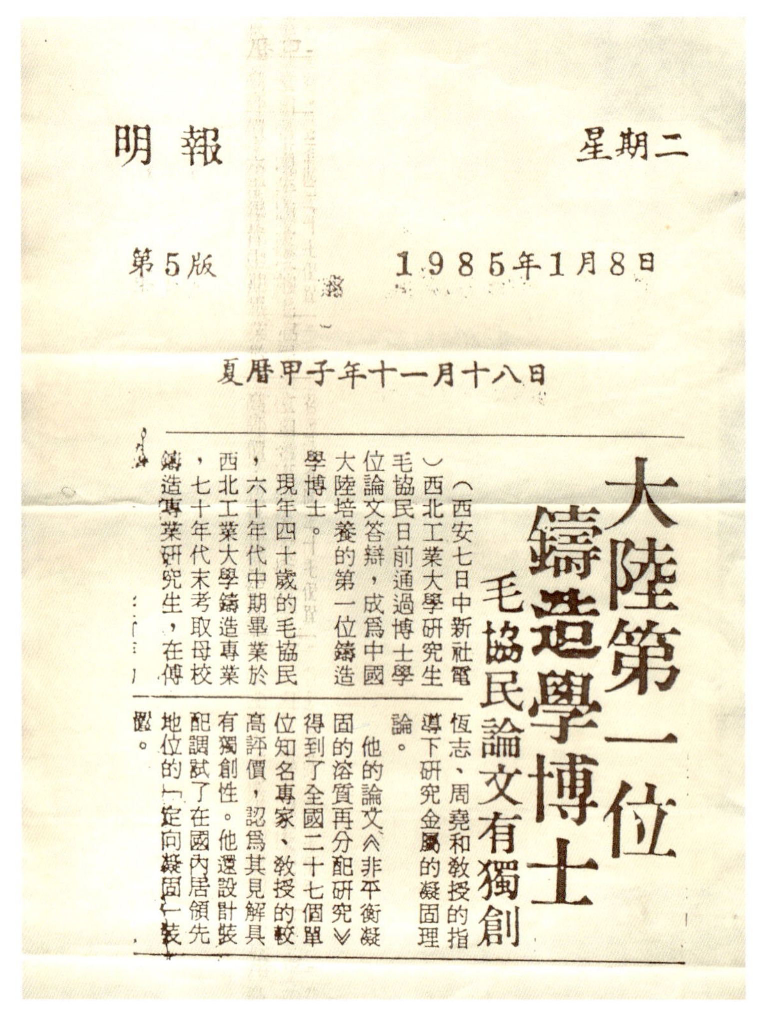

明報　星期二

第5版　1985年1月8日

夏曆甲子年十一月十八日

大陸第一位鑄造學博士

毛協民論文有獨創

（西安七日中新社電）西北工業大學研究生毛協民日前通過博士學位論文答辯，成爲中國大陸培養的第一位鑄造學博士。

現年四十歲的毛協民，六十年代中期畢業於西北工業大學鑄造專業，七十年代末考取母校鑄造專業研究生，在傅恆志、周堯和教授的指導下研究金屬的凝固理論。

他的論文《非平衡凝固的溶質再分配研究》得到了全國二十七個單位知名專家、教授的較高評價，認爲其見解具有獨創性。他還設計裝配調試了在國內居領先地位的「定向凝固」裝置。

中国第一位铸造学博士

我们西工大思想教育工作以育人为根本。在西工大，育人无处不有，处处有，没有死角，没有空白。不仅处处教书育人，我们还提倡管理育人、服务育人。我们不仅树立飞机系的赵令诚教授、材料系的周尧和教授为教书育人的典范，号召全校的师生向他们学习，我们还树立屈秀梅一个女工，作为后勤工作的榜样、服务育人的典范。她全心全意为同学服务，她的事迹感动了全校学生。她照顾生病的学生，帮学生缝补衣服，把学生当做自己的孩子。好多后来出国留学的学生，在国外还给她来信说，永远忘记不了她这位“妈妈”。

我们学校是西安市高校中第一个在全校铺装了暖气的学校。现在大家都觉得很普遍，那时候高校里面没有一个有暖气，我们学校是第一个。在经费、技术都极为困难的条件下，我们是自己设计，自己挖沟，自己铸管子，自己铺设，全校动手，真是贯彻了自力更生、艰苦奋斗的精神，李保义书记亲自挂帅。当时我开玩笑地跟他说：“这叫什么呢？这叫书记工程！”以后很快就叫开了，书记工程！当年冬天，西工大全校过了第一个暖洋洋的冬天。我觉得这虽然是学校的一项具体的物质建设，但也蕴含着西工大自力更生、艰苦奋斗的精神力量。

1985年，国防科工委根据军工科技发展和国防的需要，准备筹建无人驾驶飞机的研究团队。经过调查研究认为，无论从技术和思想上，还是作风上来看，西工大都比较有优势，准备在我们学校建立无人机研究所。但是也提出来从国防型号研究要求，西工大在技术上虽然比北航、南京航空航天大学（以下简称南航）有优势，思想作风也好，但作为打硬仗的队伍，还是不行的。我们当时就认为，西工大作为国防院校，不能只局限于课题研究和实验室的模拟实验，应该借这个机会锻炼一支队伍，既能从事分析设计、理论计算，又能够冲锋陷阵、敢打敢拼，敢于和善于从事限期、限时、限质的型号和军品的研究设计和试制工作。所以学校不是把无人机仅仅当做一个科研任务来完成，我们把它看作是我们学校科研队伍的建设、科研思想和作风建设的一个充实的机会。所以学校决定从各个方面，例如，让我们的副校长担任总指挥，把原来我们搞航空模型的一批运动健将作为核心，从全校选调了一批教师、工人，组成了一支队伍，明确提出以解放军为榜样，进行无人机的研究开发。我们从设备处，把他们的处长调来，担任所长。我们从西安的空军航校，请来他们的副政委担任书记，加强管理和政治思想工作。所以仅仅一年多以后，我们就研制出了我国第一架高空无人侦察机，而且这种面向型号、面向需求的牵引，保质保期、多方协同作战的科研作风和这种模式，后来在许多科研项目中间，都有不同形式的贯彻，成为我们西工大科学研究作风的一大特色，就是把思想教育、作风建设和科学研究紧紧地结合在一起。这样既推动了研究工作的进展，又培养锻炼了老师和同学们的思想作风。我想一直到目前，我们好多单位依然保持着这种作风。

西工大位于祖国的腹地，是连接东部、中部和大西北、大西南的一个枢纽。国家的发展富强，离不开西部的发展富强。没有广大西部地区的小康，就谈不上整个中国的小康。我们国家发展的后劲和基础在西部，国家安全的保障也在西部腹地。在一段时间里，西部的发展和东部有了差距，中央也适时地提出，并且我们现在正在实施着“西部大开发”的战略。但是西部大开发谁来执行？谁来具体做呢？落后艰苦的地方谁去坚持？军工国防安全谁来保障？面对这个问题，我想我们西工大应该是当仁不让的。西部大开发、国防建设的重担已经历史地落在了我们西工大人的肩上。如果像师昌绪先生所说的，存在一个“西工大现象”，并且追问为什么会出现这种现象？我说就是因为我们有西工大精神，有为祖国、为中华民族的伟大复兴，只讲奉献不讲回报的优秀传统。

在纪念师昌绪先生逝世一周年主题活动上的讲话

（2015年11月）

师昌绪先生是我国材料界的权威，是我国航空航天材料的开拓者和奠基人。我国航空发动机第一代多孔、空心铸造涡轮叶片就是师先生和荣科先生引领开发研制成功的，开拓了我国先进航空发动机采用铸造涡轮叶片合金和铸造技术的先河。他还是我国歼击机和大型轰炸机最重要的构件、起落架材料300M的创始人。

50年代初，师老在麻省理工学院做博士后就开始研究超高强度钢300M，20年后我国新一代歼击机研制需要起落架的新钢种，选来选去选中了300M，师先生就将他在美国有关300M的研究成果提供作为参考，来解决新型飞机的关键材料问题，但在规模生产中，材料的疲劳性能不稳定，达不到1500次起落的要求。在师老的倡议下，由621所赵振业研究员牵头主攻300M的疲劳寿命问题。经过几年的科学攻关，最后达到了6000次起落，超过了美国标准的3000次起落。赵振业团队因而获得国家发明奖一等奖。赵振业是谁呢？西工大41专业（金属材料及热处理专业）1961年毕业生，现在是中国工程院院士，全国热处理学会理事长。在师昌绪先生的引领和赵振业的组织领导下，全面、科学、规模化地解决了新型飞机的起落架问题。

师先生的专长与创新在金属材料方面，但他的眼光涉及整个材料领域。登高望远，他能看到平常人看不及的远处，能见众人之未见。举一个例子，师先生还是我国高性能碳纤维研制成功的主推手。30年前，航天构件急需高强高塑的高性能纤维材料，其实师先生很早就提出碳纤维要及早布局的问题，但是有关单位意见不一致，集中不起力量，拖了多年，弄不出来，许多领导出面，也不解决问题，成了烫手的山芋，谁都怕粘手。面对这种局面，师老主动请战，他来管。最后，国家计委请出师先生来协调推动，才最后成功研制相当于美国超高性能的碳纤维。有人说，师先生一不是领导，二不是碳纤维专家，他是搞金属的，靠什么？知情人说，师先生靠的是眼光远见，靠的是声望，靠的是人格魅力，靠的是执着的精神。国家需要就是一切，不完成任务决不罢休。就是凭着这种精神和作风，影响了一个个部门，一级级干部，最终解决了问题。

我跟师先生非常熟悉，我把他既看作学长，在大学他比我高5级，他是1945年西北工学院矿冶系毕业的，我是1950年西工机械系毕业的，但我更把他看做是我的师长，他在为人、做事、做学问方面都是我的楷模。

他的专业、专长、兴趣、贡献主要在高温冶金领域，我的兴趣、专长也是高温合金。1964年，在沈阳召开我国第一届铸造高温合金会议，他做的报告是英美高温合金现状发展，我做的是苏联高温合金的发展和我在苏联的研究工作。以后，我和师先生几乎在所有主要的高温合金发展领域都在一起合作。他定向、挂帅，我跟着他做些力所能及的配合工作。不仅从他那里学知识，学处理工程技术问题，也学思想，学作风，学为人处事。

1981年，他被选为中国科学院学部委员并担任科学院技术科学部主任。他非常关心国家科技发展的方向，认为在当时必须注意加强基础科学研究，并与几位老科学家向中央提出建立国家自然科学基金委员会的建议。中央采纳了这项建议，并于1986年成立了国家自然科学基金委员会，主要规划领导国家级的基础研究和应用基础研究，并请师先生担任基金委副主任。同时利用世界银行贷款，第一批在全国建立了85个国家重点实验室，我校的凝固技术国家重点实验室就是其中之一。国家自然科学基金委员会的成立极大地推动了我国自然科学技术基础与应用基础研究的发展，使全国各高校、研究部门、许多企业的科学技术上了不止一个台阶，西工大的材料学院也得益不少。

时过近30年，现在的国家自然科学基金委员会主任杨卫也是西工大材料学院的毕业生（1976年锻压专业本科毕业生），在他自己的科教生涯中也得益于国家自然科学基金委员会。

随着我国社会经济发展对工程科技的迫切需求，师先生又与杨嘉迟等五位老学部委员建议组建国家工程院。1994年成立的中国工程院对国家经济重大工程，如高铁、大飞机、新能源、信息网络等起到了关键推动作用。他作为两院院士、工程院副院长对工程院的建立发展起到了至关重要的作用。

作为老校友，师先生对西工大怀有深厚的感情，我们两人见面总是谈起老西工、古路坝没完。20世纪80年代中后期，我想请他担任西工大的名誉教授，又怕他兼职太多、负担过重，不想一和他说此事，当即欣然答应。1987年，是我亲手将我校名誉教授的聘书授予师先生的，之后，他更是关心学校的发展。2005年，他不顾高龄应学校邀请，还约李恒德先生一起再访汉中古路坝——原西工旧址。

师先生还是一位真正的爱国者。大家知道，新中国成立后美国政府明令禁止学习理、工、医学科的留学生回国，为了回到新中国，留学生进行了各种合法的、不合法的斗争。在这场斗争中，师先生是干将，冲锋陷阵，不怕失业，不怕逮捕，直线、曲线并用，斗争的声势非常大，影响甚至传到联合国，纷纷议论。周恩来总理亲自过问，最终留学生取得胜利，打开了在美中国留学生回国的自由之路。有一次，在基金委开会闲聊，师老说："那时为争取回国，什么都不顾了，我们都奋不顾身，但实际我们背后有人指挥运筹，怎么办？怎么斗？出主意、指挥的是谁呢？就是他。"用手指着李恒德，李当时也在场。李先生是西北工学院1942年矿冶系毕业的，他在1940年前后在西北工学院入的党，但去美国后，关系断了，但他作为一个地下党员，根据自己对党的认识，分析了当时的形势，参与组织了这场斗争。李恒德先生现还健在，他比师老高两级，但小一岁，是清华大学的教授，核材料专家，中国工程院院士。

从以上我所举的零星例子中，我们可以看到以师昌绪先生为代表的老一代知识分子的爱国情怀。他们的为人处世、做学问的思想、作风和信念有许多值得我们学习，奉为楷模的。师先生平易近人，虽身居高位，被视为大师级、国宝级人物，却从不以大人物自居，他平时平易近人，朴实无华，有一颗赤子之心，纯正天真，甚至有点"傻气"，有点"可爱"。

1993年或1994年，师先生和我同被聘为评审"211工程"的专家，评审东北大学。期间金属所所长李依依院士告诉我，师先生在金属所工作期间的一次过年晚会上，曾经唱过一首儿歌，叫"小麻雀呀"，很逗人，建议鼓动他在东北大学的会上表演一下。我当时觉得不可思议，就没同意。2012年夏，工程院化工、冶金、材料学部在哈尔滨召开学术会议后，应伊春地区邀请在伊春休假一周。在学部与地区举办的森林告别会上，我忽然想起此事，即席提议师先生表演节目，唱一个儿歌"小麻雀呀"。大家可想，那还不得到大家的欢迎么？但也都想，在这种起哄下，老先生讲几句话，应付一下就完了。谁知九十岁高龄的师先生真的唱起了儿歌。他嗓子是哑的，也不搭调，但老先生的那份天真淳朴表露无遗。唱完，又说，我给你们打一段形意拳，又比划起来，还颇见功夫，大家均为他的纯真所感动。

许多人说，这就是师老！一个真正的学者，纯粹的学者，一个通体透明的学者，一个值得大家学习的大师。师先生高我五级，大我九岁，他虽然已经去了，今后我还会以他为榜样，"耕耘求索丝无尽，残烛成灰身方休"，我应像蚕一样不断吐丝耕耘，像已烧掉半截的蜡烛一样，继续给大家照亮，直到完全成灰。"生命不息，奋斗不止"，咱们大家相互鼓励，向老一辈科学家学习，为构筑我们的中国梦添砖加瓦。

啰啰嗦嗦，耽误大家很多时间，很对不起，谢谢大家。

给河南理工大学材料学院2014级新同学的讲话

（2014年9月）

老师们，同学们：

非常高兴和同学们见面。衷心欢迎大家来到河南理工大学材料学院学习。

60多年前我也是河南理工大学的学生，所以我们是校友，只是隔了两代人。

1946～1947年，我是焦作工学院的新生，当时在矿业领域焦作工学院是全国最好的大学，我父亲是搞煤矿的，一定要让我考焦作工学院，收到录取通知书，我高兴极了，于是就走进了大学校门。但一年后，由于陇海路中断，我由西安来不了，就转学到西北工业大学的前身西北工学院了。西北工学院是抗战初期成立的。当时日本人打过来，东北、华北的大学都逃难内迁。1938年，焦作工学院、北洋大学工学院、东北大学工学院、北平大学工学院在陕西组建了西北工学院。所以，西北工业大学和河南理工大学有着真正的血缘关系，抗战前老焦作工学院的档案现在可能还在西工大的档案馆。

70多年过去了，那个时候是什么日子？大家看过电影《1942》吗？那是说河南人、河南事儿的，日本人打过来，烧杀抢掠，蒋介石花园口决堤说是淹日本人，实际上把老百姓全淹了。河南中、东部一片汪洋。国民党汤恩伯的13军军队不打日本人，专抢老百姓，那两年又逢蝗灾，颗粒无收。老百姓怎么办呢？吃什么呢？上哪里去呢？逃难，只有逃难！往西逃。电影《1942》就是描写的这一段。当时全国一片狼藉。老百姓真正是在水深火热之中。那时你要问他们想什么？你说他们能想什么呢？中国有前途吗？前途在哪里呢？

70多年过去了，中国发生了翻天覆地的变化，就这十年，我国GDP先后超越法国、德国、日本，成为世界第二大经济体。今年10月10日前后，世界媒体热炒中国成为世界第一个最大的经济体。国际货币基金组织经过计算，按照购买力平价计算，到年底，中国的GDP总量达到17.632万亿美元，占全球总量的16.48%；美国GDP达17.416万亿美元，占全球总量的16.42%。众所周知，自第一次世界大战之后美国经济独占世界鳌头超过了100年。现在中国要超越美国成为第一大经济体，这可是大新闻。怎么能被落后贫穷的中国超越了呢？所以世界上的媒体都纷纷报道、讨论。咱们国家基本上没有登这些消息，轻描淡写过去了。因为我们知道，我们的经济总量虽然已是第二大经济体，但是和美国还有很大的差距。如果按汇率计算，我们只有美国的1/2；如果按照人均只有他们的1/4。我们绝不妄自尊大、洋洋自得。30年的高速发展是客观存在的，令西方瞠目结舌，令发展中国家的人民欢欣鼓舞。我们国家的工业规模居世界第一，在全球500多种最主要的工业产品中有220种产量是中国居世界第一。但是我们清晰地认识到我们要实现中华民族伟大复兴中国梦的路还很漫长，建设有中国特色社会主义伟大国家还有许许多多工作，许多难题，还有许多挑战。

前年年底，习近平总书记代表党中央提出实现国家富强、民族振兴、人民幸福，实现中华民族伟大复兴的中国梦的号召。他说，中国梦是历史的，又是现实的，更是未来的，说得非常好。我们这老一代真心体会到这个“中国梦”是多么伟大，多么珍贵，又是多么不容易！

这两年来，中国梦深入人心，是大家谈论的一个热点。如何树立自己的人生理想？如何把个人梦和中国梦结合起来？如何为实现中国梦做出自己的贡献？这些都是当代青年人值得思考的问题。

去年五四青年节，习近平总书记在同各界优秀青年代表座谈会上特别提到：中国梦是国家的梦，民族的梦，也是包括广大青年在内的每个中国人的梦。只有把人生的理想融入国家和民族的事业中才能最终成就一番事业。他还引用了一句欧阳修的话：“得其大者可以兼其小”。什么是大，什么是小？“大”，就是中国梦，“小”是个人梦。中国梦是个人梦的合力。每一个人都有自己的梦想，所有中国人的梦想的合力就是中国梦。

党的十八大描绘了全面建成小康社会，加快推进社会主义现代化的宏伟蓝图，发出了向实现“两个一百年”奋斗目标进军的时代号召。也就是建党一百周年时（2021年），我们要全面建成小康社会，到2049年建国一百周年时，我们要达到中等发达国家的水平。实现中华民族伟大复兴这一中国梦靠什么？我说靠两条：一是靠理想、信念，二是靠创新。理想、信念是什么？是人的认识，是人的思想境界，是人的世界观、价值观。你想干什么？追求什么？为了什么？就是理想问题，你信什么？对什么坚信不疑？就是信念问题。理想信念决定着人的思想境界，不同的人生追求，就会有不同的思想境界。没有理想、信念的国家就没有未来，没有理想信念，或者理想信念不坚定的人精神上就会“缺钙”，就会得“软骨病”，也是难有作为的。

最近香港的占中运动已经闹腾一个月了。占领中环，堵塞旺角，围堵特区办公大楼，使得交通中断，一些商铺被迫关门，香港市民叫苦连天。他们为什么这么干呢？他们说是要民主，要直选特区行政长官，和基本法、和人大常委对着干。实质上是某些人不满意香港回归，不满意亲西方的民主党大佬李柱铭等一批人没能掌权，不满意香港作为中华人民共和国的一部分，骨子里反对共产党的领导。这样一些人西方意识，美式主义是第一位的，总想按照欧美模式来治理香港。所以100多年英国统治，俯首帖耳没有意见，回归祖国才几年就不行了。这里面有一个神父、两个教授登上前台上蹿下跳。最近西方媒体揭露他们早在两年前就已经有美国插手谋划了，甚至弄了上千人去国外受训，准备起事。他们利用宗教、教育家的身份，打着民主选举的旗号挑动、蒙蔽一部分学生"占中"闹事。这些人闹事不奇怪。像李登辉那样，在全世界都谴责日本复活军国主义、否认南京大屠杀、否认慰安妇的情况下，他却跑到日本，赞扬安倍，拥抱安倍，他认为日本占领、治理台湾有功。这不奇怪，因为历史上总会有秦桧、汪精卫、李登辉这种人。问题是学生为什么那么容易受挑动、受欺骗、蒙蔽呢？

我想可能很重要的一个原因就是香港的一些学生，长期受殖民地教育环境影响，中毒较深，爱祖国、爱人民在咱们这里是深入人心，在他们那里爱社会主义祖国，爱中华人民的理想信念淡薄，精神上缺乏社会主义的"钙"，得了扛不住西方式民主、自由宣传的"软骨病"。香港回归十几年，中央一直坚持"一国两制，港人治港"的方针。借大陆高速发展的东风，香港比英国统治时期有了更多更快的发展，这也是世界公认的事情，连撒切尔夫人的秘书都认为，香港近年来的发展是空前的，中国政府兑现了香港回归时的承诺。当然了，我们还有不足，还有挑战。面对这些挑战，也要靠我们自己循序渐进、有步骤地去解决，那么为什么这些人要闹事呢？为什么还有些青年学生要跟上去呢？我觉得这值得我们深思。我深深地感到，在当今世界，社会主义和资本主义、东方和西方，不仅在政治、体制、治国方针上，而且在文化、思想、观念、生活等各个方面不断竞争。这是一个很复杂的条件，在这个条件下，对人，特别是对青年学生、青年人会有很大的影响。西方以他们几百年积累下来的财富、物质，包括压榨、剥削殖民地人民所得的财富以及就此形成的所谓的西方文明、西方的生活方式无孔不入地渗透到各个地方。西方的政客、媒体也不断地推行所谓的"和平演变""颜色革命"。这种现实是客观存在的，我们不能糊涂，不能掉以轻心。去年，在西工大有一次讨论办学思想的座谈会上我曾经讲过，咱们现在许多大学在制定学校发展目标时，都有"把学校办成国内一流、国际著名的大学"的提法，很多人把哈佛、剑桥大学、MIT作为学习、跟踪的榜样，以他们作为蓝本、作为标杆。当然学习西方大学的长处、科学、技术、管理都是应该的，而且一直是提倡的。但我就想，把我们的大学办成完全和剑桥、哈佛一样，培养的学生里里外外就是哈佛人、剑桥人，难道我们的教育就是成功的吗？他们就能成为社会主义事业的建设者和接班人？我们就能建成有中国特色社会主义的伟大国家？就靠这些人，能实现国家富强、民族振兴、人民幸福的中华民族伟大复兴的中国梦？我想大家可以讨论讨论，行不行。我说不行，不可能。

香港“占中”这件事情再一次告诉我们：没有社会主义的中国心，就不可能有实现社会主义伟大祖国的中国梦；没有为建设社会主义伟大祖国的理想、信念，就不可能有为它献身的决心和实践。

我们记得“十年动乱”，国家经济濒临崩溃的边缘，许多老干部老知识分子被打成了牛鬼蛇神，被“打倒在地还要再踏上一只脚”。粉碎“四人帮”以后才好不容易从九死一生中间捱过来，但是面对改革开放的大好形势，他们又站起来，擦干身上的血污，整整破烂的衣裳，无悔无恨，又重新为国家、为人民奋斗。是什么力量支撑他们？是建设伟大祖国的理想，是共产党人的信念。我记得粉碎“四人帮”以后不久，改革开放初期，一个香港歌手张明敏，来大陆演出，唱了一首歌，许多人听了激动得热泪盈眶，这就是《我的中国心》。我想很多人都会唱，我给大家来念念歌词：——

河山只在我梦里，祖国已多年未亲近，
可是不管怎样也改变不了我的中国心。
洋装虽然穿在身，我心依然是中国心，
我的祖先早已把我的一切烙上中国印。
长江、长城、黄山、黄河，
在我胸中重千斤，
无论何时，无论何地，
心中一样亲！
流在心里的血，
澎湃着中华的声音，
就算生在他乡也改变不了
我的中国心！

有人说，他唱的不是歌，他唱的是他的心，唱的是香港人民的心，是向祖国诉说英国殖民统治下老百姓的心声。张明敏虽说生长在香港，却有一颗中国心。对中华民族的儿女，祖国就是母亲。20世纪50年代初期，仲老师给我讲了一件事，北京市一个幼儿园举行“最美丽的妈妈”的活动，孩子们谁认为自己的妈妈最美丽就来参加。一个小孩牵着妈妈来了，妈妈是个麻子，一只眼睛还瞎了，的确说不上美丽，家长们都在奇怪。可是对于这个孩子来说，他觉得他的妈妈是最美的。过去有一句古话叫作：“子不嫌母丑，不嫌家贫”。

前几天，材料学院领导给学院每个老师、职工和获奖的研究生赠送了一本书《习近平谈治理国政》，作为加强我们学院学科建设的一项措施。为什么这么做呢？

因为学院领导深知除了学术建设、专业建设、教学建设、实验室建设等之外，学科建设的灵魂是我们的理想建设、信念建设，是社会主义价值观的建设。

理想信念统率我们的行动，统率我们的精神，也是我们学习、研究、工作的动力。我当老师，如果从大学毕业算起，已经64年了。跟同学们摸爬滚打已经超过了一个甲子，我教书育人，同学们也启发我、教育我，我们互教互学。我深深体会到青年的可贵。作为一个耄耋之年的老教师，给同学们提出几点希望：一是，一定要坚定理想信念。理想指引人生的方向，信念决定事业的成败，没有理想信念，就会导致精神上缺“钙”。中国特色社会主义是我们党带领人民历经千辛万苦找到的实现中国梦的正确道路，也是广大青年应该牢固确立的人生信念。二是，一定要练就过硬的本领。青年人正处于学习的黄金时期，应该把学习作为首要任务，作为一种责任，一种精神追求，一种生活方式。让勤奋学习成为青春远航的动力，努力成为可堪大用、能担重任的栋梁之材。三是，一定要勇于创新创造。创新是民族进步的灵魂，是一个国家兴旺发达的不竭的源泉。青年是社会上最富活力、最具创造性的群体，理应走在创新创造的前列，树立在继承前人基础上超越前人的雄心壮志，以青春之我，创青春之国家，创青春之民族。

最后我还是用毛主席50年代在莫斯科接见留学生的讲话表达我的心愿：“世界是你们的，也是我们的。但归根结底是你们的。你们青年人朝气蓬勃，正在兴旺时期，好像早晨八九点钟的太阳，希望寄托在你们身上。”青春宝贵，但是青春易逝。“三十功名尘与土，八千里路云和月。莫等闲，白了少年头，空悲切！”这是民族英雄岳飞的名句。时不我待，只争朝夕，我希望大家努力而且要抓紧。我已经86岁，早已不是耳聪目明的年龄了，但是我还是挣扎着，总还要沿着有中国特色社会主义的道路往前走。昨天我还给一部分老师、研究生作了一个有关材料电子理论的学术报告。好坏不说，在我有生之年总是要和大家共同往前走。

去年冬天，我和哈工大的老师一起去昆明，云南钛业股份有限公司希望和哈工大在昆明建立一个钛铝合金材料研究的院士工作站，并且以我的名字挂名。召开成立大会让我去揭幕，忙了两天，回西安就住院了。家里人就批评我说：那么大岁数了还胡跑。住院也不是滋味，这个时候，我就看到报纸上登载的讨论中国梦的文章，想着想着，忽然觉得自己有所觉悟，就胡诌了两句：“耕耘求索丝无尽，残烛成灰身方休。人生自古谁无死，留取丹心照汗青。”后两句我是借用了文天祥的诗句。面对大好的形势，我觉悟到，以身殉国、以身献国，对我这种老教师应该是光荣、幸福的。谢老师让我给同学们讲讲理想信念，我讲不好，就说说我的心声，我的中国心，和同学们进行交流，谢谢大家。

在西工大本科生翱翔英才“追梦班”开班典礼的讲话

（2013年5月）

老师们、同学们：

大家好！

今天，非常高兴能够参加学校本科生翱翔英才“追梦班”开班典礼。我还要特别感谢汪校长给我颁发“追梦班”证书，对我这80多岁的老教师来讲，担子真是够沉的。

前不久，学生处让我和“追梦班”的学员们见面做个报告，说你们是从全校本科生中优中选优、挑选出来的优秀学生。他们跟我讲，学校开设“追梦班”是为了更好地实施学生综合素质提升计划，同时能够通过你们影响带动更多的同学，今后成为具有国际视野、社会责任感、创新能力、科学和人文素质兼备的领军人物和高素质创新人才。汪校长也在寒假干部会上谈到，在提升学生综合素质的同时，要“给通才制定规则，给天才留出空间”，使我们培养出来的人不仅是传统优势专业下的行业精英，也可是艺术家、政治家等社会精英。之后，我又仔细阅读了翱翔英才计划实施方案，觉得学校开设“追梦班”是非常必要的。

为什么叫“追梦”？去年11月29日，习近平同志在参观“复兴之路”展览时，向世界阐释“中国梦”，就是实现国家富强、民族振兴、人民幸福，实现中华民族的伟大复兴。这个目标令全国老百姓都非常振奋。我就回想起60多年前我进入大学的情景。1946年，八年抗战刚刚结束，为了争取胜利，中国人民牺牲了上千万，但是蒋介石又发动了内战，要消灭共产党。第二次世界大战刚结束，那时，西安、南京、北京、上海到处是美国兵，开着吉普车，拿着酒瓶子乱闯。当时，北大女学生沈崇被美国兵强奸，中国的法律也不能管。浙大学生自治会主席因为反饥饿反内战，被国民党特务暗杀了。当时全国一片狼藉，老百姓真正是在水深火热之中，在西安大街上你总能看到头插一根草标卖儿女的穷苦人。

那时候我们是什么梦呢？是噩梦！中国有前途吗？前途在哪里呢？

60多年过去了，今天，习近平代表党中央提出实现中华民族伟大复兴的“中国梦”

的号召。他说，中国梦是历史的，又是现实的，更是未来的，说得非常好。我们这老一代真心体会到中国梦多么伟大、珍贵，又是多么不容易！

今非昔比，就我国这十年GDP，先后超越法、英、德、日成为世界第二大经济体。根据国际货币基金组织和世界银行的资料，近几年世界经济发展的40%依靠中国经济发展的推动。我国的工业规模现居世界第一，全世界500多种主要工业产品我国有220种产品产量居世界第一，是名副其实的制造业第一大国。不仅如此，我国这十年单位GDP能耗还下降12.9%。老百姓生活有了很大提高。最近四川雅安地震，政府反应迅速，老百姓团结协作抗震救灾的表现，精神状态，令全世界赞许。我特别关注电视镜头中一大群孩子在地震后几天又到帐篷教室上课了，他们的穿戴与我想象中的山区孩子完全不同，和城里孩子的穿戴几乎没啥两样。这说明了什么呢？

当然，我们也不能夜郎自大，盲目地认为我们什么都好，什么都一帆风顺。这几年党中央就一再指出，按原有的经济发展模式，尽管取得了举世瞩目的成就，但有许多是不科学的，发展是不平衡的，因而是不可持续的，我们以前的高速发展中遗留有许多问题。例如，伴随着经济高速发展，环境代价是巨大的。今年2月份以来，全国自东向西长时间的雾霾天气，空气中粉尘粒子的污染程度空前严重，是许多人估计不到的。

今年5月1日，《参考消息》转载《美国大西洋月刊》4月20日文章，题目是“2.8万条河流在中国消失，究竟发生了什么？”说就在20年前中国还有约5万条河流，现在根据中国的第一次全国水利普查，其中的2.8万条河流不见了。大家知道，我国根本就是一个水资源短缺的国家，人均水资源为世界人均值的25%。我国二氧化碳排放量占世界23%，生态环境压力特别大。就能耗水平看，2010年我国万元GDP能耗是发达国家的3～4倍。就技术依存度看，我国技术对外依存度达50%以上，美国和日本仅5%左右。我国连续三年成为世界第一汽车生产大国、第一汽车市场，但由于对外技术的长期依赖，反而削弱了我们的自主品牌创新能力。现在占轿车产销3/4的合资企业仍以引进国外技术作为主要途径。

和我们学校专业联系密切的航空工业，这十几年来取得很大成绩，大客机C919，大运“运20”，所谓世界第五代军机歼20、歼31陆续露面，震撼了西方国家，但发动机（心脏）完全依靠进口，连第四代战机歼10、歼11战机的发动机还依靠俄罗斯。我们的发动机还存在许多问题，动力问题严重制约着我们新一代飞机的发展，成为我国航空工业的瓶颈。

就科技论文看，2010年美国发表被SCI收录论文39.01万篇，我国为14.84万篇，排在第二位。但是按引用情况，我国就排在第十位。就以我们西工大材料学科来讲，2012年全国材料科学与工程学科评估了全国一百多个大学，第一名是清华，第二名是北京科技大学（以下简称北科大），第三名是西工大和哈工大并列。前年，2011年世界科技文献数据库发布了有关材料学科论文的统计材料，把该年有关材料论文引用最多的前百分之一共659个机构按发表论文的总数排了一个队，西工大以2524篇排在第22名，东京工业大学排在第21名（2606篇），台湾成功大学以2322篇排在第26，剑桥大学以2059篇排在第30，看来西工大还不错，这是按篇数排。如果按引用次数排，西工大变成第153名，如果按单篇引用次数排，西工大排在第649，就是说按数量，我们排在前面，如果按质量、重要性、影响力就排在后面了。

所以在我们发展的历史进程中，我们既要看到取得的成就、进展，更要看到我们的问题、不足。成就得来不易，再发展就会有更多的困难。实现中国梦不是靠空谈，而是靠实干，其中最关键的就是创新。没有创新就没有超越，而创新的基础就是知识，所以，没有知识也就没有创新。中央一再强调，把我们党建成一个学习型的党，因为只有学习型的党才是创新型的党。我们“追梦班”要成为实现中国梦的建设者，必须学习、学习、再学习，才能创新、创新、再创新。

我们这一代人就亲身感受从中国苦难、贫穷、挨打、受辱，到新中国的扬眉吐气、社会主义建设，再到改革开放的高速发展，的确感到骄傲、幸福、来劲。为实现中国梦，我们虽然已不能像你们那样冲锋陷阵、斩关夺城，但我们还能够为你们擂鼓助威、摇旗呐喊。

最后，我还是用毛主席1958年在莫斯科接见中国留学生的讲话来结束我的发言：“世界是你们的，也是我们的，但归根结底是你们的。你们青年人朝气蓬勃，正在兴旺时期，好像早晨八九点钟的太阳，希望寄托在你们身上。”实现中国梦，担子也在你们身上。咱们互相勉励，互相促进。

谢谢！

在西工大材料学院2013～2014学年奖教金暨奖学金表彰大会上的讲话

（2013年12月）

今天学院召开一年一度的材料学院奖教金、奖学金颁奖典礼，有一大批老师和同学获得各类奖教金、奖学金，我向你们表示热烈的祝贺，希望你们更上一层楼，取得更大成绩，并且带动更多的老师、同学，取得新的更多成果。

材料是社会发展的物质基础，没有所需材料的发展，社会经济发展就成了无本之木，所以人类历史上甚至以材料划分人类社会发展的历史阶段：石器时代、青铜器时代、铁器时代等。

时至今日，材料依然是社会经济发展的支柱。国际上把材料科学技术与信息、生命、能源、纳米、先进制造作为世界优先发展的七大科技领域。新材料、新材料技术、新材料理论、新材料装备不断涌现，这里面包括我们中国，也包括我们西工大所做的贡献。

但是也有一些声音：“材料又不是电脑，几千年了”“该搞的差不多都搞了，还有什么新玩意？”“国家提倡创新，但材料创新还有多大空间？”……反映出一些质疑。

昨天碰到一件事，狠狠敲了我一下。12月8日《中国科学报》报道，2015年1月，美国数学学会的数学大奖将被授予美国密歇根大学教授Lagarias和中国北京大学教授宗传明。报道原文为：“近日，美国数学学会2015年度各项大奖陆续揭晓。其中，莱维·柯南特奖被授予美国密歇根大学教授Lagarias和中国北京大学教授宗传明……这是美国数学学会首次将学会大奖颁发给在中国工作的数学家。据悉，宗传明和Lagarias的获奖工作——‘神秘的正四面体堆积’，系统评述了正四面体的堆积理论。从2300多年前古希腊哲学家亚里士多德的一个著名错误到100多年前大数学家希尔伯特的第十八问题，从天才数学家闵可夫斯基一个世纪前的一个错误到近代科学家通过计算机辅助设计所取得的重要成就，该成果不仅全面评述了数学家和材料学家在研究这一著名问题上已取得的主要成绩，还提出了许多新问题和新猜想，指明了进一步研究的方向……”。

大家知道在材料，特别是金属材料的研究和发展中，原子的密排堆积是晶体结构的基础。大家都是比较清楚的，12月9日我在给教师和同学们的专题报告中还特别提及了按硬球模型堆积的几何密排相和拓扑密排相的区别，以及堆排过程中形成的四面体和八面体间隙。堆积看来好像并不复杂，更体会不到正四面体堆积有什么神秘，而且，正四面体是最简单的几何体之一，堆积规律也应是最简单的。按硬球模型，四面体间隙还不是正四面体，应该比正四面体复杂。许多问题，从表面看我们的理解认识好像也没问题，实际我们的认识有时显然是似是而非的，或者只知其然，不知其所以然。就好像70年代听说陈景润研究：一加一等于二，有些人哈哈大笑一样。我们对许多东西还不认识，还是无知的。对许多东西我们还需要学习、研究、实践。从这里我体会到：像其他任何科学、技术和经济领域一样，材料处处有应用，材料处处有学问，材料处处有创新，但都需要我们的努力，我们的实干。

习近平同志在同各界优秀青年代表座谈时就讲：“广大青年要坚持面向现代化，面向世界，面向未来，增强知识更新的紧迫感，如饥似渴学习，既扎实打牢基础知识又及时更新知识，既刻苦钻研理论又积极掌握技术，不断提高与时代发展和事业要求相适应的素质和能力……努力成为可堪大用、承担重任的栋梁之材”。

我衷心地祝愿无论获奖的同学，还是尚未获奖、准备获奖的同学，在为发展我国的材料科技和产业中都能做出创造性的贡献，成为能担重任的栋梁之材。

坝上长夜，七星灯火

（2015年4月）

今天，我来参加电影《古路坝灯火》首映礼，心情非常激动。我是西北工学院1950年的毕业生，我们那一届的同学只在汉中待了半年，1946年年底就由古路坝迁到咸阳。我所讲的一些东西多数是和老同学聊天中听来的。我很高兴在这里和大家分享我所知道的有关国立西北工学院的故事，也就是电影的主题“坝上长夜，七星灯火”。

傅恒志院士在《古路坝灯火》首映礼上致辞（2015年）

70年前发生了卢沟桥事变。日本人打过来，烧杀抢掠。沿海的大学和从东北迁到关

资料来源：根据傅恒志院士在2015年4月23日《古路坝灯火》首映礼上的发言整理。

内的东北大学等纷纷逃难内迁。平津一带高校1937年在西安组建了西北联大。日军对西安狂轰滥炸，没办法，学校又迁至汉中。几千学生，没有办学的地方，就把各大学相同专业学科重新组织，分别成立国立西北工学院、西北农学院、西北师范学院。

1938年成立的国立西北工学院，汇集了东北大学、北平大学、北洋大学的工学院和焦作工学院，涵盖了土木、矿冶、机械、电机、化工、纺织、水利、航空、工业管理9个系，是当时工科院校里面系科最全的高等学校。办学地址就在陕南群山中间的一块平地——古路坝，借用了一个天主教堂和一个小学的地方。当时，条件非常艰苦，没有图书馆，没有实验室，没有操场，教室是土坯泥房，晚自习只能点蜡烛和小煤油灯，教授上课经常没有粉笔，吃饭的粮食由学生轮流到几十里山路以外去背。

当时在后方，开玩笑地传说大学有“三坝”，成都的华西坝，有华西大学、齐鲁大学等几所高校，条件相对好一点，但也是经常断电缺粮，就把这叫作天堂；重庆沙坪坝，有中央大学、交大等校，生活环境相对清苦，把它叫人间；而古路坝呢，在汉中城固，是交通、生活、学习条件最差的，在大山沟里面，就叫作地狱。大家想想，沦陷区的学生家破人亡，一个人逃出来举目无亲，没吃没穿，逃到了后方而且上了大学，他是什么心情？国恨家仇凝聚在一块，所以，不管是在天上、人间，还是地狱，那没有不刻苦学习的。同样，在日寇铁蹄下、在地狱火烧中锻炼出来的国立西北工学院的学生学习非常刻苦，简直可以说是到了忘我学习的地步。老师也是呕心沥血，生怕给学生教少了。

学生怎么刻苦学习的呢？记得80年代有一次，师昌绪、李恒德、史绍熙、高景德和我几个人在国家自然科学基金委员会开会，聊起了过去西工大的事，师昌绪就说过“七星夜火”的故事。当时的西北工学院，一年级在七星寺，这是离古路坝不远的一个地方。学生把在七星寺学习叫鬼门关，当时学校对学生要求非常严格，每年都有近1/2的学生留级或补考。师昌绪说，他和高景德住在一个宿舍，高景德何许人也？他是西北工学院1945年电机系的毕业生，也是后来的两院院士，是20世纪80年代清华大学的校长。师昌绪是开夜车的，吃了晚饭就去教室看书学习，一直到夜里两三点钟回宿舍。而高景德习惯于开早车，凌晨两点就起床去教室学习。所以师昌绪回到宿舍时，高景德已经出去学习了。学生基本分两拨，一拨是学到夜里两三点钟，另一拨是半夜两三点学到早上。所以他们两个人，几个星期、几个月见不着一面。师先生说，当时各个班都是这个样子。那时没有电灯，都是蜡烛和煤油灯，由于开夜车和开早车的人都衔接起来了，所以教室里的灯一直亮着，夜里从远处看，点点滴滴的灯光长夜不息，所以叫“坝上长夜、七星灯火”，在那穷乡僻壤，成为当地一景。就是在这种极端艰苦的条件下，同学们发奋刻苦学习，所以当时国立西北工学院的学生连续多年考取公费留学生的人数是全国各个大学里面最多的。

面对国难当头，救亡图存的压力；国民党当局腐败无能，苟且偷生的状态；老百姓颠沛流离又不知所终的局面，“国家兴亡，匹夫有责”，西北工学院提出了“公诚勇毅”的校训，教育师生要公正、诚信、勇敢、坚毅，努力学习，以发展救亡图存，以科学抗敌兴国。我想，这也应该是西工大历史文化的一部分。

也就是在这种思想的抚育下，在那样的艰苦条件下，西北工学院为国家培养了大批杰出的科技人才，出现了像师昌绪、高景德、吴自良、史绍熙、李恒德等许多院士。

“坝上长夜、七星灯火”，映照的是国立西北工学院师生科技兴国的伟大精神，它反映了全中国人民不当亡国奴、救国兴邦的坚强意志。今天，希望我们能传承这盏灯火，成为中华民族崛起复兴的伟大火种！

谢谢大家！

《古路坝灯火》电影海报

病榻读“中国梦”有感

2013岁末赴昆明共建院士工作站，返即住院。病榻读“中国梦”文章，觉有悟，诌凑四句，自励自勉。

荆棘漫道向阳走，
跌宕起伏不回头。
耕耘求索丝无尽，
残烛成灰身方休。

材凝大地遍新芽

2008年，全国相变与凝固会议贺我八十岁生日，愧不敢当，遂作油诗几句感谢。

八十虚度空自乏，
与时俱进步益差。
盛会不觉催人老，
材凝大地遍新芽。

幸福生活欲何求

2017年春，“中国航天日”在西工大举行系列庆祝活动，各界齐来欢庆，又适值家人归来，全家团聚，有感而发，遂成几句，以兹纪念。

幸福生活欲何求？
龙龙露露萝卜头。
宁宁西欧探商机，
格格北美研物流。
四海五洲天地阔，
一带一路任尔游。
筑梦中华千古业，
何须当年万户侯？

耕耘逐梦 初心永继

傅恒志院士从教70年纪念文集

——第四部分

学术专著序言

《先进材料定向凝固》

傅恒志、郭景杰、刘林、李金山著

2008年由科学出版社出版

2011年入选国家新闻出版总署第三届“三个一百”原创出版工程

序　一

2006年中国工程院第12次院士大会期间，傅恒志院士向我提及拟组织相关同志撰写《先进材料定向凝固》一书，我当即表示十分支持，这不仅是因为我对傅先生在这一领域中斐然的学术成就早已十分敬慕，还深知他是治学严谨的领军人物，承担着这一学科的国家重大科研项目，并培养出了不少优秀的中青年科研、教学带头人。院士大会后，我曾听说傅先生患了眼疾，也着实为他挂念了一番，却不料今年的院士大会前夕，100余万字的书稿已请人送到我的案头，并要我为之作序。我用了整整两天的时间，逐页拜读。对于多少也做过一点凝固研究的我来说，又一次系统重温了相关的基础理论知识，更可喜的是学到了不少先进材料定向凝固方面的新知识。欣喜之余，也感到作序之难，一是因为我对于凝固，特别是先进材料的定向凝固，相对于先生仍是后学者，难免羞于提笔；二是在这样一本严谨的学术巨著面前说“空话”“套话”，我认为是没意义的。思忖再三，决定还是就凝固及定向凝固的问题阐述一点“管见”，称不得序，就算作引言或前言吧！

人类对凝固现象的观察或认识，应始于人类文明远未发展的远古时期。篆文中的凝字由“冫”（水的一种古写）及“疑”（为声）组合而成，从古汉语来说，是既有形又有声的一个形声字。“凝”在中国古代文人的眼中是十分美丽而寓有诗意的字，著名边塞诗人岑参在《老马川行奉送出师西征》中有“五花连钱旋作冰，幕中草檄砚水凝”的佳句，甚至可以浪漫地拓意到音乐演奏中声波的戛然停顿的情景，如白居易在《琵琶行》中就有“冰泉冷涩弦凝绝，凝绝不通声暂歇”的描述。而“固”也是个形声字，其“口”为城墙或院墙之形，“古”为声，本义是指四周密闭，牢固、坚固之意，如形容城防坚固的“固若金汤”之类的词。因而，从中文的“凝固”来看，凝是过程，是事物变化的本质现象，而固是结果，显然中国人看重的是过程。而英文的凝固——solidification一词，其字根是solid即固体，solidification是个动名词，因而如果硬译、直译，应该是“使固化”或“使变硬”，因此英文中的凝固一词，侧重点似乎是最终状态。当然，在20世纪中期以前，这两者几乎没有太大的差别，因为不管水凝成雪、结成冰，还是熔融的金属铸成形态各异的铸件，钢水浇成钢锭，既有过程，也有结果，从哪个侧重点看区别都不太大，因为当时研究凝固的重要手段，是相图、凝固点、形核条件等热力学参数与理论，它的研究本身就是解决可能与否的问题。所以，从热力学而言，其判据只与起始和最终状态有关，而与途径是无关的。最近50年，当凝固从工艺技术变成一门科学时，凝固过程的动力学及形态组织控制就渐渐成为了研究的主体。简而言之，只有按一定的方式、一定的速度、一定的方向“凝”，才能得到人们想要获得的某种材料的组织形态，某种性能的“固”体材料。所以，从这个意义来说，古代中国人对凝固的认识似乎更深刻、更具哲理。

凝固的研究对象，最早是铜、铁等比较单纯的金属及若干低熔点铜、锡的合金。以后在20世纪开始了对大量合金（钢实际上是铁碳合金，而合金钢、高合金钢则是多元合金了）的凝固学研究，特别是20世纪中期，由于信息产业的迅猛发展，不仅把凝固对象扩大到非金属材料，如硅、锗等，乃至金属间化合物，还因为航空、航天技术对材料的苛求，除了高温合金外，进而开发、研究了高温结构陶瓷的超细晶控制定向凝固。可以说最近50年，凝固科学的蓬勃发展与飞速进步是人们未能预测的。

该书所述的先进材料大致可分为两大类：一类是在超高温、超高压下工作且要保持高强度的镍基高温合金及能承载主应力方向的氧化物高温陶瓷材料；另一类是由于电子、网络、通信及高保真视频技术的发展，所需的单晶、非晶材料和高温氧化物超导等材料。要满足上述两大类先进材料的性能要求，就必须对凝固过程进行严格的控制。所谓控制，无非是对凝固速度、方向及最终获得组织状态的控制，其中的核心技术就是定向凝固。当前它所涵盖的材料，从半导体、各类人工晶体到高温合金、金属间化合物及各种金属基及无机复合材料等。由于定向凝固可以在极大的范围内控制冷却速度（10^{-4}～10^{4}K/s）、结晶方向、温度梯度及结晶前沿的状态，因此可以制备从准平衡组织到远离平衡的超细或亚稳态组织的各级、各类材料。其主要手段是高温合金的定向及单晶叶片定向凝固；金属间化合物的晶向选择控制定向凝固；高温超导材料的熔体织构定向凝固；高温结构陶瓷的精确控制定向凝固等。

我国在定向凝固方面的研究与开发方面起步并不晚，已有一些成果和建树，如西北工业大学开发的特种合金电磁约束成形与冷坩埚定向凝固；哈尔滨工业大学研究了Ti-Al合金在电磁场、温度场、流场三者耦合下的连续熔铸及凝固技术；上海大学的恒稳强磁场下约束晶体排列方向的研究等。

在定向凝固领域中，目前最活跃的一个分支是无机晶体的定向生长。与金属及金属间化合物的定向凝固比较，人工晶体定向生长有一系列特殊的科学问题。已有学者预言，这一分支的发展与突破，可以为红外、激光等前沿技术提供晶体纯度及完整性高、个体尺寸大、生长速度快的重要晶体器件，还有可能创新相关的理论。

该书的一个重要特点是把系统的理论分析与最新的研究成果结合起来。对于材料科学与工程的研究工作者必将大有裨益，同时也是高等院校教师及研究生系统了解、掌握先进材料定向凝固的不可多得的优秀参考书。我对傅恒志先生致以诚挚的祝贺，并为中国的材料科学工作者感到自豪！

全国政协副主席
中国工程院院长 

2007年7月

序 二

定向凝固及单晶生长技术可使材料的组织按特定方向排列，获得定向及单晶结构，从而明显改善材料的力学和物理性质。为此，国内外在材料加工与制备领域，正在大力发展新型单晶高温合金、自生复合共晶合金、金属间化合物、高温超导等结构及功能材料的新型定向凝固及单晶生长技术。定向凝固技术已经成为材料制备与加工领域的重要学科方向和非常活跃的技术领域。

定向凝固技术最具代表性的成就是燃气轮机叶片材料的制备，目前先进航空发动机的涡轮前进口温度已近2000K，几乎所有的先进发动机均使用定向或单晶涡轮叶片和导向叶片。随着航空发动机工作温度的进一步提高，镍基高温合金的替代材料，包括高温金属间化合物和自生复合陶瓷材料及大型工业燃气轮叶片的制备也主要通过定向凝固。因此，发展先进的定向凝固和单晶制备技术对国防和国民经济发展具有十分重要的意义。

定向凝固技术也是研究凝固理论的重要方法，凝固科学技术的发展在一定程度上是建立在对定向凝固过程的研究和定向凝固技术发展水平上的。定向凝固的冷却速率可以由10^{-4}K/s到10^{4}K/s，因此可以制备从接近平衡到远离平衡的超细和亚稳态组织，在此过程中所产生的一系列凝固现象一直是材料学家和物理学家研究的重要领域。

自20世纪70年代后期以来，傅恒志院士领导的课题组在国内率先开展了定向凝固理论及其应用研究。特别是他们研制出的液态金属冷却及区熔-液态金属冷却（ZMLMC）超高温度梯度定向凝固装置和方法，在实验室中实现了1000K/cm以上的温度梯度，所制备的单晶高温合金的超细柱晶大幅度地提高了材料的持久寿命，具有创造性。此后，他们又提出将电磁约束成形与冷坩埚技术和定向凝固技术相结合，利用交变磁场在金属材料中产生的涡流和电磁力使金属加热熔化并约束成设定的形状，构成无坩埚熔炼、无接触或软接触成形，使之具有高纯净及超强冷却能力的新型定向及单晶生长技术，制备出低偏析或无偏析、组织超细化并具有高精度取向的高温合金或金属间化合物的航空发动机关键部件，具有广阔的应用前景。

在深入研究定向凝固技术的基础上，他们还发展了高梯度定向凝固水平连铸技术，生产出高导电性、高塑性的纯铜单晶铜坯，采用该技术也可生产出具有高强度、高导电性的铜基复合材料导线。由于单晶连铸消除了晶界，因而具有高延伸率、高导电率等优越性能，这种技术可在国防及民用电子、网络、通信、音像设备和高清晰度电视等工业领域中获得广泛应用。

《先进材料定向凝固》一书的最大特点是在上述研究工作的基础上融入了国内外定向凝固的经典和最新研究成果，以定向凝固基础理论、研究方法，以及若干先进结构材料和功能材料的定向凝固制备为主要内容，构成了全书的基本框架。

该书具有下列特点。

（1）系统性。该书从凝固热力学和动力学开始，系统论述了凝固形核、界面、溶质分配、界面稳定性及晶体形态学等内容，并分别对共晶、包晶、偏晶的定向凝固组织特点进行了深入的论述，涵盖了定向凝固研究领域的基本内容。从研究方法上，比较全面地覆盖了基础理论、实验方法及建模模拟。

（2）原创性。该书不是简单地编著，而是作者多年研究工作的结晶，其中溶质再分配、包晶共生生长、高梯度与亚快速定向凝固、高梯度单晶连铸等方面的内容具有明显的创新。

（3）实用性。该书所介绍的定向凝固方法和技术对于开展定向凝固的实验研究和工业应用有重要的参考价值，所论述的高温合金、金属间化合物、结构陶瓷和功能材料对于正确制定制备工艺参数有重要参考价值。

（4）前瞻性。随着学科的发展和新的先进材料的出现，定向凝固领域的新技术和新方法不断涌现。该书从基础理论、研究方法和先进材料凝固成形方面着手，对先进材料及高技术的发展打下了良好的基础。

（5）普遍性。该书涉及定向凝固的方方面面，过去人们主要重视结构金属材料的凝固，而该书对陶瓷材料及功能材料的定向凝固也做出了深入的探讨，这是今后发展的重点。

该书理论与实践结合密切，不但是材料工作者的一本很好的参考书，也可作为研究生和高等学校的专业教材。该书的出版无疑将有力地推动凝固理论和相关学科的发展，促进先进结构材料和功能材料的研制和应用，为我国国防和国民经济建设做出贡献。

国家自然科学基金委原副主任
中国工程院原副院长 师昌绪

2008年2月

《航空航天材料定向凝固》

傅恒志等著

2015年由科学出版社出版

序　一

自从20世纪50年代以来，人们对液固相转变过程微观特性进行了系统、深入的研究，并将传热、传质、对流及界面科学应用于固相微观形貌演变过程的分析和描述及最终凝固组织的预测，先后发展了固相形核理论、胞晶及枝晶生长理论、共晶凝固理论、包晶凝固理论和偏晶凝固理论等，形成了一个较为完整的理论体系，即凝固理论。这些理论持续发展和完善，成为材料科学的一个重要分支，并成功用于工业实践。当今凝固理论已成为金属材料锭坯质量控制、机械行业铸件和锻件毛坯制造及非平衡组织、各向异性组织乃至非晶、纳米晶等先进材料制备的共性理论基础，层出不穷的凝固控制技术支撑着各种现代工业技术的发展。

定向凝固采用单向的传热条件，并辅助以特殊的加热方式、强制冷却、物理场等，可实现晶体取向、枝晶取向乃至多相组织定向控制，从而获得各向异性的材料组织和性能，并使材料在特定方向上的性能超常规地大幅度提高。航空发动机用定向及单晶高温合金叶片的应用带动了航空发动机技术跨时代的发展，成为定向凝固技术应用的典型范例。

傅恒志院士是材料界凝固学大师，多年来他指导西北工业大学凝固技术国家重点实验室取得了多项突出成果。近年来，他虽年事已高，仍在西北工业大学及哈尔滨工业大学科研一线带领学生从事定向凝固创新性研究，并取得了一批成果。他是材料界同行值得尊敬和学习的楷模。

这本书是他近期定向凝固理论研究和实践总结，全书共8章，其中多元多相合金定向凝固特性及定向凝固晶体生长取向与界面各向异性是对定向凝固理论的完善与发展；电磁约束定向凝固及电磁冷坩埚定向凝固是对定向凝固技术的创新。另外，针对航空发动机几种典型材料的定向凝固技术，包括高温合金、金属间化合物及陶瓷材料，都进行了详尽地介绍和评述，特别是后两者，可能成为下一代航空发动机的关键材料。因此，本书必将推动凝固科学及材料科学的发展，特别是对航空发动机当前使用的高温结构材料的研制及下一代结构材料的发展具有重要的指导意义。

当前，随着难熔金属、耐热金属、金属间化合物和陶瓷材料等多种航空航天新材料体系的研发，为定向凝固技术提供了新的发展空间和机遇，无论从技术上，还是基本原理研究上都期待着新的突破。该书为原创性学术著作，兼具基础性和工程性，主要对象为航空航天领域的相关科研人员、研究生及高年级本科生，同时也适用于材料学科、冶金学科的相关科研人员和研究生。

中国材料研究学会名誉理事长
中国工程院院士
2014年11月

序　二

航空航天材料在高温度、高应力、强腐蚀等极端环境中服役，具有特殊的性能与功能，一直是材料科学与工程研究的前沿和热点。随着对航空发动机、燃汽轮机和天地往返飞行器需求的不断提高，高温材料仍然是航空航天材料中的难点和“瓶颈”，备受决策者和学界的关注。本书系统地介绍了自第一个铸造涡轮叶片在航空发动机上实验成功和以成分过冷理论为代表的定量凝固科学出现以来，定向凝固理论、技术、材料、应用，定向凝固四要素互动及实践-理论演绎的成果与状况。

半个多世纪以来，傅恒志院士带领他的弟子及研究团队不懈地耕耘在定向凝固科研一线，为定向凝固理论、技术、材料及其在航空发动机上的应用作出了卓越贡献。用大量实验数据取得了多元多相合金的定向生长、晶体取向、组织演化与控制等领域的新认识，凝结了新观点，充实并发展了定向凝固理论；创新高温度梯度超细化定向凝固、电磁冷坩埚定向凝固、电磁约束成形、晶体生长及单晶取向控制等定向凝固技术，开辟了以高温合金、单晶合金、金属间化合物、难熔金属、先进陶瓷为代表的新型材料制备；研制的超细化组织新型材料的高温、超高温蠕变，持久强度提高几倍、十几倍甚至更高，预示了令人向往的前景。研究成果涉及技术领域之广、水平之高在国内外可谓独树一帜。该书共8章，翔实地阐述了各项研究成果，对定向凝固科学技术研究和航空航天高温材料创新发展都具有重要的指导作用与实用价值，该书的出版将推动我国定向凝固技术到达更高水平。

《航空航天材料定向凝固》是一部难得的教科书。它为研究和使用高温合金的工程技术人员、高等院校的材料科学与工程专业教师和研究生带来理论、技术知识和研究方法教益。我与傅恒志院士有较多接触，读《航空航天材料定向凝固》如见其人，智慧、刚毅、追求。一位八十多岁高龄老人奉献了如此巨著，如此的研究和如此的成果，他是一位令我敬佩的、真正的教授和博士生导师。

中国热处理学会理事长
中国工程院院士　赵振业
2014年12月

《非平衡凝固新型金属材料》

陈光、傅恒志等著

2004年由科学出版社出版

序

凝固是自然界的普遍现象，也是材料特别是金属材料制备的基本过程。随着凝固理论与技术的发展，控制凝固过程已成为提高传统材料性能和研制新材料的重要手段之一。

随着凝固冷却速率和过冷度的加大，凝固过程偏离平衡的程度加剧。合金熔体黏度、扩散系数、液固界面溶质分凝系数等物理参数及形核、长大、界面形态演化过程等均偏离平衡，进而影响相选择、组织选择，导致组织细化，形成微晶、纳米晶、亚稳相、准晶、非晶等。因此，非平衡凝固过程与非平衡效应不但是材料科学和凝聚态物理学中十分活跃的研究领域，而且已经成为探索和发展新材料不可替代的重要手段，对科技进步、社会发展、国防建设、人民生活的影响日益凸显。

傅恒志院士是著名冶金与材料学家，作为我国老一辈凝固理论与技术研究带头人，早在20世纪70年代就在国际上率先提出了液固界面非平衡溶质分凝及受熔体物化状态制约的概念，主持创建了超高温度梯度定向及超细晶形成技术与近绝对稳定亚快速定向凝固的理论框架，对近平衡与极端不平衡之间的亚快速单向凝固区域（10^0～10^3K/s）进行了填补空白性的研究。相关研究成果得到美国、瑞士及俄罗斯著名学者Cahn、Kurz及Horoshairov等的高度评价。

傅先生也是国内知名的教育家，曾先后担任西北工业大学系主任、校长、校学术委员会主任等职务，1993年当选国际高校科学院院士。他非常重视人才培养与研究生教育，在致力于非平衡凝固科学研究的同时，率先为研究生开设了非平衡凝固课程，培养了一大批中青年学者。

科学出版社将于8月出版发行由他的学生陈光教授和傅恒志院士合著的《非平衡凝固新型金属材料》一书，恰值傅先生75周岁生日，这是材料界特别是凝固理论与技术领域一件值得庆贺的喜事。该书以西北工业大学凝固技术国家重点实验室和南京理工大学金属纳米材料与技术联合实验室的相关研究成果为主要素材，在总论凝固科学技术与材料发展之后，从快速凝固的物理基础入手，在对动力学急冷快速凝固和热力学深过冷快速凝固进行讨论与总结的基础上，详尽介绍了包括非晶、准晶、微晶、纳米晶在内的非平衡凝固新型金属材料、非平衡定向凝固与组织超细化、熔体热处理与非平衡凝固的新进展，将材料与技术、理论与实验、基础与前沿有机结合、融会贯通，既适合于材料及相关专业科技工作者阅读，也可作为材料科学与工程学科研究生教材。相信该书的出版，必将推动非平衡凝固理论与技术的研究、新型金属材料的研制和传统材料性能的改善提高，对材料科学与工程专业高层次人才培养也将产生有益作用。

中国工程院化工
冶金与材料工程学部主任
中国材料研究学会理事长

2004年7月

《合金熔体及其处理》

机械工业出版社高水平著作出版基金资助项目

合金熔体及其处理

郭景杰 傅恒志 编著

机械工业出版社
CHINA MACHINE PRESS

郭景杰、傅恒志编著

2005年由机械工业出版社出版

机械工业出版社高水平著作出版基金资助项目

前 言

许多材料制备和成形过程都要经过熔化状态，而熔化过程中合金熔体质量直接决定所制备和成形材料的性能。因此，合金熔体质量控制一直是研究者关注的热点之一。但是与合金材料学和凝固等方面的研究相比，合金熔体质量控制理论和技术的研究相对落后。一个最简单的例子是国内外关于合金材料学方面的专著已有很多种，关于合金凝固方面的专著也较多，而关于合金熔体质量控制方面的专著还未见到。合金熔体质量控制方面的内容大多情况下作为铸造合金的一部分，基本上都是出现在某种铸件质量控制书中，如《铸造有色合金及其熔炼》《铸铁质量及其控制技术》等，而这些论述是具体的和特殊的，往往针对某种合金进行论述，而从合金熔体质量控制角度看缺乏普遍性、系统性。所以，目前迫切地需要一部阐述合金熔体共性规律，具有普遍性和系统性的合金熔体质量控制方面的专著。

本书围绕合金熔体质量控制理论和技术这一主线，对合金熔体的基础知识、合金熔体的处理及合金熔体的检测三个方面进行全面系统的介绍，试图给出对合金熔体质量控制一个较系统、全面和共性规律的认识。全书分为10章，第1章从宏观和微观两个方面简单介绍人们对金属和合金液态结构的认识及其理论；第2章介绍对合金熔体质量有重要影响的几个基本物理性能的定义、影响因素和测定方法，如密度、黏度、扩散系数和表面张力等；第3章主要介绍熔体的几个热力学性质和活度的概念、测试及计算方法等；第4章主要介绍合金熔体吸气热力学和动力学，氧化夹杂形成热力学和动力学等；第5章主要介绍熔体中元素的挥发热力学与动力学知识，影响元素挥发的因素和控制方法等；第6章主要介绍合金熔体温度的控制方法和原理，包括光学高温计测温、热电偶测温和合金熔化过程中温度场数值模拟；第7章主要介绍合金熔体除气热力学和动力学及各种净化技术与评价方法；第8章主要介绍合金熔体的细化原理和主要细化方法及其评价方法；第9章主要介绍合金熔体的变质基本概念、基本原理和基本方法等；第10章主要介绍合金熔化和冷却过程中元素偏析的热力学和动力学及控制方法等。

本书由傅恒志院士和郭景杰教授共同规划、修改和定稿。具体分工为：第1～5章由郭景杰教授和傅恒志院士共同撰写，第6～10章由郭景杰教授撰写，苏彦庆、丁宏升和骆良顺参加了本书部分撰写工作。贾均教授为本书的撰写提出了许多宝贵建议，李新中作了大量图表处理工作，机械工业出版社陈保华编辑为本书的出版做了大量工作，在此表示深深的感谢！同时，书中许多内容来自课题组多年的研究成果，因此，衷心感谢课题组各位教师和研究生的辛勤工作，以及国家自然科学基金重大项目、国家973项目、国防973项目、国家863项目和黑龙江省杰出青年基金等项目的资助！

由于有些研究工作仍在继续，人们对合金熔体质量控制的认识正在不断深化，加之作者水平有限，对一些问题的认识还不够深入，不足之处在所难免，恳请各位专家和同行批评指正。

作　者

2004年10月于哈尔滨

《航空航天材料》

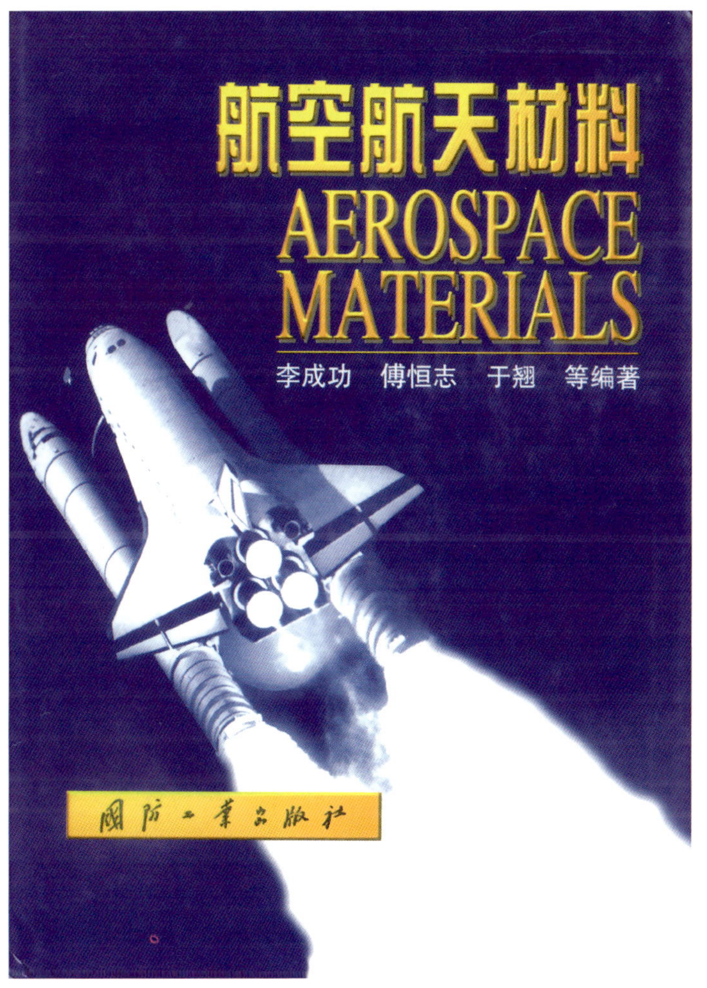

李成功、傅恒志、于翘等编著

2001年由国防工业出版社出版

序

航空航天材料是航空航天高技术发展的重要物质基础，许多先进材料及材料科学技术都是首先从航空航天高技术领域的需求推动而发展起来的，如先进复合材料、高温结构材料、信息功能材料、智能材料等。但迄今为止，国内外尚缺少综合全面阐述航空航天材料科学技术的专著，在世纪之交本书的出版，无疑对推动航空航天材料科学技术乃至整个材料科学技术的发展都具有重要的作用。本书是在中国工程院《中国材料发展现状及迈入新世纪对策》总咨询报告的《航空航天材料发展现状及迈入新世纪对策》分咨询报告出版的基础上，组织编写的专著。这本航空航天材料科技著作的作者，都是航空航天部门的生产、研究、教学领域中工作多年的有丰富经验的材料科技专家，其中有两位院士。他们在总结整理国内航空航天材料研究发展经验的同时，参照国外航空航天材料的发展和演化规律，对航空航天材料综合发展趋势、轻质高强金属材料、高温金属结构材料、聚合物基复合材料、金属基复合材料、陶瓷基及碳/碳复合材料和航空航天功能材料等作了较为深入系统的论述。全书的信息量丰富，图文并茂，将材料科学论述与材料工程应用密切相结合，是国内第一本综合论述航空航天材料的科技图书，具有新颖性和实用性，学术水平较高。对广大材料科研、生产和教学领域的多方面人士都将具有很好的学习参考和应用价值。

师昌绪　李恒德　殷瑞钰

前 言

航空航天材料是航空航天产品发展的重要物质基础，目前航空航天材料正朝着高性能化、高功能化、多功能化、结构功能一体化、复合化、智能化、低成本化及环境相容化的方向发展。本书是航空航天材料科学与工程在21世纪初出版的一本专著，其主要内容包括：航空航天高技术产业的发展概况及航空航天材料的重要作用与发展方向，铝、镁、钛轻合金及超高强度钢，高温钛合金、镍基高温合金、金属间化合物及难熔金属和合金，聚合物基复合材料，金属基复合材料，陶瓷基复合材料及碳/碳复合材料，航空航天功能材料等。

目前国内尚无综合论述航空航天材料的专著，只有两部分别论述航空材料及航天材料的著作：《航空材料学》（1985年）和《导弹和航天丛书·材料工艺》（1989年），均为10 年以前的出版物。检索到国外有一本论述航空航天材料的著作是德国宇航院1992年出版的《先进宇航材料》，但其重点是描述各类复合材料及其力学性能评价，其涵盖范围远不及本书广泛，完全不包括功能材料的描述。本书力图反映世纪之交国内外航空航天材料的发展趋势和规律，并从学科的高度给予理论结合实际的描述，尽量使全书的数据和信息量丰富，图文并重，内容具有新颖性、科学性和实用性，具有较为广泛的理论和实用价值。

本书由中国材料研究学会副理事长、原中国航空工业总公司科技委常委李成功研究员、西北工业大学前任校长傅恒志院士以及中国复合材料学会前任副理事长、原中国航天工业总公司一院科技委副主任于翘研究员负责主编。各章执笔人如下：第一章为李成功研究员、于翘研究员及曾凡昌研究员，第二章为陈昌麒教授，第三章为傅恒志院士，第四章为林德春研究员、于翘研究员、兰立文教授，第五章为张立同院士、成来飞教授和杨德庄教授，第六章为赵连城教授、钱冰研究员及周利珊研究员。

本书是在中国工程院及中国科学院“中国材料发展现状及迈入新世纪对策”咨询项目执行委员会常务委员会主任师昌绪院士、常务副主任李恒德院士及副主任殷瑞钰院士的关心、支持与指导下完成的，同时“航空航天材料发展现状及迈入新世纪对策”咨询研究组的专家参与编写、审稿、统稿及有关组织工作的有：李成功、傅恒志、于翘、周利珊、陈昌麒、陈祥宝、周瑞发、张立同、巫世杰、林德春、唐其庆、李金桂、赵连城、钱冰、曾凡昌、王乐安及李凤梅。本书获得了国防科技图书出版基金的资助，由国防工业出版社杜豪年编审担任责任编辑。在编著过程中还获得了航天材料及工艺研究所、航空材料研究院与法尔胜集团公司的赞助，并得到了王占国院士等有关材料科技界专家的具体帮助与指导，北京航空航天大学、航天科技集团公司703所、四院及航空材料研究院等单位的专家提供了部分素材，同时还参考了国内外有关资料，由于篇幅有限，不能一一列出，我们在此一并表示衷心感谢。本书如有不当之处，敬请指正。

李成功　傅恒志　于翘

2001年9月

《凝固科学技术与材料发展》

傅恒志、柳百成、魏炳波主编

2005年由国防工业出版社出版

前　　言

2002年，中国工程院化工、冶金、材料学部决定召开一次有关凝固与材料发展的学术会议。在国家自然科学基金委员会工程与材料学部及香山会议办公室的支持下，“凝固科学技术与材料发展”香山科学会议于2003年9月23日至9月25日在北京香山饭店举行。此次学术讨论会旨在以材料发展为背景，交流总结凝固理论与技术领域取得的主要成就，分析讨论当前存在的关键科学和技术问题，预测该学科领域的未来发展趋势和方向，并探讨依靠先进凝固技术研制新型材料的可行途径。会议的中心议题是：①定向凝固与晶体生长及材料发展；②快速凝固理论与技术；③材料熔体结构与多学科交叉；④超常条件下凝固过程与新材料。

在三天的会议中，来自全国23个单位的35位专家从物理、化学、流体力学、冶金、晶体生长、材料科学、空间科学、计算科学以及制造、电子、信息、航空航天等多学科、多领域，对凝固科学技术与材料发展中的前沿科学问题和先进技术进行了多角度、多层次的深入探讨，提出了“微纳液滴凝固”“磁致凝固”“多组元短程序”“多尺度多场量耦合计算”“超高温度梯度定向凝固”等新概念、新思路和新方法。涉及的材料从金属到化合物、陶瓷、高聚物等非金属，从传统合金到金属间化合物、非晶和纳米晶等新兴合金，从钢铁等结构材料到液晶、Ⅱ-Ⅵ光电晶体、高温超导等功能材料；涉及的技术从一般凝固加工到激光熔覆、燃烧合成、声悬浮等超常凝固；涉及的应用领域从普通铸件（锭）生产到航空发动机叶片、涡轮盘以及高性能单晶铜线的制造。可以认为，这次会议不仅促进了凝固科学技术在多学科、多领域、多层次的相互交叉合作研究，还推动了应用凝固科学技术进行各种传统材料的制备加工改性和新材料的开发。

会议指出，凝固科学与技术体系的发展是建立在现代科学的基础上，不断地以数学、物理、化学及工程科学的新成就充实自己，同时又不断从冶金、晶体生长、材料科学、空间科学、化工、机械、电子、信息、计算科学等领域汲取营养，迄今已初步构筑成一个凝固科学与材料凝固加工技术的应用与研究体系，其应用目标是以控制组织结构为核心，进而控制形状并获得所需要的性能。随着社会需求与科学技术进步的牵引，特别是新材料与制备加工技术的需要，推动凝固科技向更深、更高、更精细和开发新的、先进的、综合性更强、超常规的方向发展，并直接推动新材料的研究开发。

与会期间，专家对凝固科学与技术及材料发展中的关键问题进行了热烈、深入的讨论，特别对以下内容进行比较集中的讨论：①凝固科学的内涵、范围与发展趋向；②液-固界面，尤其是液体中的结构如短程序、原子团簇等；③经典形核理论及其局限性的分析；④凝固过程中的超细晶化、纳米化、非晶化及其应用前景，包括它的稳定性；⑤凝固过程的多尺度多场量的模拟仿真及如何结合工厂实际需要等。大家认为，凝固已不局限于铸造和焊接领域，从历史演进、材料发展、学科交融、基础理论及凝固本身的内涵与客观需求考虑，凝固应作为大科学对待，强调它的综合性、基础性、实践性、工程性、前沿性与创新性，从更高、更广阔的角度来要求它、发展它。

本次会议涉及的领域很宽，有很强的科学前沿性，一些新的凝固概念和凝固技术相继被提出，报告的内容涵括了传统铸件、晶体生长、粉末冶金、材料制备到焊接过程、电磁冶金、半固态成形诸方面的凝固过程。专家认为本次中国工程院建议举办的“凝固科学与技术及材料发展香山会议”非常有必要，并建议编辑出版本次会议的论文集，以使会议讨论的内容让更多感兴趣的人了解。由于有些专家没有在规定时间内提供报告全文，此文集只能将原摘要收入。我们衷心希望这本论文集能为相关学科的读者提供有价值的参考。

作　者

2004年7月

《空天技术与材料科学》

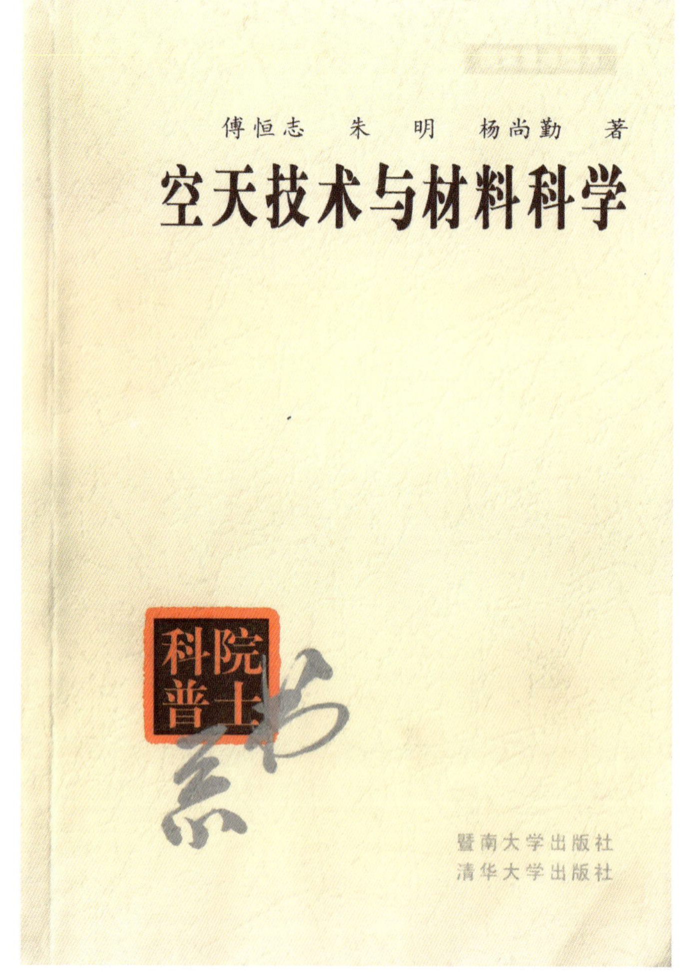

傅恒志、朱明、杨尚勤著

《院士科普书系》丛书之一
2000年由暨南大学出版社和清华大学出版社联合出版
时任中共中央总书记江泽民为《院士科普书系》作序

提高全民族的科学素质

——序《院士科普书系》

人类走到了又一个千年之交。

人类的文明进程至少已有6000余年。地球上各个民族共同创造了人类文明的灿烂之花。中华文明同古埃及文明、古巴比伦文明、古印度文明、古希腊文明等一起，是人类文明的发源地。

15世纪之前，以中华文明为代表的东方文明曾遥遥领先于当时的西方文明。从汉代到明代初期，中国的科学技术在世界上一直领先长达14个世纪以上。在那个时期，影响世界文明进程的重要发明中，相当部分是中华民族的贡献。

后来，中国逐渐落后了。中国为什么落后？近代从林则徐以来，许多志士仁人就不断提出和思索这个历史课题。但都没有找到正确的答案。以毛泽东同志、邓小平同志为代表的中国共产党人作出了唯一正确的回答：中国落后，是由于生产力的落后和社会政治的腐朽。西方列强对中国的欺凌，更加剧了中国经济的落后和国家的衰败，而落后就要挨打。所以要进行革命，通过革命从根本上改变旧的生产关系和政治上层建筑，为解放和发展生产力开辟道路。于是，就有了八十多年前孙中山先生领导的辛亥革命，就有了五十年前我们党领导的新民主主义革命的胜利，以及随后进行的社会主义革命的成功。无论是革命还是我们正在进行的社会主义改革，都是为了解放和发展生产力。

邓小平同志提出的“科学技术是第一生产力”的著名论断，使我们对科学技术在经济和社会发展中的地位与作用的认识，有了新的飞跃。我们应该运用这一真理性的认识，深刻总结以往科学技术发展的历史经验，把我国科技事业更好地推向前进。中国古代科技有过辉煌的成果，但也有不足，主要是没有形成实验科学传统和完整的学科体系，科学技术没有取得应有的社会地位，更缺乏通过科技促进社会生产力发展的动力和机制。为什么近代科学技术首先在文艺复兴后的欧洲出现，而未能在中国出现，这可能是原因之一吧，而且，我国历史上虽然有着伟大而丰富的文明成果和优良的文化传统，但相对说来，全社会的科学精神不足也是一个缺陷。鉴往开来，继承以往的优秀文化，弥补历史的不足，是当代中国人的社会责任。

在新的世纪中，中华民族将实现伟大的复兴。在一个占世界人口五分之一的发展中大国里，再用五十年的时间基本实现现代化，这又是一项惊天动地的伟业。为实现这个光辉的目标，我们应该充分发挥社会主义制度的优越性，坚持不懈地实施科教兴国战略。

科教兴国，全社会都要参与，科学家和教育家更应奋勇当先，在全社会带头弘扬科学精神，传播科学思想，倡导科学方法，普及科学知识。科教兴国也要抓好基本建设。编辑出版高质量的科普图书，就是一项基本建设，对于提高全民族的科学素质，是很有意义的。在《院士科普书系》出版之际，写了上面这些话，是为序。

江泽民

1999年12月23日

前言

航空与航天技术是20世纪人类认识和改造自然进程中最活跃、最有影响的科学技术领域之一，也是人类文明高度发展的重要标志。人类在征服大自然的漫长岁月中，早就产生了翱翔天空、遨游宇宙的愿望。随着飞机、人造卫星等的升空，广阔无垠的宇宙空间已成为人类活动的新疆域。迄今为止的航空航天活动，其作用已远远超出科学技术领域，对政治、经济、军事以至人类社会生活都产生了广泛而深远的影响。作为航空航天技术基础的材料科学更显示了它的重要性，并随着空天技术的发展，取得了长足的进步。面对航空航天及相关材料科技的飞速进步，人们迫切希望了解它们的基本原理和内容。为了更好地实施“科教兴国”战略，迎接21世纪来自各方面的挑战，中国科学院和中国工程院两院联合提出编写一套《院士科普书系》的计划，作为干部科技素质教育的读本。《空天技术与材料科学》作为本书系的一个组成部分，是按照两院统一的规划进行编撰的。我们虽力图做到“有趣”与“有用”相结合，但限于水平，特别是限于编写科普书籍的经验，书中肯定有不足之处，恳请读者指正。

为了体现空天技术日新月异发展的趋势，编写中，我们尽量搜集最新的资料。但由于篇幅所限，许多我们参考并引用了的资料不能一一列出。我们对这些资料的作者及单位除表示歉意外，更致以深切的谢意。

在筹划及编写本书过程中，西北工业大学团委提供了展览资料和图片，飞机系研究生安刚同学，对航空方面的资料整理、撰写和打印，花费了许多精力，做了大量工作；还有朱丹青女士及时配合了书稿整理、打印等工作，对他们的辛勤劳动和对本书的贡献，特别表示感谢。

傅恒志
2000年1月

《铸钢和铸造高温合金及其熔炼》

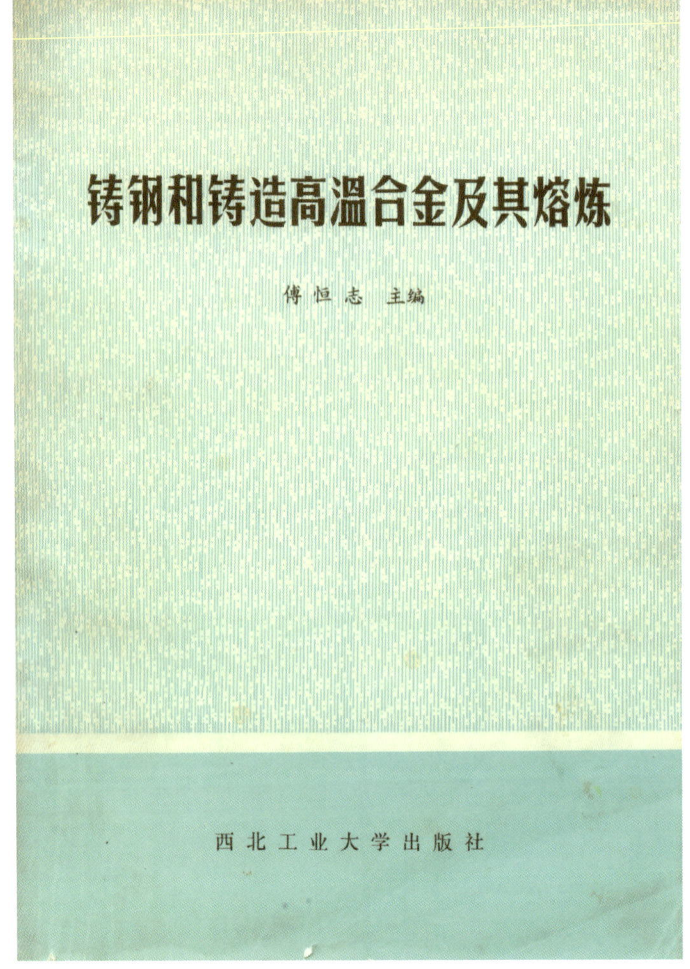

傅恒志主编

由西北工业大学出版社于1985年出版

前 言

本书是根据航空高等院校铸造专业教学计划和“铸钢和铸造高温合金及其熔炼”课程教学大纲编写的。全书共三篇十三章，第一篇为铸钢，第二篇为铸造高温合金，第三篇为铸钢和铸造高温合金熔炼。本书主要讲述铸钢及铸造高温合金的成分、组织和性能间的关系及熔铸工艺对合金组织和性能的影响，讲述各种熔炼方法（包括电弧炉、感应电炉、真空感应电炉和电渣炉）的原理和工艺特点。

本书供航空高等院校铸造专业教学使用，也可供非航空院校铸造专业教学和从事铸造工作的科技人员参考。

本书由西北工业大学傅恒志教授主编。第一篇的第一章、第二章和第三篇由史正兴编写，第一篇的第三章由刘忠元编写，第二篇由傅恒志编写。

本书在编写过程中，承西安交通大学周定远副教授审阅全稿，并提出了许多宝贵的意见；承西北工业大学商宝禄同志和南昌航空工业学院季玮同志参加编写大纲的讨论，并提出了不少建设性的意见；承西北工业大学学报编辑部蔺西亚同志精心绘制全书图稿。编者在此谨致热忱的谢意。

由于编者水平有限，实践经验不足，加之成稿时间仓促，书中难免有不少不当之处，恳望读者批评指正。

编 者

1984年8月

耕耘逐梦 初心永继

傅恒志院士从教70年纪念文集

第五部分

报刊、网站节选

倾情科教事业　铸造“恒志”精神

——专访国际著名材料冶金学家傅恒志院士

梅锦媚　陈曼如

今年适逢著名材料冶金专家傅恒志院士的八十岁寿辰，我们特意去探望了他。谈到傅院士的八十大寿，傅院士告诉我们“八十大寿没有什么特殊的，只要你活到八十，就人人都有八十大寿，如果非要来做个什么东西的话，就来纪念一下我从事教育事业六十年吧。”

听他身边的工作人员讲，傅院士很忙，采访他的人也很多。当我们走近傅院士的时候，他慈祥的面孔、清晰的思路、动听的话语，深深地吸引着我们在场的每一个人，他那坚毅的性格和一往无前的进取精神，无处不感动着我，让我越来越渴望去接近他、了解他……

风华正茂，踏上“铸造”之路

“漫漫修远路，求真志弥坚。粒粟诚至微，黎民食为天。遥遥大同梦，终现天地间。”——傅院士的八十年人生总结。

1929年，傅恒志出生于河南开封市。1937年日本发动了“卢沟桥事变”，开始大规模的侵华战争。一时间，风雨飘摇，时局动荡，为了躲避战乱，许许多多河南人背井离乡，逃难西安，其中也包括当时年幼的傅恒志。这段动荡不安的日子，在傅恒志的心里深深地埋下了一颗爱国的种子，似乎那时候，傅恒志就决心用知识强国。

在西安时，傅恒志的父亲在西安大街上开了一家电料行，取名“华强”。他希望通过实业救国的道路，实现“华强”的理想。因此除经营小店外，他还和几个朋友联合在铜川、陇县到处勘探、开采煤矿。那时的中国社会黑暗、民生凋敝，国民党军警特务早

资料来源：《科学中国人》，2009年9月。

就觊觎着这个外乡人的店铺。1947年，他们买通一个特务，诬告父亲“贩毒”，敲诈勒索，使傅家几乎倾家荡产。再加上无法解决的技术问题，父亲的事业举步维艰，最后以失败告终。

渐渐长大的傅恒志看到了父亲事业的兴衰过程，越来越明确了自己的目标，那就是一定要掌握现代科学技术，改造积贫积弱的中国。

父亲长期的言传身教使傅恒志很小就懂得要努力学习。为了两代人的理想，17岁的傅恒志以优异的成绩考入了焦作工学院，学习矿山机械专业。一年以后，傅恒志转入了西北工学院。在焦作工学院学习时，傅恒志已经开始接触了一些进步的思想，也阅读了许多学生运动的书籍和传单，这对傅恒志的触动非常大。到了西北工学院，傅恒志结识了一批思想进步的同学，他把年轻胸膛里的一腔热血全部投入到学生运动的洪流中，与同学们秘密组织了“马克思列宁活动小组”，学习了许多革命理论书籍。傅恒志懂得，没有社会的变革，就无法实现科学救国。

刚解放，傅恒志就加入了尚处地下的青年团组织，团公开后又光荣地当选班里的第一任团支部书记，并且管理全校助学金的评定。1950年，傅恒志大学毕业留校，组织上派他去校工厂带领实习。由于工厂里的工人文化水平有限，傅恒志每天主动给工人们上课、读报，启发他们的觉悟，并组织建团。久而久之，年仅21岁的傅恒志被称为工厂“政委”。在采访中，傅院士总说，是时势造就了他，让他必须学会做这样的事情。

1952年，傅恒志开始真正踏上了“铸造”专业之路。此前，我国的教育体系基本上是欧美式的。傅恒志读的工科大学，课本全部都是英文，就连习题都是英文的，而且解答的时候也必须用英文，教育上西化很严重。新中国成立以后，毛泽东提倡“一边倒”原则，倒向苏联，进入社会主义阵营。这一原则也体现到了教育上。可是，由于各种原因，很少有人知道苏联的教育模式是怎样的。那时候，哈尔滨工业大学是唯一一所按苏联模式组织教学的学校，并请来了一大批苏联专家，于是我国就把哈尔滨工业大学作为基地，学习苏联的教学模式，并组织全国高校派教师来学习、进修。傅恒志就是这样，在1952年被派到哈尔滨工业大学学习。到了哈尔滨工业大学，傅恒志顿时眼界大开，他知道了机械系还可以分为设计、制造、机床、铸造、焊接等多个专业。通过三年的学习，傅恒志慢慢了解了“铸造”专业，发现了“铸造”中有那么多深奥有趣的东西，值得我们去研究、去探讨。

留学苏联，发明新型合金

解放初期中国铸造业的水平，相对国际先进水平而言，还是比较落后的。为了迅速提高我国铸造业的水平，1958年，傅恒志作为当时全国铸造学科唯一考取的留苏研究生，赴苏联列宁格勒工学院，师从苏联铸造界最有名望的权威聂亨齐教授，进行耐热合金的研究工作。

那时，用于航空航天尖端技术领域的镍基高温合金性能优良。但在世界上，这种合金都以高含量的铝钛作为主要强化元素，必须在真空下熔化和浇铸，否则极易氧化。而在二十世纪五六十年代初，国内这样的真空冶炼设备极少。针对这一实际情况，傅恒志想：能不能搞出一种既不含铝、钛，又不需要真空熔炼，而其性能又与含铝、钛的镍基高温合金相当的高温合金呢？如果有了这种高温合金，不就解决了国内对这一高温材料的急迫需求吗？这可是一个破天荒的大胆设想!

傅恒志小心翼翼地把这一设想告诉了自己的导师聂亨齐，没想到不但得到了导师的首肯，还得到了导师的大加赞赏："敢想前人之未想，敢做前人之未做，具有创新思维。好!"

所谓高温合金，当时是指工作温度能适应700℃以上的一些合金，其中就包括镍基高温合金。今天人们知道，镍基高温合金是加入铝、钛、铬、钨、钼、钽、铌、铼、锆、硼等元素及适量的稀土元素，制成适应于700～900℃ 范围工作的一种高温合金。可是在当时世界上，镍基高温合金通常是利用钛铝在镍基奥氏体中形成细小而呈弥散状金属间化合物 γ'相，即利用$Ni_3(Al,Ti)$ 强化合金。若不用铝、钛这一镍基合金中最重要的合金元素来强化未知的高温合金，那么用什么元素来强化它呢？而且，无论选用什么元素来强化它的基体，都必须做到在非真空熔炼下不易氧化和腐蚀，并能真正提高这一未知高温合金的强度。在导师的支持下，傅恒志进行了艰难的探索。他先后设计60余种合金方案，每一种方案的性能测试都在要800℃的高温下持续做6000h的实验。为了实验，他常常废寝忘食，通宵不眠。经过两年多时间的不懈努力和反复筛选，在对镍铬钼钨铌合金系列进行系统研究的基础上，终于研制出了"无铝、钛的镍铬基"这一新型高温合金系列。在研究中，傅恒志通过无数次的实验，还总结出了以难熔金属强化基体，以新有序化合物沉淀强化及以硼铈改善晶界状态的复合强化规律及合金成分与铸造性能的内在关系。

傅恒志把这些研究成果写在论文《镍铬基铸造高温合金组织和性能的研究》里，在论文尚未答辩、合金尚未最后定型的情况下，他研制的镍铬基新型高温合金就被用在苏联某航空发动机的导向叶片上。为什么苏联航空专家特别喜欢这种新型合金呢？因为该类合金虽然不含铝、钛，不需真空熔炼，但却达到了当时世界上含铝钛的镍基高温合金的优良性能，即不但具有较好的力学性能，而且具有优异的铸造性能。这在当时被认为是填补了国际高温合金研究领域的一项空白，当之无愧地居于国际领先水平，受到了国内外专家的高度赞誉。也正因为如此，他的这项研究成果获得了苏联科学技术发明专利，他也获得了苏联科学技术副博士学位。

在列宁格勒的日子，是傅恒志最为紧张繁忙的日子。除了研究生的科研外，他还担负着留学生列城总支党的负责人之一的工作。1962年，他从列宁格勒工学院物理冶金系研究生毕业时，虽只30岁出头，却已鬓发皆白，使馆留学生党委书记开玩笑地说："这是红专结合的标志。"

当选校长，创建一流大学

1984年，西北工业大学调整领导班子，第一次采用投票民意测验的方式选举校长。傅恒志怎么也没有想到，这第一次民意选举的校长会是自己。傅恒志上任伊始，中宣部、教育部、航空部又联合确定西北工业大学为校长负责制试点院校。这给他带来了很大的压力，傅校长严谨认真地告诉自己，既然挑了这个担子，就一定要尽心尽力，做到最好。就职那天，傅恒志校长讲的话不多，却铿锵有力，让教职工们至今记忆犹新"我们学校又大又穷。穷则思变，但怎么变？光是靠国家不行，靠我们几位学校领导也不行，要靠全体师生员工。我们学校不管领导干部，还是教职员工，都是人民的勤务员，谁也没有特殊，连我这个校长也没有什么特殊。我的言行，请大家监督，让事实作证。"实践检验真理，实践也考验了傅恒志这番掷地有声的就任宣言。

傅恒志刚刚上任，找他要房的人络绎不绝。他经过调查，情况的确十分严峻：不仅科研用房和师生员工住房十分紧张，而且教学用房也缺几千平方米，而全校的教育经费每年只有1200万元，基建费每年300万元左右，真是杯水车薪啊。他还了解到，学校对一些用房曾做过适当调整，但有的部门好房不愿腾，旧房不愿要，许多工作难以展开。怎么办？傅恒志深思熟虑了几个晚上，和学校领导几经讨论，决定党政部门从宽敞、明亮、舒适的行政大楼搬到由教室改成办公室的旧楼，让近千名师生和科研人员搬到行政楼。接着，傅校长又向全体员工提出"自力更生，勤俭办学，开拓创新，无私奉献"的口号，要求大家发扬延安作风，艰苦奋斗，共同开创西北工业大学的新局面！

1985年春，面对国家经济依然困难的情况，傅恒志向全校师生员工提出一个响亮的口号："在紧日子中奋进，在改革中发展。奋斗五年，把我校建成具有'三航'特色的多学科综合大学，创全国一流水平！"

这个口号如春风般吹遍了校园，吹得人们心里暖融融的。傅恒志充满了信心，他认为，人心齐，泰山移。虽然就天时地利来说，西工大比不上北京、上海的重点院校，但"人和"是西工大的优势。傅恒志在用人方面唯贤是举。他上任后，打破以往用人的框框，不论资排辈，不分行业，只要有德、有才、有胆识，就大胆提拔、任用。他不搞行政任命，而是采取民意测验和组织考查相结合的办法。现任财务处长唐莽和西工大出版社总编辑张光慎，过去都被打成右派分子，但他俩都有才干，也敢于抵制不正之风。傅恒志力排众议，大力推荐，果然，这两位同志工作都特别出色。唐莽对财务严格把关，精打细算，被群众称为“好管家”。张光慎带领大家白手起家，几年来出版图书390种，印刷280万册，先后获省、部以上奖励29项，其中国家级奖6项。傅恒志还和其他领导同志用两个月时间，对全校情况进行了调查研究，制定出五年规划和实施细则，并在学校管理体制，教师工作制度，教育、科研管理体制，学生学籍管理体制，后勤管理制度，教育结构等方面实施了一系列改革，并归纳为“六改六转变”。

一是改革学校管理体制，实行校长负责制和党政分工负责制，把党委包揽一切的旧观念转变为既发挥行政系统对教学和科研统筹、组织、指挥的功能，又发挥党的政治领导核心作用的新观念。

二是改革教师工作制度，实行教师责任制，把只教书不育人的旧观念转变为既教书又育人的新观念。

三是改革教育、科研管理体制，实行教学、科研并重，把两者相脱节的旧观念较变为两者相结合的新观念。

四是改革学生学籍管理体制，实行全面学分制、一学年三学期制和中期选拔淘汰制，把学好学差都一样的旧观念转变为优升劣降、提倡竞争的新观念。

五是改革后勤管理制度，实行岗位责任制，把后勤工作与育人相脱节的旧观念转变为管理育人，服务育人的新观念。

六是改革教育结构，实行多学科体制，把学科单一的办学观念转变为多学科综合体制的新观念。

秋去春来，5年后西工大发生了巨大变化：全校基建面积增加9.9万m^2，14幢楼房拔地而起；逐步形成较强的科技研究实力和先进研究方向，拥有一批具有国际先进水平的研究基地和国家重点学科、重点实验室；取得重大科研成果500多项，获省部奖317项，国家奖26项。1989年获国家优秀教学奖6项，名列部属院校之首；1990年，获国家教委科技进步一等奖2项，二等奖4项，三等奖4项，名列全国高校前茅；1992年全国10所名牌大学的排序中，西北工业大学科研成果数排名第一。

如今，傅恒志依然在教育园地中辛勤耕耘着。他作为知名学者利用一切机会，为教育事业的发展奔走呼吁，不遗余力。在全国政协会议上，他的发言振聋发聩：“如果教育优先的地位不能真正落实，中国与发达国家的差距不是在缩小，而是在加大!”振兴发展祖国的教育事业，是他永远的追求和毕生的宏愿。

光阴荏苒，岁月如梭。回忆起自己的成长道路，傅恒志说：“自古学者两事，道德、文章。对知识分子来说，既要业务上精益求精，又要有先天下之忧而忧，后天下之乐而乐的情操；既应是业务上的专家，又应该做无产阶级的革命战士。”——这就是他，一位对国家对人民有着强烈责任感的知识分子的毕生追求。

大爱无疆，桃李满天下

对待学生，对待教学，傅恒志非常慷慨大方。他在西北工业大学设立“崇德奖学金”，专门用于资助西北工业大学材料学院德才兼备，具有较强的创新能力，并且做出一定贡献的在读博士研究生。2005年3月，傅恒志受聘于河南理工大学。之后，他每年从该校给他的薪酬中拿出20万元作为资金来源，设立“金属材料及加工工程学科发展基金”，用于奖励河南理工大学的师生，截至目前，已累计资助学生100余万元。

傅恒志对学生们慷慨大方，但是对家里、对自己人，却吝啬小气。这些事情提起来似乎“不近人情”“不可思议”，但是却成了特定年代西工大人难忘的记忆。1985年年底，他到美国参观访问近半年之久，学校给他寄去400美元，但他回国时原封不动地还给学校，还把节省下来的150美元也给了学校。那个年代，作为访问学者出国的教师回国时，总爱“带大件”，而傅恒志连孩子喜欢吃的糖果也没带回过一颗。1991年10月，他和4名教授组成访苏代表团，先后到6个城市7所学校参观访问，历时月余，行程两万公里，傅恒志自始至终自己扛行李，没买过一斤水果，没买过一瓶饮料，没花国家一分外汇。

就凭着傅院士这样的精神，这样的作风，学校里的老一辈的领导每每提起他，无不对他肃然起敬，赞叹有加。他的学生提起他也是滔滔不绝。已年过半百的博士生导师刘林教授回忆起傅恒志先生当年对他的“关爱、尊重、栽培、提携”的往事，仍是感动不已。刘林感慨地说：“我遇到傅恒志这样的良师，是我一生中最大的幸运和荣耀。作为一个过来的学生，我深深地感受到老师每一个期待的眼光，每一个亲切的微笑，都会温暖学生一辈子……至今，当我遇到困难时，我都会自我发问：在这种情况下傅老师会怎么做？这样我就能找到解决问题的方法了。”

刘林深情地回忆到，他做傅院士的博士生时正逢先生担任校长，期间先生非常忙碌，但他有事每次去找先生时，无论是登门还是去办公室，先生总是当即放下手头的工作，与他探讨问题。“有一次，傅老师带我去厦门参加全国高温合金会议，这是我们从事的学科最高规格的学术盛会。会议之前他就决定要我在会上宣读他撰写的论文。当时我很紧张，压力也很大，他教我，鼓励我，当我宣读完毕走下讲台时，傅老师大声为我鼓掌，还把我大大夸赞了一番。我是那次会议唯一享受宣读导师论文待遇的博士生。这也体现了傅老师甘当人梯的崇高境界。”

“大师最初给我的熏陶，令我受益终身。”谈起恩师傅恒志，刘林有说不完的话，

“傅老师研究领域高妙精深，讲课却能深入浅出，我辈至今难以企及；他虽然位高名重，却一点架子也没有，能与所有的人打成一片；他是一个不知疲倦的人，他将他的全身心都投入到他所热爱的科研与教学之中；他爱惜人才，培养出一批又一批科学新星——他是千里马也是伯乐。”

年届八旬，坚持科学研究

傅恒志院士今年已经是八十高龄了，凭着他对“铸造”的热爱、对教学的热爱，他仍然保持着充沛的精力和对新生事物的敏锐度，依然坚持在学术第一线。

在接受《铸造》采访的时候，傅院士鼓励现在的年轻人：“搞铸造材料与工艺研究的和搞铸件生产的工程技术工作者，要敢于和善于迎接现实的挑战，尤其对有一定技术难度的东西，要敢于和乐于去‘碰’，不要躲开难题绕道走。试想，如果什么问题都由别人解决好了，那还要我们这些人做什么呢？当然，要真正解决问题，绝非头脑一时发热或者激动之时表点决心就能奏效的。需要的是真正的内心树立起科学技术兴邦强国的大志向，以及通过脚踏实地的扎实工作，一个一个地解决面临的具体问题，以求一步一步地缩短我们与别人的差距。万事抓关键，当前，我们要优先考虑航空、航天、能源、交通等部门所急需的优质铸件的自主研制和生产的问题。与此同时，还有一个万万不可忽视的问题，就是如何在铸造生产中竭力降低能源消耗和保护环境。”如今八十高龄的傅院士已经培养了五十余名优秀的博士研究生。

2008年8月，由傅院士主撰的130余万字的《先进材料定向凝固》一书终于面世了。为了这部书，年近八十的傅院士花费了大量的心血，他常年奔走于西北、东北和中原的几个著名的高等学府之间，对待科研的认真与执着始终不渝。他精心写下自己承担的数个章节，还逐字逐句的修改审核作者的文稿。

前全国政协副主席、中国工程院院长徐匡迪欣然提笔为该书作序。在序言中，徐匡迪先生写道：“2006年中国工程院第12次院士大会期间，傅恒志院士向我提及拟组织相关同志撰写《先进材料定向凝固》一书，我当即表示十分支持，这不仅是因为我对傅先生在这一领域中斐然的学术成就早已十分敬慕，还深知他是治学严谨的领军人物，承担着这一学科的国家重大科研项目，并培养出了不少优秀的中青年科研、教学带头人。院士大会后，我曾听说傅先生患了眼疾，也着实为他挂念了一番，却不料今年的院士大会前夕，100余万字的书稿已请人送到我的案头……我对傅恒志先生致以诚挚的祝贺，并为中国材料科学工作者感到自豪！”

傅恒志凭着这股“恒志”精神始终没有远离科学前沿、远离自己的专业技术，始终站在学术发展的最前方，高瞻远瞩，不断地提出新的研究思路。“恒志”其实是一个老生常谈的话题，“恒志”的品格在当今浮躁的社会中，显得非常重要。尤其是做科学研究，没有“恒志”的精神，怎能有所创新；没有“恒志”精神，怎能有所作为。傅院士经常说：“处处都会有注意创造性，处处也都会有限制创造性，处处都会有排斥创造性，谈创造不容易。”创造性是建立在“恒志”精神的基础之上的。在科学上做出巨大成就的人，无不是那些拥有“恒志”优良品格的人，傅院士就是其中一位。

采访中，当我和傅院士谈起他的“恒志”精神的时候，傅院士非常谦虚，他说：“做科学一定要有韧劲。我还不是真正的‘恒志’，1995年的时候，我在西北工业大学，研究一个项目，已经完成了80%，但是没有继续下去，到现在也没有应用到祖国的建设中来，所以，我不算是一个真正‘恒志’的人。”

傅院士的这番话，深深地触动了我。这样一位把一生都奉献给科学研究，奉献给教育事业的老人，却总是在强调自己“没做什么”“做得不够好”。我想，或许也真是只有那些真正的学者，真正有所作为的人，才能有这样豁达的胸怀吧!

两个多小时的访谈很快就结束了，时间过得很快，透过傅院士的一字一句，我们都能看出本应含饴弄孙、尽享天伦之乐的他，在科学研究上仍耕耘不辍，在教书育人上仍诲人不倦，这不能不令人叹服。傅院士用六十年的从教经历深刻地诠释了“学为人师，行为世范”。

他的思想、风范与业绩，他的人格魅力似久存的佳酿弥足浓郁，常饮常醉……

最后，让我们衷心的祝愿傅院士健康、长寿……

逐梦高温合金

傅恒志，曾任西工大校长，在治校理政中表现出突出的战略眼光和才华。在高温合金研究领域取得丰硕的成果。与周尧和院士一起，培养出我国第一位铸造学博士。他忠实践行着“学者两事，道德、文章”的人生信条。

傅恒志曾任西工大校长，并且是西工大历史上民主选举的校长。当时，在全国高校正试行校长负责制，傅恒志带领学校班子成员科学决策，大刀阔斧地进行改革，在教学、科研、师资队伍建设等各方面取得了令人瞩目的成绩，受到师生员工的称赞。与治理校政相比，他在专业领域的成绩并不逊色，是我国著名材料冶金学家和工程院院士，并与周尧和院士一起，培养出我国第一位铸造学博士。

傅恒志，1929年8月24日生于河南省。1958年，傅恒志是当时全国铸造学科唯一考取的留苏研究生，赴苏联列宁格勒加里宁工学院（现为圣彼得堡工学院），师从苏联铸造界最有名望的权威聂亨齐教授，进行耐热合金的研究工作。那时，用于航空航天尖端技术领域的镍基高温合金性能优良，但此种合金都以高含量的铝钛作为主要强化元素，必须在真空下熔化和浇注，否则极易氧化。20世纪60年代初，国内这样的真空冶炼设备极少。傅恒志决心利用这次学习机会研制出一种不含铝钛，无须真空冶炼又与含铝钛镍基合金性能相当的高温合金，解决国内的高温材料问题。在导师的支持下，傅恒志先后设计了60余种合金方案，进行了系统的研究测试，每一种性能测试都在800℃的高温下做持续数千小时的实验，还要通过少则数十数百小时，多则一千多小时的机械性能实验。时间实在是不够用，于是他每天从早到晚都泡在实验室里，有许多次为了赶出试件，甚至通宵达旦，连他的导师也为中国学生的拼命精神所折服。

功夫不负有心人。经过两年多的不懈努力和反复筛选，他终于研制出一种新合金系列。该类合金不含铝钛，不需要真空冶炼，但却能达到与当时世界上含铝钛合金相当的较好力学性能和优异的铸造性能。1961年，在合金尚未最后定型、论文尚未答辩的情况

资料来源：《西工大故事》，2013年。

下，该合金就被苏联用在某航空发动机导向叶片上。傅恒志对不含铝钛的高温合金的研究系统填补了当时国际上的空白，受到国内外专家的肯定。该成果还获得了苏联科学技术专利。

解放初期，中国铸造业的水平是落后的。为了迅速提高我国铸造业的水平，学成归国后的傅恒志继续致力于高温合金的成分、组织、铸造性能与力学性能关系的研究工作。

高温合金是广泛应用于航空、航天、船舰、发电、机床、石油和化工等工业中的耐高温材料，在航空发动机上主要用于制作热端部件，如涡轮工作叶片、导向叶片、涡轮盘、燃烧室和压气机等部件。针对新型发动机发展需要，傅恒志开展了涡轮叶片定向凝固和单晶技术的研究，在国内首创了以控制液固界面位置为基准的定向凝固稳态及非稳态过程的计算机模拟和晶向三维控制技术，显著改善了定向和单晶叶片的组织和性能，为我国叶片定向凝固及单晶技术的发展提供了关键技术。此后，针对现行定向凝固温度梯度低、冷速小、组织粗大的缺点，他又提出了超高梯度定向凝固、电磁自约束成形及凝固组织超细化的新构思，成功地获得定向超细柱晶组织，大幅度提高了高温持久性能。他领导研制的超高梯度定向凝固装置，其温度梯度超过了当时世界最高水平3倍多，达1300K/cm，在镍基和钴基合金中，所得高温持久性能超出同类合金的100%～200%，具有国际领先水平，获国家科技进步奖二等奖。

高温合金的生产过程，就是金属熔炼和合金凝固的过程。没有熔炼，就没有凝固，而凝固则是熔炼的最终结果，显得尤为重要。因此，自20世纪70年代以来，傅恒志领导课题组主要致力于定向凝固理论、组织控制和先进材料的研究。1976年，傅恒志主持成立了“高温合金定向凝固和组织控制”科研组。他和他的同事知难而上，在缺乏资金和存在多项技术难题的困难条件下，发扬自力更生、艰苦奋斗的创业精神，经过几年的奋战，研制出我国第一台快速定向凝固炉，其功能和技术参数均达到了国际先进水平。随后，又有6台自行研制且各具特色的定向结晶炉在大家共同努力之下安装就绪。这些设备的研制成功和凝固实验室的建立，为工业性定向及单晶高温合金的实验研究和凝固理论的研究，创造了必要条件，在国内影响力很大，分获航空航天部一、二等奖及国家科技进步奖二等奖、国家发明奖四等奖，开辟了国际上仅有的在宽变温梯及宽变冷速条件下合金单向凝固过程的实验研究。傅恒志在国际上率先提出了液固界面非平衡溶质再分配的概念，认为液固界面存在着一个有别于平衡溶质分配的实际溶质分配系数，并相继在镍、钴和铝基合金中进行了考证和发展，发现实现溶质分配系数是溶体状态和凝固参数的函数，研究结果发表后分别被美国IAA、SIAR和SCI、EI等摘要转载，并得到美国及瑞士著名学者Cahn和Kura的高度评价。此后，傅恒志将这些研究成果拓展至亚快速凝固领域，并在高温合金和铝合金中获得超细定向柱晶。同时，从凝固基本规律出发，又最先获得枝晶向超细胞晶及超细胞晶向绝对稳定平界面转变的实验结果，并细致考察了这些转变的形态学特征及与凝固参数的响应关系，以及描述这些转变的数理模型。他还主持创建了超细晶形成与生长机制及近绝对稳定亚快速单向凝固的理论框架，对近平衡与极端不平衡之间的快速定向凝固领域进行了填补性的研究，在国内外此领域的重要刊物上发表论文百余篇。

冶金、材料领域长期受困扰的问题之一是液态合金成形过程中的污染，特别是那些化学性活泼的金属，如钛、高温合金及某些高熔点金属，在熔炼和凝固成形过程中与炉衬、坩埚、铸型接触极易发生反应，导致在材料中产生各种杂质，影响其性能。随着高科技对材料要求日益提高，污染的影响越发突出。亚快速定向凝固和组织超细化技术在实际零件上的应用也受成形容器材料的污染和其散热条件的限制。面对这个难关，傅恒志提出了一个大胆的设想：完全甩掉坩埚、铸型等熔炼及成形容器，让液态金属在不与任何东西接触的情况下成形。基于这个思想，近年来傅恒志带着他的研究生开展了电磁约束成形定向凝固的研究工作，试图全面实现无坩埚、无容器的液态金属在电磁场约束下的直接成形。经过近五年的探索，在系统实验的基础上取得了初步结果：可以使高熔点液态金属在真空和无接触情况下初步成形为多种非规则形状。这项技术如能成功，将可能是材料无接触、无污染、直接凝固成形设想的实现。这将会是材料成形的一项崭新的、具有革命意义的跨越。显然，这是一项难度很大、涉及面很宽、过程异常复杂的课题。熔体成形凝固涉及电磁场、温度场、流场、溶质场的多种变化过程及它们的耦合作用，有许多新的现象和问题是以前从未遇到过的。在这个重大课题面前，傅恒志面临的是在科学上要揭示多物理场与熔体交互作用的规律及对相变过程的影响；在技术上要实现材料的无容器直接成形并控制组织结构；在应用上要解决某些高纯净、高均质、高性能零部件的制造问题。虽然傅恒志及他的助手已取得了不少的进展，但无论在理论或实践上他们还有很长、很艰难的路程要走。这个课题难度虽然很大，但年逾古稀的傅恒志教授却壮心不已，满怀必胜的信心。他引用叶剑英元帅的诗句充满激情地说：“‘科学有险阻，苦战能过关’！因此，我们将再接再厉，尽心竭智，开拓创新，奋力攻关，尽快实现这一课题的重要突破，推动我国的材料冶金技术向更高、更新的水平发展！”

尽管身为校长，还有社会诸多头衔，他却仍坚持带研究生，成天忙碌不堪，有时一天只能睡四五个小时，他坚持按时给研究生答疑，从不耽误研究生课程。有人劝他不要给学生上课了，他说：“我还是人民教师的一员，教书育人是我的职责，也是我联系师生的桥梁。不教学，就脱离师生，脱离实际，校长也当不好。”他为本科生讲授的一些课程，皆属国内外高新科技理论和新成果。在不少方面还提出了自己的创见。他在这8年间，培养出近20名博士生。他与周尧和院士培养出了我国第一位铸造学博士毛协民。他撰写的《培养高水平博士生的途径》一文，被陕西省授予1991年优秀教学成果特等奖。由他和周尧和院士领导的学校铸造学科的建设和与发展，一直处于全国领先地位；他所在的铸造实验室被评为全国高校实验系统先进集体，并成为国家重点实验室，到目前从这个实验室已经走出4位院士。

傅恒志曾获全国高校先进科技工作者、航空航天工业部有突出贡献的专家、劳动模范荣誉称号。1992年被俄罗斯国立圣彼得堡技术大学授予名誉博士，同年由美国传记研究院提名获世界终身成就奖，1993年当选为国际高校科学院院士，1995年入选俄罗斯宇航科学院外籍院士。傅恒志曾任中国航空学会副理事长、中国材料研究学会常务理事、国家自然科学基金第一至三届评审组成员、国家科委科学技术咨询成员、陕西省航空学会理事长、西安市科协名誉主席、第八届全国政协委员。

如今，已年过八旬的傅恒志在他生命的金秋仍不辍劳作，继续在科学的道路上探索前行。2008年，在他从教60周年的时候出版了百万余字的《先进材料定向凝固》一书，该书获得了国家新闻出版总署“三个一百”原创图书奖。为了鼓励学院的博士研究生能够踏实潜心开展创新性研究，他从自己积攒的工资中拿出大笔钱在学院设立“崇德奖学金”，用于资助学院德才兼备、具有较强创新能力且做出突出贡献的在读博士研究生。傅恒志用他的言行无时无刻不在潜移默化地影响着广大师生。

傅恒志还非常重视对学生科学精神和创新精神的培养。2011年3月，他为学校一千多名学生做了“宇宙大爆炸”的科普报告。这个看似简单的科普报告，却是他花了几年时间搜集整理了大量文献资料精心准备而成的。在长达两个小时的报告会中，已是耄耋之年的傅院士一直保持着精神矍铄的状态，他关于宇宙大爆炸和时间反演理论的讲解，极大地激发了同学们学习和创新的热情，其严谨的科学态度更激励着年轻人为了学校和国家繁荣昌盛而不懈奋斗。傅院士认为，科普工作是一项崇高而神圣的事业，一个科学普及的民族，才能是一个有生机和希望的民族。他希望同学们在学习知识的同时，要努力强化创新思维的训练，在学习中不断加强探索和研究能力。2012年3月，傅恒志在学校“翱翔名家讲堂”中，以自己的亲身经历讲述了从西北工学院、华东航空学院、哈尔滨军事工程学院空军系到西工大一路坎坷的校情校史，为同学们阐释了西工大人骨血里流淌的“传承与创新”。

2013年5月，学校实施本科生翱翔英才计划，组建“追梦班”，计划每年在获得校三好学生标兵、优秀干部标兵、国家奖学金、国际科技竞赛等奖励的本科生中，选拔优秀学生进行综合素质培养。傅恒志不顾年事已高，毫不迟疑地接受了学校和同学们的邀请，担任了西工大首届本科生翱翔英才“追梦班”的名誉班主任。他说：“学生需要什么，我就干什么，随叫随到。”

光阴荏苒，岁月如梭。回忆起自己的成长道路，傅恒志说：“自古学者两事，道德、文章。对知识分子来说，既要业务上精益求精，又要有‘先天下之忧而忧，后天下之乐而乐’的情操，既应是业务上的专家，又应该做无产阶级的革命战士。”——这就是他，一位对国家对人民有着强烈责任感的知识分子的毕生追求。

大师风范　赤子之心

——记中国工程院院士、河南理工大学教授傅恒志

杜笑宇

走在河南理工大学的校园里，人们时常会看到一位身材瘦高、衣着朴素、满头银发、精神矍铄的老者，若有所思地漫步在馨月湖畔。他，就是被美国传记研究院授予世界终身成就奖，入选国际高校科学院院士、俄罗斯宇航科学院外籍院士，填补过多项世界空白的中国工程院院士——傅恒志。

钩深致远　三院院士成就等身

傅恒志院士是我国著名的冶金材料学家，也是我国著名的教育家，曾执掌著名的西北工业大学8年之久。傅恒志的一生，可谓是格物致知、求索创新的一生。

1958年，傅恒志作为当时全国铸造学科唯一的留苏研究生，远赴苏联列宁格勒工学院学习。苏联铸造界最有声望的聂亨齐教授是傅恒志的导师，曾对他提出的熔炼特殊材料的高温合金新技术设想大加赞赏："敢想前人之未想，敢做前人之未做，具有创新思维。好！"当时傅恒志研制出了新型高温合金系列，其中镍铬基新型高温合金就被运用在苏联航空发动机的叶片上，填补了国际高温合金领域的空白，获得苏联科学技术发明专利。1962年，傅恒志研究生毕业的同时，因其成就卓著又获得了副博士学位。

从苏联学成归国后，傅恒志多年来一直致力于材料学方面的研究。他在科教事业中还拥有许多首创和第一：西工大铸造专业的创始人之一，培养出我国第一位铸造学博士；国内首创以控制液固界面位置为基准的定向凝固稳态及非稳态过程的计算机模拟和晶向三维控制技术；在国内率先建立了凝固技术国家重点实验室；在国际上首次提出液固界面非平衡溶质再分配和定向组织超细化的概念。这些新颖的观点，引起了国内外学

资料来源：《河南教育（高校版）》，2006年第9期。

者的高度关注，被认为是凝固理论界的突破……

傅恒志院士献身科教事业，硕果累累，业绩辉煌。他先后获国家科技进步奖及发明奖4项，获省、部级特等奖及一等奖4项；发表论文300多篇，其中上百篇被载入SCI、EI、美国化学文摘、国际宇航文摘、《应用物理学报》等国际文摘和著名刊物。他在科学研究上所取得的卓越成就，使他在第五届国际大学联合会上被推荐为理事会成员；1992年被俄罗斯国立圣彼得堡技术大学授予名誉博士称号，同年由美国传记研究院提名并获世界终身成就奖；1993年成为我国首批人选由世界著名科学家、教育家组成的国际高校科学院院士；1995年年初被选为俄罗斯宇航科学院外籍院士，同年5月，又高票当选中国工程院院士。

重回母校 设立首个院士基金

2005年3月26日，风和日丽，春和景明。

这一天，德高望重的傅恒志院士回到了自己阔别多年的母校——河南理工大学。望着曾经熟悉的草木和建筑，回想起59年前在这里求学的日子，那一刻傅院士默默不语，感慨万千。他说："1946年到1947年我在焦作工学院学习，当时的焦作工学院是全国最好的矿业大学，也是最好的工科院校之一，现在回想起来真是令人难忘。那时我们的老师基本上都是留美或留欧的学者，我们所用的专业教材上没有一个汉字，是全英文的，学起来很吃力，虽然很吃力，也得学呀。那时自己年轻，记忆力也好，曾经有一分钟记住120个单词的纪录。"

在河南理工大学南校区学术报告厅，在学弟学妹热烈的掌声中，在众人敬仰的目光中，傅恒志院士颤巍巍地从邹友峰校长手中接过烫金的大红聘书——阔别近60年的老院士又重新成为河南理工大学的一员。

2005年10月17日，还是在河南理工大学南校区学术报告厅，该校第一个院士基金——傅恒志院士"金属材料及加工工程学科发展基金"成立仪式隆重举行。为促进材料及相关学科的发展，傅恒志院士每年从自己薪酬当中拿出20万元建立该项基金，用于支持材料学科国内外学术交流，开展学术活动，奖励品学兼优的材料学科及相关学科在校硕士、博士研究生。当天，还举行了"金属材料及加工工程学科发展基金"研究生奖学金发放仪式，14名学生成为该基金的第一批受益者。

仪式上，傅恒志院士动情地说："我是河南理工大学的学生，但是，我年龄大了，原来就没为母校做多少事，今后更做不了多少了，如果这个基金能推动材料学科的快速发展，能为学校发展作些贡献，也便是我今生最大的心愿。"

"科学技术浩如烟海，新鲜事物层出不穷。格物致知，求索创新，不断攀登科学的高峰，这虽然是项艰苦的事业，要求刻苦认真，坚韧不拔，全身心地投入和永不停息地探索，但其中也自有无穷的乐趣和引人入胜、令人神往之处。埋首科学研究，不觉老之已至，但还有那么多吸引人的科学奥秘需要去探索，还有那么多工作需要去做，所以我常常用‘老马已觉黄昏至，不待扬鞭自奋蹄’这句话来自勉；况当前正值大好时机，国家‘科教兴国’的战略方针深入人心，更当有所作为。来日虽已不多，但愿将此生全部奉献给祖国的科教事业，为祖国在新世纪的富强和发展作出自己应有的贡献！”这是傅恒志院士在接受《光明日报》记者采访时说的一段话。

确实如此，傅恒志院士虽然已经77岁高龄了，但是自从回到母校、被母校河南理工大学聘为教授的那一天起，他就俨然把自己当做是河南理工大学的普通一员，扑下身子，带领青年教师全身心地投入教学和科研工作，为母校的发展尽心竭力。

迷人魅力　倾倒理工大学师生

2005年10月，傅恒志院士应邀和河南理工大学的学生们进行了一次面对面的交流。座谈会晚上7点半开始，可是不到7点教室里已经坐满了人，都是慕名而来的老师和学生，没座位的学生有的站在教室后面，有的则干脆坐在过道上。当满头银发的老院士步人教室的时候，在场的师生全体起立，用长时间热烈的掌声表达他们对这位老校友的无限敬意。

傅院士向大家摆了摆手，说道：“既然是座谈，那大家还是坐着谈吧。”大家被老先生幽默风趣的开场白逗得笑声一片。

“傅院士，您好。我能叫您一声傅老师吗？”一名男生腼腆地问道。

“当然可以，你能叫我老师我很开心啊。”傅院士将鼓励的眼神投向了发问的男生。

“作为一位成功人士，您最重要的人生经验是什么？”

“哈哈，我不是一个成功人士。我从1995年研究一个项目，直到现在也没有成功，所以我不算是一个成功的人。”傅院士发出了爽朗的笑声。“我这一辈子，成功总是很少，失败总是很多，但成功往往又是在失败的基础上完成的，关键在于要有坚韧不拔的精神。我那个项目虽然做了10多年也没有成功，但我会坚持下去，我相信我一定会成功的。”傅院士对年轻人的奖掖，对待成功的那种谦逊、豁达的气度不能不令人钦佩。

当一名学生问及就业问题时，傅院士“老老实实”地回答：“我没有就过业，我的工作是党分配的，所以我不知道就业是怎么回事。”有什么说什么，这是科学家交流的原则。

对于人生，傅院士有自己独特的感受：“我最好的年华是在‘文化大革命’的批斗中度过的，真正做学问的时间不多。做了一点工作，成绩也不是很大。要说人生的感受，或许有一些：第一，人生不如意事十之八九，遇到困难不要怨天尤人。树一千次目标，下一万次决心，不如悄悄地做些实际的事情。第二，要谦虚。谦受益，满招损。自满是人生最大的敌人，谦虚是人生最大的成就。过分地自满，别人就会容不下你。第三，要有韧性，要经得起摔打。‘文化大革命’期间，我口袋里经常装着‘特务’‘苏修’‘走资派’三块牌子，别人要哪个，我就挂哪个。第四，要心胸开阔，要有团队精神和奉献精神。”老先生的满头银发在灯光下熠熠生辉，似乎在告诉我们，每一根银发都隐藏着不凡的故事，跃动着无限的智慧。

那一天，因为傅院士睿智坦诚又不失幽默风趣的回答，教室里笑声不断，掌声不断。座谈会进行了将近100min，这对于一位高龄的老人来说，是很不容易的。座谈会结束时，全场师生又一次起立，以热烈的掌声再次感谢这位令他们景仰的老人，大家都深深地折服于傅恒志院士的大师风范及他对母校的那颗赤子之心。

此刻，傅院士对师生们勉励的话语犹在耳畔。我想，只有那些德高望重的人，只有那些站在山顶的成功者，才能正视成功与失败，才能有这样坦诚豁达的胸怀。

77岁高龄的老人，本应含饴弄孙、尽享天伦之乐，但傅恒志院士在科学研究上仍耕耘不辍，在教书育人上仍诲人不倦，这不能不令人叹服。也正因为如此，他才成就等身、声誉日隆、受人尊敬。吾生也有涯，而知也无涯。傅院士这种不畏艰险、勇攀科学高峰及终身学习的精神，尤其值得我们这些“后进者”学习。

大师的魅力——写在傅恒志院士喜迎80华诞之际

吴秀青

每每步入西北工业大学友谊校区国际会议中心，我总是要到大厅两侧悬挂的院士巨幅肖像前驻足流连——感受大师们的魅力，默默表达一份心中的崇敬。15位院士，他们权威、庄严而神圣，他们在各自的研究领域为国家做出了杰出的贡献。周尧和、傅恒志、张立同……每次逐一端详，我都试图走进科学家的精神堂奥，都想读懂他们各有千秋的人生故事，哪怕只是万一。日前，就在傅恒志院士喜迎八十华诞之际，我很荣幸地走近心中仰慕已久的大师，对傅院士进行了我记者生涯中的一次特殊而难忘的访谈。

科学家与大学校长

或许是受到大师“敢为人先”精神的激励，或许是因为大师魅力的感召，抑或是由于某种机缘的驱动——在一个阳光明媚的冬日的早晨，我带着西工大党委宣传部部长李小聪的问候和祝福，就这么突兀地、不揣冒昧地走进第四军医大学西京医院，探访正在这里接受骨科治疗的傅恒志院士。

睿智慈祥的目光，和蔼温暖的微笑，敏捷深邃的思想，精神矍铄的倾听，认真坦诚的回答——傅老的神情让你感到，你是他现在最重要的人。对人始终如一的尊重、少有的亲和力、一向的儒雅谦和——傅院士与生俱来的人格魅力即刻深深地感染着我!

面对躺在病床上依然谈笑风生的傅老，我的思绪像自由的小鸟在眼前与既往间飞翔。想要访谈的话题实在太多—— 一个“不安分”的少年，一位“马恩列研究小组”的成员，新中国第一届毕业班的首任团支部书记，铸造专业唯一被录取的中国留苏研究生，留学生列宁格勒党的负责人，“走资派”和“反动学术权威”，一位杰出的材料及冶金学家，一代卓越的大学校长，国际高校科学院院士，俄罗斯宇航科学院外籍院士，

资料来源：西工大新闻网，2009年1月17日。

中国工程院院士，一位坚定而务实的共产主义者；而傅老多彩人生的另一面：驰骋赛场的篮球队队长、美国NBA的铁杆球迷、国粹京剧的准票友、苏联经典音乐的酷爱者……这些带有传奇而浪漫色彩的角色故事，一时间，似乎都变成一个个跳动的音符，相得益彰、共鸣共生，形成一种自然和谐的曲调，在我的耳畔回旋；又像电影镜头的蒙太奇组接，纷繁却有序地在我的脑际一次次地聚焦、一幕幕地放映……

是什么让他集风度、才干、成就和美德于一身？是什么使他的人格魅力与学术魅力两者孤标灿灿且水乳交融？在日前北京航空航天大学发给傅恒志院士的贺信中或许能寻找到答案的端倪——

“尊敬的傅恒志院士：在喜迎您八十寿辰之际，北京航空航天大学暨全体师生员工谨向您致以衷心的祝贺和崇高的敬意！”

“在半个多世纪的科研和教学生涯中，您始终以国家和人民的需要作为自己奋斗的目标，孜孜不倦地工作在科学研究和人才培养一线。您长期从事凝固理论与技术及高温合金的研究与教学工作，在国际上率先提出了液固界面非平衡溶质再分配的概念及相关函数关系，在亚快速定向凝固及组织超细化、高温合金和稀土永磁合金的凝固组织与性能方面进行了开创性的研究，获得了多项重要研究成果和重大国家级、省部级奖励。您非常重视对学生的培养，言传身教、率先垂范，培养了一大批材料学拔尖人才，桃李满天下。您一丝不苟、精益求精的治学态度，严肃认真、锲而不舍的求实作风，勇于开拓、不断进取的创新精神是我国广大科技工作者和高等教育工作者的楷模！”

有人形容：无论面对怎样复杂的局面，傅恒志总能以一位科学家的理性逻辑来解析释疑；无论面对诱惑还是困难，他总能一如既往保持人生的清白坦荡，该守望的、该坚持的，他一样也没有放弃。

深孚众望。1984年西北工业大学调整领导班子首次采用投票民意测验方式选举校长，傅恒志以最高得票当选为校长。上任伊始，中宣部、教育部、航空部又联合确定西工大为校长负责制试点院校。谈起开榛辟莽、卓有建树的八年校长生涯，傅老只是轻轻地摆摆手、淡淡地一笑：“俱往矣！”我深知西北工业大学对傅老来说有着一份特殊而深沉的情感，这份情感只可意会，难以言传。

“我们学校又大又穷。穷则思变，但怎么变？光是靠国家不行，靠我们几位学校领导也不行，要靠全体师生员工……我们学校不管领导干部，还是教职员工，都是人民的勤务员，谁也没有特殊，连我这个校长也没有什么特殊。我的言行，请大家监督，让事实作证。”实践检验真理，实践也考验了傅恒志这番掷地有声的就任宣言。

领导班子心往一块想，劲往一处使，全校上下拧成一股绳——“在紧日子中奋进，在改革中发展”。西工大在前进——“七五”“八五”国务院批准西工大为全国重点建设的15所大学之一，是由国务院任命校长的重点院校（全国只有14所）；1985年以来，学校几乎年年被评为“先进单位”；航空部组织的两次对高等院校的教学评估，西工大均名列榜首；1992年国家教委公布的对全国高校科研的统计结果：科研经费西工大排序第四，获奖数名列第一。

……

时光飞逝，记忆犹新。肖一璋（当年西工大的副校长）、张光慎（当年西工大出版社的总编辑）两位耄耋之年的老先生谈起当年的老校长傅恒志依旧肃然起敬，对老校长开明的治校方略如数家珍——讲创造、讲奉献、讲人和、讲策略……

胆识非凡独树一帜，驾驭全局举重若轻。在校长负责制的八年任期中，傅恒志唯贤是举—— 群众高兴地夸他们的校长有“识才的慧眼，用才的胆识，爱才的心肠”；广开言路——校长办公室的大门一直是向群众敞开的，谁登门反映问题、建言献策都欢迎，不封闭、不固执、不褊狭、不极端、不搞小圈圈，把全校教职员工的关系调理得十分匀当；“自力更生，勤俭办学，开拓创新，无私奉献”——力倡清廉行政，厉行节约且身体力行，将有限的经费全部用于教学科研上……人们渐渐看清，他多姿多彩的动作真诚地指向学校改革的进程和创建全国一流水平的高校。

深具战略眼光，高瞻远瞩，长袖善舞。傅恒志凭借自己的留学教育背景、享誉国际的学术威望和社会活动家的交际能力，为学校打开国际交流的大门，把西北工业大学一次次带出国门，推向世界。

大爱无疆与小爱无奈

窗外，冬日的阳光明丽得耀眼，透过窗户射进来，给素洁简朴的病房带来春天般的温馨与暖意。坐在傅老的病床边，聆听大师时而平静、时而热烈又始终充满智慧的讲述，我仿佛置身于世外桃源——这里生机勃勃、绿意葱茏，这里还有群鸟翔起翔飞……

因胸椎受伤，傅老只能直直地平躺在硬板床上，而他的目光却一直灼灼地投向我，不断示意我、鼓励我说下去。一时间，我竟不揣浅陋、海阔天空起来。我们聊西工大的今日巨变和“三步走”战略，共同憧憬西工大美好的未来；我们谈创新拔尖人才的培养和当代伟大的创新者比尔·盖茨的诞生，谈钱学森先生对高等教育的关注及其关于高等教育改革的最新观点；我们也交流海外生活、家长里短。当然，我也毫不回避他的大爱无疆与小爱无奈。

相比较学术和人格上达到的高度，傅恒志的生活则简单纯粹得“乏善可陈”。“我们这一代人执着，真正相信人只有一种命运，不会心有旁骛，不会奢望什么都拥有。”或许张光慎先生对我说的话就是最好的诠释。“那种命运，就是他们要成为的人。”我暗下思忖。留苏学成回到西工大工作后，傅恒志就认定“教书育人是天职，科学研究是天职”。

在妻子仲老师的眼里，傅恒志是位称职的校长，却不是一个合格的丈夫；他爱学生，是位好老师，却无暇过问自己孩子的学习和成长；他是个工作狂，却没把心放在家庭上，不顾家；他是位科学家，家务事儿却一点儿也不懂。

有些事时下提起来似乎“不近人情”“不可思议”，却成了特定年代的西工大人难忘的记忆。作为校长出国访问，傅恒志却不肯接受对方高规格的接待，婉拒高级宾馆。1985年年底，傅恒志到美国参观访问近半年之久，学校给他汇去400美元，他回国时却原封不动地还给学校，还把节省的150美元一同交给学校。1991年10月，傅恒志和4名教授组成访苏代表团，他们先后到6个城市7所学校参观访问，历时月余，行程两万公里，自始至终自己扛行李，路上没喝过饮料，没吃过水果，没花国家一分钱外汇。那个年代，作为访问学者出国的教师回国时总爱带“大件”，而他连孩子们爱吃的糖果也没带回过一颗。所幸的是，孩子们都能理解父亲，孩子们都很喜欢他。

傅恒志对自己、对家人吝啬小气，对学生却慷慨大方。他在西工大设立“崇德奖学金”，用于资助西工大材料学院德才兼备、具有较强创新能力且做出突出贡献的在读博士研究生。他在河南理工大学设立“金属材料及加工工程学科发展基金”，用于奖励河南理工大学的师生。截至目前，已累计资助学生100余万元。

就在我与傅老谈话的当儿，时有领导和学生来看望他。间歇的当儿，我不禁想起几天前傅老的学生刘林教授同我说过的话。

刘林，1982～1985年攻读傅恒志教授的硕士和博士研究生，曾先后担任西北工业大学物理系副主任和科技处处长，现在是西工大傅恒志院士团队的主要成员。已年过半百的博导刘林教授回忆起傅恒志先生当年对他的“关爱、尊重、奖掖、栽培、提携”的往事，仍是感动不已。刘林感慨地说：“我遇到傅恒志这样的良师，是我一生中最大的幸运和荣耀；作为一个过来的学生，我深深地感受到，老师每一个期待的眼光，每一个亲切的微笑，都会温暖学生一辈子……至今，当我遇到困难时，我都会自我发问：在这种情况下傅老师会怎么做？这样我就能找到解决问题的方法了。”

刘林深情地回忆到，他做傅老的博士生时正逢先生担任校长，期间先生非常忙碌，但他有事每次去找先生时，无论是登门还是去办公室，先生总是当即放下手头的工作，与他探讨问题。“有一次，傅老师带我去厦门参加全国高温合金会议，这是我们从事的学科最高规格的学术盛会。会议开始时，他突然要我在会上宣读他自己撰写的论文。当时我很紧张、压力也很大，当我宣读完毕走下讲台时，傅老师大声为我鼓掌，还把我大大夸赞了一番。我是那次会议唯一享受宣读导师论文待遇的博士生。这也体现了傅老师甘当人梯的崇高境界。”

“大师最初给我的熏陶，令我受益终身。”谈起恩师傅恒志，刘林有说不完的话，“傅老师研究领域高妙精深，讲课却能深入浅出，我辈至今难以企及；他虽然位高名重，却一点架子也没有，能与所有的人打成一片；他是一个不知疲倦的人，他将他的全身心都投入到他所热爱的科研与教学之中；他爱惜人才，培养出一批又一批科学新星——他是千里马也是伯乐。”

壮心不已与创新不止

两个多小时，在我们的谈话中悄然溜走。时近正午，傅老依然兴致盎然，似乎毫无倦意，而我的心情也因大师精神的濡染，像正午的阳光越发灿烂。在我的眼里，傅老的满头银发都是智慧，而他的每一根银发都隐藏着不凡的故事。

无论沉潜基层还是身居高位，傅恒志院士一直不改本色——埋头做学问，对待科研的认真与执着始终不渝。近两年，傅老一直在忙着撰写一部学术巨著。这部书耗费了傅老大量的心血，他精心写下自己承担的数个章节，还逐字逐句地修改合作者的文稿。2008年8月，人们欣喜地看到，这部由傅老主撰的130余万言的著作《先进材料定向凝固》终于面世。这部著作凝聚了傅恒志院士50多年的深厚学术积累，集系统性、原创性、实用性、前瞻性和普遍性为一体，深受学术界好评。

前全国政协副主席、中国工程院院长徐匡迪欣然提笔为该书作序。在序言中，徐匡迪先生写道：“2006年中国工程院第12次院士大会期间，傅恒志院士向我提及拟组织相关同志撰写《先进材料定向凝固》一书，我当即表示十分支持，这不仅是因为我对傅先生在这一领域中斐然的学术成就早已十分敬慕，还深知他是治学严谨的领军人物，承担着这一学科的国家重大科研项目，并培养出了不少优秀的中青年科研、教学带头人。院士大会后，我曾听说傅先生患了眼疾，也着实为他挂念了一番，却不料今年的院士大会前夕，100余万字的书稿已请人送到我的案头……我对傅恒志先生致以诚挚的祝贺，并为中国材料科学工作者感到自豪！”

岁月已老，风云犹在。在傅院士的博士研究生们的眼里，傅老是一位战略科学家，他的思想充满创造性和前瞻性；他总是比别人站得高看得远，同一般的科学家相比，他对新生事物有着更好的直觉和敏感度，总是能超前地捕捉到科学的发展方向，因此他提出的很多研究方向代表的都是国际前沿；即便年届八旬，傅老还是一个精力充沛、思想敏锐的人，他依然站在学术第一线，他的思想还是在不断地创新发展。事实上，傅老的一生就是一个创新的过程，正是在这个过程中，他把自己变成一个科学的领军人。

“处处都会有注意创造性，处处也都会有限制创造性，处处都会有排斥创造性，谈创造不容易。”傅老意味深长地说，“我们的学校要提倡怀疑精神；我们的教师要首先培养学生的创新意识，要让学生具备创新能力，要促成学生实现创新成果的价值；需要告诉学生，创新需要战胜社会成见的挑战，创新需要付出艰辛的努力，创新需要承担一定的风险，创新来自原创力、责任感和坚强的毅力。”

关于“创造性”，傅老十分赞同比尔·盖茨的观点。比尔·盖茨在剑桥大学建了一个软件实验室，他曾对这个实验室的研究人员说，“如果你所有的项目都成功了，那么你就失败了”。因为对真正有创造性的探索，你不可能所有项目都成功，必然有若干个暂时不能成功的子项目。傅老认同地说：“你要探索那些容易知道的东西，当然你都成功了，但总体上你是失败的，因为你缺乏创造性。”

成就等身，桃李满园，而傅恒志院士从未以成功人士自居。在《大师风范，赤子之心》一文的媒体报道中，傅老在一次高校师生座谈会上的一段对话深深地触动了我。

“作为一位成功人士，您最重要的人生经验是什么？”

“我不是一个成功人士。我从1995年研究一个项目，直到现在也没有成功，所以我不算是一个成功的人……我这一辈子，成功总是很少，失败总是很多，但成功往往又是在失败的基础上完成的，关键在于要有坚韧不拔的精神。我那个项目虽然做了10多年还没有成功，但我会坚持下去，我相信我一定会成功的。”全场师生全体起立，报以经久不息的热烈掌声感谢这位令他们景仰的老人。

“会当凌绝顶，一览众山小。”或许，只有那些站在山顶的人，才能正视成功与失败，才能拥有这样坦诚豁达的胸怀。

“埋首研究工作，不知老之已至。看看，还有这么多工作需要去做，况正值空前大好时机，更当有所作为。来日虽已不多，愿将它奉献给我一生为之奋斗的理想——共产主义。”傅老的自述正是他壮志不已、创新不止的动力之源。

傅恒志院士从教六十周年暨八十华诞庆典走笔

吴秀青　郭友军

2009年8月22日上午，一场简朴而又隆重的庆典在西工大友谊校区国际会议中心悄然举行——百余位闻讯自发赶来西工大的全国各地的有关领导、院士、专家、学者、弟子和西工大的师生欢聚一堂，共同庆贺傅恒志院士从教六十周年，并为傅老的八十华诞送上最诚挚的祝福。

恭敬不如从命　简朴彰显尊崇

朴素的庆典仪式，饱含深情彰显尊崇。

今年正值新中国成立六十周年，恰好也是西工大老校长傅恒志院士从教六十周年，8月又欣逢傅老的八十华诞。一向虚怀低调的傅老，尽管不肯惊动他人，但还是没挡住从四面八方涌来的盛情——北京航空航天大学、哈尔滨工业大学、上海交通大学、中国科学院兰州化学物理研究所（以下简称中科院兰化所）、河南理工大学、河南科技大学等数十家单位，中国工程院院长徐匡迪院士、周廉院士等几十位学术界的朋友，纷纷发来贺信和贺电。西工大凝固技术国家重点实验室主任黄卫东教授宣读了主要的贺信和贺电。

西工大校长姜澄宇、中科院兰化所原所长薛群基院士、西安建筑科技大学校长徐德龙院士、西工大原副校长徐德民院士、西工大张立同院士、中科院兰化所所长刘维民、陕西省社科院院长杨尚勤、陕西省商洛市市长杨冠军、西北有色金属研究院（以下简称西北有色院）党委书记张平祥、西安工业大学校长刘江南、哈尔滨工业大学副校长周玉、北京航空航天大学副校长徐惠彬、河南科技大学副校长宋书中、中航一飞院副总师杨智、北京科技大学陈国良院士代表林均品教授、中南大学黄伯云院士代表贺跃辉教授、西北有色院周廉院士代表贾豫东先生等数十家兄弟高校、科研院所、政府部门的领

资料来源：西工大新闻网，2009年8月24日。

导和嘉宾出席了庆典。

参加庆典的还有社会各界的来宾、相关领导、傅院士的亲属，以及西工大职能部门的领导和西工大的部分师生。特别是数十位来自全国各地肩挑重担的傅老亲自带过的弟子更使会场气氛倍加活跃。

贺寿的花篮、福禄寿如意木雕等馈赠礼品似乎表达了所有来宾对傅老的深情祝福。“巨型帆船”似正待扬帆远航，“飞豹”似随时准备一飞冲天，它们则象征着傅老执着探索壮心不已的追求。而“上善若水”这幅遒劲有力的书法作品更是道出了傅恒志院士的人格本色。

庆祝会由西工大副校长魏炳波教授主持。他说，无论是做校长，还是做学者、做教授，傅恒志院士均以廉洁自律、操守坚正而著称。恭敬不如从命，遵照傅恒志院士的要求，学校没有给任何单位和任何个人发出正式邀请，今天的来宾完全是私下里得到消息纷纷拨冗赶来的。张立同院士本来是要出差的，为了参加傅恒志院士从教六十周年的庆典活动，不得不临时改动飞机航班；北京航空航天大学的徐惠彬副校长闻讯当即乘坐当晚的航班，庆典举行的当日凌晨才抵达西安……同样是遵照傅老“低调、务实，体现学术”的意愿，其中四位嘉宾（薛群基院士、徐德民院士、杨智副总师和张宝通研究员）用精彩激情的学术报告向傅老表示热烈的祝贺——这既是傅恒志院士最珍视的“贺礼”，也构成了傅老从教六十周年庆典活动的“重头戏”。

上善若水从教 厚德载物育才

西工大校长姜澄宇首先致辞。他代表西工大全体师生员工向傅恒志院士致以崇高的敬意和衷心的祝贺，向来校庆贺的各位来宾和朋友致以诚挚的谢意！

“作为国际著名的材料及冶金专家，傅先生同时是中国工程院院士、俄罗斯宇航科学院外籍院士和国际高校科学院院士。他长期从事凝固科学技术与先进材料的教学和科研工作，在非平衡凝固理论、亚快速定向凝固及组织超细化、高温合金和稀土永磁合金的凝固组织与性能方面进行了开创性研究，为材料科学和工程领域的发展，特别是对我国航空材料及其制备成型技术的发展做出了杰出贡献。

“作为一代学术大师，傅先生领导创建了国际知名的凝固技术国家重点实验室，奠定了我校材料学科在国内外的重要地位；培养了包括我国第一个铸造博士在内的一大批材料科学领域的顶尖人才和领军人物，为我国高水平人才培养做出了重要贡献。

“作为杰出的教育家，傅先生在担任校长八年期间，殚精竭虑、高瞻远瞩，坚决贯彻执行党的教育方针，不断深化教育教学改革，大力推进科技创新，建立健全科学高效的管理体制和机制。先生珍爱人才，唯贤是举，创造各种条件，促进他们的发展。先生以卓越的学术和社会活动能力积极推进学校国内外的合作和交流，提高了学校的国际地位和声誉。先生领导全校师生员工，使我校成为国家重点建设的十五所大学之一，为学校的后继发展奠定了坚实的基础。

“作为西工大的老教授和老领导，傅先生与学校同呼吸共命运，把毕生的心血奉献给了学校，虽年届八旬，仍然奋战在工作第一线。

“您成就等身、桃李满园。您对国家、对人民、对科学、对学校、对学生的深情厚爱，您和蔼可亲、淡泊名利、严谨求实、勇于创新、乐于奉献的大师风范，为我们树立起一座人格魅力的丰碑，您是我们西工大人的骄傲和楷模……”随后，姜校长代表西工大向傅恒志院士赠送了纪念品。

中国工程院院长徐匡迪院士在贺信中写道：“傅恒志院士，在您八十华诞之际，谨致热烈祝贺！感谢您为我国工程科技事业发展和国民经济建设做出的重要贡献，您严谨求实的科学态度、孜孜不倦的学习精神、无私奉献的高尚品格，是我国工程科技界学习的榜样。祝您生日快乐，健康长寿！”

“多年来，我为先生精益求精的治学态度、锲而不舍的踏实作风、勇于开拓的创新精神所叹服。委托送上一副福禄寿的如意木雕，再次祝愿傅先生松鹤长春、春秋不老！” 周廉院士因身体小恙不能亲自到场祝贺，则借飞鸿、托友人给傅老送来了美好的祝福。

在庆贺会上致辞的还有西安建筑科技大学校长徐德龙院士、哈尔滨工业大学副校长周玉教授、北京航空航天大学副校长徐惠彬教授等。

傅恒志院士的弟子、南京理工大学陈光教授激动的心情溢于言表。他在庆祝会上深情朴素的讲述傅老与其恩师、与其同窗、与其老友、与其学生之间的鲜为人知的故事，傅老不忘师恩、珍惜友情、爱生如子、尊重他人的一个个真实真挚的故事，令所有倾听者为之动容、为之感动。

多喜临门的傅恒志院士一如往日，衣着素朴依旧却愈显精神矍铄。“我感谢学校为我举办了这样的一个庆祝活动；感谢嘉宾从很远的地方——全国各地来参加这个活动，我的确感到担待不起。刚才有很多同志讲了话，对我倍加夸奖，我就想啊，我要是真有那么好就好了！（傅院士的谦逊幽默之语引得全场开怀大笑）实际上我和刚才校长讲的、其他各位领导讲的差得太多，但我将把这些当作我今后努力的一个鞭策……

“如果说我还做了一些什么工作的话，那也是西工大教育了我、培养了我，当然也包括了哈尔滨工业大学、河南理工大学……西工大非常重视人才培养，也非常重视学术交流，我们一直把学术交流看作是知识的源泉、创新的源泉。今天，学校组织这样的一个盛大的学术报告会，也正体现了西工大重视学术交流的理念。今天有几个方面的专家来向我们作专门的报告，一定非常精彩——这才是今天活动的正题！开场的锣鼓不能耽误过多的时间，下面还请大家听‘正戏’吧——”

笑纳特别厚礼　再现大师情怀

作为西工大庆祝傅恒志院士从教六十周年活动的重要内容——“傅恒志院士从教60周年文集”《漫漫探索路》《凝固科学技术与材料发展》两本专著，日前已由科学出版社正式出版。两本专著从不同侧面反映了傅恒志院士从教六十年以来的心路历程和科研成就。在《漫漫探索路》一书中，收集了傅恒志先生在西北工学院、西工大等地及留苏期间的学习和工作的珍贵照片，收录了亲友、同事、朋友、学生等回忆与傅老相处的真实故事。《凝固科学技术与材料发展》一书，则精选了傅老从教以来在科学研究上的重要论文。

由傅恒志院士从教六十周年生涯中的一组珍贵的照片制作而成的精美Flash拉开了傅老所说的庆典“正戏”——四场学术报告的序幕。学术报告会依然由西工大副校长魏炳波教授主持。

中科院兰化所原所长薛群基院士，西工大原副校长徐德民院士，中航一飞院副总师、校友杨智研究员，陕西省社会科学院经济研究所所长张宝通研究员，先后分别作了“先进碳基薄膜摩擦学的研究进展”“无人水下航行器技术及其材料需求”“大型飞机先进材料需求及应用技术研究”“大关中带动西安天水区域经济发展概要”四场激情洋溢、精彩纷呈的学术报告。作为嘉宾、作为同事、作为学生、作为朋友，他们向傅恒志

院士从教六十周年和八十华诞庆典活动馈赠了一份“大礼”；他们以学术交流的方式向德才双馨的傅老表达了崇高的敬意和至诚的祝福。

四场高度浓缩的学术报告接连而作，长达三个半小时。台下年届八旬的傅老目光炯炯、凝神端坐，不肯离场片刻，生怕漏听一点点。他时而侧耳倾听，时而会意点头，时而若有所思……傅老是在用心笑纳学校、朋友和弟子共同奉送给他的这份特别的“厚礼”。

“生我父母育我党，校思绵绵情义长。青山若再二十载，喜看华夏第一邦。” 这是傅恒志院士在“傅恒志院士从教60周年文集”上题下的慷慨之言，以此表达对祖国和母校的执着深情。

“漫漫修远路，求真志弥坚。粒粟诚至微，黎民食为天。遥遥大同梦，终现天地间。” 这是傅恒志院士在今年学习科学发展观期间写下的感想——傅老对党和祖国的赤诚之心日月可鉴。

老骥伏枥　志在千里——傅恒志院士为青年教师和研究生授课

钟　宏

“我当老师，如果从大学毕业算起，已经64年了。跟同学们摸爬滚打已经超过了一个甲子，我教书育人，同学们也启发我、教育我，我们互教互学。”

“我已经进入86岁，早已不是耳聪目明的年龄了，但是我还是挣扎着，总还要沿着有中国特色的社会主义的道路往前奔……只表示在我有生之年总是要和大家共同往前走。”

——傅恒志

先生开课啦！

2014年12月4日，材料学院发布了“关于傅恒志院士系列讲座报名的通知”。中国工程院院士傅恒志先生要开课了！教师和研究生无不奔走相告。先生的讲座分四讲：过渡金属电子空位理论与高温金属结构材料、过渡金属d-电子特性与材料发展、材料微结构的多电子系统与交换关联势、d-电子理论在合金发展中的应用。

谈起开设本次系列讲座的想法，先生说源于他在听取研究生的工作进展汇报时，发现好多同学在使用先进的软件进行计算机模拟，但是并不明白其中模型和公式的道理。于是，自己一边看书一边查阅资料，在高温合金材料设计几十年经验的基础上，编写了此次讲座的教程。先生与李贺军院长提及开设课程的想法，李贺军立马拍手叫好，“只要您有时间有精力，我们非常欢迎！院士上讲台，其意义不仅在于课程的内容，这对于青年教师和研究生的培养都能起到相当积极的作用！”

资料来源：西工大新闻网，2015年1月19日。

课堂内外

12月12日上午，傅恒志教授为西工大材料学院的青年教师和研究生上了一堂题为“过渡金属电子空位理论与高温金属结构材料”的课。距开课时间还有半个小时，教室里就挤满了教师和学生，没有报上名的教师和学生也赶来听课。一位青年教师说：“听院士讲课的机会很难得，而且傅院士还毫无保留的分享他的研究成果，这样的报告怎么能错过呢。”

傅先生年事已高，是有些耳鸣眼花。先生的眼睛聚焦困难，专门找来了台灯照自己的讲义；听力不好，怕听不清老师学生的提问，就戴着助听器。三个多小时的讲课中，满头银发的傅院士一直面带微笑，处处彰显了自己谦虚谨慎、学养深厚的大家风范。授课过程中，傅院士用口语化、浅显易懂的语言，由浅入深，从多元高温合金中的拓扑及几何密排相与电子结构、晶体场电子能量与电子空位、Pauling理论与电子轨道出发，将电子空位数与合金相组成预测关联起来。

隔天，先生又开设了讨论课程。说是讨论，其实是青年教师和研究生在向先生请教答疑。起初学生们还有些羞涩，怕自己的问题问的不好。先生说：“你们放心大胆地问，不要怕把我问倒。把我问住了，我才能学到更多的东西。”讨论会一开又是三个多小时，大家还意犹未尽，追着到了先生办公室。

12月的西安，天气渐凉。耄耋之年的傅院士却以他的热情感染了四周参加8次课程的每一个老师和学生。在每次三个多小时的课上，先生一直保持着矍铄精神的状态，极大地激发了青年教师和研究生投身科研的热情，其严谨的教学和科研态度更激励着年轻人为了国家和学校的繁荣昌盛而不懈奋斗。

附：傅恒志院士“材料科学基础知识专题”十讲目录

第一讲　航空航天高温结构材料发展面临的挑战

第二讲　化学元素的起源——氢、氦及重元素的诞生

第三讲　过渡金属与元素周期律

第四讲　原子结构与化学键

第五讲　材料与熵

第六讲　过渡金属合金化规律的探索

第七讲　过渡金属电子空位理论与高温金属结构材料

第八讲　过渡金属d-电子特性与材料发展

第九讲　材料微结构的多电子系统与交换关联势

第十讲　d-电子理论在合金发展中的应用

傅恒志：一生志趣在治学

张潇桥　白丽亚

60多年来，傅恒志院士始终以国家需要为自己奋斗的目标，孜孜不倦地工作在科学研究和人才培养一线。

最幸运的就是做傅先生的学生

苏海军曾是傅院士的博士生，现在西工大材料科学与工程系任副教授，他在西工大已经快14年了。他说："如果有人问我，在西工大学习和工作这么多年，你最幸运的事情是什么？那我会毫不犹豫地回答：'能做傅先生的学生并得到恩师的谆谆教导是最幸运的，这是我今生用之不尽的宝贵财富'。"

他攻读博士学位研究生时，傅先生已年近八旬。在苏海军看来，傅院士非常注意

资料来源：《西安日报》，2015年6月16日。

保护学生的创新性思想，讨论不设限制，即使可能有些问题非常简单，他也总是能从中找出亮点，“鼓励我们不断进行创新性研究。”每次和傅院士讨论后，大家的感觉都是“醍醐灌顶，如沐春风”，研究思路更清楚了，目标更明确了，之前感觉很难的问题也有解决的方案了，科研的信心更足了。“每次报告结束，傅先生还让我们把报告的PPT打印出来，带回去他自己再细致研究，有什么问题或新的想法随时找我们讨论。”

还有这么多工作需要去做

先生患有眼疾，医生劝他不要用眼过度，要注意休息，他却说：“不能停下来啊，还有这么多工作需要去做，现在正值国家的大好发展时机，我更当有所作为，不学习就落后了啊！”就连傅先生的爱人仲老师都说他是一个工作狂，让学生们劝先生多注意休息。

博士临近毕业时，苏海军把一百多页的博士论文送给傅院士审阅，并建议院士：“您的眼睛不太好，可以慢点看。”可苏海军没想到，刚过了两个星期，先生就打电话说第一稿改完了。当他拿到修改稿时，发现论文手稿从头到尾一字一句密密麻麻做满了标记，大到布局、结构、数据的可靠性验证、理论的分析、机理的解释，小到语句的逻辑顺序、遣词造句、标点符号及参考文献的核实和编排，无一不做了详细的注解。这让年轻的博士生非常感动。

80岁依然对学术怀着炽热激情

傅院士曾经的博士生钟宏副教授说：“经常会有人问我，你的导师是院士，事务繁忙，而且岁数也不小了，还能亲自指导你吗？了解先生的人都知道，先生是一名真正的学者，淡泊名利，多年来抱着对学术炽热的激情，是我辈一生的楷模。你能想象一位80岁高龄的老者，戴着助听器坐上四个小时听学生汇报工作吗？或是在周六早晨来到实验室，戴老花眼镜和学生一起用显微镜观察金相吗？这，的确是我的导师傅恒志先生。”

傅院士平时对自己要求严格，生活非常简朴。他衣着朴素，家里的沙发、书房的桌椅都是多年前的旧物，边都磨烂了，有的地方还掉漆了。一个经常手提的文件包也不知用了多少年，却始终没有换。但为了促进材料学院学科建设加速前进，激励研究生德、智、体全面发展和创新精神的培养，傅院士倡导并出资建立了“崇德奖学金”，首次捐助人民币10万元，以后每年提供人民币5万元投入基金中，在学院形成了“比、赶、帮、超”的良好氛围，学生们都把能拿到该奖学金并接受先生的颁奖，视为读博期间最高的荣誉。

傅恒志院士著作《先进材料定向凝固》入选第三届“三个一百”原创出版工程

杨　舜

近日，国家新闻出版总署召开第三届“三个一百”原创出版工程总结会，公布了评选出的298种图书，我校材料学院傅恒志院士等的著作《先进材料定向凝固》入选，这也是我校入选的唯一一本著作。

“三个一百”原创出版工程是国家新闻出版总署贯彻落实科学发展观，推动社会主义文化建设，促进文化大发展大繁荣的重要举措，是出版界、学术界共同参与、合力推动的一项文化创新工程。自2006年启动以来，已成功举办三届。第三届“三个一百”原创出版工程评选的图书为2008年1月至2010年12月出版的新版图书。国家新闻出版总署自去年8月启动第三届“三个一百”原创图书出版工程以来，得到学术界和出版界的广泛支持和参与。全国出版单位向国家新闻出版总署推荐各类原创图书1167种。国家新闻出版总署组织各学科专家，评选出298种原创图书，其中人文社科类98种，文艺少儿类100种，科学技术类100种。傅恒志院士的专著《先进材料定向凝固》入选科学技术类。

《先进材料定向凝固》是傅恒志院士及其学术梯队几十年从事研究工作的总结和升华，对定向凝固基础理论、定向凝固方法及若干先进结构及功能材料定向凝固制备等方面进行了系统深入的阐述和分析。全书分十四章，约130万字，于2008年7月由科学出版社出版。

资料来源：西工大新闻网，2012年1月15日。

傅恒志院士获“中国铸造终身成就奖”感言“既光荣又惭愧”

王凡华

11月3日，第三届中国机械工程学会“中国铸造终身成就奖”“中国铸造杰出贡献奖”颁奖典礼在济南举行。中国工程院院士傅恒志和沈阳铸造研究所总工程师谢明师获“中国铸造终身成就奖”，这是我国铸造界的最高荣誉。迄今，西工大已有周尧和、傅恒志两人获得该项荣誉。

同时，中国农业机械化科学研究院原副院长张伯明、山东大学边秀房教授，分别获得“中国铸造杰出贡献奖”。

资料来源：西工大新闻网，2013年11月4日。

在颁奖典礼上，西工大“长江学者”、中国铸造学会第九届理事长黄卫东宣读了致傅恒志先生的颁奖词。其中写道：“您，为教育兴国奋斗不已，崇德治学，言传身教，桃李满天下；您，坚守科技报国之志，始终站在材料研究的最前方，高瞻远瞩，开创了多个领域的新篇章。如今，您依然耕耘在西北、东北和中原的高校，满腔热情的工作在科研与人才培养的第一线。”

中国机械工程学会副理事长、机械科学研究总院院长李新亚，中国机械工程学会副理事长兼秘书长张彦敏共同为傅恒志院士颁发了奖杯和获奖证书。

傅恒志在获奖感言中深情说道：“面对这样的荣誉，既光荣又惭愧。光荣，是因为自己几十年来所做的微小的工作得到了大家的肯定与鼓励；而惭愧的是，我对传统的铸造行业，的确没有做更多的工作，我感到很惭愧。可喜的是，这些年来，铸造学界新人辈出，创新不断，预祝我们国家铸造之花，在实现伟大中国梦的征程中，开得更加鲜艳、更加繁茂。”

傅恒志，1929年8月出生，材料及冶金学著名专家，教授，博士生导师。1950年毕业于西北工学院机械系。1955年哈尔滨工业大学研究生毕业。1962年苏联列宁格勒工学院研究生毕业，获副博士学位，历任西工大铸造教研室主任、科研处处长、材料科学与工程系主任、校长。1986年任陕西省航空学会理事长。1987年任中国航空学会副理事长兼常务理事，1993年后任常务理事。1991年任中国材料研究会常务理事。1993年当选国际高校科学院院士。1995年当选俄罗斯宇航科学院外籍院士，同年当选为中国工程院院士。

他在凝固理论和新材料加工方面有重要贡献。在非平衡凝固理论、亚快速定向组织及组织超细化、高温合金、稀土永磁合金的凝固组织与性能、电磁约束成形定向凝固技术等方面进行了开创性研究。他宽以待人、严于律己、诲人不倦，以科学家的胆识和魄力，对促进材料和加工学科的发展起到了推动作用。

作为我国铸造届的年度盛会，“2013中国铸造活动周”除此次颁奖典礼外，还通过大会报告、论文评比、分组研讨、产业展览、参观企业等，共同探讨当代铸造科学的研究和应用。活动吸引了国内外铸造界的知名专家、学者和相关企业代表共600多人。

据悉，中国机械工程学会为表彰在当代铸造科学技术前沿取得重大突破，在我国铸造行业发展过程中做出卓越贡献的铸造工作者，自2011年起，设立“中国铸造终身成就奖”与“中国铸造杰出贡献奖”，旨在推动我国铸造科技进步，促进铸造产业发展。首届“中国铸造终身成就奖”授予西工大周尧和院士，首届“中国铸造杰出贡献奖”授予清华大学柳百成院士和东南大学孙国雄教授；第二届“中国铸造终身成就奖”授予哈尔滨工业大学李庆春教授，第二届“中国铸造杰出贡献奖”授予西安交通大学陆文华教授。

傅恒志：为梦高歌123

王凡华

引　　子

通常与一位大师的对话总是需要极大的勇气。在短暂交流的几个小时内，往往浓缩了几年、几十年甚至一生的故事。这是一个艰难的过程，是并不熟稔的两人从慢慢试探到渐渐温柔的交流。

更理想的是，经过这几个小时，我们看到的大师摘下了光环，变成一个真性情的人，看到柴米油盐的状态和悲欢离合的瞬间，那些聚光灯下的溢美之词，变成来自心海的声音。

与80多岁的院士的交流，就是如此，总是让我略感紧张。

他多数时候倚在座椅上，身体前倾，微微蹙眉，目光灼灼。回答我的提问，他总是一语中的，然后条理清晰地道出事件始末或观念想法，最后一句话做结。

在我这样无知无畏的拜访者面前，老院士真诚而坦荡，没有避讳和遮掩。他的故事和他本身，让我忽然想起林庚先生的诗作《新秋之歌》中的话，“让一根蒲苇也有力量”。那是一种热气腾腾的师者魅力，你不能不被感染，也因此再也无法安于软榻。

他满头银发，身形高大，拥有与他的“大体格”相匹配的大嗓门和气场，讲起话来中气十足、目光炯炯。

他，87岁高龄，拥有60年党龄，一生信念坚定。

他，忠实践行着“学者两事，道德、文章”的人生信条，做专家，又做革命战士！

如今的他，还是位“三高”老人：“高龄、高产、高质量”——已经是耄耋之年，仍然笔耕不辍，著书立作，讲学调研……在科学上精益求精、严苛以求。

他，就是中国工程院院士、西北工业大学教授傅恒志。

资料来源：《西北工大报》，2016年5月31日。

王尔德说："把人分成好与坏是荒谬的。人要么迷人，要么乏味。"

在笔者看来，傅恒志就有着一种迷人的乏味感。正确打开他的基本算法，也许只有这样的"1-2-3"；然而，也许正是这简单的数字，才是构筑他的人生之歌的炫美音符吧。

第一篇章：一心向阳 时代成就信仰

埋首研究工作，不知老之将至……看看还有这么多工作需要去做，况正值空前大好时机，更当有所作为。来日虽已不多，愿将它奉献给我一生为之奋斗的理想——共产主义。

——摘自傅恒志《院士自述》

这是一位内心温暖有爱又有趣的人，是位典型的好老师、好领导、好朋友。真性情的难能可贵，就隐藏在他的只言片语中。但他却不是传统概念里的"乖孩子"，也算不上"听话的学生"，而他的魅力恰恰就来自于对生活的不配合，对规则的不盲从，对个性、对科学的绝对尊重。

自制电池 从父亲身上学了一手

1948年，毛泽东曾和周恩来等人乘坐小木舟过黄河，面对滔天的河水，他心潮澎湃，沉思良久，深深地感叹道："你们可以藐视一切，但是不能藐视黄河。藐视黄河，就是藐视我们这个民族。"

言犹在耳，好一个不可藐视的黄河，好一个不可藐视的中华民族。

傅恒志的家乡，就在黄河岸边，生于斯长于斯，似乎从小就预示了他与众不同的个性与气质。

1929年8月，傅恒志出生在河南省开封市。

"开封"，本意是"开拓封疆"，黄河在这里却成了残酷的游戏，伴随着每一次堤"开"是开封城的被"封"（埋），黄河像顽皮的孩子一遍遍用大量的泥沙水浆涂抹开封，开封也像倔强的孩子一样，"封"了建，建了"封"，"封"了再建，从不服输。

为了谋取生计，父亲年少就曾参加北伐战争，后来从事商贸。1937年，日本悍然发动了"卢沟桥事变"，开始全面侵华战争。一时间，山河破碎，风雨飘摇，时局动荡。为了躲避战乱，许许多多河南人背井离乡，逃难西安，其中也包括年幼的傅恒志。

父亲在西安大街上开了一家电料行，取名"华强"。他希望通过实业救国的道路，实现"中华强盛"的理想。生意不大，只能够全家人的勉强糊口。

电料行主要经营手电筒、电池、电灯等产品。当时，这些商品大多由东南沿海等地生产。全面抗战爆发后，交通不便，物资匮乏。父亲的电料行生意也受到很大的冲击，几乎难以为继。父亲少年当兵，不怎么识字，但却一直有股子不服输的劲头。

买不到电池了，咱们自己造！

“行吗？”

年幼的傅恒志，觉得既新鲜又刺激。

尽管艰难，父亲专门向技术人员讨教，不断摸索尝试。四处找来替代材料，组装、实验、拆解、再组装……终于，“华强”电料行自制的电池试制成功，这位朴实的河南老乡，硬是用自己的智慧和努力，打开了西安当地的市场。“我那时候都帮父亲组装过电池”，当时，“卖得还不错呢”。

除经营小店外，父亲还和几个朋友联合在铜川、陇县到处勘探、开采煤矿。

那时的中国社会黑暗、民生凋敝，国民党军警特务早就觊觎着这个外乡人的店铺。1947年，他们买通特务，诬告父亲“贩毒”，敲诈勒索，使傅家几乎倾家荡产。再加上无法解决的技术问题，父亲的事业举步维艰，最后以失败告终。

这段动荡不安的日子，年幼的傅恒志却几乎是在懵懂中野蛮生长。在中学6年时间里，因为各种原因，他先后就读过8所学校。少年傅恒志不是传统意义上埋头苦读的“好学生”，曾经还因为贪玩，在初中第二学期化学课不及格，靠着补考过关，才免于被“勒令退学”。

17岁那年，傅恒志以优异的成绩考入了焦作工学院，学习矿山机械专业。这是中国最早成立的矿业高等学府，第一所工科私立高等学校，她掀开了中国矿业高等教育的开端。学校全部采用西方教育方式，学科设计、课程设计、教育体制上全部是“进口”的。

一年以后，傅恒志转入了国立西北工学院。在焦作工学院学习时，傅恒志的宿舍就紧挨着学校的阅览室。在这间面积不大的书房内，却时常有各种积极进步的资料，向青年学生们宣传“反饥饿反内战”等学生运动和社会主义理论思潮。“这对我的触动非常大。应该说，用现在的话讲，我的人生观、世界观、价值观，在这个时候才开始真正形成，对社会的认识也逐渐加深了。”傅恒志回忆道。

到了国立西北工学院，傅恒志结识了一批思想进步的同学，年轻胸膛里的一腔热血一下子就喷涌而出。他与同学们秘密组织了“马克思列宁活动小组”，学习了许多革命理论书籍。他第一次阅读到了《社会主义大纲》《国家与革命》，还悄悄翻印了毛泽东同志的《新民主主义论》。

在漆黑的夜晚，几个毛头小伙子凑在一起，紧张又兴奋、如饥似渴地学习这些进步书籍，“光是笔记就做了两大本子”。

傅恒志渐渐懂得，没有社会的变革，就无法实现科学救国的理想。渐渐长大的傅恒志看懂了父亲事业的兴衰过程，越来越明确了自己的目标，那就是一定要掌握现代科学技术，改造积贫积弱的中国。

西安刚刚解放，傅恒志就加入了青年团组织，后又光荣地成为班里的第一任团支部书记。1950 年，傅恒志大学毕业留校，组织上派他去校工厂带领实习。由于工厂里的工人文化水平有限，傅恒志每天主动给工人们上课、读报，启发他们的觉悟，并组织建团。久而久之，年仅 21 岁的傅恒志被称为工厂“政委”。

在采访中，傅恒志总说，“我是被时代推着走”，是那个风起云涌的变革的时代，让他必须学会做这样的事情。“一心跟着太阳走”，傅恒志对共产党、对社会主义的认识，从懵懂到清晰，并成为坚定的信奉者和模范的实践者。是信仰，给了他理想的光芒，给了他面对未来的期望。

魂牵铸造　开启科学新天地

1952年，傅恒志才算是真正开始踏上了“铸造”专业之路。

“铸造”是什么？是翻砂，是炼钢，还是烧炉子铸铁锅……这些疑惑，在年轻的傅恒志心中常常泛起涟漪。历史总是呈现出惊人的相似。而对待专业这样的认识，30年后，也曾在傅恒志的学生当中出现。

那时候，哈尔滨工业大学是唯一一所按苏联模式组织教学的学校，并请来了一大批苏联专家，于是我国就把哈尔滨工业大学作为基地，学习苏联的教学模式，并组织全国高校派教师来学习、进修。傅恒志就是这样，在1952年被派到哈尔滨工业大学学习的。

到了哈尔滨工业大学，傅恒志眼界大开，他知道了机械系还可以分为设计、制造、机床、铸造、焊接等多个专业。通过3年的学习，傅恒志慢慢发现“铸造”中有那么多深奥有趣的东西，值得去研究、去探讨。

解放初期，中国初步建立起自己的工业体系。但中国铸造业的整体水平，相对国际先进水平而言，还是非常落后的。为了迅速提高我国铸造业的水平，1958年，傅恒志作为当时全国铸造学科唯一考取的留苏研究生，赴苏联最好的工科大学之一的列宁格勒工学院，师从苏联铸造界最有名望的权威聂亨齐教授，进行耐热合金的研究工作。

那时，用于航空航天尖端技术领域的镍基高温合金性能优良。但在世界上，此种合金都以高含量的铝钛作为主要强化元素，必须在真空下熔化和浇铸，否则极易氧化。而在五六十年代，中国国内条件还很艰苦，真空冶炼设备极少。针对这一实际情况，傅恒志想：能不能搞出一种既不含铝、钛，又不需要真空熔炼，而其性能又与含铝、钛的镍基高温合金相当的高温合金呢？如果有了这种高温合金，不就解决了国内对这一高温材料的急迫需求吗？

这可是一个“破天荒”的大胆设想！

傅恒志小心翼翼地把这一设想告诉了自己的导师聂亨齐，师生二人可谓是“一拍即合”，“敢想前人之未想，敢做前人之未做，具有创新思维。好！”导师大加赞赏。

所谓高温合金，当时是指工作温度能适应700℃以上的一些合金，其中就包括镍基高温合金。今天人们知道，镍基高温合金是加入铝、钛、铬、钨、钼、钽、铌、铼、锆、硼等元素及适量的稀土元素，制成适应于在700～900℃范围工作的一种高温合金。

可是在当时世界上，镍基高温合金通常是利用钛铝在镍基奥氏体中形成细小而呈弥散状金属间化合物γ'相，即利用$Ni_3(Al, Ti)$强化合金。若不用铝、钛这一镍基合金中最重要的合金元素来强化未知的高温合金，那么用什么元素来强化它呢？而且，无论选用什么元素来强化它的基体，都必须做到在非真空熔炼下不易氧化和腐蚀，并能真正提高这一未知高温合金的强度。

在导师的支持下，傅恒志进行了艰难的探索。他先后设计了60 余种合金方案，每一种方案的性能测试都在要800℃的高温下持续做6000h的实验。为了实验，他常常废寝忘食，通宵不眠。经过两年多时间的不懈努力和反复筛选，他花了超出其他同学一倍以上的工作时间，在对镍铬钼钨铌合金系列进行系统研究的基础上，终于研制出了“无铝、钛的镍铬基”这一新型高温合金系列。在研究中，傅恒志通过无数次的实验，还总结出了以难熔金属强化基体，以新有序化合物沉淀强化及以硼铈改善晶界状态的复合强化规律及合金成分与铸造性能的内在关系。

傅恒志把这些研究成果写在论文《镍铬基铸造高温合金组织和性能的研究》里，在论文尚未答辩、合金尚未最后定型的情况下，他研制的镍铬基新型高温合金就被用在苏联某航空动机的导向叶片上。这在当时的苏联工业界，可是了不起的大事件。

为什么苏联航空专家特别喜欢这种新型合金呢？

因为该类合金虽然不含铝、钛，不需真空熔炼，但却达到了当时世界上含铝钛的镍基高温合金的优良性能，即不但具有较好的力学性能，而且具有优异的铸造性能。这在当时被认为是填补了国际高温合金研究领域的一项空白，当之无愧地居于国际领先水平，受到了国内外专家的高度赞誉。也正因为如此，他的这项研究成果获得了苏联科学技术发明专利和苏联科学技术副博士学位。

在列宁格勒的日子，是傅恒志最为紧张繁忙的日子。除了研究生的科研外，他还担任留学生列城党总支的负责人。1962 年，他从列宁格勒工学院物理冶金系研究生毕业时，虽只30岁出头，却已鬓发皆白，使馆留学生党委书记开玩笑地说：“这是红专结合的标志。”

一回到国内，傅恒志就被任命为学校科研委员，后来又兼科研处处长，是当时学校最年轻的业务处长。肩上的担子越来越重，他自己还要授课、带研究生、做科研，怎么办？

傅恒志想想，还是按照过去的老经验，“咬牙拼”！

从苏联学成归国后，傅恒志一直致力于材料学方面的研究。他在科教事业中还拥有许多首创和第一：西北工业大学铸造专业的创始人之一，他与周尧和院士一起，培养了我国铸造学科首位工学博士；国内首创以控制液固界面位置为基准的定向凝固稳态及非稳态过程的计算机模拟和晶向三维控制技术，在国内率先建立了学科内唯一的凝固技术国家重点实验室，在国际上首次提出液固界面非平衡溶质再分配和定向组织超细化的概念，引起了国内外学者的高度关注，被认为是凝固理论界的突破。

他撰写的《培养高水平博士生的途径》一文，被陕西省授予1991年优秀教学成果特等奖。由他和周尧和院士领导的学校铸造学科的建设与发展，一直处于全国领先地位；他所在的铸造实验室被评为全国高校实验系统先进集体，从这个实验室已经走出4位院士。

他在科学研究上所取得的卓越成就，使他在第五届国际大学联合会上被推荐为理事会成员；1992年被俄罗斯国立圣彼得堡技术大学授予名誉博士称号，同年由美国传记研究院提名并获世界终身成就奖；1993年成为我国首批入选由世界著名科学家、教育家组成的国际高校科学院院士；1995年初被选为俄罗斯宇航科学院外籍院士，5 月又荣幸地成为中国工程院院士。

岁月弄人，坎坷与成就似乎总是如影随形。

曾经的“红专结合”的典型，在“文化大革命”期间，他被横扫一切打成“牛鬼蛇神”，挂牌子、进牛棚自然是少不了的。当时，他的兜里总是藏着几块牌子：“反革命修正主义分子”“走资派”“反动学术权威”等，开会批斗的时候，“需要挂哪块我就挂哪块”。1.83m的大个头，即便是在“俯首认罪”时，也显得比其他人“高出一头”。他因此也常常受到额外的侮辱、拳脚等“特殊待遇”，也为身体落下了病根。

“您没有想过抱怨吗？”笔者曾经问道。

“有资格去抱怨的人，太多了。可是大家都是怎么做的呢？被打倒了又怎么样？‘文化大革命’结束后，中央拨乱反正，组织需要你的时候，把自己身上的土撣一撣，起来继续干革命，无私无畏，无怨无悔。这就是共产党人最可贵的地方。”傅恒志坚定地说道。

第二篇章：学者两事　道德文章两相宜

“自古学者两事，道德、文章。对知识分子来说，既要精益求精，又要有‘先天下之忧而忧，后天下之乐而乐’的情操，既应是业务上的专家，又应该做无产阶级的革命战士。”

——摘自《中州院士风采》中的《献身科教志永恒》一文

他是这样一位推石上山的西西弗斯，生命因为努力而变得郑重其事和殊为不易。选择是瞬间的决定，而为这个选择进行付出则需要强大的志向和无与伦比的坚持，无论是面对曾经陈旧的体制还是五光十色的现实，扬帆远行的人们固然值得倾慕，而一砖一瓦构造大厦的人，才是这个时代的基石。

当选校长　锐意改革创建一流大学

1984年，西工大调整领导班子，第一次采用投票民意测验的方式选举校长。傅恒志怎么也没有想到，捉弄人的命运这次会垂青自己，这第一次民意选举的校长会是自己。

变革的大时代再次把他推到了风口浪尖去摔打锤炼。

上任伊始，又恰逢当时中宣部、教育部、航空部联合确定西北工业大学为校长负责制试点院校。傅恒志认真地告诉自己，既然挑了这个担子，就一定要尽心尽力，做到最好。

就职那天，傅恒志讲的话不多，却铿锵有力，让很多教职工至今记忆犹新：“在我当校长期间，如果我个人以权谋私、贪污腐化，或者领导班子成员有这样的行为，你们随时可以罢我的官。”实践检验真理，实践也考验了傅恒志这番掷地有声的就任宣言。

当了校长，压力和困难都接踵而来。

傅恒志刚刚上任，找他要房的人就络绎不绝。他经过调查，情况的确十分严峻：不仅科研用房和师生员工住房十分紧张，而且教学用房也缺几千平方米，而全校的教育经费每年只有1200万元，基建费每年300 万元左右，真是杯水车薪啊。

他还了解到，学校曾对一些用房做过适当调整，但有的部门好房不愿腾，旧房不愿要，许多工作难以展开。怎么办?

傅恒志仔细想了好几个晚上，和学校其他领导几经讨论，决定党政部门首先从宽敞、明亮、舒适的行政大楼，搬到由教室改造的旧楼，让近千名师生和科研人员搬到行政楼。

搬迁动员会上，他语重心长地说：“我们学校又大又穷。穷则思变，但怎么变?

光是靠国家不行，靠我们几位学校领导也不行，要靠全体师生员工。我们学校不管领导干部，还是教职员工，都是人民的勤务员，谁也没有特殊，连我这个校长也没有什么特殊。我的言行，请大家监督，让事实作证。”

其身正，不令则行。

教职工都为学校领导班子的风范和魄力所感动，调整工作很快完成。党政干部们又利用假期，义务将办公楼粉刷了一遍，高高兴兴地在里面办公，坚持了几十年。

接着，傅恒志又向全体师生员工提出“自力更生，勤俭办学，开拓创新，无私奉献”的口号，要求大家发扬延安精神，艰苦奋斗，共同开创西北工业大学的新局面!

1985年春，面对国家经济依然困难的情况，傅恒志向全校师生员工提出响亮的口号：“在紧日子中奋进，在改革中发展。奋斗五年，把我校建成具有‘三航’特色的多学科综合大学，创全国一流水平！”

这个口号如春风般吹遍了校园，吹得人们心里暖融融的。但也有同志还心存疑惑：西工大要创建一流水平，能行吗?

傅恒志为首的学校领导班子充满了信心。他认为，人心齐，泰山移。虽然就天时地利来说，西工大比不上北京、上海的重点院校，但人和是西工大的优势。如何发挥这个优势，那就要唯贤是举。他上任后，打破以往用人的条条框框，不搞论资排辈，只要有德、有才、有胆识，就大胆提拔、任用。

后来担任学校财务处处长的唐莽和西工大出版社总编辑张光慎，过去都被打成右派分子，但他俩都有才干，也敢于抵制不正之风。傅恒志力排众议，大力推荐。果然，这两位同志工作都特别出色。唐莽对财务严格把关，精打细算，被群众称为“好管家”。张光慎带领大家白手起家，几年来出版图书390种，印刷280万册，先后获省、部以上奖励29 项，其中国家级奖6 项。

他对青年人才更是关爱有加、大力提携。

毛协民、介万奇、黄卫东、魏炳波、刘林、蔡英文……这些青年才俊，都是在傅恒志的关心支持指导下，快速成长，如今都已经成为行业内“响当当”的专家、学者。其中，魏炳波成为中国科学院院士，介万奇、黄卫东等获聘教育部“长江学者”。

1991年，在一次青年教师学术交流活动中，傅恒志深情地说：“西工大的青年教师状态这么好，学校也要更加关心青年教师的发展。”在经过认真地调研后，当年年底，在职称评审时，学校就提出向中青年倾斜的重大政策。一大批中青年教师得到破格晋升，其力度之大，前所未有，与兄弟院校相比也是少有的。这样的政策，为西工大青年人才的发展，提供了优越的环境。

傅恒志还和其他领导同志用两个月时间，对全校情况进行了调查研究，制定出五年规划和实施细则，并在学校管理体制、教师工作制度、教育、科研管理体制、学生学籍管理体制、后勤管理制度、教育结构等方面实施了一系列改革，并归纳为“六改六转变”。

一是改革学校管理体制，实行校长负责制和党政分工负责制，把党委包揽一切的旧观念转变为既发挥行政系统对教学、科研统筹、组织、指挥的功能，又发挥党的政治领导核心作用的新观念。

二是改革教师工作制度，实行教师责任制，把只教书不育人的旧观念转变为既教书又育人的新观念。

三是改革教育、科研管理体制，实行教学、科研并重，把两者相脱节的旧观念较变为两者相结合的新观念。

四是改革学生学籍管理体制，实行全面学分制、一学年三学期制和中期选拔淘汰制，把学好学差都一样的旧观念转变为优升劣降、提倡竞争的新观念。

五是改革后勤管理制度，实行岗位责任制，把后勤工作与育人相脱节的旧观念转变为管理育人、服务育人的新观念。

六是改革教育结构，实行多学科体制，把学科单一的办学观念转变为多学科综合体制的新观念。

春去冬来风景异。

五年后，西工大发生了巨大变化：全校基建面积增加9.9万m^2，14 幢楼房拔地而起；逐步形成较强的科技研究实力和先进研究方向，拥有一批具有国际先进水平的研究基地和国家重点学科、重点实验室；取得重大科研成果500多项，获省部奖317项，国家奖26项；1989年获国家优秀教学奖6项，名列部属院校之首；1992年全国10所名牌大学的排序中，西工大科研成果数排名第一。

光阴荏苒，岁月如梭。

回忆起自己的成长道路，傅恒志说：“自古学者两事，道德、文章。对知识分子来说，既要业务上精益求精，又要有‘先天下之忧而忧，后天下之乐而乐’的情操，既应是业务上的专家，又应该做无产阶级的革命战士。”

这就是他，一位对国家对人民有着强烈责任感的知识分子的毕生追求。

大爱无疆　精心育人桃李满天下

对待学生，对待教学，傅恒志非常慷慨大方。“只要是同学们需要我做的，我随叫随到。”他在西北工业大学设立“崇德奖学金”，专门用于资助西工大材料学院德才兼备，具有较强的创新能力，并且做出一定贡献的在读博士研究生。

奖学金的名称是“崇德”，也彰显了傅老师的教育理念：他始终将做人立德放在首位，并且几十年以身垂范。他德高望重，但对人总是和蔼可亲。中国科学院院士魏炳波教授回忆到，即便是当年做学生的时候，每次向傅老师汇报工作，“老师总会提前打开房门等我前来，谈完后又坚持要亲自送到门外。先生开阔的胸襟和宽容大度的君子之风堪称楷模。”

2005年3月，傅恒志受聘于河南理工大学。之后，他每年从该校给他的薪酬中拿出20万元作为资金来源，设立“金属材料及加工工程学科发展基金”，用于奖励河南理工大学的师生，截至目前，已累计资助100 余万元。

2013年，他担任西工大首个翱翔英才“追梦班”名誉班主任，看着眼前朝气蓬勃、青春飞扬的年轻学子，傅恒志鼓励大家，“实现中国梦不靠空谈靠实干，其中最关键的就是创新”。

傅恒志对学生们慷慨大方，但是对家里、对自己人，却吝啬小气。这些事情提起来似乎“不近人情”“不可思议”，但是却成了那个特殊时代西工大人难忘的记忆。

1985年年底，他到美国参观访问近半年，学校给他寄去400美元，但他回国时原封不动地还给学校，还把节省下来的150美元上交组织。那个年代，出趟国总得给家里带点“大件”吧，而傅恒志连糖果也没带回过一颗。1991年10月，他和4名教授组成访苏代表团，先后到6 个城市7 所学校参观访问，历时月余，行程两万公里。傅恒志自始至终自己扛行李，没买过一斤水果，没买过一瓶饮料，没花国家一分外汇。

他身居校长、院士之位，生活却异常朴素。家里的家具都是十几年前买的，沙发都磨得掉了皮。他身边的学生说，很少能看到傅老师穿几件新衣服。

2015年的11月的一天，傅恒志把秘书叫过来：“小李，你能帮我去把这个眼镜修理下吗？”原来，他每次外出讲课、做报告，总要至少准备两幅眼镜。“我现在年纪大了，视力也不好，已经是半聋半瞎啦，哈哈哈……”他开玩笑地说到，但是这个用了十几年的眼镜还是挺好，“很有感情”，修下还能用，舍不得丢弃啊。

凭着傅恒志这样的精神，这样的作风，学校里的相熟的师生每每提起他，无不对他肃然起敬，赞叹有加。他的学生提起他更是滔滔不绝。

材料学院刘林教授曾是傅恒志的博士生，回忆起傅恒志先生当年对他的“关爱、尊重、栽培、提携”的往事，仍是感动不已。刘林感慨地说：“遇到傅恒志这样的良师，是我一生中最大的幸运和荣耀；作为一个过来的学生，我深深地感受到，老师每一个期待的眼光，每一个亲切的微笑，都会温暖学生一辈子……至今，当我遇到困难时，我都会自我发问：在这种情况下傅老师会怎么做？这样我就能找到解决问题的方法了。”

刘林深情地回忆到，他做傅老师的博士生时正逢先生担任校长，期间傅老师非常忙碌，但他有事每次去找先生时，先生总是当即放下手头的工作，与他探讨问题。“有一次，傅老师带我去厦门参加全国高温合金会议，这是我们从事的学科最高规格的学术盛会。会议之前，他就决定要我在会上宣读他撰写的论文。当时我很紧张、压力也很大，他鼓励我，当我宣读完毕走下讲台时，傅老师大声为我鼓掌，还把我大大夸赞了一番。我是那次会议唯一享受宣读导师论文待遇的博士生。这也体现了傅老师甘当人梯的崇高境界。”

“大师最初给我的熏陶，令我受益终身。”谈起恩师傅恒志，刘林有说不完的话，“傅老师研究领域高妙精深，讲课却能深入浅出，我辈至今难以企及；他虽然位高名重，却一点架子也没有，能与所有的人打成一片；他是一个不知疲倦的人，他将他的全身心都投入到他所热爱的科研与教学之中；他爱惜人才，培养出一批又一批科学新星——他是千里马更是伯乐。”

“我的导师是院士，年纪也大了，能有时间和精力指导我吗？”2005年，年轻的苏海军师从傅恒志攻读博士学位，既激动又有些担心。可是后来的事实证明，他的顾虑是多余的。

临近毕业时，他把100多页的博士论文送给已经八十高龄的傅恒志审阅，还特别建议到“先生眼睛不太好，可以慢慢看”。可没想到的是，只过了两周，傅老师就打来电话说第一稿已经改完了。整篇论文，大到布局结构、理论分析、机理解释，小到遣词造句、标点符号、参考文献等，都做了详细的注解。

看到这改的密密麻麻的论文，这个倔强的小伙子眼睛都湿润了。

傅老师的关爱，很快在这些年轻人身上得到了印证。苏海军在2009年顺利获得材料加工工程专业博士学位。后来在西北工大工作后，他先后破格晋升副教授、教授，并入选陕西省“青年科技新星”、国家首批“香江学者”计划。

法国作家雨果说过，“花的事业是尊贵的，果实的事业是甜蜜的，让我们做叶的事业吧，因为叶的事业是平凡而谦逊的。”

傅恒志也觉得这是“做叶的事业”，这是自己的独特能力，他乐观、积极，总能看到事物的优点而不是缺点，“我特别能看到青年人的才华，对于这些有才华的人，我可以毫无保留地做他们的助推器”。

寄望未来　呼吁加强青年人的思想建设

2014年的冬天，傅恒志的书桌上，多了一本书——《习近平谈治国理政》。他用不同颜色的荧光笔做出很多标记，“受益匪浅啊，希望学校的青年人都能认真读一读这本书。”眼前的傅恒志，热情真诚，眼睛放光。聊起《习近平谈治国理政》这本书，十分兴奋，恨不得一口气将这本书讲出来。

在傅恒志看来，《习近平谈治国理政》应当算是了解中国大势的“好书”。

党的十八大以来，以习近平同志为总书记的党中央，带领全党全国各族人民开启了改革开放和现代化建设的新征程。在治国理政新的实践中，习近平总书记发表了一系列重要讲话，提出了许多新思想、新观点、新论断，集中展示了中央领导集体的治国理念和执政方略。

“你看看，现在中外这么多人都在研究这本书。书中提出了中国的治国之道，回答了中国的路该怎么走的问题，照亮了我们前进的道路。作为国家未来发展中坚力量，我们青年人更应该仔细研读，学以致用。”傅恒志说。

傅恒志自称花了很多时间来思考自己与时代。

改革开放三十多年，中国发展之快、变化之大，可谓罕见。其中，也暴露出我们在发展当中的很多问题，有些还比较严重。

“怎么看待当前党内存在的腐败现象？”

“如何理解现在社会上的分配不公的问题？”

“中国今天发展的大势是什么？”

……

傅恒志说，《习近平谈治国理政》为这些问题提供了很好的答案。“现在在网络上、社会上，有一种不好的趋势，那就是唱衰中国。”傅恒志严肃地说，“作为高等学校，我们是教育人的机构，要特别注意加强青年人的思想建设，加强青年人的道德养成教育。”

出生于旧时代的傅恒志，亲身经历了新中国建立、发展、壮大的峥嵘岁月。他说，社会是不完美的，实现中华民族伟大复兴的中国梦还要克服很多困难。这个过程当中，不顺心、不如意在所难免。但是我们，要以建设性的姿态去生活、去工作，要有去改变、去改革的激情和热情。

傅恒志说，现在我们致力于建设世界一流大学一流学科，这就必然要求我们要有一流的精神和文化。“我们培养的学生，是不是按照哈佛大学、剑桥大学的标准就足够了？当然不行！”如果没有社会主义的中国心，就不可能有实现中华民族伟大复兴的中国梦；没有建设社会主义伟大祖国的理想、信念，就不可能有为它献身的决心和实践。我们西工大的教学科研工作，一直是立足于服务国家的战略需求，可究竟什么才是国家未来的战略需求，这就要求我们深入研究中国的国情。

他说，大学生如何树立自己的人生理想，如何把个人梦和中国梦结合起来，如何为实现中国梦做出自己的贡献？这些都是当代青年人应该思考的问题，也是学校加强思想建设重点关注的内容。

第三篇章："三高"老人实现自我提升

“科学技术浩如烟海，新鲜事物层出不穷。格物致知，求索创新，不断攀登科学的高峰，这虽然是艰苦的事业，要求刻苦认真、坚韧不拔，全身心地投入和永不停歇地探索，但其中也有无穷的乐趣和引人入胜、令人神往之处。”

——摘自傅恒志在《光明日报》中《格物致知，求索奉献》一文

他并不苛责自己，可能是觉得上天待自己不算刻薄；他也不任性妄为，不管年龄和岁月如何追赶，作为学者和教师，如何才能在这两端之间选择一个更为合适的支点？他选择听从内心，这是最自然的状态，做最真实的自己，目标明确的同时也看淡一切。

耄耋之年 坚持科学研究

傅恒志已经是87岁高龄了，凭着他对“铸造”的热爱、对教学的热爱，他仍然保持着充沛的精力和对新生事物的敏锐度，依然坚持在学术第一线。

他常年奔走于西北、东北和中原的几个著名的高等学府之间，对待科研和教学的认真与执着始终不渝。

说他忙碌，绝对此言不虚。

笔者曾经以“傅恒志”为关键词，在中国知网（www.cnki.net）上进行全文文章检索，共搜到3291条结果，大致反映出傅老师在一段时间内的学术活跃程度。比较而言，20世纪的60～90年代，每年关于他的条目都相对较少，低于40条。而进入21世纪以来，活跃程度逐年走高。特别是在2006年以后，每年都有超过200条关于他的条目（以上数据截至2016年3月10日）。但在其中，笔者也发现，有关傅老师的新闻报道极少，不超过3%，绝大多数是他撰写的论文、学术报告，或者是指导的研究生论文等。尽管这样的分析，不甚全面，“但是也基本上反映出大致的情况”，傅老师肯定道。

2008年8月，由傅恒志主撰的130余万言的《先进材料定向凝固》一书终于面世了。为了这部书，他花费大量的心血，精心撰写自己承担的数个章节，还逐字逐句的修改审核作者的文稿。

时任全国政协副主席、中国工程院院长徐匡迪欣然提笔为该书作序。徐匡迪写道：“2006 年中国工程院第12次院士大会期间，傅恒志院士向我提及拟组织相关同志撰写《先进材料定向凝固》一书，我当即表示十分支持，这不仅是因为我对傅先生在这一领域中斐然的学术成就早已十分敬慕，还深知他是治学严谨的领军人物，承担着这一学科的国家重大科研项目，并培养出了不少优秀的中青年科研、教学带头人。院士大会后，

我曾听说傅先生患了眼疾，也着实为他挂念了一番，却不料今年的院士大会前夕，100余万字的书稿已请人送到我的案头……我对傅恒志先生致以诚挚的祝贺，并为中国材料科学工作者感到自豪！”

傅恒志凭着这股坚持创新精神，始终站在学术发展的最前方，高瞻远瞩，不断地提出新的研究思路。

近年来傅恒志带着他的研究生开展了电磁约束成形定向凝固的研究工作，试图全面实现无坩埚、无容器的液态金属在电磁场约束下的直接成形。经过连续多年的探索，在系统实验的基础上取得了初步结果：可以使高熔点液态金属在真空和无接触情况下初步成形为多种非规则形状。这项技术如能成功，将可能是材料无接触、无污染、直接凝固成形设想的实现。这将会是材料成形的一项崭新的、有革命意义的跨越。

“我当老师，如果从大学毕业算起，也已经60多年了，跟同学们摸爬滚打已经超过了一个甲子。我教书育人，同学们也启发我、教育我，我们互教互学。”傅恒志畅言，喜欢和学生们在一起，喜欢和大家交流学术问题，喜欢和青年人聊聊关于科学的话题。

他是天生的演讲者：思维灵敏，逻辑清晰，声音和肢体语言都充满号召力，还能在恰当的时候添上恰当的幽默。这种演讲与仗义、豪爽叠加在一起，构成了傅恒志的领袖气质。这也令他在学术圈内，如鱼得水，游刃有余。

他的演讲，让已经是长江学者的黄卫东教授，30年后仍然印象深刻。入学时的新生见面会上，他对铸造专业的精彩解读，不仅打消了青年学生的顾虑，“如果记录下来，就是一篇精彩的文章”。

学术创新　用哲理去分析

对于一个自我要求甚高的人来说，让自己满意，远比让他人觉得满意困难。关于科学这条路，傅恒志走得其实比他人所见的来得艰辛。与天才之姿降临不同，傅恒志其实从来不是最有天赋的那一个。他是靠修炼、靠练苦功往前走的。

对于创新，他更主张用哲学的高度来解读分析。

“科学的创新一定要注意必然性和偶然性的关系。通常在探索过程总要出现多次的失败，在失败中可能发生偶然出现的现象，其中包含启发新思想的萌芽。只有不怕失败，观察敏锐的人才能在单调重复中注意到新的现象或思想的萌芽，并将之发展下去。”

“任何创新都是在原有的基础上，有预见性的发展。这是有规律可循的，当然这其中，又有偶然性。科学的必然，又都是通过人物和事件的偶然呈现的。比如说，量子力学的创新，没有牛顿力学的支撑，就不可能出现。”

“作为教育工作者，我们不要过分突出偶然性，要更多地强调认识的必然性，这才是具有更大普遍意义的。要敢于和善于迎接现实的挑战，尤其对于有一定难度的东西，要敢于和乐于去‘碰’，不要躲开难题绕道走。”

傅恒志的分析，娓娓道来，却又富含哲理的分析。

“现在社会上和校园里，都有一种虚浮之风。有的老师和学生，过分强调发论文、看重影响因子……甚至不是‘创造’文章，而是去‘造文章’，这就需要引起我们的重视了。”他眉头紧锁，不无忧虑地说。

“这些问题，我们也要辩证地、历史地、唯物地去看待。人对任何事物的认识，总是有个过程，需要积累沉淀，这就要求我们要不断调整、与时俱进。作为导师，我们就要更加注重正向引导、树立典范、榜样引路，不宜于过度指责。”对待学生，他总是和风细雨、循循善诱。

“你们大胆问，不要害怕把我问倒了。导师也不一定完全正确，院士也有不知道的东西……咱们共同学习嘛！”傅恒志时常如此鼓励同学们。他的课堂上，也总是荡漾着学生们青春的微笑和会心的掌声。

“傅老师，我想和你报告一些设想？”有一天，一名研究生兴冲冲地找到傅恒志汇报研究进展。

“好。你说说看……”傅恒志微笑着回答。

“我想用电子空位理论、设计算法、构建模型，探讨高温合金设计领域的这些问题……”研究生洋洋洒洒地开始阐述自己的观点和想法。慢慢地，傅恒志原本满含笑意的面容有了些许沉重，他一反常规打断了年轻人的汇报，“你对电子空位理论基本原理的理解好像有偏差。”平时和蔼的傅老师，此刻异常严肃。

而让他紧张的是，这样的情况，还不在少数。有的同学热衷于使用先进的软件进行计算机模拟，但是却并不理解其中公式和模型的道理。

“这怎么行？”傅恒志有些焦虑了。

在很多人看来，成就等身的院士，应该致力于更加高精尖的科技创新，“但是我年纪大了，精力也不够。我已经没有能力再去冲锋陷阵了，我能做的，就是为同学们摇旗呐喊、端茶送水。就这工作，还不一定能做好呢。”傅恒志笑着说。

于是，他翻阅资料，整理素材，在自己几十年研究经验的基础上，整理了材料科学基础专题系列讲座。迄今，已经准备了10讲。“有生之年，我要把这个讲座讲好、完善好，争取再把讲座内容汇集成书，留给后人。”

2014年年底，他在西工大开设系列讲座8次，当时的“院士大师班”课堂，一座难求，青年教师和学生们反响热烈，大赞“机会难得”“好听过瘾”，并为傅恒志的科学精神和大家风范深深折服。

2015年9月，傅恒志等撰写的一部近90万字的皇皇巨著《航空航天材料定向凝固》正式出版。中国工程院院士赵振业赞叹道：“（傅恒志院士带领他的弟子及研究团队）其研究成果涉及技术领域之广、水平之高，在国内外可谓是独树一帜。”

耄耋之年的傅恒志，自诩已经是了无牵挂。让笔者诧异的是，总是给人积极力量的傅恒志，也有过这么一段虚弱消沉的日子。那是在2013年初，他刚从昆明出差回来，因为舟车劳顿，加上天气变化，他因为感冒发烧，不得不住院治疗。病床上的他，身体不舒服，情绪也很差。

彼时，习近平总书记代表中央提出了“中国梦”的战略考量。还在病榻上调养的他，学习“中国梦”的相关论述，有所感悟，遂成四句以自勉：“荆棘漫道向阳走，跌宕起伏不回头，耕耘求索丝无尽，残烛成灰身方休”。

他谦虚地说：“我是一位科学家，但更是一位共产党员，所取得的这些成绩是党多年培养教育的结果。我深知这与党和人民的要求还有较大的差距，所以屈原的诗句‘路漫漫其修远兮，吾将上下而求索’常常回响在我的耳畔，激励我不断进取，以期为国家和人民做出更多的贡献。”

“想到这里，身体似乎都“轻快了许多”，很快就康复回家了，哈哈哈……”傅恒志回忆道。

“世界上除了生死，没有不能逾越的困难”。87岁的傅恒志已经有足够的资历来说这句话，“只有用自己双手创造的未来，才是唯一可以掌握的命运”。

“不为潮流所役，不为利益所驱，不为他人所动，用心做自己喜欢的角色，过自己想要的生活。大概这就是傅恒志能够取得那些令人嫉妒的成功的最大秘密吧。”

我想，这些也许都是他一生“学为人师，行为世范”的注解和感言吧。

后　记

与傅恒志对话的两个小时里，充满了正能量，那些关于科学、教育、人生的字眼闪闪发光。没开口的他，泯然众人。但当他一张嘴，就像摁开了开关，自带光源，浑身发亮，还是镭射的。

这个时候，你在他身上，能切身感受到一种时间对人体雕刻的印记。

他的成就曾给我极大的震动，但只有当他坐在我面前，用特有的讲课的方式、眉飞色舞地接受了两个小时的采访后，我才明白，傅恒志之所以能成为学术大家，是因为他沉醉其中，不是无法自拔，而是无法分离。

这样的老师，是真正幸福的。

半个甲子的重逢　一个时代的桥梁

——傅恒志、肖比克·维切斯拉夫两代校长的“君子之约”

何勃毅　卢　迪

12月2日上午，乌克兰敖德萨国立理工大学肖比克·维切斯拉夫（Shobik Vyacheslav）副校长、德米特里什·德米特里（Dmytryshyn Dmitry）副校长，以及基辅大学别久科·亚历山大（Bediukh Oleksandr）高级研究员到访我校。万小朋副校长在国际会议中心第三会议室会见了三位贵宾。

万小朋在致辞时指出，敖德萨国立理工大学和基辅大学都是乌克兰顶尖的大学，西工大很希望同其建立和深化合作伙伴关系。他还专门提到，西工大和敖德萨国立理工大学已是老朋友了，早在20世纪90年代，时任西工大校长的傅恒志教授就率团访问过该校并建立了战略合作关系。

肖比克·维切斯拉夫回忆道，当年的傅恒志校长访问敖德萨国立理工大学时，自己还是一名普通的青年教师，有幸与傅恒志教授相见交谈。如今时过境迁，匆匆二十六年的光景一晃而过，他已经从曾经的青年教师成了如今的副校长，心中颇有感慨，十分想念傅恒志教授。

正式会见结束时，万小朋郑重地向肖比克·维切斯拉夫承诺，一定会让其再次见到耄耋之年的傅恒志院士。随后参会学院与乌方代表，就人才培养、学术科研交流等主题展开了深入探讨。

讨论会进行中，门突然打开，傅恒志院士在材料学院院长李金山的搀扶下，拄着拐杖蹒跚进入会议室。对于傅恒志院士的意外到场，所有人无不惊讶，肖比克·维切斯拉夫立刻起身迎上，故人重逢，两人十分激动，紧紧地握住了双手！这跨越时代和世纪的

资料来源：西工大新闻网，2016年12月5日。

再会，让所有人都无比感动！两人用俄语交流许久，诉说往事，感叹今朝！

自此，西工大将同敖德萨国立理工大学再续前缘，也期望同基辅大学建立合作伙伴关系，以彼此间的友谊作为推动中乌高等教育交流的一座新桥梁，续写西工大国际合作的新篇章！动力与能源学院、理学院及国际合作处相关负责同志参加会谈并见证此次重逢。

傅恒志院士专著《航空航天材料定向凝固》出版发行

杨劼人

近期，由傅恒志院士主持撰写的学术专著《航空航天材料定向凝固》由科学出版社正式出版发行。

该专著立足于我国当前对高性能空天结构材料的重大需求，涉及定向凝固理论、技术及典型航空航天材料三大板块，许多内容是傅恒志院士团队多年以来的研究成果，不仅涵盖了定向凝固过程中的基础科学理论，以及定向凝固技术的革新，并首次系统展示了晶体生长取向控制、电磁约束成形和电磁冷坩埚定向凝固的研究成果及其独特优势，分析了高温合金、高温金属间化合物和氧化物共晶陶瓷等材料的定向凝固制备技术、组织和力学性能。该书兼具基础性和工程性，是目前我国唯一一部全面系统论述航空航天高温材料定向凝固的原创性学术著作。

当前，随着新一代空天动力装备包括航空发动机、燃气轮机和高速航天飞行器性能的不断提升，高温结构材料及其制备技术成为其发展过程中的难点和瓶颈，备受设计研发人员和学术界的关注。定向凝固技术发展于20世纪初的布里奇曼法，其基本原理是控制材料在单方向热流条件下逐层凝固，晶体生长为逆热流方向进行。定向凝固后的材料由于消除了横向晶界，其初熔温度和高温性能得以大幅提升。其中，航空发动机用定向及单晶高温合金叶片制备成为定向凝固技术应用的典型范例，带动了航空发动机跨时代的发展。

20世纪50年代后，随着凝固过程定量化研究的发展以及凝固科学的出现，研究人员对液固相变过程微观特性进行了系统、深入的研究，并将传热、传质、对流及界面科学应用于液固相变过程、凝固组织的分析和描述，先后发展出固相形核理论、界面形态演

资料来源：西工大新闻网，2012年1月21日。

化理论、共晶/包晶/偏晶凝固理论等，形成了一个较为完整的凝固理论体系。当今凝固理论已成为金属材料锭坯质量控制、机械行业铸件和锻件毛坯制造，以及非平衡组织、各向异性组织乃至非晶、纳米晶等先进材料制备的共性理论基础。层出不穷的凝固控制技术支撑着各种现代工业技术的发展。

可以发现，凝固理论中的很多内容是源于人们对定向凝固研究结果的认识和描述，同时，人们在定向凝固研究中也借鉴了许多其他凝固研究工作的成果。随着定向凝固理论和技术的持续发展，以及航空航天用高性能结构材料的研制，为定向凝固技术提供了新的发展空间和机遇，在基本原理和技术研究上都期待着新的突破。当前，在对柱状晶及单晶高温合金生长认识的基础上，为进一步获得各向异性可控的材料，定向凝固朝着更为精确化的晶体取向、枝晶取向乃至多元多相合金显微组织协同控制的方向发展；同时，为了获得具有更为优异性能的显微组织，加热方式、强制冷却、物理场施加等凝固技术手段也在不断革新。

傅恒志院士团队长期以来从事高温合金和定向凝固研究，为推动我国航空航天高性能材料的发展，多年来带领他的弟子及研究团队不懈地耕耘在定向凝固科研一线，在定向凝固理论、技术、材料及其在航空发动机上的应用作出了卓越贡献。其中，由傅院士领导开发的“高温度梯度定向凝固制备超细化材料”技术便是这一发展过程中的典型例证，其研制出的超细化柱晶新型材料的高温性能特别是蠕变、持久性能得到几倍、十几倍甚至更高的提升，预示了令人向往的前景。

“老当益壮，宁移白首之心。”近年来，傅恒志院士不顾年事已高，仍以忘我的精神带领团队从事定向凝固创新性研究，并在国际上首次提出“电磁约束成形定向凝固”和“电磁冷坩埚定向凝固”思想，这对传统定向凝固理论和技术提出了新的挑战，也随之产生了很多值得研究的新的基础科学、工程技术问题。在傅院士领导下，西工大和哈工大团队对此进行了多年潜心研究，取得的成果已经展现出其巨大的优势和发展潜力。

《航空航天材料定向凝固》一书便是在这样的背景下孕育而生的。全书由傅恒志院士提出思想体系及框架，共八章：第一章，绪论；第二章，多元多相合金定向凝固特性；第三章，定向凝固晶体生长取向与界面各向异性；第四章，电磁约束成形定向凝固；第五章，电磁冷坩埚定向凝固；第六章，高温合金定向凝固；第七章，金属间化合物结构材料定向凝固；第八章，陶瓷材料定向凝固。傅恒志院士本人亲自撰写了该书第一章、第二章、第三章、第五章和第七章的全部或部分内容，材料学院沈军教授、刘林教授、张军教授、李双明教授、杨劼人副教授和哈工大骆良顺副教授参与了部分章节的撰写工作。材料学院李金山教授、苏海军教授和李晓历高工为书稿的出版开展了大量工作。全书翔实地介绍了傅恒志院士及其团队多年来的研究成果，对定向凝固科学技术研究和航空航天高温材料创新发展都具有重要的指导作用与实用价值。书中运用大量实验数据，取得了对多元多相合金的定向生长、界面各向异性、晶体取向、组织演化与控制等领域的新认识，凝结了新观点，充实并发展了定向凝固理论；创新性提出了高温度梯度超细化定向凝固、电磁约束成形、电磁冷坩埚定向凝固、晶体生长及单晶取向控制等定向凝固技术；介绍了以高温合金、单晶合金、金属间化合物、难熔金属、先进陶瓷为代表的新型材料制备工作，其中，金属间化合物及陶瓷材料很可能成为下一代空天飞行器动力机构的关键结构材料。

翻阅完《航空航天材料定向凝固》的读者都能强烈感受到，这部专著是傅恒志院士及其研究团队对定向凝固理论及实践研究的系统思考和总结。整个书稿从思想提出、框架构建、内容论证、章节确定，到撰写、修改及最后的校稿、出版工作，历经近三年，傅恒志院士注入了大量心血和精力，不遗余力地把握着全书的内容体系和脉络，撰写团队只为了能更好地将他对定向凝固的认识、理解和经验介绍给相关领域科研工作者及技术人员。

回顾定向凝固的发展历程，可以看到，定向凝固技术从诞生的那一天起，就肩负着极强的工程背景，其技术目的性和产品应用特点都非常鲜明。因此，在书稿的撰写过程中，傅恒志院士始终强调这应该是一部基础性和工程性兼备的著作，主要对象为航空航天领域的相关科研人员、研究生及高年级本科生，同时也适用于材料学科、冶金学科的相关科研人员和研究生。

著名超导和稀有金属材料专家周廉院士在本书序言中写道："傅恒志院士是材料界凝固学大师，多年来他指导西工大凝固技术国家重点实验室取得了多项突出成果。近年来，他不顾年事已高，仍在西工大及哈工大科研一线带领学生从事定向凝固创新性研究，并取得了一批成果，他是值得材料界同行尊敬和学习的楷模。本书必将推动凝固科学及材料科学的发展，特别是对航空发动机当前使用的高温结构材料的研制及下一代结构材料的发展具有重要的指导意义。"

西工大材料学院杰出校友赵振业院士在通阅完此书后感慨道："《航空航天材料定向凝固》不仅是一部学术性、基础性很强的专著，更是一部凝固领域内难得的教科书。它为研究和使用高温合金的工程技术人员、高等院校的材料科学与工程专业教师和研究生带来理论、技术知识和研究方法教益。我与傅恒志院士有较多接触，读《航空航天材料定向凝固》如见其人，智慧、刚毅、追求。一位八十多岁高龄老人奉献了如此巨著，如此的研究和如此的成果，他是一位令我敬佩的、真正的教授和博士生导师。"

令人深感敬佩的是，在本书正式出版后，傅恒志院士仍然没有停止他对航空航天材料发展的思考和工作。在新材料和新技术发展日新月异的今天，傅院士强烈地感受到，对于一名航空航天材料领域工作者，只有对高温结构材料物理本质有更为深刻的理解和认识，才能更坚实地推进当下的工作，也才有可能在未来新材料、新合金的研究中厚积薄发，做出真正有价值的工作。然而，目前情况不容乐观，在中国的高校和科研单位中，鲜有结合工程背景、系统全面介绍高温结构材料物理结构及其组织性能相关性的课程。针对此情况，傅恒志院士笔耕不辍，希望将自己毕生的思想、知识和经验更多地传播给年轻的学子和工作者，并计划通过讲座和研讨会的形式和大家交流分享他的心得体会。让我们翘首以待，感受傅老先生对学术的这份热爱、执着与追求。

傅恒志院士向学校赠书　书香使者传播校园智力

王凡华　卢　迪

一本赠书一份真情，一位长者一段佳话。11月11日，初冬的学校校史馆内，朴素端庄、喜庆大方。中国工程院院士、材料学院教授傅恒志向西工大捐赠图书仪式在这里举行，“今天，我把自己的书籍赠送给学校，心中既高兴又很荣幸。”

当日上午，学校党委副书记陈建有，图书馆、校史馆、材料学院、党委宣传部等单位负责同志和师生代表等，共同见证捐赠的温暖时刻。

傅恒志向学校捐赠了《航空航天材料定向凝固》《漫漫探索路——傅恒志院士从教60周年》《凝固科学技术与材料发展——傅恒志院士从教60周年科技论文选》《先进材

资料来源：西工大新闻网，2015年11月13日。

料定向凝固》《20世纪中国知名科学家学术成就概览》五部著作。据悉，图书将分别交由图书馆留存和校史馆收藏。

陈建有代表学校接受捐赠，并向傅恒志表示敬意与感谢。他说，傅先生是西工大师生敬仰尊重的学术大师，今天，他向学校捐赠图书，将对西工大传承精神文化，进一步创新发展起到重要的推动作用。

已经86岁高龄的傅恒志院士，精神矍铄、思维依旧敏捷。他手持扶杖，饶有兴致地回忆起自己的一段感言："荆棘漫道向阳走，跌宕起伏不回头。耕耘求索丝无尽，残烛成灰身方休"。傅恒志感慨地说，2013年，还在病榻上调养的他，学习"中国梦"的相关论述，有所感悟，遂成四句以自勉，"今天，我也把这些话写在书的扉页上，带给老师同学们，大家共同勉励。"

据悉，《漫漫探索路——傅恒志院士从教60周年》《凝固科学技术与材料发展——傅恒志院士从教60周年科技论文选》《先进材料定向凝固》等专著，从不同侧面反映了傅恒志院士从教60多年以来的心路历程和科研成就。而《航空航天材料定向凝固》则是他于今年9月刚刚主撰出版的新作。中国材料研究学会名誉理事长、中国工程院院士周廉，以及中国热处理学会理事长、中国工程院院士赵振业，专门为该书作序。赵振业在序言中讲到，读其书如见其人，"智慧、刚毅、追求""一位80多岁的老人奉献了如此巨著、如此的研究和如此的成果，令我钦佩"。今年是傅恒志当选院士20周年，该书的出版，也成为他20年院士生涯学术研究的最新结晶。

忆往事，叙当下，感慨万千。细柳微风，苍松翠柏，无不见证了这次跨越世纪的交谈。

这一握，彰大国之志，巍巍高温合金之巅意更浓。

这一握，跨世纪之交，萋萋人文思想绿洲草更盛。

两位大师的重逢，是思想与智慧的碰撞，是人文与科学的交融。

鬓发如霜怀壮志，
老骥伏枥展雄风。
耄耋沧桑心未泯，
百战归来再相聚。

见面相叙　说不尽几十年沧桑巨变

2016年11月17日，下午2点30分，张岂之教授做客西工大翱翔名家讲堂。会场上早已人头攒动，同学们络绎不绝地赶到会场，想要尽早一睹这位国学大师的风采。现场的气氛十分热烈，同学们用经久不息的掌声欢迎着这位老教授的到来。先生学贯古今、识通中外，将中国优秀传统文化的精髓融入自己的求学故事中，娓娓道来、深入浅出、趣味盎然。高山仰止，景行行止。

张岂之先生在台上讲得精彩绝伦。

傅恒志院士在台下听得全神贯注。

他是一代材料宗师，是西工大铸造专业的创始人之一，培养出中国第一位铸造学博士，在国内率先建立了凝固技术国家重点实验室，在国际上首次提出液固界面非平衡溶质再分配和定向组织超细化的概念。先后获国家科技进步奖及技术发明奖3项，省部级奖11项，发表论文800余篇，培养博士生50余名，出版专著6部。

2013年，傅恒志院士获“中国铸造终身成就奖”。

他是一代国学大师，长期从事中国思想史、哲学史和文化素质教育研究，在半个多世纪的研究和教学过程中积累了丰富的学术研究及学术领导经验，主持过多项重大、重要科研项目。主编、自著的著作有18部，2001年以来主编完成的有《中国思想学术史编年》（6卷）、《中国思想学说史》（6卷9册，400余万字）、《中国历史》（6卷）。

2016年，张岂之教授获全球华人“国学终身成就奖”。

他们曾并肩而战，带领着陕西两所高校，在改革开放的浪潮中，御风而行。

作为西工大前校长（1984～1992年），傅恒志深具战略眼光，高瞻远瞩。在校长负责制的八年任期中，凭借自己的留学教育背景、享誉国际的学术威望和社会活动家的交际能力，为学校打开国际交流的大门，把西工大一次次带出国门，推向世界。1985年以来，学校几乎年年被评为先进单位；航空部组织的两次对高等院校的教学评估，西工大均名列榜首；1992年国家教委公布的对全国高校科研的统计结果：科研经费西工大排序四，获奖数名列第一。

担任西北大学校长（1985～1991年）期间，张岂之勇于创新，引入合作办学机制，转变办学思路，冲破条块分割的体制束缚，积极开展横向合作，带领学校走出一条充满希望的新路。在他的引领下，学校先后成立了经济管理学院、文博学院、石油化学化工学院，办学规模和层次极大提高。1988年，西北大学被原国家教委列为全国6所综合改革试点院校之一。改革仅仅10年后，西北大学的面貌发生了可喜的变化，学生人数6700多人，专业35个，校园建设生机勃勃。

他们共同见证了NPU&NWU的发展，见证了一代代西工大人和西大人的成长和成才。

忆往昔峥嵘岁月

回首峥嵘岁月，多数人都知道抗日战争时期位于云南省的西南联大，但对于同时期存在于陕西地区的西北联大却知之甚少。在那段国家和民族的艰苦岁月里，“西北联大”真正成了一所“飞机炸不倒、艰苦难不倒”的抗战大学，被誉为抗战烽火中的“教育圣地”。

人们更不知的是，西工大和西北大学的前身都是西北联大的重要组成部分。

傅恒志院士曾自述：“埋首研究工作，不知老之已至。看看，还有这么多工作需要去做，况正值空前大好时机，更当有所作为。来日虽已不多，愿将它奉献给我一生为之奋斗的理想——共产主义。”

张岂之教授曾坦言：“西安即古长安，文化积淀深厚。我有机会在这里的综合大学教书，又有老师的指教，应当是最理想的职业场所，我于1952年年底兴致勃勃来到西安西北大学，当时西大百废待兴，生活艰苦，我没有悔意。”

两位大师用一生实践着他们的自白。如今，二老虽已为教育名家、学术擎柱，仍为教育兴国奋斗不已，崇德治学，言传身教，桃李满天下。

公诚勇毅，扬民族之重器。
公诚勤朴，融世界之精粹。
飞天巡洋，铸大国之利剑。
勤奋求实，强西北之威严。
抗战烽火，滚滚硝烟。
风风雨雨，一路走来。

从“坝上长夜古路灯火”的西北工学院到今天“逐梦蓝天航空人”的西北工业大学。

从“抗战中教育圣地”的西北联大到今天“肩负建设西北之重任”的西北大学。

携手与共，执手前行！

“耕耘求索丝无尽，残烛成灰身方休”

——记一堂特别的党课

2017年12 月，习近平总书记在给西安交大 15 名老教授回信时强调，要传承好西迁精神，为西部发展、国家建设奉献智慧力量。总书记重要批示是对全体西迁事迹的肯定。“西迁精神”是为国家事业发展的奉献精神、奋斗精神和牺牲精神。新学期干部会上，张炜书记指出，“要传承红色基因，让西迁精神历久弥新”，汪劲松校长强调，“‘西迁精神’自建校起就始终根植于一代又一代西工大人献身国防、报效祖国的家国情怀中”。

西工大与“西迁”命运与共，老一辈“到祖国最需要的地方去”和甘于奉献的精神深深地影响了西工大校风和学风建设，一大批西工大学子成长为行业精英、国之栋梁，很多人都在西部奉献了自己的青春和全部。2011年5月31日，两院资深院士联谊会“教育改革”项目调研组来到西工大，调研“科技复合型人才培养创新实验”，其间，调研组将大批西工大校友成为国防科技领军人物称为“西工大现象”，并对此现象发出一连串追问，震撼人心，发人深省。

“西迁精神”的产生和由来是什么？“西工大现象”与“西迁精神”到底有着怎样的联系？究竟是什么样的精神和信念，能够激励老一辈西工大人义无反顾地选择“到祖国最需要的地方去”？能够支撑一代又一代西工大人坚持扎根西部、献身国防？

2018年4月10日，我们在机关“初心・使命”系列活动座谈会上、在一堂特别的党课上，从我国著名材料与冶金专家、中国工程院院士傅恒志教授那里找到了答案。

傅恒志院士结合抗日战争、解放战争时期及新中国成立后，国家面临的形势和建设发展任务，从当时国防与教育战略布局的角度，回顾了学校历经华航西迁、西北工学院军工改制、西工和西航合并组建西北工业大学等几个历史阶段的重要事件，回忆了自己的任教、治学经历，回忆了西工大人为国家富强、为民族振兴，扎根西部奋力拼搏，做出的巨大贡献。并且就近年来学校建设发展取得的重大突破和推进“双一流”建设取得的成绩谈了自己的看法和体会，结合自己的亲身经历解读了“西迁精神”“西工大现

资料来源：西北工业大学机关党委微信公众号，2018年4月13日。

象”的深刻内涵。

傅恒志院士主讲“传承‘西迁精神’，勇担时代重任”

“西迁精神”是国家至上、国防第一的奉献精神

傅院士指出，在当时的国内外形势下，华航教授、职工、同学上下宣讲相互学习中央精神，都带头表态拥护西迁，表示要以国家需要、国防需要作为第一使命，在党的号召下，在奋发图强、建设新中国的思想指导下，华航全校师生员工，义无反顾、整建制地由南京西迁到西安。包括后来西北工学院和西安航空学院合并组建西北工业大学，以及哈尔滨军事工程学院空军工程系整建制并入，都是响应党和国家号召，从国家重大战略部署的角度出发，服务于国防科技事业需要，这种国家至上、国防第一的奉献精神，就是“西迁精神”的精髓，是“西迁精神”的最本质的东西。

“西工大现象”是“西迁精神”的继承和发扬，西工大为国防科技事业做出的贡献是“西迁精神”的开花结果。在谈到“西工大现象”时，傅院士首先抛出了问题，“在‘孔雀东南飞’的年代，是什么精神让西工大人能够执着地坚守西北、执着地坚守国防？”傅院士讲到，经过多年的经历和感悟，自己慢慢找到了答案：西工大公诚勇毅的校训、三实一新的校风，西工大人不虚、不浮、不夸、不图名、不图利，甘当无名英雄的品格，西工大人坚持“三航”报国、爱国奉献和创新的精神就是“西工大现象”产生的根源，也是“西迁精神”的继承与发扬。西工大的诞生、西工大精神的形成，西工大人为国家国防科技事业和经济社会发展做出的巨大贡献都是“西迁精神”的具体体现和

开花结果。

“西迁精神”是“不忘初心，牢记使命”，实现中华民族伟大复兴中国梦的责任与担当。傅院士讲到，“西迁精神”来自于国家至上，人民至上，国防第一，全局第一的认识和觉悟，来自于看到百年来贫穷落后，任人宰割的中华民族已经从站起来、富起来到强起来的感受和觉悟，来自于从新中国成立后各历史时期到新时代党的中国特色社会主义、共产主义思想的理想和信念的教育。

“西迁精神”不是自发形成的出现的，不是偶然更不是一时的，它是我们党建设有中国特色社会主义思想对人民群众长期教育和实践的结果，更是广大共产党员不忘初心、牢记使命，为实现中华民族伟大复兴中国梦不懈奋斗的结果。

“耕耘求索丝无尽，残烛成灰身方休”

最后，在谈到自己为学校“双一流”建设、为中国梦的实现还能做些什么时，傅院士谦虚地说，“虽不能像同志们那样冲锋陷阵，但总还能做点摇旗呐喊、递茶送水的工作”“将为中华民族的伟大复兴尽自己最后一点微薄力量”，并作诗“耕耘求索丝无尽，残烛成灰身方休”自勉自励，“这个蚕的丝应是不断的，就是半截蜡烛也总要点燃烧成灰才算完”。

座谈会上，主持人、机关党委书记杨健君同志指出，弘扬“西迁”精神，充分挖掘“西迁”精神的深刻内涵，就是希望能以此激励广大机关党员干部职工真正学习和领会“西迁精神”，不忘初心、牢记使命，艰苦奋斗、砥砺前行，以扎实的本领、过硬的作风、良好的精神面貌和追求极致的态度，为学校“双一流”建设提供坚强的保障。广大机关党员干部职工要以傅院士为代表的老一辈西工大人为榜样，学习老共产党员的高尚情操，把“西工大精神”薪火相传。

档案馆的刘碧珊同志结合校史修订，从自身工作的角度回顾了华航西迁的历史，她讲到，华航西迁是国家现代教育发展史上的一个壮举，“西迁精神”一直都根植于西工大人的血脉中，西工大精神也是“西迁精神”的一脉传承，“西迁精神”将永远激励西工大人不忘初心、牢记使命。

后勤办公室的肖静同志讲到，自己曾有幸看到傅院士的入党志愿书，字里行间都饱含着先生科技报国的决心和志向，今天能再一次聆听先生的讲述，非常感动，很受鼓舞。并且结合当前学校开放办学的战略举措，谈了新时代将赋予“西迁精神”新的内涵。

学校办公室的林童同志谈到，自己从南京大学毕业，到学校工作，被学校的梧桐树深深吸引，通过对校情校史的学习和了解，一直被“西工大精神”感动和鼓舞，希望能把“西迁精神”一直传承发扬，像梧桐树一样在西工大生根发芽，茁壮成长。

党委组织部的易万军同志就如何处理好高效完成工作任务和加强身体锻炼的关系，请教傅院士如何既能把事业做好，又能一直保持积极向上的心态和健康的体魄。傅院士也很高兴地回忆了自己年轻时期经常参加体育锻炼的经历，只有更好的身体才能投入到更好的工作中。

对于同志们的问题和感悟，傅院士也都做了耐心地回答，表达了自己的感想和鼓励。

会后，傅院士的讲述在广大机关党员干部职工中引起了热烈反响，大家均表示被以傅恒志院士为代表的老一辈西工大人的高贵品质和高尚情操所感动，深受启发，倍受鼓舞。“西迁精神”引发热议。

机关“初心·使命”系列活动

为深入贯彻落实党的十九大精神，紧扣学校新学期干部会议精神，加强机关作风建设和文化建设，改进机关作风，营造积极向上、和谐开放的机关文化氛围，提振机关工作人员精气神，为学校“双一流”建设凝聚向心力、汇聚正能量。结合“不忘初心、牢记使命”主题教育，本年度，机关党委重点策划了“初心·使命”系列活动。本次活动是系列活动的第二期，主题是传承“西迁精神”，勇担时代重任。机关党委后续将陆续从“弘扬中华传统文化，彰显民族文化自信”“弘扬优秀师德师风，打造高素质机关队伍”“读一本好书，修一身正气——支部书记阅读分享”“‘奉献与担当’做‘双一流’建设路上的螺丝钉”等主题开展系列活动，敬请关注和参与！

延伸阅读：

傅恒志院士在西北工业大学机关“初心·使命”系列活动座谈会上的讲话稿。

弘扬“西迁”精神，加强“一流”建设

同志们：

学校机关党委根据张炜书记“要大力加强思想政治工作和宣传文化”的指示精神组织了“初心·使命”的系列活动。其中一次的主题是“传承‘西迁精神’，勇担时代重任”，并要求我作一个主题发言。我当然感到很荣幸，很光彩，这也是我的义务。我的组织关系到现在还在党政办，每个月的党费也是缴在这儿。从1992年我回材料系到现在都快30年了。那时候吴厚平说历届毕业生谁若把文凭弄丢了，补文凭，还都要用你的图章，图章不能拿走，组织关系还在校办吧。吴厚平也早退了，可我的图章和人还在这，给支部还添了不少麻烦。

去年西安交大的老教授给习近平同志写信，汇报近60年西安交大由上海西迁至西安一个甲子所取得的成绩。习近平的回信高度赞扬了这种“西迁精神”，从而引发了全国学习“西迁精神”的热潮。回想60年前，在党的领导下，按照新中国发展的要求，全国高校和教育战线的调整、组合、优化、发展，至今想起来仍然让人心潮澎湃，让人激动。

八年抗战、三年解放战争。此前，还经历几十年的浴血奋战，牺牲了成千上万烈士，在亿万群众的支持下，建立了新中国。1949年新中国的建立，是在完全打碎了旧的国家机器，打垮了蒋介石反动集团，粉碎了美帝和蒋介石的“反扑、破坏、包围、封锁”的基础上建立的。它不同于历史上几千年的改朝换代，它建立的是一个崭新的人民的中华大世界。正因为它是翻天覆地的，它新，从一开始就受到以美国为首的全世界资本主义、帝国主义阵营的反对和敌视。

新中国成立后，很快就发生了朝鲜战争，敌人一直打到鸭绿江边，我们不得不抗美援朝，志愿军出兵朝鲜。对方还是以“联合国军”的名义打朝鲜。当时，联合国都是由美国控制操纵着的，参加联合国军的不只是美、英、德、法、土，连新加坡、澳大利亚、菲律宾都派了兵。

1952年朝鲜战争结束，美、蒋贼心不死，蒋介石空军轰炸沿海，要乘机反攻大陆，美国配合对新中国实行全面经济封锁。东南沿海一带我们经济比较发达的地区，正是美、蒋重点盯住破坏的地方。我们就是在这种严峻的国际形势下，开始经济建设，实行第一个五年计划的。毛主席50年代初访问苏联，签署了156项援助项目也是在这种时代背景下进行的。我们国家最初的经济恢复、经济发展、五年计划就是在这种国内外形势背景下启动的。

所以我们的经济、国防、教育的战略布局和发展就必然首先考虑这些客观因素。因此经济建设、国防建设、教育发展就和国家、内地、西部的发展，以及和当时国际、国内的大形势密切联系起来。

在教育战线，20世纪50年代初开始了以学习和吸收苏联社会主义教育模式，批判、改造西方（英美）资本主义教育模式为中心的高等教育的社会主义建设与改造，其显著特点之一就是人才培养的计划性与社会经济发展的计划性的协调一致，不是西方世界鼓吹的完全的所谓"自由市场调节"，强调"看不见的手"的主导作用。苏联实行的是近乎纯粹的计划经济。在苏联，一个地区大城市综合性大学（文、理、农、医、法、商等）只能有一所，综合性工科大学，也只有一所。其他视需求分设各类单科性大学。如莫斯科有莫大、鲍曼。另设汽车学院、外贸学院、电工学院、建筑学院、铁道学院、经济学院……其他城市也是一样，如列宁格勒有列大、列工，其他为光机学院、造船学院、电工学院、森林学院等，都各有对口的部门、企业。

另外，新中国更是要特别重视和加强国防及国防工业院校建设。面对帝国主义和美、蒋的封锁、威胁、侵犯，国防、安全必须放至首位。特别重要的是国防技术，国防工业人才的培养，满足四个现代化中国防现代化的要求（工业、农业、国防、科技的现代化）。所以1952年高校院系调整是新中国高校体制，建制改动的一个里程碑阶段。先是北京、上海等地，按计划经济建设，把北大改建为综合性大学，文、理、生、法、医、经等，把它的工科划入清华。而清华的文、理、法、商等相关学科并入北大。这样，清华就成为一个多科性的工科大学，北大就成为一所除工科以外的综合性大学。同时，把几个著名的教会学校，如燕京、辅仁等文、理、法、商等学科并入北大，工程系科均并入清华。其他大学如朝阳大学、中国大学等许多高校打乱、重组，分别成立专业性学院，像北京的"八大学院"，如北京石油学院、地质学院、钢铁学院、矿业学院等。特别要提到的是与国防工业紧密相关的，如航空领域，成立了专门的航空学院，这又是国防工业建设中的重中之重。

1952年，北大、清华、北洋、西工、厦大等校的航空系组建北京航空学院；交大、中大、浙大的航空系组建华东航空学院，设于南京，均于1952年成立，以强化国防科技人才的培养。

所以我们西工大的前身之一，华东航空学院就是集中了江浙一带几个著名大学的航空系而组建的。大家会问，西工大前身的另一半西北工学院不是把航空系组建入北航了吗？这又是怎么回事？后来还怎么组建西工大呢？

国家和人民的安全始终是我们党中央时刻不能忘怀的头号问题，不能有任何掉以轻心或疏忽。华东航空学院位于南京。沿海始终受美国和蒋介石集团军事力量的直接威胁；另一方面，我国国防的战略布局，核心、关键的国防企业也多设在内地，特别是西部地区。

大家都听说过，“三线建设”这一名词，都听说过“深挖洞、广积粮、不称霸”这一毛主席的名言。根据国家国防战略，苏联援建我们的156项企业中大部分国防企业都安置在大、小三线，都在内地，特别是西部腹地。这是毛主席说的，“帝国主义亡我之心不死，要准备打仗”。

故从战略大局、国防布局高度出发，1955～1956年中央决定要将华航由南京迁西安。

1952年在南京成立了华东航空学院，但是在学校稍微稳定以后，没有几年，1956年又决定将此学校西迁。这是根据全国高校布局的规划和国防建设的需要，做了这样一个总的、长远的决定。大家可以想到，对华东航空学院有多么大的影响，它刚刚组建起来没几年。

大家也都知道，西安虽然是十三朝的古都，但是到了20世纪，无论经济、文化、物质环境都已经相当落后了，生活工作条件和南京相差得很远。从一个繁花似锦的大都市南京跑到被认为是荒凉落后的西安，一般情况下是难以想象的。这是什么精神？没有一点精神，华航能西迁吗？据称，当时江苏省南京市领导纷纷到学校，与寿校长等学校领导深入基层，甚至班级，深入到许多老教授家里，全面、细致地甚至反复地传达中央有关华航西迁的决定，以及为什么作出这个决定，以及对当时国内外形势的分析，特别是国防建设需要的分析。在此基础上，华航的一些老教授像季文美先生、黄玉珊先生、胡沛泉先生等纷纷表态，坚决拥护国务院决定，不仅带头西迁，还主动去做一些思想有疙瘩教师的工作。

在国际国内这个形势下，在各级领导、教授、职工、同学上下宣讲相互学习中央精神，带头表态拥护西迁，相互做工作，在国家需要、国防第一、相互教育这样一个大氛围下，华航上下一致决定整建制地西迁西安。所以华航1956年、1957年的毕业生的毕业典礼就是在西安举行的。华航西迁西安对陕西西安来讲也是一件大事，省市都给了很多承诺，答应了许多条件，要把改名为西安航空学院的这所国防名校，办出特色，办出辉煌。就是这样在党的号召下，在奋发图强、建设新中国的思想指导下，华航全校师生员工，义无反顾、整建制地由南京西迁到西安，这种国家至上、国防第一的奉献精神，就是西迁精神的精髓，是西迁精神最本质的东西。我想也应该是我们西工大的精神，是我们学校历史文化的一部分。

同样，1955年根据当时的国际国内形势，为了加强国防建设，中央决定把西北工学院改建为军工院校，设置了像火炮、坦克、水下兵器、军工机械等这样一些系，除留下基础学科和机械学科以外，前面我讲了，西北工学院当时是我们国家工科院校中学科最全的，有九个系，把其中八个系全部都调出去。当时的国防工业部，那时候叫二机部，专门请国务院派了刘海滨同志到这里担任党委书记，大家在老校区校园里边可以看见他的铜像。刘海滨以前是西北野战军（一野）后勤部政委，后又任二机部西北办事处主任，统筹整个大西北的国防工业建设，可见中央的重视程度。

到了1957年，由于我们国家1956年国民经济形势不好，建设项目纷纷下马，西工改建为军工院校，搞了一半搁浅了。那西北工学院怎么办呢？这是当时全国系科最多（土、矿、机、电、化、纺、水、航、管）、专业最多的工科院校，也是西部唯一的高等工科院校。西工面临生死存亡，群众意见很大，决定组织一个教师代表团向国务院反映。与此同时，由于国家经济形势的马鞍形，搬迁经费压缩，交大西迁也受到影响，原计划中该建的实验室、该买的设备、该拨的款有些不能到位，群众特别是教师们的意见也很大，也要向国务院直接反映，也组织了一个教师代表团进京。1957年夏天，国务院召集了西北工学院和交大两个代表团到北京听取意见。周总理亲自主持，教育部、一机部、二机部、电力部的部长都参加了，当时，康生也参加了，康生当时是中央分管教育的。那天开了一天会，从上午一直开到下午，我也有幸在那儿吃了国务院两顿饭。会上经过了反复的研究，周总理讲了差不多两个小时的话，周总理的讲话，现在所能记起的中心意思是：肯定交大、西工为西迁、为改建、为军工院校做了大量工作，现在碰到困难，仍不泄气，克服困难，向国务院反映解决问题是值得肯定的，还特别提到华东航院成功西迁至西安的事例，然后就请两校教师代表团反映意见问题。西工先讲，李仙舟、王焕初、刘冠熏、张德孚都发了言反映了问题并表示支持交大迁西安。发言后，总理就让赵尔陆、杨秀峰分别讲了二机部与教育部的意见。之后就让交大代表团老师发言，陈大燮、程孝刚、周志宏等几位教授发言，之后又让杨秀峰、黄敬、刘澜波等讲了教育部、一机部、电力部的意见。

总理还从国际国内形势大局，肯定交大西迁、西工改制的方向是正确的，进一步分析了国内外形势及国内特别是国防工业建设、西部经济建设对人才、技术的需求，指出要充分发挥两校的优势和作用。

总理还分析了国家经济形势，说困难是暂时的，要看到已取得的进展，看到已取得的成绩。国家经济发展、教育发展的布局是正确的，要克服暂时困难、坚持不懈。具体的经费问题、设备问题、土地问题，国务院会帮助各部门妥善解决。

会上，二机部赵部长强调了国防建设的困难，现国家又拿不出预定中的西工改制的经费。他说接受不了学校的军工改建，说“要不了啦，退还给杨部长吧！”，总理带着笑批评他“国家经济一时困难，要大家想法解决，困难要分担，你那么胖，杨部长那么瘦，困难你应该多分担点”，说得大家都笑了。中间给大家上了几盘锅贴，所以是边吃边讲边讨论。会是从上午开到下午，没有休息，时间很长，但能看出来所有人都聚精会神，周总理的话真是打动人、说服人、教育人、启发人，大家都深受感动。总理讲完话之后还请康生讲话，康没讲，只是说完全赞成总理的讲话。总理又请陈望道讲话，说陈老有什么意见。陈也只表示总理的讲话让大家明白了许多道理，复旦大学坚决支持交大西迁。又问了西航唐逸民助理的意见，唐也只表示完全拥护国务院决定，支持交大西迁。已经过下午三四点钟，会议才结束，国务院请代表团吃饭，总理有事，就请康生陪大家吃了晚饭。

会后，有关部委就请两个代表团就具体交大西迁、西工改制的问题研究具体实施办法。教育部刘皑风副部长和我们谈，建议西工西航合并成立西北工业大学。教育部认为，以西工原来的老底子为基础，加近两年军工改制成效的基础上与西航（交大、浙大、中大航空系）强强结合，合组成一个以空、天、海、陆为特色的综合性国防工程科技大学，而且位于祖国腹地，与国防工业大小三线建设相结合，一定能够为国家的高科技强军发挥重大的作用。西北工学院民用专业的调离、散失恰好又有交大西迁的弥补，可使国家特别是西部多方面受益，但还需要多方面征求意见。又经过差不多一个月的研究酝酿，中央最终决定，交大按原定计划西迁西安，西工与西航合并组成西北工业大学。所以，从1957年起，历史又进入西北工业大学的建设时期。虽然那时并校，改了新的校名，但是西工大却继承着西北工学院和它的前身北洋大学、东北大学、北平大学、焦作工学院这些学校的优良传统，还继承着西航、华航和它的前身交通大学、中央大学、浙江大学航空系的优良传统。这就是西工大的历史存在，是“西迁精神”具体的体现和开花结果。

强强结合！当时合校，全校一片欢腾，师生极为振奋。我们学校，由原来西航仅有的当时叫“五系”“七系”，就是飞机系、发动机系，一下子扩充到六个系。一系，应用数学系；二系，化学化工系；三系，航海工程系；四系，材料工程系；五系，飞机系；七系，发动机系。以后，又陆续增加了九系，自动控制系；六系，电子工程系；八系，宇航工程系。西工大建立之初，师资力量非常雄厚，仅二级教授就有九位。到1970年，哈尔滨军事工程学院空军工程系整建制并进来，岳劼毅、陈伯屏、罗时钧等著名教授都过来了，西北工业大学的师资力量更为雄厚。刚才举的这几个教授的名字，都是我们《中国大百科全书》专门收录、给予介绍的著名专家。

合校后，大家牢记着周总理的谆谆教诲，从多方面努力提高办学质量。学校对理论教学和师资的培养非常重视。我记得1957～1958年，我们有名的老教授胡沛泉先生，专门给我们教师开微分方程讲座。1961年，在季文美先生的倡导下，学校成立了基本理论委员会，加强基础教学，提出了对学生要强化三基训练，什么叫“三基训练”呢？就是基本理论、基本知识、基本技能的训练。选派了一大批中青年教师到苏联学习，当时在西安地区，在高校里边，西工大派去留苏的人数是最多的。我们西工大，从开始就注意高层次人才的培养，为了普遍地提高师资水平，推动科学研究，西工大从1960年开始，就开始招收研究生，不过那个时候是没有学位的，有三年制和四年制，根据需要，不拘一格。

到“文化大革命”前，我们先后招收培养了近200名研究生，他们后来都成为航空、航天、航海领域和高校的骨干。像有一个叫陈启顺，“文化大革命”以前，他是研究生学生会的主席，后来是我们国家试飞研究院的院长，为我们国家航空试飞事业做出了很大的贡献。像八系，现在叫航天学院的吴心平，材料学院，那时候叫四系的沈凤歧，后来都担任了我们学校的副校长、副书记。吴心平是我们学校的副校长，后来还被浙江省挖走了，担任了宁波大学的校长。他之后继任宁波大学校长的叫张钧澄，也是我们发动机系的研究生，还担任过我的校办主任。当时季文美教授的第四研究室，就隶属于我管的科研处，当时研究生实际上都在科研处管。他指导的研究生朱位秋，后来成为我们国内有名的力学专家、科学院院士。当时在全国，大概只有20个学校可以招收研究生。1965年，高教部召开了首届研究生培养教育的研讨会。整个西北、西南地区，只有西工大和西交大参加。会上交流了经验，制定了今后研究生教育的发展规划，确定了“保证质量、改善条件、扩大规模”几项原则。

大家都期待，我们国家的研究生教育有一个比较快的发展，但是不到一年，就开始了“文化大革命”，当时倡导的高层次人才的研究生教育，也成了修正主义教育路线的一个典型。我也因为两次出国、两次做研究生，又宣扬研究生教育，被批为典型的反革命修正主义分子，进入牛鬼蛇神的行列。

我们西工大从建校开始，就非常重视科学研究。

20世纪60年代初，我们就成立了教学工作、科研工作、总务工作三个委员会，协助学校统筹三个方面的工作。针对部分干部教师只抓教学、忽视轻视科研工作的情况，我们就提出了教学、科研并重的原则，后来进一步发展为教学、科研两个中心，由我们一位副校长刘咸一和王培生教授主持科研委员会，把科研处作为科研委员会的执行机构。

1962～1965年，我们学校先后建立了6个研究室：第一研究室是飞机结构强度；第二研究室是发动机燃烧；第三研究室是实验空气动力学，就是风洞；第四研究室是非线性振动；第五研究室叫直升机，因为那时候直升机这个学科专业在西工大；第六研究室是水声。聂荣臻同志在1962～1963年主持制定我们国家十二年科学发展规划，在这个规划中间，有两项是我们学校代国家起草的，一个就是黄玉珊先生起草的气动弹性，一个是季文美先生起草的非线性振动。所以在这两个领域里面，后来执行的规划基本上都按照我们起草的的规划来运行的，为此呢，季文美先生还收到钱学森的亲笔来信，赞扬鼓励开展非线性振动的研究工作，认为这个工作非常有意义，季文美和钱学森是同学。从20世纪60年代初，我们学校就承担了许多重要的研究课题和项目，像小型直升机、W1小发动机、单人飞行器、航空吊放声呐、固体火箭振荡燃烧、高强度贝氏体钢等。

由于有国防科委大量的项目和学校设立的自由研究课题，所以我们学校毕业生的毕业设计和毕业论文有相当多的部分，都直接参与到这些项目和课题中，对学生的基础理论和处理解决实际问题能力的提高，起了非常大的作用。当时吸收同学们参加了实际项目，提出了要求，要“三好”，基础好、工作好、作风好，因为都是军用项目。这“三好”呢，以后就变成“三实”了。现在大家都知道了，就是基础扎实、工作踏实、作风朴实。在当时，这是对西工大学生的要求，也就成了西工大毕业生的特点。我们的毕业生为什么在各个地方受欢迎，取得那么大的成绩，就是我们有“三实一新”的作风。我们学校在狠抓“三基”教育、因材施教、大力开展科学研究的同时，对学生的思想作风教育也是非常重视的。

从“文化大革命”以前，大力倡导的学雷锋、学铁人的螺丝钉精神和艰苦奋斗精神的教育，一直到“胸中怀有全国人民，唯独没有自己”的焦裕禄的献身精神，我们都抓得非常紧。

“文化大革命”以后，根据中央有关拨乱反正、改革开放、以经济建设为中心的方针，结合咱们学校面临的形势和任务，我们在总结学校历史传统的基础上，提出了扎根西部、面向全国、放眼世界的观念。我们树立起建立以“三航”为特色，以工、理、管、文、经、法相结合的多科性大学的目标。西工大的教学质量、科研成果、学术水平又有了快速的提升。

1992年，国家教委发布全国普通高校科研的排序，那是我国第一次排序，在一百多个重点院校中间，西工大的科研经费数排第四，获得的研究课题数名列第二，获奖的成果数名列全国第一，但是我要说，这是整个总数，如果要只考虑省部级以上的奖数的话，那么清华是第一，我们不是第一。

西工大建立至今已经跨越了一个甲子60年，西工大人为国家富强，为民族振兴，扎根西部奋力拼搏，做出了巨大贡献。我因为这二三十年都圈在自己专业的小天地转，列举不出来我们学校取得的具体成绩。但成绩贡献多了，大了，还是不断有机会听到。2011年6月我在哈尔滨遇到师昌绪先生，师先生给我说，他上个月，也就是2011年5月，到西工大去了一下。当时是两院院士组织了一个调查组，这个调查组是调查什么东西呢？是调查科技复合型人才培养创新的经验。他是去西安调查，到了西北工业大学。经过调查，他们发现了一个“西工大现象”。什么是“西工大现象”呢？就是我们西北工业大学培养的学生和他们的工作成就，远远超过了学校所在的地域、条件、环境所给予他的，远远超过一般人所预期的。他举了几个例子，据中航工业集团2011年一个最新的统计显示，在中航工业集团下面有三个大研究所，还有三个大厂。这三个大所、三个大厂，里面担任总工程师，或者是重大型号的总工程师、特级专家，以及国家三大奖获得者中间，西工大的毕业生，也就是咱们的校友，占了60%以上。

大家知道“歼10”是我们国家第三代的军机，相当于美国的F-15、F-16，那是比较先进的了。在这个“歼10”飞机工程中间，有30多位受表彰的功臣，在这个功臣里面，西工大的校友占了13位。2011年4月，中航工业隆重表彰了10位航空报国特等金奖获得者，西工大的毕业生校友占了6位。其中一个叫杨伟的，还同时被中航工业授予唯一的一个“中青年自主创新领军人才”这样一个光荣称号。顺便说一下，前两周《参考消息》3月15日刊登了一篇英国《简氏防务周刊》的报道，标题是“中国启动第六代战机研发，将开发新型歼20”。说正在北京出席十三届全国人大一次会议的中国航空工业集团公司科技委副主任杨伟，也是歼20飞机总设计师，在两会期间开辟的人大代表、政协委员通道接受媒体采访时透露，新歼20研发态势迅猛……这个杨伟也是我校的毕业生。他们还举了好多例子，比如在新中国成立60周年的国庆大阅兵期间，首次集体亮相、举世瞩目的无人机方队，有三个型号，这三个型号的无人飞机都是西工大研制生产的。因为在武器装备型号研制中间取得的突出成绩，我们学校受到中共中央的褒奖，是全国获得这样一项荣誉的唯一一所高校。

你怎么老说学校几年前的事，不说当前的事？这些年我已经是半聋半瞎半傻半废的人，想说我也不知道。不过最近我有幸听了汪校长在干部大会上的讲话，深感近年来围绕“双一流”建设，西工大又取得重大进展，只举一个小例子，就是推进开放办学战略的实施。汪校长讲从世界一流大学的特点和要求，我们学校经过多方面努力，不仅在陕西建立了以空天科技为特色，与地方与企事业联办的翱翔小镇，还主动服务国家重大战略部署，深化与地方政府合作，建立了深圳研究院、青岛研究院、北京研究院、长三角研究院和太仓校区，多方位、更深层次、更科技创新地

习近平主席出席西工大与布鲁塞尔自由大学校际协议签订仪式（2014年3月）

参与和推动新时代中国特色社会主义建设的发展。大家可能还记得2014年习近平总书记刚主政不久就访问欧盟，取得巨大成果。作为代表性的一个场景就是中国和比利时两所大学签订合作协议。比方选的是布鲁塞尔自由大学，中国选的就是西工大。两国元首见证了两校的签字仪式，画面上可看到汪校长签字的镜头，他的身后就是习近平主席。这从一个侧面说明我们学校在中央领导心目中的地位。

2011年，世界科学技术文献的数据库发布了统计材料，把全世界比较有名的材料类的研究机构和大学的研究论文数发表了一个排序，有多少个呢？有659个单位。这659个单位按照科技论文总数再进行排序，西北工业大学材料学方面的论文排到第22名。这是什么概念呢？你想，几万个里边挑出659个，占1%是里边最强的，这一个最强的里边再排序，我们西工大在这里边占了第22名。东京工业大学排了第21名，大家知道东京工业大学是世界上有名的大学。另外大家都知道剑桥大学，剑桥大学排多少名呢？排第30名。在20世纪八九十年代，原来航空航天工业部对其所属的厂所进行了两次所有的毕业生的质量全面评估，两次西北工业大学都是名列第一。上面讲的许多都是师先生和他的秘书给我举的一些例子，就是说这是“西工大现象”。

师先生说他们在讨论的时候，有的院士就问，西工大怎么这么厉害，过去没听说过啊？西工大不咋呼、不张扬，怎么做了那么多事情呢？还有的院士问西工大位处西北，背临荒漠，地域贫困，环境也比较恶劣，经济还很落后，那么它怎么能招得了生呢？怎么能够留住人呢？所以“西工大现象”像是一个不能按照惯常逻辑去理解的现象。深层次的原因到底是什么？为什么在“孔雀东南飞”，人们都往南边跑，有人说甚至麻雀都东南飞了，那是什么精神让西工大人能够坚持、执着地坚守西北呢？执着地坚守国防呢？在出国潮持续的涌动、市场经济大潮席卷全国的形势下面，是什么力量让一代又一代的西工大人坚持“三航”报国的理想？西工大人的爱国、奉献和创新的动力究竟从哪里来呢？问我呢，我说我回答不了这个问题，但是他说的这些例子，我说事实就是这样。历史就是这样写的，西工大的作风就是这样，基础扎实、工作踏实、作风朴实、开拓创新，西工大人历来就是这样干的。国家至上，国防第一。不虚、不浮、不夸、不图名、不图利，甘当无名英雄。

这就是西工大，客观就是这样子。至于这是不是“西工大现象”的根源，这跟“西迁精神”有什么关系呢？最基本的东西我也说不上来。在这个情况下，我回答不了问题。最后，师昌绪先生他自己倒回答了这个问题。但是现在我可以回答这个问题，西工大人坚持“三航”报国，西工大爱国奉献和创新的精神就是华航、交大的“西迁精神”。它从哪里来的？来自于国家至上、人民至上、国防第一、全局第一的认识和觉悟，来自于看到百年来贫穷落后、任人宰割的中华民族已经从站起来、富起来到强起来的感受和觉悟，来自于从新中国成立后各历史时期到新时代党的中国特色社会主义、共产主义思想的理想和信念的教育。

所以我认为“西迁精神”不是自发形成的出现的，不是偶然更不是一时的，它是我们党建设有中国特色社会主义思想对人民群众长期教育和实践的结果，更是广大共产党员不忘初心、牢记使命为实现中华民族伟大复兴中国梦不懈奋斗的结果。这是我的一点认识和体会。我们珍视“西迁精神，要弘扬西迁精神并把西迁精神转化、升华为实现中国梦的具体实践和行动”。

这两年我确实感到自己老了，起先还觉着自己眼睛不行、耳朵不行，慢慢腿脚也不行了，但总还觉得脑子还行。周围同志也说，你脑子还行！现在觉着脑子也不行了，开始痴呆，没记性了。打电话要个车去办公室几点几分，待会就忘了。我要车了没？再打电话给小党问是否要过了。即使这样，我也老鼓励自己“可不能放弃，不能忘了初心”。这两年学校要给我出一本“文集”，书名叫个什么呢？商量半天，主笔陈仲昌说就叫“耕耘逐梦，初心永继”吧，我很同意。不管再有几年残生，总还是共产党员哪！走不动就是爬，也要往目标上爬。这十几年轮番给咱们学校、哈工大、焦作工学院几个学校研究生讲材料科学基础知识专题讲座，已经构成了十讲，很受大家欢迎。我是边学习，边讲，边修改，再学习。听课的老师、同学们都希望在专题讲座的基础上能不能出一本书？这对我这九十岁老头来说又是一个压力，但也是动力，又有新任务了。说不定马克思看我这人任务还没完，“再让他多活两年，把书写完再叫回来”。我还可以延寿，这是说笑话。

我也自知已不能像同志们那样为实现中国梦冲锋陷阵了，但总还能做点摇旗呐喊、递茶送水的工作，为“中华民族的伟大复兴尽自己最后一点微薄力量”“耕耘求索丝无尽，残烛成灰身方休”，这个蚕的丝应是不断的、无穷无尽的，就是半截蜡烛也总要点燃烧成灰才算完。这是我的自勉自励，希望大家批评帮助。

谢谢。

记住西北联大

方光华

西北联合大学，与西南联合大学同时成立，只不过西北联大的名字只存在了1年4个月，加上前期的名字“西安临时大学”，也只有23个月。但是，合组成西北联大的几所大学，在西北地区整整坚持了8年，盼来了抗战胜利。而抗战胜利乃至新中国成立后，由西北联大带到西北地区的大学和大学教师，这些中国高等教育的一时之选，却大多留在了条件异常艰苦的西北地区，与黄土高原为伴，与西北大风为伴，坚持到如今！

西北联大，开拓了西北的高等教育，奠基了西北地区在中国高等教育史上的地位和成就，更为今天西北地区和未来中国的教育、经济、社会、国防，养育人才，培育精神，涵育底气。这就是为什么，我们要纪念西北联大；这就是为什么，我们要记住西北联大。

西北联大汇聚的学术泰斗灿若星辰，培育的学子也多成国之栋梁，至今引人遐思。

抗日战争全面爆发后，当时国民政府教育部在1937年9月10日发布第16696号令：“以北京大学、清华大学、南开大学和中央研究院的师资设备为基干，成立长沙临时大学。以北平大学、北平师范大学、北洋工学院和北平研究院等院校为基干，设立西安临时大学。”随抗战局势变化，长沙临时大学不久转徙云南，合组国立西南联合大学；而西安临时大学复迁陕南汉中，合组国立西北联合大学。

两校一南一北，艰难困苦中，为中国保留精华，养育精英。

但十分遗憾的是，当时西北联大的研究极为薄弱，很少为世人所知。而事实上，西北联合大学对中国高等教育的存续和发展，都产生过极为重要的推动作用，在中国高等教育史上具有举足轻重的地位。

资料来源：《光明日报》，2012年8月29日第15版，作者时任西北大学校长，收录时略有删改。

西北联大建设起西北高等教育

在西北联大到来之前，西北虽有高等教育的萌芽，但根基薄弱，而组成西北联大的几所学校都有很好基础、很强实力。

当时，北平大学有工、医、农、法商、女子文理5个学院；北洋工学院则是中国第一所工科大学；北平师范大学是中国第一所师范大学；北平研究院有物理、化学、镭学等9个研究所。这些院校和研究机构的内迁，大大提高了西北高等教育的实力。在西安期间，全校设6大学院，24个系，教授106名，全校学生总计1472人（含借读生151人）。

太原失守后，西安告急。1938年3月6日，西安临时大学奉命徒步翻越秦岭，再迁陕南汉中。同年4月，改称国立西北联合大学，依然设有6个学院23个系。

1938年7月，教育部将西北联大工学院、农学院独立设校。1939年8月，西北联大再次改组，由文、理、法商三学院组建国立西北大学，医学院独立设置，称国立西北医学院，师范学院独立设置，称国立西北师范学院。西北联大虽然分设为西北大学、西北工学院、西北农学院、西北医学院、西北师范学院五校，但这些学校并没有因为分立而缩小，而是长期合作办学，共用资源，反而得到扩大和发展。

国立西北大学共设文、理、法商3学院12系，形成了文、史、哲、经济、法学、生物、地理、地质等完整的高等文理教育体系。后发展为如今的西北大学。

西北工学院则形成了土木、矿冶、机械、纺织、水利、航空，以及从本科生到研究生的完整高等工程教育体系。后发展为如今的西工大。

西北农学院由西北联大农学院与国立西北农林专科学校合并而成，形成了完整的高等农学、林学教育体系。后发展为如今的西北农林科技大学。

西北医学院汇入陕甘医学教育，奠定了西北医学高等教育和西北医学科学的基础。后发展为如今的西安交通大学医学院。

西北师范学院则设立国文、英语、公民训育、数学、教育、体育、家政等系。后发展为如今的西北师范大学。

抗战胜利后，这些学校除西北工学院、西北师范学院一部分迁回平津复校为北洋工学院（今天津大学）、北平师范大学（今北京师范大学）、河北省立女子师范学院（今河北师范大学）以外，所有院校皆留西北，为西北地区构建较为完整的高等教育体系奠定了基础。今天在西北的不少高等院校均与西北联大有直接源流和传承关系。

没有西北联合大学，就没有今天的西北高等教育。

西北联大独具光彩的理念和传统

与西南联大一样，西北联大不设校长，由北平大学、北洋工学院、北平师范大学三校校长和教育部特派员共4人组成常委，商决校务。1938年10月，西北联大第四十五次校常委会议决议，以“公诚勤朴”为联大校训。

根据西北联大黎锦熙教授的解释，其中“公”是以天下为公，“诚”是不诚无物，“勤”是勤奋敬业，“朴”即质朴务实。黎锦熙还为西北联大撰写了校歌，其词曰：“并序连黉，卌载燕都迴。联辉合耀，文化开秦陇。汉江千里源嶓冢，天山万仞自卑隆。文理导愚蒙，政法倡忠勇，师资树人表，实业拯民穷，健体明医弱者雄，勤朴公诚校训崇。华夏声威，神州文物，原从西北，化被南东。努力发扬我四千年国族之雄风”。校歌将三校在平津办校40年，内迁秦陇联合举办文理、政法、师范、农、工、医教育，以“公诚勤朴”为校训，传承民族文明，发扬民族精神的办学目标作了高度概括。

在西北联大的迁徙过程中，当时的人们逐渐意识到西北联大对“发展西北高等教育、提高边省文化水平”的重大意义：“西北联合大学系经最高会议通过，尤负西北文化重责，钧以为非在万不得已时，总以不离开西北为佳”。根据抗战时期建设西北后方的战略，西北联合大学分设为国立五校，“使它们各化成为西北自身所有、永久存在的高等教育机关”。1939年5月2日，西北联大在城固本部举行开学典礼，常务委员的报告即说明，改名为国立西北联合大学的意义就是“要负起开发西北教育的使命”。

时任教育部部长1940年6月曾到西北大学视察，并为西北大学第四届同学会题词：“学成致用，各尽所长，经营西北，固我边疆”。1943年11月，《西北学术》月刊创刊号出版，西北大学校长赖琏指出：“我们要恢复历史的光荣，创建新兴的文化，建设一个名副其实的西北最高学府，真正负起开发大西北的重大使命”。而从西北联大独立出来的西北师范学院，也在1940年决定西迁兰州，并于1944年全校迁到兰州办学。

西北联大意义深远的教育成就

1937～1946年，西北联大与其子体国立五校形成了505名教授、1489名员工的教职工队伍，培养的毕业生有9257名。

在西北联大与其子体国立五校的教师中，有徐诵明、李蒸、李书田、胡庶华、汪奠基、黎锦熙、马师儒、许寿裳、曹靖华、罗根泽、陆懋德、黄文弼、罗章龙、袁敦礼、虞宏正、张伯声、林镕、沈志远、汪堃仁、魏寿昆、盛彤笙、刘及辰、曾炯、傅种孙、张贻惠、黄国璋、李仪祉、高明等一大批泰斗级的著名学者。

黎锦熙开创拼音方案研究，编纂多部陕西地方志，所著《方志今议》被奉为现代方志学的“金科玉律”。外文系曹靖华一生致力于传播俄罗斯和苏联文学，号称现代苏俄文学第一人。历史系陆懋德研究中国史学方法成就卓著。数学系曾炯，被丘成桐认为是20世纪唯一可与日本数学家齐名的中国数学家。地质系张伯声的地壳波浪镶嵌构造学说被公认为地质构造五大学派之一。地理系黄国璋是我国传播近现代西方地理科学的先驱。农学院汪厥明为我国农业统计学科的创始人。医学院蹇先器是中国皮肤性病学科的奠基人之一。林几是中国现代法医学的创始人。著名体育教育家袁敦礼、董守义在1945年联名倡议，首次提出中国申办奥运会。

西北联大及其分立五校培养出师昌绪、叶培大、傅恒志、史绍熙、吴自良、高景德、张沛霖、李振岐、赵洪章、涂治、侯光炯、于天仁、王光远等杰出人才。师昌绪，1945年毕业于西北工学院，2010年荣获国家最高科学技术奖。赵洪璋，1940年毕业于西北农学院农艺学系，培育出我国小麦推广面积第一的“碧玛一号”，毛泽东主席多次接见他，亲切地称他“挽救了新中国”，人们也把他和后来的水稻专家袁隆平并称为“南袁北赵”。

西北联大知识分子的责任与担当

抗战时期，平、津、冀四校一院，从平津冀沦陷区到西安，复从西安南迁陕南汉中，其中部分力量再从汉中迁西康、迁兰州。抗战胜利后，一部分再回迁复校，大部分扎根西北。

抗战期间，教师的工资按“薪俸七折”发放，再加上抗战和通货膨胀的影响，生活极其艰辛。但师生们不畏艰苦，谱写出我国战时高等教育壮美的诗篇。学生们上晚自习，就用自制油灯照明，轮流接续夜读，油灯彻夜不灭，远望如星斗满天，被当地民众传为佳话。

国难当头，西北联大还主动适应抗战需要，开展了一系列抗日救国活动。1938年9月8日，全校组织了734名学生参加了为期两月的陕西省学生军训活动。1944年西北联大有300余名师生报名从军抗战。时年43岁的地质地理系教授郁士元主动要求到抗日前线，被称为“抗战以来教授从军第一人”。

西北联大将高等教育体系系统植入西北，奠定了西北高等教育的基础。它为战后中国西北建设储备了人才，奠定了思想文化基础。它凝聚和发扬了中华民族不屈不挠的精神，为中国高等教育的发展积累了宝贵的精神财富。

西北联大以其独特的历史地位和作用，成为20世纪我国高等教育精神传统的生动体现。西北联大的先驱者在民族大义面前，与祖国共命运、与河山同沉浮、义无反顾的献身精神不应被忘记，他们对祖国西北开发使命的崇高自觉不应被忘记，他们期待祖国辽阔西北有发达的高等教育的愿望不应被忘记！

延伸阅读：

景俊海:《古路坝灯火》将践行社会主义核心价值观

（华商网，2015年4月25日）

4月23日，由西影集团、西工大和城固县政府联合出品的电影《古路坝灯火》首映式在西工大长安校区举行，4000多名西工大师生观看了首映。省委常委、省委宣传部部长景俊海出席首映式。他指出，这部电影讴歌了知识分子在中华民族危难关头，为国分忧的责任与担当，将为践行社会主义核心价值观起到积极推动作用。

看《古路坝灯火》回望知识分子读书救国历程

许多人都知道位于云南的西南联大，但对于同期存在于陕西的西北联大，却知之甚少，更不知道，西工大的前身之一——国立西北工学院是西北联大的重要组成部分。

“和西南联大一样，西北联大同样‘星光熠熠’。”《古路坝灯火》导演、编剧莫伸表示，1937年抗战全面爆发后，为保存中国高等教育的火种，平津地区的一批高校联合起来，撤离至西南和西北大后方，组成了当时最大的大学共同体——西南联大和西北联大。西南联大有张伯苓、蒋梦麟、梅贻琦、闻一多、朱自清等学者、教授，西北联大同样有黎锦熙、许寿裳、侯外庐等名家，“只是由于战事紧张，存在了一年之后，西北联大被迫再次拆开转移，所以知名度不如西南联大。”

《古路坝灯火》以西北联大的真实历史为素材，讲述了第一个从西北联大划分出来的西北工学院历经艰苦，迁移到城固古路坝，学生们勤奋苦读、报效祖国的故事。

据介绍，影片中的“古路坝”位于城固县城南12公里古路坝村。1938年7月27日，北洋工学院、北平大学工学院、东北大学工学院和私立焦作工学院联合组建国立西北工学院，最初的校址就设在陕西城固县的古路坝。

“四校合并保存了中国高等工程教育的重要力量，西北工学院是当时国内工科学科齐全、人数最多的高等学府，设有土木、电机、化工、纺织、机械、矿冶、水利、航空、管理9个系，成为抗战时期中国高等工程技术人才培养的重要基地。”在现场播放的录像中，中国工程院原常务副院长师昌绪院士说：“国立西北工学院的办学宗旨就是站在民族复兴之大局，坚持工程教育的战略地位不动摇，为国家培养急需的高等工程技术人才乃至精英工程人才、科学家型的工程师、工业界的领军人物。”

8年的古路坝岁月，练就了西北工学院师生刚毅坚卓的品格，在艰苦卓绝的环境中，书写了一段辉煌的历史。8年中，1300多名本科生毕业，造就了一大批工程教育和工程科技领域的巨匠，如师昌绪、原清华大学校长高景德、原天津大学校长史绍熙等，他们为我国国防建设、经济建设、科技事业和高等教育的发展做出了突出贡献。

“古路坝灯火”是中国高等教育的珍贵历史照片

“古路坝灯火”是西工大珍视的一张历史老照片，也是中国高等教育的一张珍贵的历史照片。在首映式上，西工大党委书记陈小筑表示，《古路坝灯火》再现了一段难忘的历史，以生动的史诗传承精神文化，以责任与担当启迪后人，体现了中国知识分子与祖国共命运的家国情怀和责任担当。

省委常委、省委宣传部部长景俊海（编者注：景俊海已于2018年1月当选吉林省省长）专程赶来西工大长安校区出席《古路坝灯火》首映式。他表示，《古路坝灯火》是陕西省委宣传部2013年重点支持项目，该片作为一部纪念抗战胜利70周年的献礼片，以独特的视角真实再现了抗战时期西北工学院师生在物质条件极其艰苦的情况下，用古路坝教堂作为校舍，历经艰难险阻，保存我国高等工程教育的火种，立志科技救国的感人故事，讴歌了广大知识分子在中华民族危难关头，为国分忧的责任与担当。

景俊海指出，习近平总书记多次对在青少年中教育和践行社会主义核心价值观提出明确要求，高校作为培育社会主义事业合格接班人的重要基地，对培育和践行社会主义核心价值观担负着重要责任。

西工大立足陕西，在航空、航天、航海等领域具有重大影响，作出了重要贡献。为国家培育出了像师昌绪、傅恒志等一大批优秀科学家。

景俊海表示：“西工大弘扬‘公为天下、诚实守信、勇猛精进、毅然果决’精神，形成了具有西工大特色的大学精神，特别是在践行社会主义核心价值观方面，走出了一条新鲜、活泼、生动的道路。相信该片的拍摄、上映必将在我省校学生和青少年培育和践行社会主义核心值观中起到积极的推动作用。”

耕耘逐梦 初心永继

傅恒志院士从教70年纪念文集

—————— 第六部分

部分证书、奖状名录

中国工程院院士是国家设立的工程技术方面的最高学术称号，为终身荣誉。

The Member of the Chinese Academy of Engineering is the nation's highest academic title for life honour in the field of engineering and technological sciences

傅恒志

一九九五年当选为中国工程院院士

Fu Hengzhi was duly elected a member of the CAE in 1995

中国工程院

Chinese Academy of Engineering

No. 0223

当选中国工程院院士（1995年）

美国传记研究院授予“国际终身成就奖”（1994年）

中国机械工程学会

CHINESE MECHANICAL ENGINEERING SOCIETY

授 予

傅恒志

中国铸造终身成就奖

This is to certify that

FU Hengzhi

has been granted

China Foundry Lifetime Achievement Award

by

Chinese Mechanical Engineering Society

二〇一三年十月

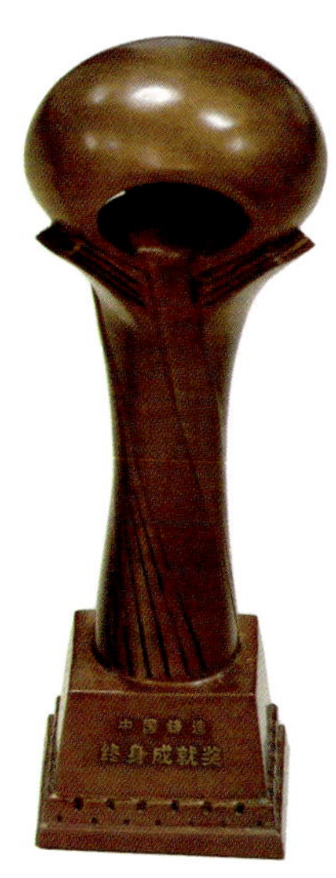

中国机械工程学会授予“中国铸造终身成就奖”（2013年）

中国高温合金六十年

荣誉证书

傅恒志 理事

感谢您对中国高温合金事业做出的重要贡献。值此中国高温合金六十年之际，特颁发荣誉证书，以资纪念。

中国金属学会高温材料分会

二〇一六年六月

“中国高温合金六十年”荣誉证书（2016年）

国家技术发明奖

证 书

为表彰国家技术发明奖获得者，特颁发此证书。

项目名称：新型合金材料受控非平衡凝固技术及应用

奖励等级：二等

获 奖 者：傅恒志（西北工业大学）

中华人民共和国国务院

2016年12月21日

证书号：2016-F-307-2-05-R04

国家技术发明二等奖（2016年）

荣誉证书

傅恒志 教授从事高校科技工作四十年，成绩显著。特颁此证，予以表彰。

国家教育委员会

一九九〇年十二月

国家教委颁发的从事高校科技工作四十年荣誉证书（1990年）

国家教委和国家科技委授予全国高等学校先进科技工作者证书（1990年）

航空航天部授予劳动模范称号（1991年）

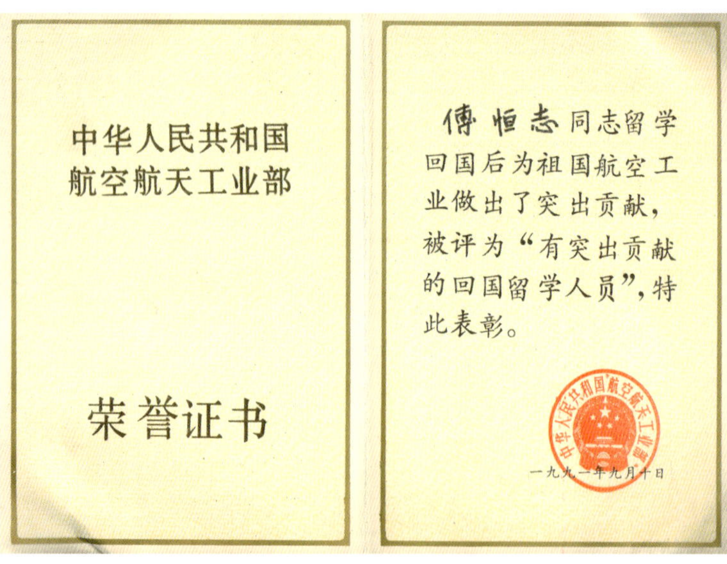

中华人民共和国
航空航天工业部

荣誉证书

傅恒志同志留学回国后为祖国航空工业做出了突出贡献，被评为“有突出贡献的回国留学人员”，特此表彰。

中华人民共和国航空航天工业部

一九九一年九月十日

航空航天部授予有突出贡献的回国留学人员（1991年）

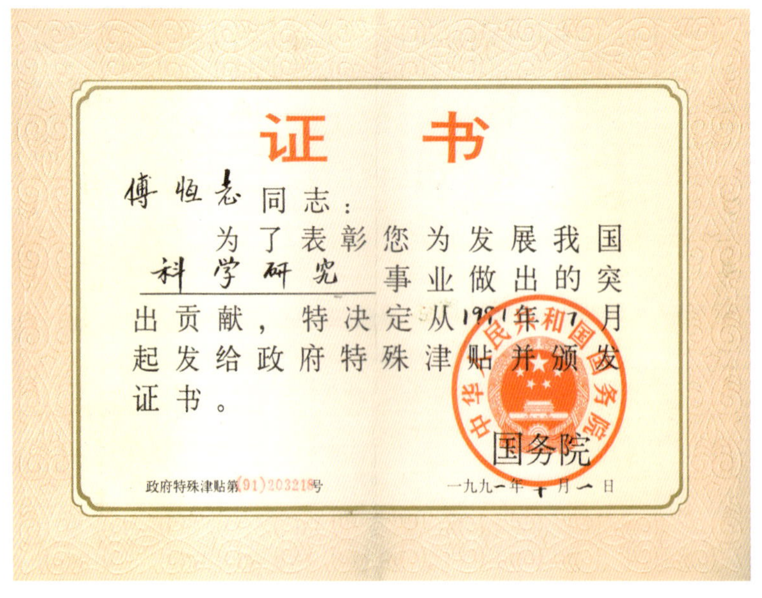

证　书

傅恒志同志：

为了表彰您为发展我国科学研究事业做出的突出贡献，特决定从1991年7月起发给政府特殊津贴并颁发证书。

中华人民共和国国务院

国务院

政府特殊津贴第(91)203218号　　一九九一年十月一日

国务院颁发的政府特殊津贴证书（1991年）

证书

傅恒志 同志：

为了表彰您为我国航空工业做出的突出贡献，特授予有突出贡献专家称号。

证书编号：[illegible]　　一九九[illegible]年[illegible]月廿八日

航空航天部授予有突出贡献专家称号（1992年）

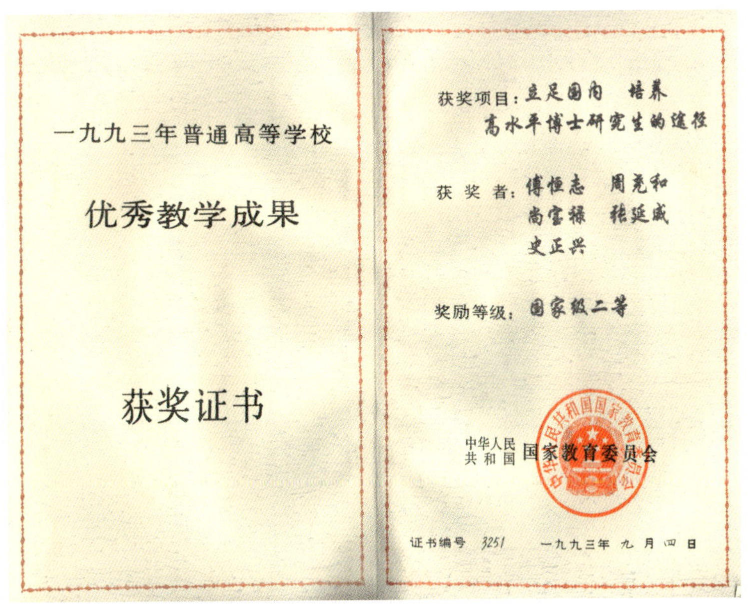

一九九三年普通高等学校

优秀教学成果

获奖证书

获奖项目：立足国内　培养高水平博士研究生的途径

获 奖 者：傅恒志　周尧和　尚宝禄　张延成　史正兴

奖励等级：国家级二等

中华人民共和国国家教育委员会

证书编号 3251　　一九九三年 九 月 四 日

作为第一完成人完成的项目获得国家教委授予的国家级二等奖（1993年）

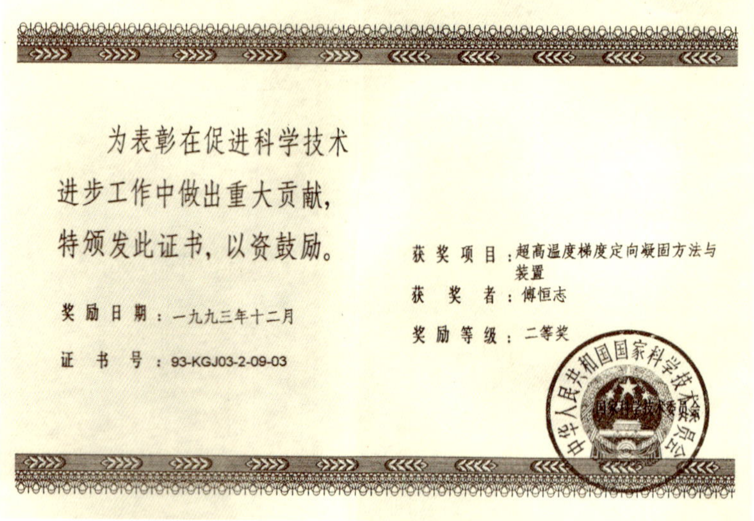

为表彰在促进科学技术进步工作中做出重大贡献，特颁发此证书，以资鼓励。

奖励日期：一九九三年十二月

证 书 号：93-KGJ03-2-09-03

获奖项目：超高温度梯度定向凝固方法与装置

获 奖 者：傅恒志

奖励等级：二等奖

主持完成的项目获得国家科技进步奖二等奖（1993年）

"三个一百"原创出版工程

证　书

科学出版社：

你社出版的《先进材料定向凝固》入选新闻出版总署第三届"三个一百"原创出版工程。

特颁此证。

中华人民共和国新闻出版总署

二〇一一年十二月

主编的《先进材料定向凝固》获"三个一百"原创出版工程（2011年）

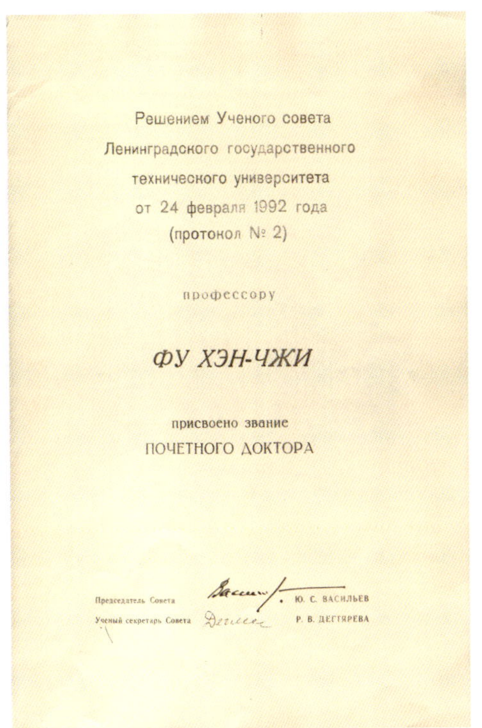

Решением Ученого совета
Ленинградского государственного
технического университета
от 24 февраля 1992 года
(протокол № 2)

профессору

ФУ ХЭН-ЧЖИ

присвоено звание
ПОЧЕТНОГО ДОКТОРА

Председатель Совета Ю. С. ВАСИЛЬЕВ
Ученый секретарь Совета Р. В. ДЕГТЯРЕВА

列宁格勒国立技术大学荣誉博士证书（1992年）

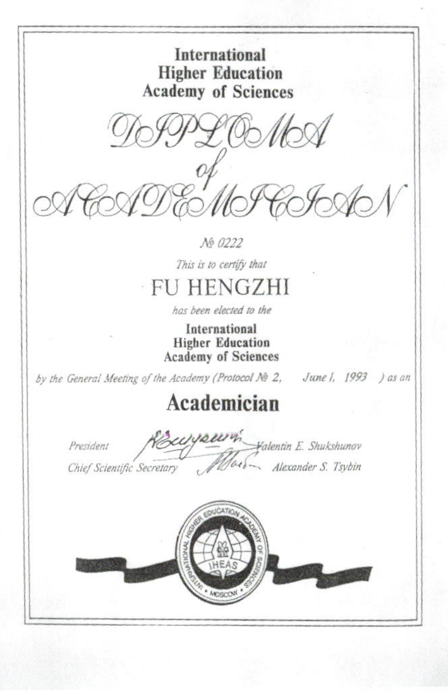

**International
Higher Education
Academy of Sciences**

DIPLOMA
of
ACADEMICIAN

№ 0222

This is to certify that

FU HENGZHI

has been elected to the

**International
Higher Education
Academy of Sciences**

by the General Meeting of the Academy (Protocol № 2, June 1, 1993) as an

Academician

President *Valentin E. Shukshunov*
Chief Scientific Secretary *Alexander S. Tsybin*

国际高教科学院院士证书（1993年）

● 1983年3月，中国船舶工业总公司第十二研究所聘请傅恒志教授为技术顾问。

● 1984年4月，《铸造技术》杂志编委会聘请傅恒志同志为《铸造技术》杂志理事、主编、编委。

● 1985年2月，西北工业大学聘请傅恒志同志为西北工业大学学位评定委员会委员（主任委员），任期两年。

● 1985年2月，西北工业大学聘请傅恒志同志为西北工业大学校务委员会委员（主任委员），任期两年。

● 1985年5月29日，航空工业部科学技术局聘请傅恒志同志为《铸造高温合金文集》编审委员会副主任。

● 1986年4月，陕西省高等教育局聘请傅恒志同志为陕西省高等学校教师职务评审委员会委员。

● 1986年11月5日，国家自然科学基金委员会聘请傅恒志为国家自然科学基金委员会机械学科评审组成员。

● 1987年4月，西北工业大学聘请傅恒志同志为西北工业大学专业技术职务评审委员会主任。

● 1987年4月，西北工业大学聘请傅恒志同志为西北工业大学学术委员会主任委员。

● 1987年4月，西北工业大学聘请傅恒志同志为西北工业大学校务委员会主任。

● 1988年5月，傅恒志同志被选为中国航空学会第四届理事会理事。

● 1988年6月20日，国家自然科学基金委员会聘请傅恒志同志为国家自然科学基金委员会第二届学科评审组成员，任期两年。

● 1988年10月22日，中国航空学会聘请傅恒志同志为中国航空学会材料工程专业学会副主任委员。

● 1988年12月25日，傅恒志论文“对实行党政分开完善校长负责制的思考”在中国高等教育学会“1988年高等教育科研优秀成果奖”评选中获表扬奖。

● 1990年5月5日，西安飞机工业公司聘请傅恒志同志任西安飞机工业公司技术顾问。

● 1990年5月10日，国家自然科学基金委员会聘请傅恒志为国家自然基金委员会金属材料学科评审组成员。

● 1990年12月，国家科学技术委员会颁发国家发明奖三等奖给项目的第五发明人傅恒志，项目名称为可加工稀土钴永磁材料。

● 1990年12月21日，航空航天工业部第六二一研究所聘请西北工业大学傅恒志同志为特邀研究员。

● 1990年12月27日，傅恒志“横向联合促进了‘两个中心’的建设和发展”获陕西省高等教育学会首届教育科学研究优秀成果一等奖。

● 1990年12月，国家教育委员会表彰傅恒志教授从事高校科技工作四十年。

● 1990年12月，国家教育委员会、国家科学技术委员会授予傅恒志同志全国高等学校先进科技工作者称号。

● 1991年4月17日，航空航天工业部授予傅恒志同志劳动模范称号。

● 1991年4月20日，航空航天工业部飞行实验研究院聘请傅恒志同志为技术顾问。

● 1991年5月17日，傅恒志论文“定向凝固可加工稀土钴永磁合金成分组成和性能研究”被陕西省科学技术协会、陕西省人事厅评为陕西省自然科学一等优秀学术论文。

● 1991年5月，中国材料研究学会聘请傅恒志为中国材料研究学会首届理事会理事。

● 1991年8月5日，陕西省教育委员会聘请傅恒志教授为陕西省普通高校1991年优秀教学成果奖评审委员会委员、副主任委员。

● 1991年8月20日，陕西省教育委员会颁发优秀教学成果特等奖。获奖者为傅恒志、商宝禄、张延威，项目名为培养高水平博士生途径。

● 1991年9月10日，傅恒志同志被航空航天工业部评为有突出贡献的回国留学人员。

● 1991年10月1日，国务院表彰傅恒志同志为发展我国科学研究事业做出的突出贡献，决定从1991年7月起发给政府特殊津贴并颁发证书。

● 1991年12月21日，航空航天工业部成都飞机工业（集团）有限责任公司聘请傅恒志同志为公司技术顾问。

● 1992年2月28日，航空航天工业部授予傅恒志同志“有突出贡献专家”称号。

● 1992年4月3日，淄博市人民政府聘请傅恒志同志为淄博市人民政府经济技术咨询顾问。

● 1992年8月7日，陕西省科学技术协会授予傅恒志同志“陕西科技精英”称号。

● 1993年4月20日，傅山村党总支、傅山村村委会聘傅恒志教授为傅山村名誉村民。

● 1993年6月29日，西安高新技术产业开发区管委会聘请傅恒志同志为西安高新技术产业开发区专家咨询委员会成员。

● 1993年7月19日，西北工业大学聘任傅恒志同志为西北工业大学学术委员会委员（主任），任期四年。

● 1993年7月，中国航空学会第五届理事会聘任傅恒志同志担任专业分会（材料工程）副主任委员职务。

● 1993年7月，傅恒志同志在中国航空学会第五次全国会员代表大会上当选为中国航空学会第五届理事会理事。

● 1993年9月4日，获国家教育委员会国家级二等奖。获奖者为傅恒志、周尧和、商宝禄、张延威、史正兴，项目名为立足国内，培养高水平博士研究生的途径。

● 1993年9月20日，中国航空工业总公司聘请傅恒志同志为中国航空工业总公司科学技术委员会第一届委员会委员。

● 1993年12月，傅恒志同志获国家科学技术委员会二等奖，项目名为超高温度梯度定向凝固方法与装置。

● 1994年1月，傅恒志同志被评为西北工业大学1993年“十大新闻人物”。

● 1994年6月10日，中国航空工业总公司授予傅恒志（第三完成人）等完成的项目“ZMLMC超高梯度定向凝固方法与装置（911098）”1991年度科技进步一等奖。

● 1996年10月18日，西安市科学技术委员会聘任傅恒志同志为西安市民营科技企业工程系列专业技术职务任职资格中级评审委员会主任委员。

● 1996年10月，西北工业大学材料科学与工程学院授予傅恒志院士材料科学与工程四十年建设突出贡献奖（1956～1996年）。

● 1996年11月，中国有色金属工业总公司、西北有色金属研究院聘请傅恒志院士为《稀有金属材料与工程》杂志编委会顾问委员。

● 1997年1月17日，傅恒志院士领导的“超细定向柱晶叶片类铸件的形成机理”研究项目获航空总公司科技进步一等奖。

● 1997年2月，中国航空工业总公司聘请傅恒志同志为中国航空工业总公司航空材料、热工艺及理化测试技术发展中心理事会高级顾问。

● 1997年3月，国家教育委员会授予傅恒志（第一完成人）等完成的项目“亚快速凝固界面形态与微观组织超细化研究”获科学技术进步奖三等奖。

● 1997年4月18日，中国工程院化工、冶金与材料工程学部聘请傅恒志先生为“中国材料发展现状及迈进新世纪对策的可行性研究”咨询项目研究课题组成员。

● 1998年1月，《科学》杂志社聘请傅恒志同志为《科学》杂志第三届编委会编委，聘期三年。

● 1998年12月，陕西省学位委员会、陕西省教育委员会授予傅恒志教授优秀博士生指导教师。

● 1998年12月，陕西省学位委员会、陕西省教育委员会于恢复学位与研究生教育20

年之际对傅恒志院士做出的突出贡献表示感谢。

● 1999年1月，西北工业大学聘任傅恒志同志为西北工业大学学术委员会主任，任期三年。

● 1999年1月，教育部授予傅恒志（第一完成人）等完成的项目“镍基高温合金单晶晶体生长界面形态与亚微观组织控制”科学技术进步奖二等奖。

● 1999年9月，中国航空工业第一集团公司科学技术委员会聘傅恒志同志为第一届委员会顾问。

● 1999年9月，傅恒志同志被评为西北工业大学优秀教师。

● 1999年11月，傅恒志当选为中国材料研究学会第三届理事会理事。

● 1999年12月，中国航空学会第六届理事会聘任傅恒志同志担任第六届材料工程专业委员会（分会）名誉主任委员。

● 1999年12月，中国航空学会第六届理事会聘任傅恒志同志为名誉理事。

● 2001年12月，西北工业大学研究生科学技术协会、西北工业大学研究生会博士生分会邀请傅恒志院士作为西北工业大学第六届研究生学术报告年会资深顾问。

● 2002年1月，北京航空材料研究院聘请傅恒志先生为《航空材料学报》第六届编辑委员会副主任。

● 2002年10月，中国材料研究学会聘请傅恒志为《材料研究学报》第三届编辑委员会委员。

● 2002年12月，《材料科学技术（英文版）》聘傅恒志院士为该学报编委会委员，任期三年。

● 2002年12月，西安市人民政府授予傅恒志等九名同志完成的铜材高梯度定向凝固连铸技术项目为西安市科学技术进步奖二等奖，傅恒志排名第三。

● 2002年12月，共青团西北工业大学委员会聘请傅恒志院士为西北工业大学第九届“三航杯”大学生课外学术科技作品竞赛终审委员会主任。

● 2003年3月，陕西省人民政府授予傅恒志等完成的项目“高梯度定向凝固连铸理论”为陕西省科学技术奖二等奖。

● 2004年3月25日，中国人民解放军总参谋部聘请傅恒志院士参加军队院校“百名院士讲坛活动”。

● 2005年6月，陕西省人民政府授予傅恒志等完成的项目“特种金属材料电磁约束成形原理和技术”为陕西省科学技术奖一等奖。

● 2005年6月，陕西省人民政府授予傅恒志等完成的项目“铜材高梯度定向凝固连铸技术”为陕西省科学技术奖二等奖。

● 2006年10月，傅恒志、朱明、杨尚勤的著作《空天技术与材料科学》获得2005年度国家科学技术进步奖二等奖。

● 2016年6月，中国金属学会高温材料分会于中国高温合金六十年授予傅恒志理事荣誉证书。

耕耘逐梦 初心永继

傅恒志院士从教70年纪念文集

—————— 第七部分

师友、学生纪念文章

于无声处听惊雷

——恭贺傅恒志院士执教70年和90岁诞辰

赵振业

西北工业大学材料科学与工程学院邀我写一篇文章，纪念傅恒志院士执教70年和90岁诞辰，我很乐意。傅恒志院士是我的老师，平易近人，和蔼可亲，给我教诲良多。交往多年，说古论今，使我受益匪浅。听过校友们的谈论，看过介绍他的文章，令我仰慕。读过先生大作，听过老师讲学，由衷敬佩。纪念傅恒志院士执教70年和90岁诞辰我有很多话要说，怕的是写不出新意来。这里选了几件事以表达崇敬之情。

赫 赫 校 长

一谈起傅恒志院士总会说道与别人不同，他是一位“选举的大学校长”，并已成为佳话。大学者，囊括大典、网络名家之学府也。其如愿成就系于校长，所以校长必是名家之名家。古今中外大学校长已经成为一种理念和象征，所以无不采用各种方式征得一位赫赫校长。

说起大学校长难忘北京大学蔡元培先生。早年，大教育家蔡元培先生以其光绪年进士、进阶翰林院底色，中国教育会长、民国南京临时政府教育总长、民主革命家资历，质朴的姿态走进北大，成功地塑造了一所“思想自由，兼容并包”的新北大。没有哪所大学能够像北大一样与一个国家现代化进程息息相关，以一所学校对一个国家产生如此之影响，非哈佛、剑桥及其他国内外名校能够相比。北大教育改革幅度之大、推进速度之快令人惊讶，自然因为蔡元培先生的政治威望，牛刀杀鸡比水到渠成更为简单。但平实而论如蔡元培先生一般才情的或不乏其人，具有蔡元培先生一样政治资历的大有人在，而才情和政治资历完美集于一身的唯蔡元培先生一人而已。蔡元培先生成为中国最成功的大学校长，蔡元培先生奠定的 “北大品格”更让中国第一大学得以百年传承。

作者信息：北京航空材料研究院研究员，中国工程院院士。

1984年，西北工业大学第一次采用民意测验的方式选举校长，傅恒志院士高票当选第一位民意选举的校长。这是个新鲜事儿，不胫而走。天降大任，上任伊始他就把官邸搬进20世纪50年代建的一座三层旧楼，在冬冷夏不凉的办公室里一住就是8年。他提出了一个响亮的口号：奋斗5年，把西工大建成具有自己特色的多学科综合大学，创全国一流水平！他立了一个规矩：不管领导干部还是教职员工都是人民勤务员，谁也没有特殊，他的言行请大家监督，让事实作证。他抓教风、学风、校风，实行校长负责制和党政分工负责制，教师责任制，教育、科研并重，全面学分制、三学期制和中期选拔淘汰制，后勤岗位责任制、多学科体制等“六改六转变”。他用人唯贤是举、举贤不避亲和德、才、胆量“三有”标准。他举荐教研室党支部书记出任人事处长，因正直廉明、群众信任升迁党委副书记。启用了两位摘帽“右派”分子分别担任财务处长和出版社总编辑，几年后财务处长被誉为“好管家”，出版社获多项国家级、部级奖，总编辑被选为碑林区人民代表。他举荐一位老同事任总务长，两年后西工大食堂成为“全国高校食堂”一面旗帜。他举荐另一位老同事为科研副校长人选，主管科研后科研费从1985年的618万元增至1990年的近3000万元。其身正，不令而行。秋去春来，岁月轮转到了1992年，太阳依旧从东方升起，西工大却今非昔比。按国家教委统计全国10所名牌大学的排序中，西北工业大学科研成果排名第一，研究发展课题排名第二，研究发展经费排名第四，100所重点院校中科研水平和实力排名第九……8年任后留下了“识才的慧眼，用才的胆识，爱才的心肠”，一所航空、航天、航海“三航”特色的多学科综合性大学，一位西北工业大学发展史上“功勋卓著的校长”。

风范学者

傅恒志院士是我国材料冶金学者、凝固大家。早年曾以全国铸造专业唯一考取的留苏研究生，赴列宁格勒工学院师从权威聂亨齐教授研究耐热合金。破天荒地提出并研究无铝钛耐热合金，填补国际空白，在论文尚未答辩、合金尚未定型的情况下就被苏联用上航空发动机涡轮导向叶片。崭露头角，倍受导师赏识。

傅恒志院士大半生精力奉献给我国航空发动机耐热合金和涡轮叶片定向凝固理论和技术。自从1940年第一个铸造耐热合金涡轮叶片试用后，铸造耐热合金成为主体材料和世界级研究热点，他始终站在定向凝固科学研究的最前沿。鉴于涡轮叶片制备对定向凝固技术的依赖，他开辟了世界上仅有的宽变温度梯度和宽变冷速（10^{-3}～10^{3}K/s）条件下合金单向凝固过程研究，在国际上率先提出了液固界面非平衡溶质再分配概念，并相继在镍基、钴基、铝基合金中验证。他将这一研究成果拓展至亚快速（10^{0}～10^{3}K/s）凝固，在国际上首先提出了凝固定向组织超细化概念，并做出耐热合金超细定向柱晶。他从凝固基本理论出发，最先获得枝晶间超细包晶和超细包晶向绝对稳定平衡面转变实验结果，创建了超细晶形成及生长机制与近绝对稳定亚快速定向凝固理论框架，为创新定向凝固技术并领先国内外奠定了基础。

单晶合金是20世纪80年代的一大发明，单晶合金涡轮叶片随之成为世界竞争热点，傅恒志院士又置身于单晶技术研究的最前沿。单晶技术水平主要体现在高温度梯度装置，谁能做出更高温度梯度的抽拉设备谁就握有更好的单晶合金，谁就站在了竞争的制高点。当时世界最好水平的德国Leybold公司生产的定向凝固设备温度梯度约为100K/cm，不得不限定相当低的抽拉速度，严重限制了材料性能。傅恒志院士提出的超高梯度ZMLMC定向凝固方法，在实验室实现了高达1000K/cm以上的温度梯度，是德国装置温度梯度的整整10倍，居世界领先水平。采用设备制出的各类材料，枝晶间距达到几微米到十几微米，超细化组织，枝晶侧向分枝消退，偏析大幅度减小，析出相形态和分布得到改善，大幅度提高了合金力学性能，成为一代涡轮叶片制备技术。他把超高梯度ZMLMC定向凝固方法和电磁自约束成形技术相结合，形成一种具有超高冷却能力、无（少）偏析、超细组织、超纯净、超高梯度自约束成形，成为下一代涡轮叶片制备技术。在科学和技术研究中，他总是感知超前，构思新颖，匠心独运，高居顶峰，凝结着不懈追求极限、成功再成功的学者风范。傅恒志院士集中国工程院、俄罗斯宇航科学院、国际高校科学院三院院士于一身，享誉国内外。

为人师表

千百年来，尊师爱生是中华民族的传统美德，中华民族尊崇为师之道，傅恒志院士是一位实践为师之道的模范教师。

孔夫子倡导为师之道，体现于他的至理名言："学而不厌，诲人不倦"。作为教师要修炼自身，做到不断学习、提高业务、忠于教职；爱护学生，把所有知识毫无保留地教给学生，循循善诱、不知疲倦地帮助学生；"当仁不让于师""后生可畏，焉知来者之不如今"。平等的师生关系，在学术、道德、真理面前人人平等；期望学生超越老师，青出于蓝而胜于蓝。孔夫子实行了为师之道，一生中花了40多年时间教书育人，成就弟子三千、七十二贤人，被誉为"万世师表"。

傅恒志院士大学一毕业就步入了教师生涯，如今秉承为师之道执教已长达70年，立身育人总是以德为先，以身垂范，提携后学，无私奉献，堪称楷模。他毕力研究定向凝固理论、超高温度梯度快速凝固装置、单晶耐热合金涡轮叶片组织超细化快速凝固技术和跨世纪的电磁自约束成形定向凝固，一路引领凝固科学技术前沿，把学科和他的弟子们带上了超越国内外先进水平。他的学者风姿、对专业的深厚感情和美好憧憬启迪了入学新生，释怀了一些学生对铸造 “脏、笨、差”粗略印象、个人的前途等重重疑虑，不仅愿意留下学习，而且成为学科的精英。他们感激傅恒志院士是自己人生的领路人和导师。傅恒志院士讲授的非线性热力学概念及其在凝固科学中的意义，不仅是非平衡组织学说的经典，揭开凝固组织演化的钥匙，而且至今仍是学科的前沿，令学子们终身受益。培育创造性是教育的灵魂，教师的神圣职责。傅恒志院士勉励弟子们说，如果你所有的项目都成功了，你就失败了，因为真正有创造性的探索不可能所有项目都成功。你要探索那些容易知道的东西，你都成功了，但总体上你是失败的，因为你缺乏创新性。当问到“作为一位成功人士，你最重要的人生经验是什么”时，傅恒志院士回答说：“我不是一位成功人士。我从1995年研究一个项目直到现在也没有成功，所以我不是一位成功的人。我这一辈子，成功总是很少，失败总是很多，但成功往往又是在失败的基础上完成的，关键在于要有坚韧不拔的精神。我那个项目虽然做10多年还没有成功，但我会坚持下去，我相信一定会成功的”。他是一个不知疲倦的人，将全身心投入到他热爱的科研和教学之中；他爱惜人才，培养出一批又一批科学新星。他是千里马又是伯乐！

每次和先生交谈都有新感受，每次读先生的文章都有新启迪，每次听先生的学术演讲都回味无穷。上面几句话说给校友们，说给材料同行，也说给我自己，是感谢，是学习，是敬仰，鞠躬祝愿老师健康长寿，争取傅恒志院士执教80年和100岁诞辰时能写出一篇更有新意的文章。

（2016年12月27日于北京）

我心中敬重的傅恒志院士

王少安

傅恒志，一个令人尊敬、充满传奇的名字。我第一次听说他——是2003年初在河南大学一个偶然的机会，不仅知道他是科学泰斗、中国工程院院士、西北工业大学原校长，更让我兴奋不已的是他早年就读于焦作工学院，是学校杰出校友。自此，他与我、我们结下忘年深情。

情依母校

由于历史原因，学校与早年毕业的校友联系不甚充分。2003年5月，我们就急切地委派时任校长助理周英同志赴西安看望傅恒志院士。然而始料未及的是西北工业大学属国防保密单位，电话对外不公开，只能依西安市电话号码簿显示的该校1000多个无署名区间号逐一拨打，功夫不负真诚，终于如愿拜见。之后时任校长邹友峰等领导同志又相继到西安看望傅院士。2005年3月初，我和邹友峰同志率学校全体领导班子9名成员专程到西安傅院士家中拜访，热切激动的见面之后，我们向他通报了母校近几年取得新校区建设、获得博士学位授权、本科教学评估优秀、更名河南理工大学等重要发展成就和当前正在加快推进高水平大学建设以及学校未来发展的设想，郑重地提出邀请他回母校担任特聘教授，以指导支持母校加快发展的真诚愿望。傅院士当即愉快地表示尽快安排时间回母校看看，并十分愿意为母校、为家乡（傅院士出生于河南省开封市）发展尽一份力，他随即还亲自协调安排我们一行对西北工业大学的考察访问，为学习借鉴该校内涵建设、教学改革和学校发展经验提供了机会，架起了两校之间的桥梁，成为双方持续合作的重要开端。

2005年3月下旬，傅院士回到阔别50多年的母校进行为期一周的考察访问，与材料学科专业教师座谈、查看相关实验设施及开展学术交流活动，他在缜密思考、系统论证

作者信息：原河南理工大学党委书记，河南省人大常委会委员。

的基础上提出支持学校整合相关学科专业力量，建立材料科学与工程学院的意见，并表示同意接受邀请，每年到校工作3～4个月。学校遂于3月26日隆重举行傅恒志院士聘任大会，自此他正式受聘母校担任学校材料学科奠基与引路人。消息传开，整个学校都为之轰动。

团队灵魂

根据傅院士的提议，经过紧张的筹划整合，2005年6月材料科学与工程学院正式组建，并以傅院士为坚强后盾和在他的倾心感召、竭力带领下，经过短短的十余年时间，汇聚了一大批高层次人才，形成了凝聚力强的教学、科研团队，确立了自己的主攻方向，推动材料学科实现跨越式发展，成为学校优势学科、省级重点学科，一些特色方向立于学科前沿，建成2个二级学科博士点、1个一级学科硕士点、2个省部级重点实验室，在读博、硕、本科生规模达到1700人，承担国家基金项目47项，获国家、省部级科技进步奖15项，发明专利46项，发表高水平论文600余篇，尤其是由傅院士出资建立的院士基金，资助材料相关专业青年教师和学生，使其受益良多，还有傅院士学术资源的共享，使材料学院教师博士化率达70%，学生考取985院校、国外高校攻读博、硕士学位比例全校领先。这些骄人成就的取得和办学目标的实现，自始至终凝聚着傅恒志院士的深情与付出。他从学科专业建设与人才培养方案的制定、高层次人才引进培养和教师科研方向的选择，科研团队及平台建设与学术风气的培育，直到与西工大、哈工大等高水平大学合作办学给予的深度指导与帮助，他倾其一生的积累与对当下高等教育、科学技术、材料发展的敏锐洞察和超人判断，把心血和智慧无私奉献给了河南理工大学材料科学与工程学院这个富有朝气与活力的年轻集体，引导和鞭策这个团队面向国家急需，潜心学问、脚踏实地、勇往直前，不仅在凝固技术与亚稳材料、材料先进连接技术与相变理论及材料加工过程数值模拟等方向取得重要进展，材料科学与工程学院成为学校最具活力和发展潜力的主力学院，为学校由多科性向特色鲜明高水平大学转型做出了独特贡献，其创造和形成的后发学科独特发展模式也成为学校的宝贵财富。

大家风范

2005年9月7日，傅恒志院士携夫人仲女士从西安来到学校，入住馨月湖畔院士楼，两天后首次现身学校教师节表彰大会主席台，当主持人介绍出席大会的傅院士时，会场雷鸣般掌声经久不息，表达出全校师生员工对他回到母校工作的最热烈的欢迎。从此，每逢春暖花开、金秋时节的校园林荫大道、世纪广场、荷花湖畔或材料馆、报告厅、小礼堂前总能见到傅院士慈祥儒雅的身影，一些聪明的学生还会追“星”求教、攀谈合影，成为理工学子崇拜的“男神”“偶像”。

傅院士的工作虽主要在材料学院教室、实验室从事专业教学、科研活动，但也经常受相关学院之邀作报告，指导学科建设和教师发展，他更多时间是应学校各类学生社团、专业班级学生约请一起座谈交流，与他们讲理想、谈人生、释疑惑，令无数学子受启迪、生感悟、被激发，很多学生感慨大学时代能有机会与学界巨人傅院士面对面讨教并分享他的精彩人生与睿智，终身受益、倍感荣幸。

傅院士虽年逾八旬，但他拥有坚持锻炼、学习的良好生活习惯和健康的身体与敏捷的思维，这是他作为大科学家一直站在学术前沿的秘诀。他时刻关心国家大事和高等教育动态，始终立于时代前列，在我们相处与交谈中他总是站位高远、鞭辟入里，令人折服，如在讨论“一把手如何带班子”话题时，他“团结至上，包容尊重，充分发挥班子每一位成员能动作用”，尽显政治家的领导艺术与大家风范。还有我们就“双一流”建设听取他的意见时，他“发挥自身优势、强化学科特色”，饱含教育家对高等教育形势的敏锐判断与发展规律的准确把握。他洞悉世事、学贯中西、理念先进、思想深髓，许多已融入我们一流学科和高水平大学建设实践中，并结出累累果实。

傅恒志院士作为河南理工大学杰出校友，他为母校赢得巨大荣誉，而今母校以他为荣；在母校发展的关键历史时期毅然加盟共襄高水平大学建设，他带动学科发展与学术风气净化及其作出的重要贡献无以一一列举，但全校上下有口皆碑；在我任职期间有幸与他结识并有很多时间一起相处，他对我个人能力、修养的影响和工作的指导、帮助于无形之中，却刻骨铭心。我十分珍视我们之间的忘年情谊，我由衷地感激并祝愿他和其夫人仲老师健康长寿、生活开心、家庭幸福！

傅恒志院士的母校情怀

邹友峰

2005年3月26日上午，河南理工大学南校区力行楼学术报告厅，当精神矍铄的傅恒志院士接过鲜花和聘书，正式成为河南理工大学的特聘教授，整个会场顿时掌声雷动，经久不息。从那一刻起，“傅恒志”这位杰出校友的名字，便与河南理工大学更加紧密地联系在了一起。

拳拳赤子心

傅恒志院士1929年出生于河南开封，1946～1947年曾就读于河南理工大学的前身焦作工学院，对母校与河南始终怀有非常深厚的感情，一直关心和支持母校的发展。每当提起母校和家乡，傅院士总是不吝赞美之词，拳拳赤子之心溢于言表。

2003年，学校拜访傅院士并希望聘请他为特聘教授，傅院士当即爽快地答应了，并表示能够为家乡、为母校做些事，是自己的毕生心愿。在2005年受聘学校特聘教授仪式上，傅恒志院士深情地讲：“我本人出生于河南开封，而且我也是焦作工学院的学子，早就想为河南高等教育特别是河南理工大学做一点贡献。”“我觉得河南理工大学是中原高校的一颗明珠，我非常荣幸能在这里工作，决不辜负学校领导和广大师生对我的期望。”2007年4月，傅恒志院士在接受河南日报记者采访时说：“现在，我每年来学校（河南理工大学）工作4个月，家乡的进步令我欣喜、震撼。就拿我所工作的河南理工大学来说，我认为这所学校是我国高等理工科大学里发展最快的学校之一，教学质量、师资队伍以及学科建设方面都取得了质的飞跃。我从河南理工大学身上看到了河南高等教育事业腾飞的缩影。”

2011年10月，学校以“静水流深、大师风范”为主题举办“学术人生”专家学者访谈活动，专访傅恒志院士。当回忆起在焦作工学院求学时的情景时，傅院士深情地说：

作者信息：河南理工大学党委书记、教授。

“那一年多的大学生活对我整个人生的发展起到非常重要的作用，我在那段战乱岁月，懂得了担当、责任和奋斗的真正意义，那是我梦想的起步点，为我这一生的奋斗提供了极大的动力。”在谈到受聘河南理工大学并设立院士基金时，傅院士表示：“对河南的发展要做出自己的贡献是我承诺过的，接受河南理工大学领导和老师的盛情邀请来到学校做一些我应该做的事情，是出于我对母校的感情和身为理工大校友应尽的义务。”

2016年4月，傅恒志偕夫人仲女士一起参观河南理工大学校史馆，以极大的兴趣详细参观了每一个展厅，兴致勃勃地回忆起在母校的求学经历。傅院士说，学校前身焦作工学院在新中国成立前有很好的办学成就，特别是在采矿等领域有重大影响。1946年报考大学时，因家里办有煤矿，父亲就鼓励他报考焦作工学院。如愿考入学校后，在这所大学里，他受到了严格的科学训练，为自己从事教学、科研工作打下了良好的基础。在曾经为其授课的教师照片前，傅院士回忆说，当时使用的都是外文原版教材，教师也大多用外语授课，水平高，要求严，虽然学习压力很大，但有很大收获。在知名校友名录展板前，傅恒志把同学的名字一个个说出来，并对他们的成就娓娓道来，如数家珍。参观结束后，傅院士还向校史馆赠送自己编著的《航空航天材料定向凝固》一书并亲笔题字。

殷殷材料情

傅恒志院士是我国著名的冶金材料科学家和教育家，曾执掌西北工业大学8年之久，硕果累累，业绩辉煌。受聘河南理工大学特聘教授11年来，傅恒志院士不仅以丰富的高校管理经验对学校事业发展提出了许多建设性意见建议，更以宽广的学术视野、深邃的学术思想和满腔热忱投入到材料学科的建设发展中来，为学校材料学科的发展做出了不可磨灭的卓越贡献，产生了重要而深远的影响。

河南理工大学的前身焦作路矿学堂，在1909年建校时就致力于培养采矿、冶金和铁路方面的专门人才，并于1921年、1932年先后设立了采矿冶金科、冶金系。1950年，在全国高等院校调整中，学校冶金系并入沈阳工学院（东北大学），此后材料学科的几个相关专业一直散落在不同院系，没有形成合力和取得大的发展。2003年，当得到傅恒志院士回母校工作的肯定答复后，学校坚定了发展材料学科、建设材料学院的决心。2005年，在整合学校不同学院的材料成型及控制工程、材料科学与工程、矿物加工工程等几个专业后，成立了材料学院。傅恒志院士到校工作后，在他的悉心指导下，材料学科重新获得了飞速发展。

傅恒志院士亲自指导创建了材料物理冶金研究所，引领学校材料学科的建设与发展，帮助凝练并形成了凝固技术与亚稳材料、材料先进连接技术与相变理论及材料加工过程数值模拟等学术研究方向并取得重要进展。为支持材料学科发展，傅恒志院士每年从薪酬中拿出20万元，加上学校配套的10万元，共30万元作为资金来源，设立了学校第一个院士基金——“金属材料及加工工程学科发展基金”，用于奖励学校师生。傅院士本人多次主持召开基金管理委员会会议并修改完善基金管理制度，亲自参与基金评审、结项验收，充分发挥基金的鼓励、资助作用，受益师生多达1000余人次。傅恒志院士还发起了金属材料及加工工程学术论坛，利用学术影响力邀请国内外同行业知名专家学者作专题报告，并举荐西工大、哈工大等多名教授担任学校兼职教授，提升了材料学科的内涵和科研水平，增进了校际交流与合作，推动了材料学科快速发展。他积极倡导建立材料科学学术报告会制度并亲自作报告10余场次，与师生互动交流，极大地活跃了学术氛围，提高了师生的学术素养。

在傅恒志院士的引领和师生员工的共同努力下，材料学院教师队伍由成立之初的32人增加到83人，其中博士学位教师由8人增至55人，高级职称教师由15人增至51人。俄罗斯自然科学院院士牛济泰，中国科学院院士南策文，“千人计划”专家、“长江学者”安立楠，“千人计划”专家史才军等教授先后加盟学校。建成凝固技术与亚稳材料院士工作站，矿物加工工程、矿业工程材料2个二级学科博士点，1个一级学科硕士点、2个二级学科硕士点、3个工程硕士领域和2个省级重点学科，先后获批国家基金项目47项，发表高水平论文600余篇，获得专利授权266项，荣获15项省级及以上奖励。材料学科建设和材料学院发展站在了新的起点。

昭昭引路灯

作为河南理工大学的杰出校友和特聘教授，傅恒志院士的人格风范、治学精神、学术涵养等为全体师生员工树立了楷模，犹如一盏引路明灯，为师生员工指引了前进的方向。在校工作期间，傅院士不仅亲自为本科生讲课，对材料加工技能大赛、研究生学术论坛等活动给予大力支持，而且多次出席教师节表彰大会、新生开学典礼、体育节及运动会开幕式、学生座谈、主题报告等活动，成为学校教书育人、学术研究的一面精神旗帜。

傅恒志院士非常关心学生的成长，就像一位睿智而慈祥的自家长辈，毫无保留地把自己的人生阅历、学术智慧、成才经验传给后人。2005年9月，他在接受学生记者采访时勉励学生：不仅要学到知识和科学技术，也要思考怎么为社会服务，怎么回报国家，怎么做人。2007年11月，他在另一次学生记者采访中深情寄语全校学子：要养成基础扎实、工作踏实、作风朴实的良好作风，培养开拓创新意识，为建设创新型国家贡献自己的力量。2011年10月，傅院士在“学术人生”访谈中结合自己求学期间担任团支部书记和在苏联留学的经历，勉励研究生端正学习态度，专心科学研究，学会不断总结，逐步掌握适合自己做科研的方法；同时要加强体育锻炼，多参加社会实践活动和社会工作，提高自身综合素质，为社会和国家多做贡献。在河南理工大学工作期间，傅院士每年都至少要给学生做一次主题报告，不仅系统、全面地介绍材料科学与工程学科的发展历史，而且围绕“理想、信念、创新”等时代主题，勉励学生坚定理想信念，练就过硬本领，勇于创新创造，争取早日成长成才、报效祖国。

对于青年教师的成长，傅恒志院士同样关怀备至，不仅勉励他们潜心教学科研、勇攀科技高峰，而且对他们的思想也十分关心。2014年，《习近平谈治国理政》一书出版后，傅院士用院士基金购买该书赠送给材料学院全体教师学习。2015年，又亲自参加材料学院《习近平谈治国理政》读书交流会，与学院党委中心组成员及支部书记、专职辅导员一起交流学习心得，并强调“要把学到的东西与我们的实际工作结合起来，提高自己的工作质量。”2016年4月，傅院士将西工大等摄制的《古路坝灯火》电影原版拷给学校组织师生观看，并讲述了焦作工学院等四校组建国立西北工学院，在陕西城固古路坝艰苦办学，广大学生刻苦求学、教师潜心执教的感人故事，以及“坝上长夜”“七星夜火”等佳话，介绍了期间学校培养出来的杰出校友李恒德、师昌绪等人的光辉事迹，寄语学校师生传承西工大精神，为学校发展、国家富强不懈奋斗。当年11月，在河南理工大学2016年度“金属材料及加工工程学科发展基金”颁奖大会上，傅院士还向获奖师生赠送了《习近平总书记在纪念红军长征胜利80周年大会上的讲话》单行本，并勉励大家走好新的长征路。

受聘河南理工大学特聘教授11年来，傅恒志院士为学校及材料学科的发展倾注了无数心血，作出了重要贡献，他以质朴的家国情怀、丰富的人生阅历、严谨的学者风范、乐观豁达的人生态度及“基础扎实、工作踏实、作风朴实、开拓创新”的作风，影响和教育了无数师生。现在，已经87岁高龄的傅恒志院士仍在家乡、母校的这片热土上耕耘不辍，他与夫人仲女士在校园内相伴而行的身影，已成为河南理工大学最美的风景。我们衷心祝愿两位老人在今后的岁月里，如月之恒，如日之升，如南山之寿，如松柏之茂！这是我们河南理工大学全体师生员工共同的心愿。

师恩如山　行为楷模

陈瑞润

学术泰斗　高山仰止

傅恒志院士，中国著名的材料和冶金专家，领导研制的超高梯度定向凝固装置达到了当时的国际领先水平；担任西工大校长8年，在任期间大刀阔斧的改革，反映工科高校水平的国家奖数量和EI收录论文数量屡创新高，位居全国高校前列，使西工大的科研水平、综合实力和声誉达到新的高度，20世纪90年代为数不多的高校排名中，西工大一直位居前十名。第一次听说先生的名字是我在山东工业大学（后合并于山东大学）铸造专业读大三时，因为中国铸造的三位院士都在西工大，其中先生当过校长，又是学术大家，最容易让人记住；西工大拥有凝固技术国家重点实验室，是国内铸造专业水平和实力最高的学校。从那时起，先生便印刻在我心里，如一座屹立的丰碑！我坚信，先生的名字和学术水平令材料人仰视，也让我觉得是那么遥不可及。

师恩如山　规格严格

1999年考研顺利进入哈工大，2000年决定在本校攻读博士学位时，我选择了郭景杰教授作为导师，有一天郭老师把我叫到办公室，告诉我傅院士聘任到哈工大工作，且就在本课题组，我可以师从傅院士攻读博士学位，能有院士做博士导师，是多少人梦寐以求的事情，欣喜若狂，就这样机缘巧合地成了先生在哈工大的第一个博士生。我的博士论文方向为钛基合金电磁冷坩埚定向凝固，这是先生在高温合金定向凝固基础上开辟的新方向，利用电磁冷坩埚进行定向凝固钛基合金，这在世界上也是从未有过先例，难度可想而知，果然经过一年多的努力，课题研究毫无进展，不但没有实现定向凝固，甚至都无法成形一根像样的钛合金试样。先生多次去实验室指导，多次在课题组开讨论会，

作者信息：哈尔滨工业大学材料科学与工程学院教授、博士生导师。

几经努力，最终实现了钛合金定向凝固，力学性能也大幅提高。先生常告诉我们：“明确目标，行动要和目标一致”，这句话一直激励着我。博士论文写完第一遍后，让先生审阅，大约半个月后，先生写了满满七页纸的意见，从公式推导到实验结果，再到理论分析和整体论文结构，先生都仔细阅读并提出了的意见，结论是没有达到博士毕业论文要求。气馁和失望之余，还得继续努力，又经过了半年的深入研究和修改，先生同意进行博士答辩。在整个博士论文期间，先生已经70多岁，却亲力亲为，工作上时刻关心并感动着学生，对论文要求极为严格，容不得半点马虎。

矢志不渝　功夫到家

先生工作极为努力，在我的印象里，工作是先生最主要的乐趣，先生的书柜和办公桌上总是有材料学科的不同书籍，而且笔筒里不同颜色的笔，分别用于标示不同的内容和意见。十一长假是很多人规划出游的时节，2011年十一前夕，先生让我去图书馆帮他借几本书，并复印某些书的章节内容，先生告诉我，他要在十一期间仔细阅读这些资料，并且要给本专业师生开一个材料科学基础知识专题讲座。多日后我看见先生对复印的资料和PPT中对很多内容做了详细的标注，并提出了新的观点，将不同课程中貌似不太相关的知识串联到一起，并且对从事的研究进行了理论预测和指导。先生勤奋努力工作的精神和认真扎实的态度，永远激励着我们。

坚持党性　与时俱进

师从先生攻读博士学位以来，我们党经历了十六大、十七大和十八大，每次大会结束后，先生都会在多种场合给我们灌输大会精神：十六大的全面贯彻“三个代表”重要思想，继往开来，与时俱进；十七大的推动科学发展，促进社会和谐，深入贯彻落实科学发展观；十八大的大力推进生态文明建设，实施创新驱动发展战略等，先生总会将大会精神与我们自己的教学、科研和生活相结合，教会我们如何领会大会精神并且用于实践。在2016年7月先生自费购买了习近平总书记的《在庆祝中国共产党成立95周年大会的讲话》读本，发给课题组老师认真学习，并进行了讨论。先生时刻以一个老党员的身份高标准严格要求自己，努力践行并传播党的理论方针政策，与时俱进。

师爱似海　行为楷模

工作中先生是一个严格认真的师长，生活中先生是一个和蔼亲切的长者，时刻关心着我们的科研方向和年轻人的成长，先生时常教诲我们如何做好科研，告诫我们不要急于求成，要稳打稳扎、步步前进，同时也鼓励我们开辟新的研究方向，并提出很多建设性意见；当我们遇到困难时，先生会跟我们一起讨论，从最基本的理论出发，寻求最佳解决方案，同时鼓励我们不要放弃。近些年先生主编出版的书中，《漫漫探索路——傅恒志院士从教60周年》《凝固科学技术与材料发展——傅恒志院士从教60周年科技论文选》《先进材料定向凝固》《航空航天材料定向凝固》，先生都会签名后赠送给我们，以期鼓励我们有扎实的理论基础、严谨的科研作风和创新精神。先生除了关心我们之外，也关心着我们的下一代，先生作为哈工大的杰出校友和院士，照片和简历挂在哈工大附属中学的教室里，我儿子也会跟同学炫耀一下："傅恒志院士是我爸爸的导师"，他的很多同学自然不太相信，名人怎么如此之近？先生知道后，与我儿子合影并专门写了几句话鼓励他认真学习。为了鼓舞博士生全身心投入科研并创造更多科研成果，先生专门设立了"傅恒志院士奖学金"，鼓励更多优秀学子投身凝固学科。

先生在做人、做学问和行政工作方面都卓有建树，为我们树立了优秀的榜样，是我们永远学习的楷模。值此恩师从教70周年之际，向恩师致以最崇高的敬意和祝福！

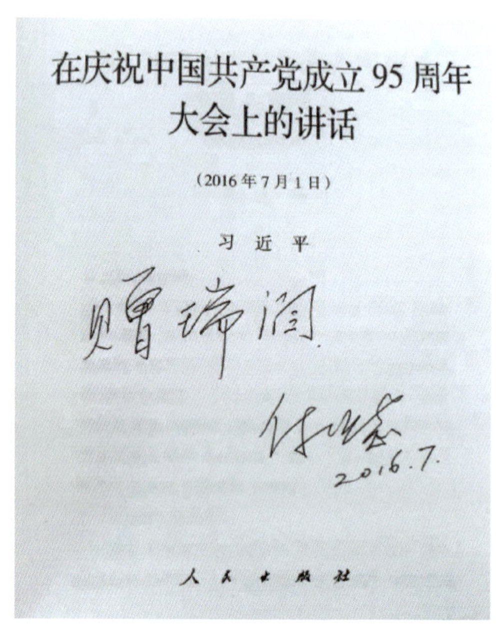
在庆祝中国共产党成立95周年大会上的讲话

（2016年7月1日）

习近平

赠瑞润

傅恒志 2016.7.

人民出版社

感念傅恒志院士二三事

欧阳文锋

傅恒志院士2005年受聘为河南理工大学教授，我同傅院士认识是2006年。认识十年来，我们有多次接触与交谈。无论是谈论国家大事，或是学院工作，还是谈论焦作工学院历史，或是子女教育等，我从他身上总能感受到自信、胸怀、渊博、眼光、传承、谦逊……每次都使我受益匪浅。

第一次接触傅院士，是2006年10月的一个周末，当时我还在校长办公室工作。那天，学校机关工会组织登山活动，邀请傅院士和其夫人仲老师参加。机关工会领导希望我能参加并全程陪同傅院士，我非常愉快地答应了。我们要登的缝山针公园，位于焦作市区北部，因山顶有一座不锈钢手术针雕塑而得名。山不太高，也不太陡，共有台阶600多级。那天天气清朗，上午8点多钟，我们一行约20人，有说有笑，三三两两地走向山顶。一路上，傅院士兴致勃勃，脚步稳健，不紧不慢，还一直轻松地与我们交谈着。“登山呀，不怕慢，就怕站。”傅院士说，“向着山顶，一步一个台阶，只要坚持，迟早会实现目标。做工作、搞学问也是如此呀。”约一个小时后，我们到达山顶平台。大家合影留念，稍微休息后，又陆续原路下山。这是我第一次如此近距离地接触一位著名科学家，他给我的印象是丝毫没有架子，特别平易近人，就像邻家大爷。

2006年年底，我调到材料学院工作，离傅院士更近了。到学院报到的第二天，就参加了傅院士捐赠设立的第二届“金属材料及加工工程学科发展基金”的颁奖大会。他在会上的讲话，既引用中央领导同志讲话，又饱含爱校爱生深情，还对母校发展充满信心。在学校工作期间，傅院士经常作学术讲座、主题报告，也经常与学生座谈、接受学生访谈等，与学生们面对面地交流。每次报告结束，总有很多学生围着他，问这问那，他总是耐心解答，不知疲倦。知识渊博、和蔼可亲、虚怀若谷，这是学生们对傅院士的

作者信息：河南理工大学材料学院党委书记。

普遍评价。

校处级领导干部与学生座谈制度是河南理工大学思想政治工作的一项品牌。傅院士也主动参加进来，多次与学生座谈交流。印象比较深的是2010年4月的那次座谈会。座谈会在学校学术报告厅举办，面向全校学生，是我一手策划并担任主持的。为了做好这次座谈，我们提前征集了近百个问题，并作了广泛宣传和精心组织。那天晚上的座谈会上，傅院士先后就学生提出的我国大飞机发展难题、传统材料在新时期的发展、青年时代的人生追求、工科人才应具备的素质，乃至他个人的爱情婚姻生活等问题一一作了解答。他的回答睿智、风趣，会场多次响起掌声和笑声。座谈会持续了近两个小时，傅院士兴致一直很高，看不到丝毫疲惫。这些，又让我看到了一位资深教育家对学生大爱般的悉心关怀，希冀学生成长成才的热忱之心。

傅院士每次来校，都会把自己近期出版的学术著作、收集的西工大等高校的一些资料等送给我们，其中有很多资料都是他亲自挑选、摘编、复印成册的，他还购买了《习近平谈治国理政》一书送给全院教师，这些对我们的工作都很有帮助。

记得有一次，傅院士说西工大参与出品了一部电影，叫《古路坝灯火》，他还出席了该影片2015年4月在西工大的首映式。该影片讲述了抗日战争时期，由天津、北平、焦作等地的高校内迁组建的国立西北工学院师生，一路跋山涉水迁移到陕西城固县古路坝，在十分艰苦的环境下，学生勤奋苦读，教师辛勤育人，志在科技救国的故事。他说，这部影片专门提到了河南理工大学的前身——私立焦作工学院。当时，我就跟傅院士说，能不能通过西工大帮忙找到这部电影的拷贝，我们也想在全院师生中放映，接受一下校史校情和爱国主义教育。傅院士一直惦记着这件事，当年下半年，他就专门把电影原版拷贝光盘邮寄了过来。今年4月19日，影片《古路坝灯火》在我们材料学院正式放映，学院师生300余人到场观看。观影之前，傅院士应邀发表了热情洋溢的致辞，他深情地讲述了那段历史，以及流传下来的“坝上长夜”“七星夜火”等动人故事。为了这个致辞，傅院士亲自撰写了3000多字的讲稿，还提前专门给了我一份，说让我“把把关”。我知道，这又是傅院士十几天来辛勤备课的结晶。傅院士的认真、谦逊，让我深受感动。

十年来，像这样的故事还有很多。我一直觉得，我在傅院士身上看到了一种精神，一种老一辈科学家、教育家科教报国的可贵精神，一种老焦工人的好学力行、勤勉求是的高贵品格，一种西工人基础扎实、工作踏实、作风朴实和开拓创新的务实精神……这种精神应该，也一定会在我们这一代和下一代人的身上得到传承和延续。

傅老师指导下快速发展的十五年

苏彦庆

2000年，是新时代的开始，也是我人生路上的一个重要时刻。

这一年，傅老师来到哈工大，来到我们课题组。当时我只是刚博士毕业三年的青年教师，淹没在众多才华横溢的青年志士中。我非常期待与傅老师的见面，希望能用最诚挚的语言面对面感谢傅老师对我的博士论文工作的肯定——傅老师是我的博士学位论文的评阅专家，对我的博士论文工作给予了很高的评价，更希望傅老师能对我今后的科研工作给予更多的指导。

上大学时，同学们就经常谈论，我们铸造学科领域的几位顶级科学家——中国科学院院士和中国工程院院士，那时就对傅老师有些耳闻了。但当时的信息交流还不发达，无法得到更多的相关信息，只有崇拜、敬仰的心情了。但也离奇地想，院士——我国最高的学术荣誉头衔，这一光环下会闪现出怎样的人啊。

只记得傅老师初来哈工大时，由于住宅还没有完全具备入住条件，只好临时住在校内宾馆。也不知是哪一天、哪个地方，与傅老师初次见面。

我们课题组有个工作习惯，课题组成员定期做工作汇报和交流。我的博士论文的研究方向是高活性合金水冷铜坩埚感应熔炼熔体质量控制，博士毕业后的几年里也一直围绕这个方向做进一步的研究。我的汇报也是围绕这方面问题展开的。但傅老师是高温合金及凝固理论方面的专家，我的研究工作与傅老师的研究方向没有交叉，我不确定傅老师对我的研究方向是否感兴趣。

2000年年末，我们课题组召开工作会议，规划研究领域及方向，并对新兴交叉研究方向加强平台建设力度。优先发展的研究方向是“水冷铜坩埚定向凝固”。这是一个全新的领域，我对其中的科学问题和关键技术一头雾水，其他老师可能也是这样。傅老师为此在组内做了专门的报告。从傅老师的讲解可以感受到，傅老师对研究方向的把握、

作者信息：哈尔滨工业大学材料学院教授，杰青，长江学者。

科学问题的认识确是我无法向背的。这个新方向的提出，绝对不是空中楼阁。傅老师在高温合金熔炼与凝固领域有多年的深厚积累，哈工大课题组在钛合金、钛铝合金冷坩埚熔炼及凝固成形方面有独特的见解。傅老师经过深思熟虑，提炼出这个新方向，将两个看似不相关的研究领域交叉到一起，也涵盖了我的研究工作。多年后的我，不断回想这段经历，深刻地理解到创新意识、创新能力不是凭空而来的。这个新方向的提出，是高瞻远瞩的。该研究规划布局后，许多领域专家都曾质疑，不能理解冷坩埚中如何可以实现定向凝固，经过三年的攻关，从技术原理、专用装备、工艺实验、理论分析，一步步走过来，解决了大量问题后，见到了曙光，首次实现了冷坩埚内的钛合金、钛铝合金的定向凝固。

目前高活性合金冷坩埚定向凝固不仅被认可，还被众多研究单位采用，为解决高熔点、高活性合金的定向凝固制备开创出全新的技术方法。2015年，该方面的工作被特邀到在法国召开的第八届材料电磁加工国际会议上做大会报告。但我依然在坚持高活性合金熔体质量控制方面的研究，这方面的理论成果为冷坩埚定向凝固也可以提供一些基础。高活性合金熔炼过程中避免间隙元素的污染是必须解决的问题，尤其是氧元素。从热力学上讲，降低熔炼室内氧的分压是可行的办法，但对于原始氧含量较高的合金，还是力不从心。我也在思考，也在与课题组内老师探讨，也在广泛查阅资料寻找新的技术路线。

2003年，随同傅老师与关桥院士讨论氢在钛合金中的作用。在这之前，我也阅读了很多氢在钛合金中作为临时合金化元素作用的文献资料。之后，与傅老师讨论氢在金属材料中可能的积极作用，但都是围绕通过氢气氛热处理固态扩散增氢技术为基础的。

恰在此时，课题组添置了水冷铜坩埚非自耗电极电弧炉，用于熔配高活性合金。该电弧炉是在负压的氩气下熔炼合金的。经过一段时间的探索，我有了个想法，是否可以在熔炼过程中将氢引入到合金中。但这只是想法，因为还没有见到文献中有非自耗电极电弧熔炼过程中将氢引入到合金中的报道。我向傅老师汇报了我的这个想法，之后又在组会上开展讨论。最后形成一致意见，可以改造非自耗电极电弧炉，而且傅老师经过几天的思考后，鼓励我，要大胆尝试，才会有新成果。经过半年的方案论证及装置研制，实现了可控的氢氩混合气氛非自耗电极电弧熔炼。开展该方向实验研究之初，还是很忐忑的，总会有些谈“氢”色变。傅老师与我讨论，氢是危险的，但也是可控的，只要在不疏漏、不失误的前提下，氢化熔炼是安全的。经过不断分析、了解可能存在的不安全因素，制定了实验规程，确保不出现安全问题。氢化熔炼这个方向已开展12年的研究工作，发现了很多新的物理现象并揭示了其内在机制，并不断地拓展该技术，已发展应用到非晶合金、高熵合金及复合材料领域，该技术最大的优势在于可以净化高活性合金熔体，为回收钛合金探索出新的技术路线。目前，这个方向已成为我们课题组的主要研究方向之一。

2004年以后，随着自己的成长，在组内承担了更多的任务，也与傅老师有了更多的交流。这时，傅老师已是75岁了。我有些不忍心由于自己的工作占用傅老师太多的时间，因为在我眼里傅老师实在太忙了。傅老师经常在不同场合谈到工作要投入、要勤奋，并经常以课题组郭景杰老师作为这方面的典范。其实傅老师在这一方面有着同样养成。在我的记忆里傅老师一贯地学习、工作着。

傅老师在讨论工作时曾讲到，他到苏联留学，当初拟定的研究方向是造型材料，但到了苏联后经过对苏联工业及科研研究工作的更深入的了解后，与导师协商调整了研究方向，瞄准高温合金开展研究工作。可以说这是具有高度战略底蕴的一次调整，此后，该方向成为傅老师科研工作的主线，取得了大量的成果，为国家做出了巨大的贡献。想到傅老师到哈工大课题组后启动的新方向，无不是经过深思熟虑后作出的决定。现在我也似乎有些理解，这种前瞻性的判断力是源于很强的理论基础和实践经验的深厚积累，同时不能脱离社会发展。

为了增强我们的理论基础，傅老师将工程材料的发展及与基础理论的关系做了全面梳理，汇聚成五个大的学术报告，坚持每年给我们老师和研究生亲自讲解，每次报告约150min。每次听完傅老师的报告不仅是学术上提升，那种忘我的工作精神令我们由衷地钦佩。

傅老师经常讲不能在爱护身体方面放松警惕。傅老师住在校园内，旁边就是一个小运动场，我听好多老师说，晨练的队伍中经常看到傅老师的身影。傅老师在晨练的人群中与众不同，不仅因为身材高大、满头银发，还因为傅老师跑步时头部不摆动。我们讨论工作时，傅老师的头部也经常保持一个姿势好长时间，有时用手托起自己的下颌似乎要给头部一个支撑。后来傅老师介绍，他的颈椎在“文化大革命”期间曾受过伤，每年都需要用颈托固定一段时间以保证颈椎不受更多伤害，但傅老师并没有因为这样的意外伤害而动摇其理想追求。但凡有工作的机会便全身心投入，不忍浪费分秒的时间。即使在“文化大革命”期间，每天思考之余，读报纸、抄报纸，强化自己的心境，同时练就了自己独特的书写方式。每当我翻阅多年前的工作资料，看到傅老师给我及研究生们写的研究工作建议时，除了学术内容以外，还会深深地感受到傅老师兢兢业业的精神、无为而有为的大家风范，对我的学习和工作是极大的鞭策。

傅老师三年前检查出食道内有斑痕，保健医生也很为难，不知如何是好。但傅老师并没有因为这个而扰乱自己，保持着原来的工作和生活方式，并通过查阅资料，自己研习了一套吐纳方法，经过近一年的锻炼，保健医惊奇地说，食道内的斑痕不见了！傅老师经常教导我要可持续发展，并且非常关爱地说“可持续发展，身体健康是前提，身体也要可持续。”这是非常深刻的人生哲理了。

2014年之后，我常到傅老师家汇报工作，这时傅老师已经是85岁了。我将研究组的工作宏观规划、每位老师的工作重点、研究生的论文主题、研究方向的新进展一一汇报，傅老师每次都仔细地了解总体及细微情况，并给出好多指导和意见。这时仲老师也会叮嘱我“小苏，你比我的小儿子还要大些，也要注意不要太累了”，同时也会说傅老师每天都离不开他的书桌。傅老师的书桌上堆得满满的学生的论文、文献资料，从未停止过思考。有时就某个问题有了新思路后，总会在第一时间与我们沟通，给出指导和建议。

近两年来，每次与傅老师讨论完工作后，傅老师都会额外与我讨论些时事形势和工作方法问题。其中印象最深的一次，剖析了“扬长避短、扬长克短、扬长补短”。回想15年前与我说的“削枝强干”一脉相承。现在不惑的我有些醒悟这言传身教的道理和顺势而为、恣意妄为的两个极端了。

虽说十年弹指一挥间，但弥久而知新，近90岁的傅老师，对社会的发展有着深刻的理解。就在今年的7月14日，傅老师与我们几个年轻老师一起观看了影片《古路坝灯火》。从中我们又经历了一次洗礼，我想这也是傅老师在无形中对我们的教诲。

15年间与傅老师生活与工作的点点滴滴，一幕幕在眼前闪现，其中既有长辈的关爱，也有严师的教诲。在我的每个重要节点上，傅老师都用一种最有效的方式给我以启迪。周边的朋友们时而投来羡慕的眼光：“有这样的一位智者帮助你。”是的，确实是这样，傅老师以自己的言行，以润物无声的方式，改变了我、塑造了我。

科研灯塔　人生导师

——致敬傅恒志院士从教70周年

骆良顺

少年志学，睹国之危难，立科技兴邦之志。

弱冠之时，古路坝灯火，西北联大求学报国。

三十而立，北上哈工大，千里冰雪难阻报国求学之路。

春秋鼎盛，师承苏联名师，研制新型高温合金，毅然回国。

不惑之年，恒守科技兴邦之志，铸造技术强国之功。

年逾半百，开明治校，创一流大学。

花甲之年，三院院士等身，实至名归。

古稀杖国，殚精竭虑为人梯，桃李满天下。

耄耋期颐，耕耘求索丝无尽，蜡烛长明身不休。

短短几句话，概括了傅老师从教70周年所取得的辉煌成就，却只是管中窥豹，只是我在哈工大求学、工作近20年以来，从傅老师言传身教中的所感所悟，从课题组老师、学生及国内外材料学界的同行对傅老师的评价中的体会。

2016年傅老师入选中国科学技术协会启动的“老科学家学术成长资料采集工程”，中国科学技术出版社将为傅老师出版传记，对傅老师的学术成长和学术成就进行详细论述。同时，2019年是傅老师从教70周年，西工大在开展傅恒志学术成长资料采集工程项目的同时，启动了《耕耘逐梦　初心永继——傅恒志院士从教70年纪念文集》出版筹备工作，拟同时出版。作为傅老师的学生，与恩师有关的两部重要专著即将出版，由衷地感到高兴，同时也非常荣幸能受邀为纪念文集投稿。借此机会，谈一谈跟随傅老师学习工作十几年的深切体会，以及我所感受到的傅老师对科研工作的态度，对人生的感悟，

作者信息：哈尔滨工业大学材料学院副教授。

向傅老师从教70周年致敬，也是对自身心灵的再次洗涤，赠予大家共勉。

傅老师从教70年，波澜壮阔，硕果累累，是我一生的榜样。在科研和工作上，傅老师严谨治学、高瞻远瞩、直面困难、持之以恒的精神是指引我不断进步的灯塔；在教书育人、做人做事上，傅老师虚怀若谷、淡泊名利、言传身教、甘当人梯的精神荡涤我的心灵，是我人生永远的导师。

严谨治学 直面难题 持之以恒

时光飞逝，记忆犹新。2003年读大学四年级时，我进入哈工大先进材料特种凝固课题组，跟随郭景杰和苏彦庆老师学习，而后攻读硕博连读研究生，从事多相合金凝固理论研究，从此有幸得到傅老师的指导，后又留校任教继续在课题组从事研究工作，时至今日，跟随傅老师学习工作快十六年了。老师十六年的言传身教，十六年的耳濡目染，让我对傅老师能够取得今天的学术成就有了更深的体会。严谨的治学态度、直面困难的学术勇气、持之以恒的精神使傅老师在学术上取得成功成为必然。

科研（课题）方向的确定、研究内容与研究方案的论证、实验过程及关键环节、实验结果分析与检测、学术讨论、学术论文撰写与发表是科研工作的主要环节，在这些环节中，无不体现了傅老师严谨认真的治学态度。

在确定科研或课题方向时，傅老师要求我们真正讲清楚科研方向的背景和依据，这些背景和依据不能仅仅来自于我们的一些想法，也不能仅仅来自于别人的言论，而要做充分的科学技术和行业调研，“只有从科学技术及生产实践的逻辑上真正讲清楚，科研或课题方向的确定才是科学的、必要的。”正因为如此，傅老师领导的研究团队才能在定向凝固理论和技术研究、多相合金凝固理论、高活性金属软接触熔凝铸方面取得蜚声国内外的研究成果。

在论证研究内容与研究方案时，傅老师要求我们把研究内容设计具体、合理，把研究方案设计完整详细，研究内容和研究方案的设计反映研究者对研究工作的整体思路与准备程度，研究内容和研究方案准备得越充分越详细，越容易快速实现预期目标，相反只会事倍功半，浪费人力物力。实验过程及实验关键环节是傅老师非常关心的环节，傅老师一直告诫我们，“我们是工科，从事的研究工作以实验研究为主，如果实验设计不好，细节关注不够将难以获得准确、科学的实验结果，实验结果的可信度也要受影响，所以我们一定要对实验过程和实验关键环节给予最大重视。”为此，傅老师80多岁高龄后有时仍然亲自去现场，了解实验过程，指导博士生做实验。

在实验结果分析与检测环节，傅老师时常鼓励我们采用一些先进的分析检测手段，教导我们：“实验分析一定要做细，不要漏掉一个细节，要从科学原理上去分析实验结果，而不能仅从实验现象去分析，先宏观再微观，从整体到局部。对于分析结果，要做到有理有据，不能想当然。”记得一次向傅老师汇报工作，分析两相凝固过程中的形成机制，傅老师质疑我的分析结论，要亲自去显微镜上看金相，最后确定傅老师的分析是对的，我心服口服，从那以后，每次分析实验结果时，我都全面、完整、严谨、认真地去分析，反复推敲得出结论。

学术讨论。我做学术报告时，如果傅老师参加，是我最害怕的。傅老师虚怀若谷、谦虚儒雅，对学生和年轻教师，给予的都是鼓励和支持，即使是明显的错误，也会和气委婉地指出，“对事不对人”，所以向傅老师汇报工作应该是一件比较轻松的工作。但是，傅老师对学术敏感性非常强，知识非常渊博，听学术报告时一定要听清楚来龙去脉，对报告的要求十分严格，从研究目标、内容、方案、实验、分析到结论都得讲清楚，尤其是结论的得出一定要有充分的依据和论证。如果没有经过充分的论证，傅老师都能非常准确地发现研究中存在的漏洞，及时指出，并从更高的角度给出建议，每次报告结束后，傅老师都要我们给他打印一份PPT带回去仔细研究。所以，我向傅老师汇报工作是很害怕的，怕的是报告中存在错误和不完善之处，怕的是傅老师提问或建议时我听不懂，无法应答。多年以后才发觉，正是这种对傅老师的害怕、对学术和严谨治学态度的畏惧，使我更加努力完善自己的科研工作，并受益终生。

图1是2012年我在一次关于包晶合金定向凝固两相组织形成规律学术汇报后，傅老

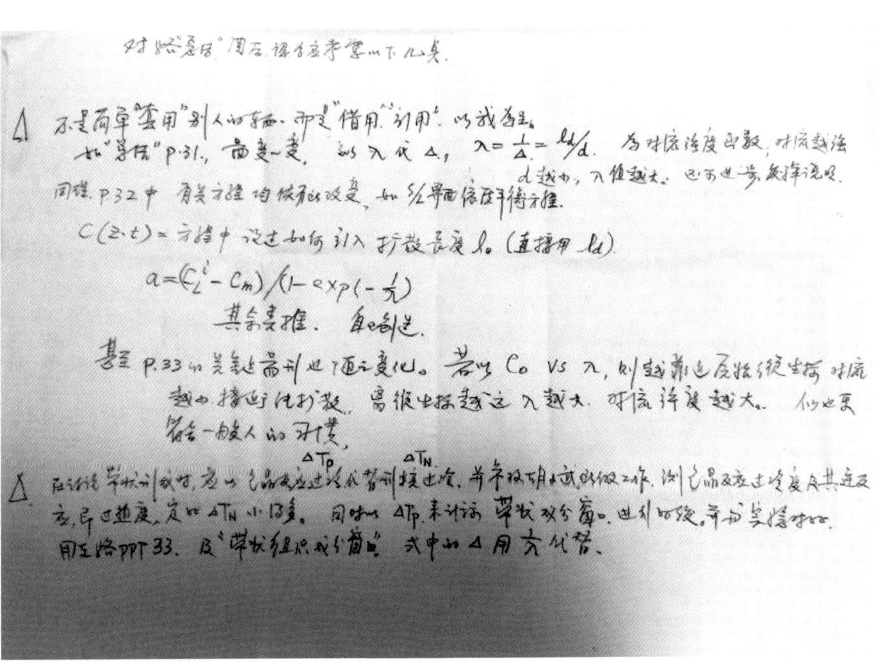
[illegible]

△ 不是简单“套用”别人的东西，而是“借用”“引用”为我所用。
如“算法”p.31，需变一变，以λ代Δ，$\lambda=\frac{1}{\Delta}=l_d/d$。为对流强度函数，对流越强 d越小，λ值越大。这可进一步解释说明。
同理，p.32中有关方程的[illegible]改变，如S/L界面溶质平衡方程。
C(z·t)方程中说过如何引入扩散长度 l_0（直接用 l_d）
$a=(C_L^i-C_m)/(1-\exp(-\frac{1}{\lambda}))$
其余类推。自己创造。
甚至p.33的关键[illegible]也随之变化。若以 C_0 vs λ，则[illegible]对流越小[illegible]扩散，[illegible]λ越大，对流强度越大。[illegible]符合一般人的习惯。
△ [illegible]（ΔT_p，ΔT_N）[illegible]
[illegible] ΔT_N [illegible] ΔT_p 来讨论带状[illegible]
[illegible] PPT 33，及“带状组织形成[illegible]”式中的Δ用λ代替。

图1　2012年傅老师在一次学术讨论后给我的指导和建议（部分）

师给我的详细书面指导意见（部分）。当时傅老师已经83岁高龄，视力不好，仅零点几，视野也仅有常人的三分之一，却认真地为一名学生批阅PPT，书写指导意见，这对一名普通学生而言是多么大的关爱和鼓励啊！时至今日，回想起来，仍然百感交集。每时每刻，傅老师都身体力行地诠释着学高为师、身正为范的深刻含义，并影响和激励着身边每一个人。

关于学术论文撰写与发表是最能体现傅老师严谨治学态度的一个方面。图2是傅老师给我修改的一篇文章，文章中的铅笔字迹是傅老师对文章的具体修改意见。傅老师对论文的前言、实验结果描述、理论分析、语句和文字都进行了认真仔细的修改。傅老师有详细归类文件资料的习惯，一般情况下给学生的文字性意见都要收回分类整理，需要用时可以随时查阅。当时因为我要仔细研究修改意见，所以就复印了一份。而今再回头看这些资料，透过老师的笔迹，看到的是老师对学生的爱护，看到的是老师严谨治学的态度！

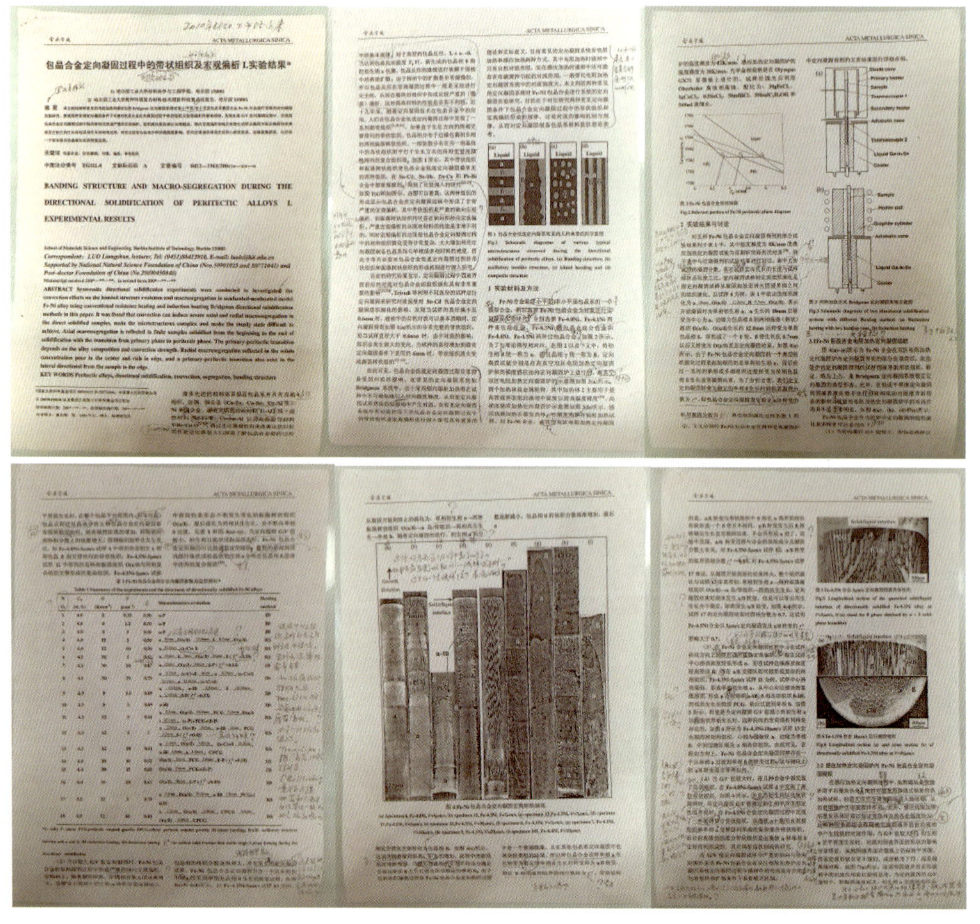
ACTA METALLURGICA SINICA

包晶合金定向凝固过程中的带状组织及宏观偏析 I.实验结果

BANDING STRUCTURE AND MACRO-SEGREGATION DURING THE DIRECTIONAL SOLIDIFICATION OF PERITECTIC ALLOYS I. EXPERIMENTAL RESULTS

图2　傅老师对一篇论文的修改意见

图中的铅笔笔记是傅老师的修改意见

科研工作属于开创性工作，经常会遇到困难，特别是现今科学技术飞速发展，需要解决的科学和技术问题都属于前沿问题或难题。作为学生或年轻教师，为了快发论文、易发论文一般都避开学术难题或绕开难点。傅老师经常告诫我们，“对于有一定难度的课题，要敢于和乐于去‘碰’，不要躲开难题绕道走。试想，如果难题都由别人解决好了，那还要我们这些人做什么呢！要真正解决问题，绝非头脑一时发热或者激动之时表点决心就能奏效的，需要的是内心真正树立的解决难题的志向，需要的是严谨求实的态度，需要的是脚踏实地的扎实工作，需要的是百折不挠的勇气。”傅老师讲述自己的经历，他在开创电磁软接触冷坩埚定向凝固时，难度极大，并且面临很多质疑。但是他认为这个方向在理论上是可行的，经过充分的论证后决定直面困难，解决该技术难题。经过十几年的潜心研究和不懈努力，成功开辟了这个新方向，取得了重要成果，并引领国内外该领域的研究。超高温金属材料一般指熔点超过2000℃的金属，其熔炼和精密成形技术难度极大，课题组在开辟该方向时存在很大的顾虑，这时傅老师鼓励我们，“国家有需求，哈工大有一定的研究条件，理论上是可行的，那就应该直面困难，如果大家都绕开这些技术难题，都去搞实验难度小的方向，那谁来解决这些难题呢！”在傅老师的鼓励和支持下，历时三年之久，我们课题组终于成功开拓了该方向，并且初步解决了该方向的一些技术难题，取得了阶段性的研究成果，获得了国家和学校的大力支持。

有了准确的科研方向，具备了严谨的治学态度，离科学研究的成功还差一个基本要素，那就是持之以恒的精神。傅老师正是以持之以恒的“恒志”精神不断严谨治学，教书育人，直面困难，攀登科学高峰，取得累累硕果，并且桃李满天下。关于傅老师的“恒志”精神，在《光明日报》《铸造杂志》《西安日报》《西工大新闻网》等媒体上已经有大量上的论述，我就不在此赘述了。

未来，我依然会在科研一线从事研究工作，并时刻谨记傅老师的谆谆教诲，老师严谨求实的治学态度、直面难题的学术勇气、持之以恒的精神是我最大精神财富，是我科研工作的灯塔，永远指引着我在科研之路不断前行。

虚怀若谷　言传身教　甘当人梯

已经记不清第一次见到傅老师是何时了，但我清楚地记得当时的情景：一位满头银发、精神矍铄、和蔼可亲的老者，用慈祥和鼓励的眼神看着你。这种景象太熟悉了，因为这就是傅老师，只要你见过傅老师，这种景象就会植入你的脑海。这就是傅老师的气质，这种气质源于傅老师虚怀若谷的胸怀、对晚辈的爱护、言传身教的信念和甘当人梯的境界。

傅老师每次做完报告，总是首先对提供帮助的人给予衷心的感谢，即使对举手之劳的工作人员都真诚地致谢。报告结束后，还对听众说一下报告的来龙去脉及可能存在的问题和不足。每次请傅老师给予指导意见，老师总是先肯定和赞同，然后谦虚地说，自己已经不在一线，不了解具体的情况，怕误导我们，所以只是提一下想法和建议，供我们参考。每次老师讲完话，总是要对自己听力和视力不好，耽误大家时间致以歉意。傅老师把一生都奉献给科学研究，奉献给教育事业了，却总是强调自己“没做什么”“做得不够好”。处处为别人着想，对别人工作给予肯定和尊重，对晚辈给予足够的宽容和鼓励，从不以长者自居，不以高位自居，这就是傅老师虚怀若谷的胸怀。

傅老师在教育年青教师和学生的时候从不要求我们应该做什么、应该怎么做，而大都是如果怎么做会更好。更重要的是，傅老师对我们的教育和影响，来自于言传身教，来自于潜移默化。

一位80多岁高龄的老人跟你一起在设备前看试样，分析实验细节，谈论实验方案；一位80多岁高龄的老人跟你一起看金相，分析金相组织；一位80多岁高龄的老人跟你一起从早上8点听学生报告直到中午12点；一位80多岁高龄的老人亲自给学生改论文，连一个错别字都不放过；一位80多岁高龄的老人亲自上讲台，给研究生和年轻教师授课，课程是十次时长两小时左右的讲座；一位80多岁高龄的老人还活跃在科研第一线，每天坚持考虑学术问题，还坚持看英文文献……这不是遥远的故事，这是我们身边的事，这就是我们的老师——傅恒志院士。现在我也是一名老师，我要做一名什么样的老师？榜样就在身边，这就是言传身教的力量！

傅老师非常关心青年教师的成长，他说年轻人最需要的就是支持和鼓励，试错的机会和施展的平台。在西工大，在哈工大，在河南理工，傅老师总是竭尽全力为年轻人创造更好的条件和发展平台。有课题，傅老师鼓励年轻人去承担，取得科研成果时，傅老师总是夸大年轻人的贡献，将自己放在最后，即便是在报科技奖项时，傅老师也是将自己放在最后，甚至把自己的位置让给年轻人。他的理念是培养更多、更优秀的年轻人，他相信年轻人发展得好，课题组、学校和国家的科技发展和教育事业才会发展更好！这就是甘为人梯的精神。

桃熟流丹，李熟枝残，种花容易树人难。正是有虚怀若谷的胸怀，言传身教的信念、甘当人梯的境界，傅老师在育人方面取得了累累硕果，桃李满天下。作为年轻教师，我经常用老师的几句话激励自己：“……要说人生的感受，或许有一些：第一，人生不如意事十之八九，遇到困难不要怨天尤人，树一千次目标，下一万次决心，不如悄悄地做些实际的事情；第二，要谦虚，谦受益，满招损，自满是人生最大的敌人，谦虚是人生最大的成就；第三，要有韧性，要经得起摔打；第四，要心胸开阔，要有团队精神和奉献精神……”

淡泊名利　厚德载物

傅老师子女学业有成、工作稳定，一家人生活十分幸福，但是傅老师及师母仲老师对自己要求严格，生活十分简朴。傅老师衣着朴素，家里的沙发、电视、书房的桌椅都是很多年前的旧物，一个经常手提的文件包也不知用了多少年，却始终没有换。

对待自己，傅老师一生简朴，对待学生和科研，老师却慷慨大方。为了促进材料学院学科建设，激励研究生德、智、体全面发展和创新精神的培养，傅老师在西工大建立“崇德奖学金”、在哈工大建立“凝固科学与技术奖学金”、在河南理工大学建立“金属材料及加工工程学科发展基金”，每年都从自己的收入中拿出近30万元的资金用于奖学金的发放，诠释着老师对三所自己曾经学习和工作过的学校的深深感情，对三所高校材料学科快速发展的殷切期盼，对优秀学子的莫大鼓励和期望！这些奖学金在三所高校中形成了“比、赶、帮、超”的良好学术氛围，学生们都把荣获该奖学金并接受先生的颁奖，视为攻读学位期间的至高荣誉。

师者如兰，跟随傅老师学习和工作，是我人生的幸运。傅老师虚怀若谷、甘当人梯的育人精神，淡泊名利、厚德载物的人生境界，实事求是、严谨求实的治学态度是我一生追求的目标。

最后，用傅老师的自勉诗和几句心里话作为文章的结尾。

荆棘漫道向阳走，跌宕起伏不回头。
耕耘求索丝无尽，残烛成灰身方休。

——傅恒志《漫漫求索路》

“科学技术浩如烟海，新鲜事物层出不穷。格物致知，求索创新，不断攀登科学的高峰，这虽然是项艰苦的事业，要求刻苦认真，坚韧不拔，全身心地投入和永不停息地探索，但其中也自有无穷的乐趣和引人入胜、令人神往之处。埋首科学研究，不觉老之已至，但还有那么多吸引人的科学奥秘需要去探索，还有那么多工作需要去做，所以我常常用‘老马已觉黄昏至，不待扬鞭自奋蹄’这句话来自勉；况当前正值大好时机，国家‘科教兴国’的战略方针深入人心，更当有所作为。来日虽已不多，但愿将此生全部奉献给祖国的科教事业，为祖国在新世纪的富强和发展作出自己应有的贡献！”

——傅恒志

“荆棘漫道向阳走，跌宕起伏不回头。耕耘求索丝无尽，残烛成灰身方休。”面对这样的大好形势，我觉悟到，以身献国，以心筑梦，对我这种老教师应该是光荣、幸福。你们是追梦，促梦，引领梦想，实现梦想。我是追不上跟不上步了，但还是要跟。虽不能像你们那样冲锋陷阵、建功立业，总还能摇旗呐喊、递茶送水。“小车不倒只管推”，为实现中国梦还要尽心尽力，竭其所能。

——傅恒志

十年回忆

杨劼人

2007年秋，我离开了本科学习、生活了四年的上海，去往北国冰城哈尔滨，进入哈工大攻读研究生，师从傅恒志先生，开展钛铝合金的定向凝固研究。岁月如梭，白驹过隙，至今已十年有余，如今我已经成为一位年轻的教师，在西工大继续着材料科研的事业。

其实，相对于很多人口中习惯的“院士”，平时傅先生的弟子们更习惯称呼他“傅老师”。在傅老师的所有学生中，我应是辈分、资质最浅的，认识傅老师的时间也是相对较短的，但在这夜深人静之时，回忆十年过往，依旧是感慨万千，思绪纷纷，难以落笔。

我想，自己受傅老师感染最深的是那种大家风骨，家国情怀，谦和、朴素、真诚、亲切和拥有笃定追求的人格魅力。傅老师已近90高龄，经历了军阀混战、抗日战争、国共内战、新中国成立后的曲折，以及近四十年来改革开放的社会巨变，一生阅人无数，经事千万，青年时留学苏联，回国后扎根西工大，当过校长，也挨过批斗；成为院士，也曾为学子。前段时间借中国科协“采集工程”的平台，傅老师详实地讲述了他从少年、青年、中年到现今的整个求学、科研的心路历程，我有幸参加并在一旁记录，不可思议的是他能对很多六七十年前的事情和人物细节记忆清晰，并且对人生路上的种种起伏和波折，也早就淡然。九十载春秋过往，现在，无论职位大小、身份高低，凡是走近他的人，傅老师都谦和以待，从不居高自持。你可以经常看到傅老师弯着腰笑呵呵地对给他复印文件的工作人员连声说“谢谢”，当去傅老师家里时，无论何时他总会在家门口微笑着迎接、送走每一位到访的人，我想每位和傅老师打过交道的人都会对这些感受颇深。

前段时间翻开自己研究生时给傅老师第一次做汇报的PPT，发现无论逻辑上还是内

资料来源：西北工业大学材料学院副教授。

容上，都漏洞百出，如果是站在傅老师的高度看，这个报告的水平应该更打折扣。可留给我的回忆，他当时不是大发雷霆的严厉批评，而是和蔼的善诱教导和鼓励，也正因为这样，更激发了我的兴趣和斗志，使我充满信心地继续前行、成长。可以说，傅老师以他的胸怀和修养，包容了我的“无知”，并不辞辛劳地指导我，给我了成长的空间和时间。现在，自己成为教师后，有课程工作，有科研工作，也指导学生，于是体会便更加深刻。学生之所以是学生，特别是研究生初级阶段的同学，除了个别的天才，大多数人在科研上表现出“青涩”的样子，对很多问题一知半解，闹笑话、犯低级错误是太正常的事。如果这个时候只是训斥，很可能会起到适得其反的效果，不仅打击了学生的积极性，也会对当前的工作产生消极的影响。所以，每当我面对这样的情况，特别是学生的工作进展不佳时，一想到自己初次汇报的情况和傅老师当时的态度，便能压住不少心中的怨气。回想一下，自己不也是这么一步步过来的吗？如果不是学生的态度问题，导师更应该做的是尽快捕捉到问题症结所在，然后深入浅出地将学生的工作引导到正确的方向上。教师的职责，应该是引导、鼓励、激发学生的兴趣，帮助他们成长。

在硕士和博士阶段，我的研究方向是冷坩埚定向凝固钛铝合金。具有定向组织的钛铝合金，由于其低密度和优异的高温力学性能，在新一代航空发动机中有巨大的应用潜力，但要实现钛铝合金的宏观晶粒定向和微观片层取向可控，并进行工业级尺寸制备，难度巨大，当时这在国际上也没有报道。据此，傅老师提出了冷坩埚定向凝固的思想，向这个难题发起冲击。我的具体工作主要集中在定向用电磁冷坩埚的设计、传热分析和宏观组织控制上，前者是为了制造出高效的定向用冷坩埚，进一步的传热研究是为了构建冷坩埚条件下组织定向生长的理论支撑，并在此基础上对钛铝合金进行定向凝固。

冷坩埚定向凝固是多物理场耦合作用下的材料制备过程，有很多未知的现象、规律和机制需要去深入探讨。研究初期，由于自己对合金的成分设计和相变机制认识不足，选择了一个不佳的母合金成分，结果便是难以实现组织的定向生长，取而代之的是等轴晶的出现。在汇报的时候，傅老师发现了这一点并针对具体问题进行了严厉询问，这也是我印象中傅老师对我唯一的一次责备。报告后我万分沮丧，难以入眠，思考下一步工作该如何进展。可第二天，傅老师便把我叫到了他家，一改昨日紧张的氛围，开始和我分析问题关键症结所在，并教导我“研若战，预则立，不预则废”的道理。多年来又经过此类种种，我现在能深刻体会到，开展科学研究、实验之前，一定要进行充分的调研，设计合理的方案，并尽量去预见所有可能碰到的问题并制定相应的解决手段，减少实验的盲目性，增加科学的预见性。傅老师还时常告诉我，要思考实验中的每一个环节和细节，这也是“预”的一部分。对于冷坩埚定向凝固的实验过程，记得傅老师让我写一份实验流程，包括操作过程和相应的说明，在有了之前的经验教训，并在傅老师言传身教影响下，我写了满满20多页，这其中甚至包括一根铁丝应该怎么捆绑、一个垫片应该如何放置。各个细节都需要考虑详致，它们对实验有无影响，如果有影响，这正是科研工作中从偶然王国通向必然王国的不二法门，没有捷径。自此以后，敏感并关注实验中的每一个细节，不放过任何一个环节的影响，成了我的科研习惯。

由于课题方向的设定和有限几年的研究生生涯，非常遗憾的是，博士毕业时我对钛铝合金本身的结构认识还是不够深入，而自己当时也没有太在意这点，但在我博士论文答辩后不久后，傅老师便找我谈话，对我的现状和未来发展讲了很多语重心长的话，我印象特别深刻的是“学习如逆水行舟，不进则退”。意思很简单，就是告诉我，博士毕业只是科研的开始，你需要终身的努力和学习，不然就会被逐渐淘汰。其实，我们平时也总能在周围听到这样类似的话，但是，当有一次我进入傅老师书房时，看到他桌面上几大堆书籍资料，摊开的纸面上密密麻麻地写满了各种颜色的批注和笔记，心中先是惊了一下，然后傅老师非常平和地告诉我，‘北京航空材料研究院遇到了一些高温合金方面的问题，想请我去讲一个报告，我发现这里面有很多问题我们原来确实不懂，我正在准备资料，自己也是个学习的过程，’此话一出我顿时就震撼了。我很难想象如果自己近九十高龄也能这样，但在我面前，这就是一位对科研工作有着本能兴趣并且身体力行的老人，这是对终身学习的最好诠释。

目前，针对高温金属结构材料的基础问题，为了能从更本质上去理解材料的设计、工艺、组织和性能，在傅老师的鼓励和指导下，钟宏师姐和我，开始对材料进行从电子结构到合金设计的理解和分析，计划逐渐形成系统性的讲义和课程，以便今后能更好地指导研究工作。傅老师不止一次告诉我们，“这是一件申请不到课题、发表不了文章、耗费大量时间和精力工作，你们想好了，愿意干吗？”受傅老师教诲多年，回答自然是肯定的。豪言壮语总是容易，但当现实中大量的日常工作压过来时，有时感到力不从心。现在，每当看到傅老师在办公室埋头整理讲义、笔耕不辍时，心中总是感到一丝惭愧和难以名状的责任感。所以无论多困难，都要克服，要为实现目标而努力。

夜已深，就此吧。谨此短文向和蔼可亲的傅老师致敬，并祝老人家和仲老师身体健康，生活愉快。

跟随傅先生走过的那段路程

——傅恒志校长办学思想回顾

李保义

我和傅恒志校长有过一段难以忘怀的共事经历。那是1984年西工大领导班子调整，他担任校长，我先后担任党委副书记、书记，直到1992年他因年龄离职。在这段共事中，他忠于教育事业的精神，他精辟的办学理念、优秀的品行都给我留下深刻印象。他坚持党对学校领导和办社会主义大学的办学方向；实事求是、艰苦奋斗的办学精神；坚持以改革求发展的办学道路；以人为本的办学方针；民主办学、集体领导的办学思想；清正廉洁、团结奋斗的作风。在学校的建设和发展中发挥了重要作用，也为办社会主义大学积累了宝贵经验。西工大“七五”“八五”期间被列为国家重点建设的十五所高校；“九五”期间首批进入“211”工程建设；“十五”期间进入“985”大学的行列，都与这些思想的指导和鼓舞分不开。

拨乱反正　坚持社会主义办学大方向

拨乱反正，整顿恢复。“文化大革命”中，西工大是个重灾户。干部队伍、教师队伍受到严重冲击，特别是处级以上干部和教授几乎无一幸免。教职工中因派性斗争结成100多对冤家对头，互不往来。校内思想混乱，人心涣散，学业荒废，队伍流失。到1984年新领导班子接替时，这些问题基本没有解决。面对这些情况，傅校长下决心拨乱反正，正本清源。结合上级的要求，在西工大先后开展“整党”和否定“文化大革命”的教育。对“文化大革命”中产生的错误思想进行清理；对“文化大革命”中发生的重大事件进行总结；对“文化大革命”中犯错误的人进行帮助教育。这次教育既严格要求，又讲究政策；既不放过错误，又不激化矛盾。坚持摆事实、说道理和自我教育的方

作者信息：西北工业大学原党委书记。

法。通过学习整顿，取得了良好的效果：明辨了是非，提高了认识，消化了矛盾，增强了团结。犯错误的同志放下了包袱，受伤害的同志得到安慰。自此以后，大家齐心协力把精力投入到学校改革发展和教学科研工作中去。学校各项工作出现了欣欣向荣的新气象。航空部领导来校检查工作时说：西工大各项工作蓬勃发展，大家把心思都放到事业发展上了。

办什么样的大学，培养什么样的人才，这是办学方向的具体体现。

办为国家四个现代化服务的大学，办人民满意的大学，办高水平的大学，培养为四个现代化服务的建设者和接班人。这是傅校长办学的主要思想。在他任职期间，把这种思想认真落实到学校发展建设的各个阶段中。

1984年，学校制定七年（1984～1990年）发展规划，提出的指导思想是：认真贯彻邓小平关于教育要“面向现代化、面向世界、面向未来”的指示；培养德、智、体全面发展的高素质专门人才；提供数量多，水平高的科研成果；贯彻以军为主、军民结合的方针；立足西北、西南，面向全国；以为航空、航天、航海事业服务为主，兼顾其他经济部门的办学方向。

1985年在制定我校“七五”（1986～1990年）发展规划中，确定发展目标是：到1990年，把我校建设成具有自己特色的、学术水平比较高的，以“三航”为主、军民结合、理工文管结合的多科性的教育科研中心，位于全国重点大学的先进行列，使我校成为既是教学的示范单位，又是开展科学研究的“国家队”。会议提出了四点要求：第一，坚持社会主义办学方向，培养有理想、有道德、有文化、有纪律的一代新型知识分子。第二，要坚定不移地把教育改革推向前进，创造一流的教学质量、一流的科研成果、一流的管理水平。第三，要发扬奋发图强、艰苦奋斗的精神，为国家富强、人民富裕而献身。

1991我校制定了《西北工业大学“八五计划”和十年规划的设想》。其方针是：坚定方向，深化改革，发挥优势，突出重点，提高质量，办出特色。设想的目标是：经过“八五”和“九五”的努力，争取在20世纪末，使我校成为在国际上有一定影响，在国内处于重点大学的先进行列，在教学质量、科研水平等主要方面具有国内一流水平的大学。

在傅校长和其他学校领导的带领下，在全校师生艰苦奋斗、齐心协力的努力下，我们每个阶段的目标任务都顺利超额完成了，学校沿着办社会主义大学的方向不断前进。

重视党在学校的地位和作用，重视思想政治工作，这也是傅校长办学的一个重要思想。在试行校长负责制时，傅校长始终坚持“四个不能变”，即党的政治核心地位、党支部的战斗堡垒作用、党员的先锋模范作用和党的三大作风及民主集中制的原则不能变。学校处级以上党政干部任免都在常委会上讨论决定，并由校长和书记交叉会签和签发。部分重要部门干部采取党政互相兼职，“双肩挑”，一个班子两个牌子等办法，以加强党政共同领导。

傅校长非常重视党务干部、政工干部队伍的建设。不管在什么形势下，我校一直坚持配备足够的党务、政工干部队伍。使专职党务、政工干部与师生员工人数之比保持在1%左右。在自由化思想泛滥时期，我校党务政工部门机构没有减，思想没有乱，队伍没有散，工作没有断。傅校长还特别关心爱护党务政工干部。在职称、住房、深造、提拔等方面都予以关心和照顾。党务政工干部出路问题、待遇问题是全国高校普遍遇到的难题，而傅校长把党务和思想政治工作看成与自然科学一样重要的社会科学，支持在从事党务、思想工作的干部中评定专业职称，特别是在直接面对学生的干部队伍中评定教师职称。这件事在全国高校中影响很大，在全国高校党建会上，多次受到国家教委领导的表扬和肯定。在党务政工干部培养提高上，学校一直坚持选拔一批优秀干部在校内和兄弟院校去读研究生班、双学位班，攻读学硕士、博士。生活上，对学生干部一到岗上班就给一间住宿兼办公的房子，后又专门建设了一室一厅的单元房作为学生干部的公寓。

在紧日子中奋进 在改革中发展

20世纪80年代初，国家经济还存在许多困难，不能照顾各个领域的发展。高等学校在十年“文化大革命”中又受到较大破坏，真是有点百废待举。当时国家每年拨给西工大的建设经费只有500万元，不够学校的维修费用。最紧张时连教职工的工资都发不出来。1984年，新领导班子上任后遇到的突出问题是：教职工住房困难问题，教职工子女待业安置问题，老年教职工过冬取暖问题和医疗费短缺问题。当时归结为“四大困扰”。随之而来的是，教师队伍不稳，人才流失，“孔雀东南飞”严重。教师队伍建设面临严峻问题。敢问路在何方？路在自己的脚下！当时傅校长提出了“在紧日子中奋进，在改革中发展”的思想。就是挺起腰杆，在改革中创出一条路来。随之又提出了“事业留人、政策留人，感情留人、待遇留人”的口号，并以实施“五子登科”，即帽子、房子、票子、孩子、担子，解决群众的实际困难，关心职工的疾苦。

用“地方粮票”评定职称。当时国家冻结了教师职称评定。傅校长提出启动西工大“地方粮票”给教师评定职称，并在青年教师中实行破格晋升。承诺等国家职称评定解冻后，优先把国家指标分给自评的教师。经过几年的努力，教师队伍得到稳定，青年教师迅速成长。拔尖人才脱颖而出。1986～1990年，全校共晋升教师专业技术职务2369人（次），其中晋升教授160人，副教授665人，讲师570人。1987～2002年，共破格晋升教授82名，副教授148名，其中35岁以下的副教授83名，40岁以下的正教授19人，最年轻的教授仅28岁。

到1996年，教师中取得博士、硕士学位者占教师总数55%，博士生导师45岁以下的占22.6%。教授平均年龄55岁，副教授平均年龄49岁，讲师的平均年龄32岁。学科带头人和学术骨干中，青年教师占到一半以上。

积极推进住房改革，解决教职工住房难。1992年学校多次向航空部申请，经部领导批准，1993年西工大在全国高校中最早实行了住房制度改革。一是把现有的住房（1600多套，约13万m^2）以部分产权卖给职工，回收了1161.37万元资金，用于给教职工再建新房。二是群众集资建新房，就是学校在校园内建职工住宅，以成本价卖给职工。1993～2001年共新建教职工住宅20栋876套，近13万m^2，教职工先后以600～1000元/m^2的优惠价格买到新房子。短短的七八年，教职工住宅翻一番。大家高兴地说，这真是建得广厦千万间，职工住进喜开颜！从此，西工大住房搭上了改革的列车，走上改革发展的新路。暖了人心，稳定了队伍。

集资装暖气。1992年西工大教职工住宅只有三栋楼有暖气。绝大多数教职工过冬很困难，特别是年老多病的教工和孩子更困难。当时群众要求装暖气的呼声很高。有的教师说："我睡觉身边放四个热水袋都暖和不了。"有的教师对校领导说："你们要我们当冰棍进火葬场吗？"根据群众的强烈要求，学校请省里专业部门进行了论证，结果是西工大装暖气需要3600多万元。这在当时对西工大来说是一个天文数字，所以论证后也就放下了。后来在傅校长的支持下，又对这项工程重新进行调研、测算，认为可以将经费控制在500万元以内。当时傅校长指示："要精打细算，走改革的路子，把学校现有的资源吃干榨净，保质保量地把好事做好！"

按照傅校长指示，我们动员群众集资筹措经费，承诺以后用暖气费返还大家。同时也用改革的办法，调动施工单位、学校管理部门的积极性，使工程进展又快又好又省。仅用了一年时间，花了480万元（集资187万，学校投入293万），就给全校30栋住宅2665户装上暖气。当年冬天西安天气特别冷，最低气温降到–18摄氏度，可西工大的教工家里热得要开窗户。大家高兴地说，暖气工程是"温暖工程"。

办好中小幼，为教职工解除后顾之忧。1984年新班子上任后，就利用大学的办学优势，抽调一批大学部的干部教师加强中小幼的建设。经过几年的努力，取得了很好的效果。西工大附中先后成为陕西省重点中学、陕西省示范性高中，并逐步跻身全国中学名校的先进行列，综合指标稳居全国第三。2013年美国学术单位以五项指标（A考入中国前五名大学人数，B近五年出国留学生数量，C中国中学校长的意见，D教师素质，E学校生均花费），对中国中学进行评估，西工大附中排名第三，仅次于中国人民大学附中和清华大学附中。西工大"十一五"期间共有357人考入北大清华。"十二五"期间共有482人考入北大清华。仅2013年一年就有104人考入北大清华。多年来，西工大附中的毕业生每年有80%考入国家“985”大学，90%考入“211”大学，97%考入国家重点大学。先后培育出9名中考状元和13名高考状元。西工大附小也先后评为陕西省示范小学、陕西省实施素质教育优秀学校、陕西省中小学教育先进集体。西工大幼儿园被评为陕西省示范幼儿园。

贷款打热水井。1995年西安市政府允许在市区试验性地开采地热水。我校争取到在西工大校区开采的试点，但因经费困难和存在风险等原因，有的同志下不下决心。按照改革中求发展的路子，决定由后勤部门自担风险，贷款进行试点。结果只用了不到10天时间就打成2000m深的热水井。当时每小时可自喷90℃的地热水100多吨，经市政府化验，水质比临潼华清池的温泉水还好，含有大量的偏硅酸、偏硼酸和丰富的锂、钠、钾、铷等微量元素。用这样水洗澡有很好的保健作用，而且还节省了燃料，避免了环境污染。后来除了浴池用水外，还把地热水送到全校职工的每家每户。大家高兴地说：“当年杨贵妃‘温泉水滑洗凝脂’要跑到临潼华清池，我们不出家门就能洗上比她还好的温泉澡！”

打热水井只用了180万元，仅学生浴池一年的澡票收入就还清了贷款。

改革的路子越走越宽广，1996年自压地砖，一年就解决了全校道路、广场、花园对地砖的需求。没花一分钱，还净赚了24万元。后来884电话端局的共建、天然气的安装、宽带网的铺设等都是改革中求发展的例子。

20世纪八九十年代，西工大人在困难的处境下，在傅校长等一帮人带领下，通过改革创出了一条新路。凝聚了人心，团结了群众，发展了事业。学校的地位不断提升，影响不断扩大，教学质量不断提高，科研成果不断涌现。据1992年国家教委公布的全国高校科技发展情况在六项排名中，我校有四项排列到全国前十名，其中科研授奖排名第一，研究发展课题排名第二，科研发展经费排名第四，研究发展人员排名第十。这几年全国重大国防型号研制的总设计师很多都是西工大当年的毕业生：歼20总设计师、运20总设计师、歼10的副总设计师、歼15副总设计师等。

以人为本　全员育人

学校的根本任务是培养人才。一个学校培养人才的质量，是检验学校办学水平的主要标准。1984年傅恒志接任校长后就抓住这个根本任务不放松。他先后提出了一系列提高教学质量的新措施和育人的新思想。其中全员育人就是其中一例。傅校长认为学校的思想教育是一个系统工程，不能仅靠少数专职政工干部来完成，而应建立以专职政工干部为骨干，以教师为主体，广大职工为重要力量，党政工团、师生员工、校系科室全民参与的全方位、全过程、全员化的育人体系，即所谓思想教育工作的“校专负责、党政配合、齐抓共管、专兼结合”体系。学校每一位教职员工都是学生的老师，每一项工作都为培养人才服务，每个人的工作态度、形象举止都在为学生树立榜样，影响学生的成长。

西工大实践证明这是一个好方法，也取得很好的效果。广大教师把育人融入教学的各个环节中，开展教书育人活动；广大干部把育人融入学校管理中，开展管理育人活动；广大后勤职工把育人融入服务工作中，开展服务育人活动。先后涌现出赵令诚、周尧和、王书焕等一大批教书育人先进教师；涌现出力学教研室、九系办公室等一批育人先进集体。广大后勤职工改变了“后勤职工低人一等”“后勤工作是伺候人的”旧思想，提出“后勤部门是没有教室的课堂”“后勤职工是不上讲台的老师”的服务育人口号。后勤职工和学生是“师生关系、兄弟关系、朋友关系、同志关系”。后勤部门开展“服务育人”活动，把广大职工的思想境界提高到一个新档次，把服务质量提高一个新水平。先后涌现出“不是母亲胜似母亲”的屈秀梅；“热饭热菜热心肠”的炊事班长常春花；“宁肯一身脏，换来全校香”用手掏马桶的水工徐士清；既治病又育人，给学生洗净沾满粪便内裤的医生杨士珍、卢性宁；“老黄牛”式的运输科工人张新卿等先进典型。

育人之花开满校园，育人的感人事迹催人泪下，西工大师生关系空前和谐融洽，教学质量不断提高，科研成果不断涌现。西工大的学术地位，在全国的影响不断提升。1989年和1992年，由航空航天工业部组织，在部属企事业单位两次大学毕业生质量社会评估中，我校毕业生综合得分都名列第一。在政治态度、工作态度、科技知识、工作能力、工作成绩、健康状况6项一级指标中，我校5项第一，1项第二；在14项二级指标中，我校11项第一，3项第二，仍高居榜首。用人单位对西工大的毕业生普遍评价是：基础扎实、作风朴实、工作踏实、为人老实，交给的工作放心，靠得住、能吃苦。

“三育人”工作开展受到了上级领导的关心和支持。1986年1月，在北京由国家教委、中组部、中宣部召开的全国高校思想政治工作座谈会上，我校介绍了《齐抓共管，形成网络》的“三育人”工作经验，受到与会代表和三部委领导的肯定和赞扬，要求在全国高校推广，要求新闻媒体在全国宣传。1991年12月，我校在人民大会堂介绍了“三育人”的做法和经验。1992年，我校“三育人”获得全国“半月谈思想政治工作创新奖”。1993年，我校“教书育人系统工程”获得国家优秀教学成果一等奖。同年在全国高校党建会上，我校被首批授予“全国高校党的建设和思想政治工作先进普通高校”。

建章立制　坚持民主办学

在傅校长任职期间，根据中央和上级组织的要求，西工大的领导体制先后实行过

“校长负责制”和“党委领导下的校长负责制”，但不管哪种领导体制，傅校长都坚持民主集中制的原则，做到重大问题集体讨论。在实行“校长责任制”时，制定了《校长负责制条例》；在实行“党委领导下的校长责任制”时，又制定了《西北工业大学党委领导下的校长负责制条例》和《西北工业大学党委领导下的校长负责制实施细则》及附件《西北工业大学校级领导班子会议制度及议事规则》，经上级批准颁布实施。这些条例对党政各自任务、职责及党政关系都做了明确规定，保证重大问题集体决策，做到有章可循。

在实行校长负责制时，傅校长提出了三不决策，即不听党委的意见不决策，不听到不同意见不决策，没有充分论证不决策。当时也有同志提出“党政分开”的意见，即党管党，政管政，互不干扰。对此傅校长就明确反对。他说：“怎么分？分成油和水，互不粘连？分成井水和河水，互不侵犯？分成小葱拌豆腐，一青二白？”学校的事是党政共同的事情，谁也离不开谁。后来经过认真的讨论，党委提出对行政工作“大事不旁观，小事不干预”。对校长负责的工作“既做开路先锋，又做坚强后盾”。后来，学校领导又共同提出了“三分三合”的原则，即制度上分，思想上合；任务上分，工作上合；职责上分，目标上合，从而保证领导班子的团结一致。

在后来的工作中，学校的领导班子进一步完善民主办学的制度，广开民主办学的渠道。

（1）发挥教代会作用。我校坚持一年召开一次教代会，校长全面报告工作，广泛听取意见，重大问题提交教代会讨论。

（2）建立健全校务委员会、学术委员会、学位委员会、专业技术职务评审委员会，加强民主决策。

（3）发挥民主党派在学校建设中的作用。校领导经常向学校各民主党派组织负责人、各级人大代表、各级政协委员会通报工作情况，直接听取他们的意见。

（4）发挥老干部的作用。重大问题及时听取离退休老领导、老同志的意见。

（5）重视调查研究工作，及时掌握情况，深入研究问题，制定措施，加以解决。

（6）从1986年开始，坚持由院系党政负责人和党政机关负责人参加的暑期工作会议，集中三四天时间，总结过去一年工作，交流工作经验，并部署新学期工作。

1992年，中组部考察组对西工大领导班子给予很高评价：“政通人和，风正劲足”。

傅校长对学校科研工作的一些观点

戴冠中

傅恒志教授在1984～1992年期间主政西工大，是我前一任的校长。我很关注他主政时期学校的工作，尤其是科研工作。我曾多次向他请教治校的一些问题，科研工作是经常涉及的话题。以下是我对傅校长抓学校科研工作的一些观点的回忆，这些观点也成为我们的共识。

傅校长根据国家的需要、西工大的实力和学校师生员工的期望，认为在相当长的一个时期内，学校发展目标应当是把西工大办成国内外著名的一流大学。一流大学有一系列标准，其中最主要和最本质的标准是一流大学必定是研究型大学。研究型大学乃是培养高层次创新人才和提供高水平研究成果的国家基地。所谓研究成果是指科学规律的发现或技术方法的创新，或工程系统的集成等。从国家层面上说，一个国家的研究型大学群体乃是这个国家科学技术体系中的核心部分，是推动这个国家经济建设、文化建设和国防建设从而增强国家实力的主要力量。因此，傅校长一贯坚持西工大应当办成一所研究型大学。

傅校长还认为，对于研究型大学，学校不仅要把教学工作放在中心地位，同时也必须把科研工作放在中心地位，学校必须建设教学和科研两个中心。20世纪80年代初，国家正值“文化大革命”结束不久，各条战线正在拨乱反正。当时各大学首要的任务是恢复本科教学秩序，提高教学质量，学校工作往往以本科教学为中心，但傅校长在那时就提出，西工大必须从以教学为中心向教学、科研两个中心转移，也必须把本科教育和研究生教育并重。任何一个中心的观点和认识，以及忽略研究生教育的观点，都将有碍于学校的发展和地位，不利于研究型大学的建设。傅校长的提法在当时是有争论的，但他把握住了研究型大学必须建设两个中心和两个并重的正确方向。

作者信息：西北工业大学原校长。

傅校长还认为教学和科研两个中心的建设任务是相互融合的。首先，他提出要“寓教学于科研”。他比喻科研项目如同一个“舞台”，虽然主角往往是教师，但很多“角色”可以由研究生或高年级本科生来担任，这些学生“演员”在完成科研项目中“角色”任务的同时，得到了充分的锻炼，学习到了从书本中难以获得的知识和经验。因此科研舞台对于研究生或高年级本科生就是生动的、实际的教学课堂，科研项目是培养高层次创新人才（包括教师）的最佳舞台。再者，傅校长还提出要“抓科研促教学”。各个学科通过前沿科研项目的研究开发，不断产生创新的科学技术知识，从而更新了各个学科的教学内容，提高了教学质量。因此，科研是一流大学教学的基础。

傅校长强调学校的科研工作必须向外开放，既要从事基础研究，更要重视国家急需项目的研究。20世纪80年代初，他访问美国的一些研究型大学，受到美国研究型大学与政府和企业界相结合的GUI（government university industry partnership）合作方式的启发。他回国后要求学校的科研部门协助广大教师花大力气抓国防科学技术工业委员会、航空、航天、船总等部门的纵向预研项目和攻关项目，并发挥西工大的学科优势、人才优势和地域优势，加强与企业、研究所的横向合作。这些措施大大推动了学校的科研工作。

因记忆所限，仅回忆了傅校长在20世纪80年代主政西工大时期对学校科研工作的上述观点。傅校长的这些观点，再加上当时学校得力的措施，大大推动了学校的科研工作，使学校科研水平进入了全国重点高校的前列。在今天看来，傅校长的这些观点已被大家所公认，成为共识，但在当时来说，这不失为一些超前的看法。

（2017年3月）

博士生眼中的傅院士

崔春娟　苏海军　钟　宏

提起傅恒志先生，人们会想到一长串的荣誉。在其60余年的科研和教学生活中，先生始终以国家需要作为自己奋斗的目标，孜孜不倦地工作在人才培养和科学研究一线。先生非常重视对学生的培养，言传身教、率先垂范，培养了一大批拔尖人才，桃李满天下。在他亲自把教下，已有近百名研究生走上科教第一线。

“弹指一挥间，我来到西工大已经快18年了。如果有人问我，在西工大学习和工作这么多年，你最幸运的事情是什么，那我会毫不犹豫地回答：做傅先生的学生并得到恩师的谆谆教导是最幸运的，这是我今生用之不尽的宝贵财富。”

“有幸成为傅先生的学生，之后毕业留校工作至今，我深深感受到先生淡定平和、虚怀若谷的人格魅力，感恩先生对待学生如沐春风般的关爱之心，感叹先生对待科学研究孜孜不倦的执着之情。”

“傅先生不仅教给我们科研的方法，更重要的是教导我们以积极的心态工作和生活。作为一名业界有很高造诣的大师，除过自己深爱的专业以外，他非常关注国家社会，关注人类命运，非常注重培养我们的社会责任感。他时时告诫我们：要有责任感，无论身在何处，身居何职，都不应丢失了责任之心。于我而言，傅先生人格魅力的感染和严谨治学精神的影响，是我一生取之不尽的精神财富，我为能有幸在傅先生门下得到老师的教诲而自豪。”

初见先生

“第一次见傅先生，是在大学入学教育之际，彼时先生已古稀之龄，却仍精神矍

资料来源：根据傅恒志院士学生的供稿整理。

作者信息：崔春娟，女，西安建筑科技大学冶金工程学院教授，博士生导师，2004年9月至2008年7月，师从傅恒志院士攻读博士学位；苏海军，男，西北工业大学材料学院教授，博士生导师，2005年9月至2009年6月，师从傅恒志院士攻读博士学位；钟宏，女，西北工业大学材料学院副教授，硕士生导师，2003年9月至2008年12月，师从傅恒志院士攻读博士学位。

到尾一字一句密密麻麻做满了标记，大到文章的布局、结构、数据的可靠性验证、理论的分析、机理的解释，小到语句的逻辑顺序、遣词造句、标点符号以及参考文献的核实和编排，无一不做了详细的注解。看到这些，我的眼睛有些湿润了，眼前不自觉地浮现出先生在百忙之中埋首为我改文章辛苦劳累的情景。可以想象在先生近八旬高龄之际，且眼睛有疾患的情况下，在这么短的时间内，修改这么量大的论文竟如此认真仔细，是多么的不容易啊！博士论文定稿前前后后不知修改了多少遍，每一遍无不使我切身感受到傅先生渊博的知识和严谨求实的科学精神。”

殷殷期望

“先生每学期都会做几次报告，给本科生讲‘材料与熵’，或针对研究生普遍困惑的问题做专题学术报告，甚至会给幼儿园的娃娃们讲有趣的材料常识……先生年事已高，用电脑不太熟练，准备PPT时总是先从厚厚的一沓书和文献里把准备用的图一张张找出来，扫描打印后加上文字，反复修改。每一张图，每一句话，学生能不能理解，是先生最关注的问题。即便对报告的内容再熟悉不过，先生在准备好PPT后仍然会字斟句酌，考虑每个画面学生能否听懂，每个页面如何衔接。细微之处见精神，先生的一言一行，无时无刻不在潜移默化地影响着我们。”

“先生平时对自己要求严格，生活也非常简朴。他衣着朴素，家里的沙发、书房的桌椅都是多年前的旧物，边都磨烂了，有的地方还掉漆了。一个经常手提的文件包也不知用了多少年，却始终没有换。然而，为了鼓励学院的博士研究生能够踏实潜心开展创新性研究，他却慷慨地从自己的工资中拿出大笔钱在学院设立‘崇德奖学金’，用于资助学院德才兼备、具有较强创新能力且做出突出贡献的在读博士研究生。”

“先生经常说，读博士期间，是一个人创造力极大发挥的时期，博士研究生的水平对于国家未来的发展至关重要。‘崇德奖学金’的设立极大地激励了学生们的科研热情，形成了一个科研上‘比、赶、帮、超’的良好氛围，学生们都把能拿到该奖学金并接受先生的颁奖视为读博期间最高的荣誉，这体现了先生作为教育战略家的魄力和远见，以及无私奉献的高尚品格。读博期间，我也有幸获得了该荣誉，颁奖时先生说‘今天的成绩代表过去，希望你今后继续努力’。正是恩师谆谆的教导和殷殷的期望，一直激励着我在科研的道路上不断前行。”

“时至今日，傅先生已经功成名就，桃李满天下，然而他依然默默地坚守在科研和教学的第一线。他年逾八旬，仍不断学习，对新生事物依然有着敏锐的直觉和洞察力，总是能超前地捕捉到学科的发展方向，还时常关心我们科研的进展情况，并给予无私的指导。前段时间还看到傅先生为全院师生做关于‘高温合金相计算的电子空位理论’专题讲座，敬佩之情在心中再次油然而生。我在内心问自己‘先生尚且如此，我等晚辈又当如何’。唯有以先生伟大之人格、崇高之精神为榜样，把恩师传给我们的宝贵‘财富’与更多的人分享，踏实学习，勤奋工作，使先生淡泊名利、严谨求实、勇于创新、乐于奉献的大师风范不断发扬光大。”

源深流自远　行健天同功

——贺恩师傅恒志院士米寿

蔡英文

1989年，我有幸成为傅先生的硕士研究生，后又攻读先生的博士研究生，在先生身边学习11年之久。近30年来，我得以从一个懵懂少年逐渐成长起来，而能对社会略有贡献，多赖于先生培养之功。

追忆往事，探求先生之人生成就，不胜感慨。自觉在自己的硕士阶段，从事单辊快速凝固装置与工艺研究，傅老师教我用手；在自己的博士阶段，研究非平衡凝固的介观动力学理论，傅老师教我用脑；当我走上工作岗位，经历人生的风风雨雨，傅老师教我用心。每当自己遇到大的困难和疑惑之时，老师总是以自己渊博的学识和丰富的阅历给学生以启迪，让学生受益良多。

公诚勇毅　乾道乃光

先生少年时正值日寇侵华，1938年，举家从河南逃难到西安。抗战胜利后，先生在1946年考入中国第一个矿业大学焦作工学院，1947年随机械系合并入西北工学院就读。

1938年成立于城固古路坝的西北工学院，办学条件极为简陋，但却集西北联合大学（北平大学、北平师范大学、北平研究院、北洋工学院）、东北工学院、焦作工学院之优秀师资，以“公诚勇毅”为校训，培养出众多优秀的工程技术人才，如2012年国家最高科技奖得主、两院院士、材料学界泰斗师昌绪，中国科学院院士、两弹一星元勋、材料学家吴自良，清华大学前校长、中国科学院院士、电机工程专家高景德，中国科学院院士、核材料和离子注入技术先驱李恒德，天津大学前校长、中国科学院院士、内燃机专家史绍熙等。

作者信息：上海交通大学材料学院教授。

先生于1952～1955年在哈工大攻读硕士研究生，1958～1962年赴苏联列宁格勒工学院留学，并获得副博士学位。归国后先后在西北工学院、哈工大、西工大任教。

1966～1976年的“文化大革命”，是一场史无前例的浩劫。先生此时正是年富力强、学术创造力最为旺盛，不料却被打成“苏修特务”而挂牌批斗。他的脖子和腿也因此落下伤残，可谓是历经劫波。

但正如屈原诗云，“亦余心之所善兮，虽九死其犹未悔”，“文化大革命”一结束，先生就以昂扬的斗志和奋发的精神全身心投入到工作当中。他和铸造专业的周尧和先生等老一辈科学家共同奋斗，培养了中国第一个铸造专业工学博士，建成了国内铸造专业第一个国家重点实验室。

作为老西工的毕业生，先生以自己的一生践行“公诚勇毅”之校训。

就“公”而言，他一切以国家和集体利益为重，任人唯贤，举才荐能，不存门户之见。中国第一个铸造工学博士、中国20世纪80年代最年轻的教授、中国凝固学界的青年院士……先生皆对此居功甚伟。

先生待人以“诚”，治学以“诚”，精诚所至，金石为开。先生交游广阔，深得海内外同仁的尊重，他与师昌绪先生有莫逆之交，和国际凝固理论权威、瑞士联邦洛桑工学院的Kurz教授相与甚欢。先生的自尊、自重、刚毅、沉雄、渊博，散发出一种无形的力量，和先生相识之人不知不觉中就会被他的人格魅力所深深吸引。在学术上，先生所提出的高温合金成分优化、定向凝固与超细晶技术、非平衡凝固溶质再分配理论、单晶连铸技术、电磁约束定向凝固技术等皆居于学科前沿地位。因此，先生于1992年获俄罗斯圣彼得堡国立技术大学名誉博士称号；1993年成为我国首批入选的国际高校科学院院士；1995年初被选为俄罗斯宇航科学院外籍院士，同年5月荣膺中国工程院院士。

先生之“勇”不仅体现在于艰难无望之时勇于坚持，还体现在学术方面勇于挑战极限。先生谦虚地说，“自己的一生总是失败”，但正是这种愈挫愈奋的品质推动着学术的进步和团队的发展。

先生之“毅”正如其名，不管遭遇战乱、迫害、困境、病患，他始终不改初心，永远保持着一种敢于挑战和不断前进的姿态。

“天行健，君子以自强不息”，先生性情之刚健、经历之坎坷、学术之精进、成就之杰出，正如《易经·乾卦》之描绘。先生的风范，正是中华民族精神和品格的真实演绎。

明德任责　好学力行

先生因焦作工学院、西北工学院、哈工大的渊源而任职于三校，他的兼职并不只是挂名而已，而是对于学科建设、研究生指导亲力亲为。

先生刚被哈工大双聘之时，哈工大铸造专业还是以工艺研究为主。他结合实验室的具体情况，创造性地提出开展电磁冷坩埚定向凝固技术研究，为团队的发展指明了主攻方向。

先生对于指导研究生非常尽责，尽管自己视力不好，还是亲自审阅学生的文章。有一年，因为学生论文中存在的问题，他在春节期间独自一人冒着严寒从西安飞往哈尔滨，和学生一起讨论分析。

尽管先生年事已高，但在学术上仍然孜孜以求。他深入学习新兴起的d-电子理论，并陆续准备了十讲，向西工大、哈工大、河南理工大学的材料专业研究生开展讲座。他甚至将自己的思考拓展到宇宙大爆炸，尝试将微观材料理论与宇观天文理论相结合。2011年3月，作为西工大“翱翔名家讲堂”华彩重章，他就此向大学生作近两个小时的科普讲座，让莘莘学子受益匪浅。

求实创新　蔚然成风

1984～1992年，先生担任西工大校长，他积极倡导“求实创新”的学风和作风，现在他的理念已经被确立为西工大“三实一新”的校风（基础扎实、工作踏实、作风朴实、开拓创新）。

在当今中国航空、航天、航海领域，西工大校友领军人才辈出。例如，在中航工业集团下属的研究所工厂中，担任总师（副总师）、重大型号总师（副总师）、特级专家、党政领导及国家三大奖获得者中，西工大校友占60%以上。“运10”“C919”“枭龙”“新飞豹”“歼10”等新型飞机型号的研制中，均由西工大校友担任总设计师。新中国成立60周年国庆大阅兵中，首次亮相的无人机方队3个型号均由西工大研制。西工大学子的优异表现引起全社会的广泛关注，2011年5月，两院资深院士联谊会“教育改革”项目调研组来到西工大，调研“科技复合型人才培养创新实验”，其间，调研组将大批西工大校友成为国防科技领军人物称为“西工大现象”。皆以为，“公诚勇毅”之校训和“三实一新”之校风功莫大焉。

先生自己所培养的学生，也已纷纷成长为栋梁之材，曾经或者正在担任西工大科研处长、材料学院院长、教务处长、研究生院副院长，中航工业集团重大项目部副部长、宝钢铁股份副总经理，上海交大材料学院副院长，南京理工大学材料系主任等职务，在学术上获得科技部、教育部、陕西省、上海市等诸多奖项。

先生双聘到哈工大工作的10多年来，哈工大的团队得到了长足的发展，培养出了优秀国家杰出青年基金获得者、教育部新世纪优秀人才等多名青年教师，并获得教育部、黑龙江省等的一系列奖项。

老骥伏枥　志在千里

而今先生年届九旬，行动已经有些迟缓，又遭受多种病痛折磨，如颈椎反曲、眼压过高、听力衰退等，但是先生雄心不减，仍然以顽强的毅力和超人的勇气不断作出新的贡献。

每年，先生都不顾旅途劳顿，奔波于西工大、哈工大、河南理工三校，殷殷期盼尽自己的能力多做一些事。

每次拜访先生，他总是感慨自己年龄大了，工作时间不能长，听力不好，参加会议听不清别人说些什么，为自己无法很好地开展工作而感到遗憾。

但正是在这种艰难的情况下，2006～2008年，先生仅用两年的时间，就组织编写了《先进材料定向凝固》这一长篇巨著，全书一百多万字，成为定向凝固技术研究的重要工具书。2015年，先生又组织出版了《航空航天材料定向凝固》一书，全书近九十万字，为航空航天材料的研制提供了有益参考。

先生最近又计划编撰出版有关d-电子理论方面的书籍，勃勃雄心让人感慨万千。

“老牛自知夕阳晚，不待扬鞭自奋蹄”，能够真切地感受到，先生竭力希望在自己的有生之年，把一生的学识和积累尽可能多地流传给后世。先生的精神和风范，将永远激励着学生在人生的道路上不断求索，奋力前行。

值先生米寿暨执教70周年之际，谨赋诗为贺，恭祝先生健康长寿、幸福美满！

贺恩师米寿

胸怀凌云志，恒心未曾移。
筚路相求索，褴褛探真理。
海阔成气象，渊深铸传奇。
微言传大义，师恩永相记。

管窥恩师　见微知著

李帮盛

古人云："师者，传道、授业、解惑也。"此言恰可精准表述我与先生之间多年的师生之交与师生之谊。

回顾往昔，自2000年我加入先生所组建的哈工大先进材料特种凝固加工课题组及研究所，一直承蒙先生教诲，请教专业学问，研讨科研课题，并最终成为先生的入门弟子攻读博士，其间获益良多，是为"授业"。

我与先生楼上楼下、择邻而居也已15年之久，日常生活中与先生交往频繁，曾多次近距离与先生相处，多次与先生求教学问之道，请教科研之法，先生都不吝赐教，是为"传道"。

在畅谈学问与科研之余，也时常与先生闲谈中外古今，讨教人生哲理，同样受益颇多，是为"解惑"。

多年来，自己有幸近距离得到先生的传道、授业与解惑，深感先生学问精深、知识广博、高屋建瓴、见解独到。

成语云："一叶知秋，见微知著"，自己仅管窥几个视角，采撷几点见闻，试图衬托先生整体高远之境界，力争以工笔细白描勾勒出挥洒大写意之效果。

业经多年来的近距离相处，我对先生的最大感受是，他对学问的严谨与潜心。作为同楼近邻，我常去先生家中，也常见先生耄耋之年，还克服老年眼疾，孜孜不倦、津津有味地认真阅读原文文献与专著。尤其是先生已届八十七岁高龄，还不遗余力、高瞻远瞩地选定"d-电子理论与材料发展"作为重要突破口与着力点，以期全力为课题组教师与研究生开拓科研视野，提升科研水平。为此，先生亲力亲为、满腔热忱地从英文、俄文、日文文献与中文专著中，查阅、搜集与精选有关"d-电子理论与材料发展"的相关资料，而且还让我陪同，不顾高龄亲自到新华书店选购有关物质结构、量子

作者信息：哈尔滨工业大学材料学院教授，博士生导师。

化学与材料设计等方面的专著，以供撰写 “d-电子理论与材料发展”的PPT讲义之用。

“d-电子理论”是从量子化学高度揭示材料原子间相互作用力与材料析出相形成相关规律的先进理论，它可从元素基本原子参数出发，构建优选合金成分的原则指南。“d-电子理论”对于材料加工专业的教师与研究生研发新型高性能合金具有重要意义，但也要求听讲者需要具备量子化学的基础知识为前提，这就使得如何针对材料加工专业教师与研究生，能够做到深入浅出地系统讲解包含诸多量子化学知识的“d-电子理论”成为关键难题。为此，先生殚精竭虑，反复修改讲解角度与方式，不断优化完善“d-电子理论与材料发展” 的PPT讲义，并于近两年先后给课题组教师与研究生举行了几次“d-电子理论与材料发展” 系列学术讲座，通俗易懂，概念明晰，效果与反响俱佳。

更令人感动的是，先生还不顾耄耋高龄，决心为全国材料加工专业的师生撰写出版一本深入浅出的《d-电子理论与材料发展》的专著。当先生几月前对我谈起这是他一生学术生涯中的最后一个夙愿，这种提携晚辈、荫及后生的情怀，令人由衷敬佩、肃然起敬。这恰如当代大诗人臧克家的《老黄牛》诗所言：“老牛亦解韶光贵，不待扬鞭自奋蹄”，先生这种“老骥伏枥，志在千里。烈士暮年，壮心不已”的豪情壮志，让人感怀，催人奋进。

让我最为感念的是先生渊博的专业知识，敏捷的创新思维，及其对我科研方向与成果的长期热情激励。无论是十多年前我提出金属型微精密铸造工艺并成功制备出直径580μm三维微齿轮；或是四年前我提出有基高熵合金全新概念并成功铸造出直径80mm的纳米微结构铸件；还是两年前我提出微尺度定向凝固新工艺并成功制备出直径500μm的高光洁度超长细合金丝，都一如既往得到了先生的高度评价与深情激励，并再三叮嘱我一定把这些研科研方向作为我的重点学术发展方向，系统加深相关研究方向的理论性研究，以期最终实现工业实用化。即使这些研究不是先生的既定研究方向，每每都能一语中的，触及关键，体现了先生高度敏锐的科学创新素养、高瞻远瞩的科学视野及乐为人师的高尚情怀，至今每当想起先生的热情鼓励，还清晰如昨，感激如初。

让我最为感怀的是先生的爱国情怀、博学多识、虚怀若谷与真知灼见，这是我与先生多次闲谈后的由衷感受。先生学贯文理，不仅科学水平高山仰止，还通晓文史、精通诗词。先生身体虽已高龄，但仍精神矍铄，兴趣广泛。每每谈起历史典故、诗词歌赋、政治经济等，先生都谈兴大发、如数家珍。先生谈及古代与近代著名先贤及对国家与民族的功绩，都是娓娓道来，公允持中，溢美之情，溢于言表。谈及古典诗词，也是滔滔不绝，评点精妙，而且对苏轼、辛弃疾等豪放派著名诗篇情有独钟，赞赏不已。谈及政治经济与国政民生，先生更是洞悉明察，见解独到，彰显出深厚的爱国情怀。

行文至此，统观诸点，豁然展现出一条鲜明的逻辑主线——爱国情怀。并且，这条爱国情怀的主线源远流长：先生弱冠青年时代曾求学西北联大，目睹日寇铁蹄踏破旧河山，耳闻热血男儿捐躯新华夏，立志科学救国，爱国情怀由此生根发芽。先生不惑中年时代，曾在“文化大革命”浩劫中蒙受不白之冤，惨遭批斗，但蹲牛棚不忘求索，蒙深冤仍思报国。随着70年代末“文化大革命”的寒冬逝去，科学的春天来临，尽管先生进入了古稀之年，但同时也进入了科学研究成果丰硕的黄金时代，先后取得了率先研发了水冷铜坩埚电磁成形单晶定向凝固发动机叶片先进工艺，以及率先提出了合金固液界面溶质非平衡理论等一系列实用及理论成果。及至现在，先生已届耄耋之年，但仍心系后辈，壮心不已，倾心著书立说。纵观先生一生，矢志投身科学、潜心精修学问、悉心培育弟子、全力提携后辈、敬仰爱国先贤、钟情豪放诗篇、关注国政民生，都是先生青年爱国情怀之根的一脉相承，并开花结果，催生了先生的累累成果与赫赫名声，也激励了先生的科研兴趣与学术追求。

凝练并摘要表述先生一生，恰可草成拙诗：

弱冠求学寇狰狞，不惑修身岁峥嵘。
花甲豪气冲牛斗，耄耋壮志贯长虹。
标新立异冷坩埚，奇思妙想非平衡。
科坛登峰建新论，书海拾贝集大成。
经纬九州慕鸿鹄，纵横四海效鲲鹏。
欣焉淡定评往事，怡然潇洒渡晚晴。

最后，作为长期承蒙先生教诲的弟子，由衷感谢先生十六年来的长期支持与激励，谨在此草成藏头诗一首，聊表心愿：

祝颂厚重诚精醇，
愿景高远堪绝伦。
恩德十载情切切，
师表六旬意谆谆。
身许凝固书华章，
心潜柱晶建奇勋。
健旺绵绵福东海，
康宁悠悠寿昆仑。

传人间道　授凝固业

——恭祝恩师傅恒志院士从教70年

陈　光

我是在华中科技大学（原华中工学院）从我的硕士导师熊国庆教授那里第一次听到傅恒志的名字。在熊老师的心目中，“傅恒志在铸造专业中最有成就！”从那时起，我就开始关注有关傅恒志的各种报道。一位德才兼备、又红又专、胆识过人、锐意进取、建树卓著的教育家和科学家的崇高形象在我心中逐渐形成并不断强化。师从傅恒志成为我的梦想！

经过多年的争取，终于获得了原工作单位有条件的批准，怀揣恩师熊国庆教授的推荐信到西工大办理报考傅恒志博士研究生的手续。不巧的是，当时傅老师出国访问，师母仲老师热情接待了我。其间仲老师说了一段让我始终不忘的话：“老傅应该欢迎，但要等他回来才知道。我会将熊老师的信交给他，请你放心。但你也不一定非报老傅，他们实验室水平高的老师很多。周尧和是中科院院士，老学部委员；张立同很年轻，是女院士，水平都很高。还有许多老师也可以选择，你还可以再考虑考虑”。这是何等的胸怀！怎样的境界！难怪西工大最早的三位院士全部出自同一个专业同一个实验室！难怪西工大材料学院人才辈出、长盛不衰，至今仍是西工大的明星学院，拥有国内最强的材料学科！

自从入学报到第一次见到傅老师至今，导师对我的教诲、指点、帮助从未间断，并逐渐改变了我的人生轨迹。导师的影响更是巨大而深远，一直并将永远是我学习的榜样。不仅仅影响了我们，而且影响着我们的后代。我儿子刚刚读小学二年级时，曾经从西安独自跟我同学王斌团到阎良家中玩住数日。其间，曾有人问他长大干什么？他回答：“像傅爷爷那样当个院士”。

作者信息：南京理工大学材料学院教授，博士生导师。

谈起傅老师，我们有无数的话题和故事，几天几夜也说不完。可写起来就犯难了，因为傅老师德高望重，成果丰硕，又不断创新，求索奉献，既是教育家，又是科学家，数十年来新闻媒体报道不断，要想不浪费读者的时间，就必须在大量的事件中过滤掉别人已知的事件。因此，本文所写都是媒体没有报道过的我个人的亲身经历和感受。

傅老师的品格、声望、学识及他的世事洞明、人情练达，造就了课题组“不待扬鞭自奋蹄”的良好局面，这是我多年以来难以忘怀又梦寐以求，而至今尚未实现的。

傅老师的创新精神有目共睹，至今还在不断地提出新的研究方向和课题。他的严谨恐怕只有我们这些学生体会得最深切了！记得我的博士论文开题报告做了五六遍之多，是经过不断修改完善后才通过的。每次下来都要花大量的时间和功夫重新查阅资料，甚至开展探索性实验以论证实验方案的可行性。因为熔体过热历史对液固界面稳定性及其演化的影响从来没有被实验研究过，当我在锑铋合金中发现了确实有影响及其规律后，兴奋地向傅老师汇报时，傅老师对实验过程检查之细，令人惊讶！甚至连温度的测试、热电偶的具体保护方法都查到了。最后问实验结果重复了几遍？明确要求实验结果必须可重复，重复实验必须做三次以上。越是新的发现，越是要慎重。理论分析一时跟不上，“唯像”的描述必须真实可靠。就这样，我又用了半年多的时间做重复实验。接下来要探明其是锑铋合金的特殊现象，还是普遍规律？选用最通用的铝铜模型合金证明了其普遍性之后要解决的是实用性问题和机理是什么，由此构成了我的博士学位论文。但预答辩又进行了五六次才通过并进入正式答辩。这不仅使我的学位论文和答辩获得了高度评价，培养了我的科学精神和科研能力，还无形中强化了我的责任意识。至今，我一直以导师为榜样来指导自己的研究生。在我因行政事务繁忙而减少了对学生的指导时，我就感到愧对良心！我也深知，在浮躁的时代，会有个别学生不能理解甚至认为你是故意卡他的。我曾多次和我的学生说过，想想当年我的导师是如何指导和要求我的，我如果不这样指导和要求你们，就对不起良心！

傅老师不仅是严谨的，也是高效的。我每次交给傅老师的文章，多数是第二天，偶尔隔一天就给我返回修改意见。仅此一点，就使我的许多同学无比羡慕，因为有的同学的文章交给导师两三个月或者更长时间都不一定返回。

傅老师的严谨不仅体现在科研中，还体现在许多方面。我在西工大攻读博士学位期间，曾经担任四系博士生班班长、党支部书记，创办了校研究生科协和博士生会并担任主要负责人，组织了一系列有影响的活动。傅老师作为西工大学术委员会主任、院士、前校长，所有的大型活动，我们都要邀请傅老师出席给予支持和指导。每次活动，傅老师总是提前到达，从不迟到，而且总是所有领导和老师中第一个到达者。如果需要用PPT作学术报告，傅老师更是要提前到现场实际操作一遍，确保万无一失。记得2003年我担任南京理工大学（以下简称南理工）材料系主任期间，邀请傅老师在学校科技会堂做学术报告，傅老师提前20多分钟到达现场进行预演，给南理工的师生们留下了深刻印象。我自己已经毕业多年、现已是常州大学材料学院副院长的学生魏伟博士，曾和我多次谈起这件事，说他从此养成了提前做好准备的习惯。

傅老师一直以又红又专来要求自己，是德才兼备、知行合一的楷模，是我们永远学习的榜样。记得纪念五四运动80周年，在西工大举办了一场大型文艺晚会，是中央电视台西北地区高校纪念活动电视现场直播会场。演出期间，身为院士的傅老师作为老一代科学家的代表被邀请上台发表了即席演讲，并接受了青年学生敬献的鲜花。手捧鲜花走下舞台已经不被观众注意的傅老师却恭恭敬敬地把鲜花献给了坐在观众席的他的前任老校长季文美教授，当时我们夫妻（我妻杨颖是傅老师的硕士生）坐在观众席第二排，看得真真切切。我到南理工工作后，傅老师经常到学校对我的工作予以指导帮助。傅老师第一次来，就要求我安排他到东南大学看望舒光骥先生。他告诉我，舒先生是我国第一代铸造专家，是他的前辈，他要以师生之礼前往拜访！但为了不惊动东南大学，又要求我稍做停留，然后将大家一起接到南理工。此后，傅老师到南京时，又让我联系与他一起在哈工大跟随苏联专家读研的同学、东南大学容延龄教授，并告诉我，容先生年纪大、退休早、经济条件不好，如果去东南大学，容先生就要招待，所以，要把他接到南理工来。这就是我的导师如何对待师长、同学、朋友的！对待我们这些学生，更是无微不至。我们取得任何点滴成绩，导师都比我们更高兴；我们遇到任何挫折和困难，导师都比我们更揪心！2000年，我开始主持南理工材料系的工作，傅老师对我提出两点要求：一是在其位谋其政，要像做学问那样做好行政工作；二是不能因为行政而荒废学术，在指导好学生的同时，每年自己至少要做一个实验，写一篇文章。有一次在我家里，我父母和傅老师聊天时问：傅老师下次什么时候再来南京？傅老师说：那要看陈光什么时候再需要我来。这就是我的导师傅恒志院士！他永远把师长、朋友、同事和学生放在第一位！记得2005年10月召开的第六届先进金属材料与金属间化合物国际研讨会，我作为东道主和大会共同主席，负责会议的组织和筹备工作。我在邀请傅老师参加时，傅老师说：我现在眼睛不好，如果我可以不去，就不要让我不去；如果需要我必须去，我就去！2009年春节，我在美国橡树岭国家实验室做高访，傅老师在跨洋电话中对我说：我现在一直挂念着你，就是放心不下你呀！听说你遇到了挫折，一定要正确对待，经得起考验，静下心来好好做研究，把坏事变成好事……当时我抑制不住泪流满面！

傅老师学富德厚，审时度势，高瞻远瞩。我博士毕业后，傅老师经过全面通盘权衡，安排我作为学术带头人被南理工引进，并说要在项目经费等方面全方位管我五年，扶持我自立。在我刚到南理工工作之初，就嘱咐我，选择科研方向除了发挥自身的学术特长外，还要紧紧围绕学校、行业、区域经济科技的发展需求，将这些因素结合好了，才能长久发展，形成特色。科研起点要高、眼光要远，成果除了要有科学和实用价值，还要有分量、有影响、能获国家奖。作为高校教师，应理论联系实际，基础与应用并重。就国家三大奖而言，作为工科大学教师，获自然科学奖比理科的难，获科技进步奖比企业的难，技术发明奖相对比较适合。发明奖追求新颖性、先进性、实用性，在潜心研究的同时，就要有针对性的做好准备工作，如申请发明专利等，这样成果出来后也就水到渠成了。

在名利面前，傅老师只是提携学生，自己却不要。2012年，我申报教育部和国家技术发明奖时，是傅老师亲自推敲确定的项目名称，但不当项目完成人。今年，我再次申报国家技术发明奖，傅老师仍然坚持不当项目完成人。是我专程赴西安，当面反复说明是我们校长要求一定得让傅老师同意作项目完成人，傅老师才在认真审核自己的实际贡献认为符合完成人条件后表态：我全力支持你，但我还是不当完成人更好，你再仔细考虑考虑，如果我当对你确实有利就当，否则就不当。

傅老师德高望重，宽厚仁慈。经教育部推荐我们申报的2013年度国家技术发明奖（专用项目）仅以一票之差没有通过答辩，原因是与同行朋友的项目意外撞车分票，导致双双落选。傅老师知道后，不是为项目没有通过而惋惜，却是怕因此伤害朋友感情而忧心，当时傅老师的神态表情我至今历历在目。我建议傅老师向对方解释一下，傅老师说解释没用，只能靠时间和行动，并郑重地嘱咐我：以后申报前，要主动询问，只要对方报，我们就不报，无条件让路。

傅老师时刻牵挂着学生，为学生的点滴成绩而高兴，并适时点拨。去年在西安，傅

老师听我汇报PST钛铝单晶研究进展后，特别高兴，溢于言表。说自己长期从事定向凝固、钛铝合金研究，一直认为钛铝相变复杂，定向凝固没法控制其单晶取向，现在突破了，是重大成就，了不起。文章在线发表于*Nature Materials*后，叮嘱我集中力量，开展应用研究，争取早日进入实际应用，并把他的相关新想法、新思路及具体方案等随时打电话告诉我。今年在哈工大，准备国家技术发明奖答辩时，对我讲，通过固然好，如果没通过，千万不要受影响，要和以前一样，一如既往地做好教学科研工作。当得知通过终评的消息后，除了祝贺外，还说：应该准备做下一阶段的事了。今年以来，还多次关切地告诫我，已经50多岁了，要注意身体，从现在开始，也该着手选择培养接班人了。

回首20多年来，我取得的任何点滴成绩，无不浸透着导师言传身教、点拨提携的心血！无不与导师“随风潜入夜，润物细无声”的教诲密不可分。能够成为傅老师的学生，是我们永远的福分！桃花潭水深千尺，不及恩师待我情！高山仰止，景行行止，虽不能至，心向往之！我将继续以傅老师为榜样，并一代一代传承下去。值此庆祝恩师从教70周年之际，谨以此文，向恩师致以崇高敬意和衷心感谢！衷心祝愿恩师健康长寿！也祝愿母校明日更比今朝好，从一个辉煌走向更大辉煌！

初心不忘　砥砺前行

——记在傅老师指导下学习和工作的美好时光

丁宏升

2016年3月，收到西工大材料学院党委的邀请，为傅恒志院士从教70周年写一篇回忆文章，身为傅老师的学生，我首先想到的是我国著名教育家陶行知先生的一句名言“学高为师，身正为范”，如果让我此时此刻表达对傅老师的敬仰与感激之情，这句话表达的再贴切不过。在我人生的重要阶段，求学、求业和乐业、敬业及日常生活中，傅老师是我学业上敬仰的学术大师，是我事业上尊崇的时代楷模，是我生活上敬重的父辈长者。在我人生求索中，老先生是我的指路人和先驱者，时刻鼓舞着我在科学研究和教书育人这条看似平坦却荆棘漫布的道路上，不懈努力，不懈追求，初心不忘，砥砺前行。

傅老师的教材专著使我对专业茅塞顿开。傅老师的著述非常丰富，特别是在铸钢、铸造高温合金、定向和单晶凝固理论和技术方面发表的专著就有四部，论文有四百多篇。记得我1986年9月考入哈工大铸造专业本科学习以后，由于众所周知的原因，同学们对铸造专业还是有所误解的，“翻砂”中那种烟气缭绕、尘土飞扬和热浪扑面的环境，让同学们都产生了为难情绪，我这个生手也不例外，更是望而却步。对专业真正有所了解还是在大三以后，通过对《铸件形成理论基础》《铸造工艺学》《特种铸造》等课程的学习，理解了铸造这门即古老又年轻的技术在中华五千年文明史和现代工业文明中所发挥的历久弥新的作用。当时为了扩大知识视野和夯实专业基础，在查找专业参考书中发现了一本教材《铸钢和铸造高温合金及其熔炼》，书的作者就是傅老师，这是我第一次读到傅老师的书，也是我对铸造在航空航天制造领域所发挥重要作用的第一次真切感受，航空耐热高温合金、真空熔炼和单晶定向凝固，这些关键词，不断地冲击着我的脑海，可以说傅老师是我走上铸造人生路的启蒙者之一。

傅老师的学术名望使我对科研兴趣盎然。傅老师是我国著名的材料及冶金学家，中

作者信息：哈尔滨工业大学材料学院教授，博士生导师。

国工程院院士、国际高校科学院院士、俄罗斯宇航科学院外籍院士，曾先后获国家科技进步奖及发明奖4项，获部、省级特等奖及一等奖4项，我国凝固技术国家重点实验室的创始人之一。记得我读硕士期间，导师叶荣茂老师在苏联鲍曼工学院留学过，不仅时间上曾经与傅老师有过交集，而且也是当年傅老师在哈工大学习工作过的同事。他经常谈到在专业上哈工大与西工大是两个不分伯仲的学校，但西工大拥有我们国家铸造专业唯一的凝固技术国家重点实验室，实验室环境比我们优越，科研条件也先进，而且拥有一批专业领域的学术大师级人物，特别是傅老师不仅身兼西工大的校长还是铸造专业的学科带头人，今后搞科研一定要向傅老师好好请教，耳提面授、孜孜以学。由此产生了对专业领域科研的浓厚兴趣，也下定了从事铸造和凝固科学的决心。

傅老师的视察使我真正领略了大师的风范。傅老师不但在学术领域思想敏锐、造诣精深，而且还是教育领域的领导者、行业领域的领跑者，是西工大的老校长，也曾是国家自然科学基金和材料领域有关专业组的专家领导者。我于1993年3月留校工作以后，参加当时筹建伊始、被国防科工系统批准的第一个重点实验室，即金属精密热加工重点实验室的建设和科研工作，主要负责世界上最先进的高活性钛合金水冷铜坩埚真空感应熔炼与铸造炉。1997年11月，由国防科工委和总装备部组织专家对实验室进行验收，我清楚地记得我们在进行熔炼实验时，一位身材高大魁梧、脚步稳健的长者面带和蔼的笑容来到我们的操作台前，他就是实验室建设与运行评估专家组组长的傅恒志院士，我们激动地向傅老师自我介绍和问好，傅老师也对我们这些学生后辈回礼致意，并且详细地询问了我们有关设备的组成、水冷铜坩埚的结构功能和操作等方面的问题，还勉励我们注重积极地消化和吸收这项先进技术，为先进钛合金的熔炼、凝固和铸造技术发展做出更大的贡献。这是第一次聆听傅老师的现场指导，当时感觉傅老师是真正的大师级人物，待人宽厚、做事严谨、学识宽广，是我一辈子难以企及的榜样。

傅老师的直接指导使我强化了对凝固科学的认识和理解。傅老师治学严谨，具有敏锐的科学创新思维，始终站在材料科学发展的前沿，精辟地提炼出材料及其凝固过程的科学问题，例如，率先提出液固界面非平衡溶质再分配及其有关函数关系，首次成功研制定向凝固稳态及非稳态过程晶体的三维取向控制技术，主持建立了凝固界面晶体形态转化和亚快速凝固理论体系等，特别是多次强调在高温合金、高温轻质钛铝合金和磁性合金等航空航天材料上开发和利用，做到理论先行，技术突破，产品应用。我有幸于1999年9月至2001年9月，跟从傅老师开展博士后阶段的学习和工作，实现了我在傅老师门下学习和探索的梦想。傅老师对学生的要求极为严格，特别是注意细节上的培养。当时傅老师开展的一个很重要的科研方向是将电磁场引入到高温合金的凝固过程中，并确立了特种合金多场耦合凝固理论与技术研究方向，由于我在博士阶段开展的是钛合金和钛铝合金铸造方面的研究，傅老师对轻质耐热的钛铝合金的熔凝铸问题非常重视，并多次做有关钛铝和航空航天材料方面的学术讲座，记得有一个讲座是关于航空航天材料的未来发展趋势的，傅老师从材料的体系划分、材料的结构和性能优缺点、航空航天领域的应用范畴及未来的努力方向等多层次、多角度进行论述，一方面开启了对高推重比航空航天发动机用材认知的科学之门，也使我们这些后辈强化了对于钛铝基合金等航空航天材料凝固科学重要意义的认识和理解。

能够使我更加领略大家的风范，感悟人生的真谛，践行科学和教育的使命是在千禧年之后。2000年3月，傅老师作为双聘院士到哈工大材料学院热加工重点实验室工作，当时我被课题组任命为傅老师的学术兼生活秘书，近水楼台，有机会经常相伴在傅老师左右，耳闻目染，聆听傅老师的谆谆教诲，感受傅老师的循循善诱之道，遵循傅老师的精辟学术思想，感觉受益匪浅，享用终生。傅老师首先在课题组中提出了“钛铝合金+冷坩埚+定向凝固”的学术研究方向，又提出了“以钛铝合金为代表的包晶凝固理论和技术”研究方向，并结合课题组各位老师的研究特色和主攻方向，制定了课题组的战略方针和具体发展路线。现在回头来看，正是傅老师高瞻远瞩的战略思维和锲而不舍的专研精神，造就了一只精干务实、锐意进取的“特种合金超常规凝固理论与技术”科研团队，团队中不断有老师获得国家杰出青年基金、长江学者和新世纪优秀人才等光荣称号，人才培养和科研学术研究硕果累累。傅老师经常讲到“凝固是大科学”，即凝固不光是一门技艺，也是一门科学，它历久弥新、横贯中西、包罗万象，要以科学的态度和务实的精神看待铸造凝固过程所孕育的科学问题及其所引入的关键技术。我记得当时傅老师很繁忙，经常出差和参加会议，但一旦在哈工大，就要么做学术讲座，要么组织课题组的老师开会商讨课题情况，要么和博士生一起讨论学术问题和安排科研工作，经常不辞辛劳，有时在办公室，有时在他家里。尽管那时傅老师年事已高，但仍然学思敏锐、创造力十足，还喜欢亲力亲为。有几次到他家里看到他还在亲自设计和制作定向凝固型冷坩埚的图纸，亲自推导冷坩埚定向凝固过程的热传递数学公式，而且是长篇累牍，细致入微，让我这个学生后辈深感汗颜。傅老师所阅读的资料也是分门别类地登记造册，摆在案头和书柜之中，看起来就像是个小型的图书室，记得有一篇发表在《稀有金属材料与工程》上的“钛铝合金电磁冷坩埚定向凝固技术的研究”一文就是傅老师亲自执笔写就的文章。甚至在接送傅老师的车上和机场的候机室，傅老师还在为我讲解降低三相点减少冷坩埚侧向散热和高温蠕变过程的原子扩散等问题，现在想来学生没有取得像样的成绩，实在是愚钝有之、聪敏不及。在傅老师和课题组贾老师、郭老师等的指导和推动下，我从事的主要研究方向是钛铝合金冷坩埚定向凝固技术，其研究目标是突破在伴有大量侧向散热的冷坩埚条件下定向凝固关键技术，实现高活性钛铝金属间化合物的定向凝固和片层取向控制，研制新型的耐热轻质叶片成形技术。已协助傅老师和郭老师指导博士2人，我本人指导博士毕业4人，在读6人，指导硕士将近30人。如果说“马行千里路，安之去路遥”，那么那个扶我上马又送我一程的人，就是恩师傅老师！永远激励着我在科学之路上奋勇前行。

傅老师的豁达性格和体贴关怀使我及家人常怀感念之心。算起来傅老师已是耄耋之年，与我辈相差几十岁，但仍然对我和家人关心备至，每每见面或是电话之中常常问起我夫人和孩子的些许琐事，并让我向家人带好。我清楚地记得傅老师曾把全套的《哈利波特》送给我小孩儿阅读，殷殷之情，不可言表。傅老师喜酒但不嗜酒，他喜欢弟子后辈围绕着他，以酒为媒，天马行空，抒情笃志，营造欢乐祥和的氛围，他又常常将深奥的学术问题和趣闻趣事搬到饭桌上，深入浅出，形象生动，引得大家欢笑愉悦，著名的“东北虎和西北狼”的故事仍然记忆犹新。我和家人都非常喜欢傅老师这位老爷子，他就是我们的父辈长者，也是孩子喜欢和尊敬的傅爷爷。

写到这里，不知不觉天已入夜，天色黑沉，飘着飞舞的雪花。感悟人生，时间的脚步匆匆迈过，算一算，从1997年11月和傅老师第一次相见，到在他老人家的指导下学习和工作，正好是19年，这也是和科学界的泰斗和一代宗师相识、相知和相伴的过程。我想如果让我来为本小札做个总结的话，我想傅老师给我的人生启迪及传递的人生能量是“高屋建瓴、求真务实的科学精神，严谨细致、精益求精的科学态度，为人坦诚、虚怀若谷的智者风范，体恤幼辈、大爱无疆的舐犊之情”。

谨在此衷心祝福我亲爱的傅老师和仲老师长寿、康健、幸福！

（2016年11月19日）

傅恒志院士纪事

张　志

我是2004年来到河南理工大学工作的，当时还没有成立材料学院，所以在机械工程学院的金属材料教研室从事教学和科研工作。2005年3月的一天，我们听说我国著名的材料及冶金学家、著名的教育家、曾经担任西工大校长8年的中国工程院院士傅恒志先生来我校访问，并受聘为河南理工大学教授，记得那是一个风和日丽的春日，在河南理工大学学术报告厅，在广大师生的热烈掌声中和众人敬仰的目光中，傅恒志院士从邹友峰校长手中接过大红聘书，后来我们了解到，之所以傅院士能来河南理工大学担任教授，是由于先生的家乡之情和母校之情，傅老师的老家是河南开封，而大学入学的学校就是河南理工大学的前身——焦作工学院。他说“1946年到1947年我在焦作工学院学习，当时的焦作工学院是全国最好的矿业大学，也是最好的工科院校之一，现在回想起来真是难忘。那时我们的老师基本上都是留美或留欧的学者，我们所用的专业教材上没有一个汉字，是全英文的，学起来很吃力。”字里行间充满了对往事的感慨。

当时的河南理工大学正是转型时期，2004年由焦作工学院更名为河南理工大学，欲实现由工科院校向综合性大学的转变，因此需要多学科的综合发展，正是由于傅院士的加入，促使学校决定成立材料科学与工程学院，材料学院由原来分布在不同学院的金属材料、无机非金属材料及矿物加工工程等专业组成，经过10年多的发展，目前材料科学与工程学科已经发展成为河南省一级重点学科，而材料学院也已经发展成为具有教职工80多人，大部分教师具有博士学位和海外留学经历，本科生近2000人，研究生100多人，多次在学校的年终考评中获得优秀，而这一切成绩的取得都是和傅院士的辛勤努力及关心分不开的。

在认识傅院士以前，我与院士之间的直接交流很少，一般见到院士都是听一些院士做的学术报告，所以自己内心里对院士总是怀着一种崇敬的心情，觉得院士一般都是非

作者信息：河南理工大学材料学院副院长，教授。

常伟大的科学家，恐怕都是高高在上的人，不是那么容易接触，可是和傅院士接触以后使我的这种想法产生了根本的转变。从认识傅院士的那一天起到现在已经十几年了，傅院士总是那么平易近人，见到每一个认识的人都会大声地打招呼，仔细地询问工作和生活的情况，傅院士讲话风趣幽默，很容易和人沟通，这些年河南理工大学所有和他接触过的老师和学生都对他高尚的人品和道德情操交口称赞。

2006年，我担任学院的副院长，主管学院的科研、学科建设和研究生工作，而且我从事的专业也是金属材料，所以和傅院士平时接触得比较多。仔细计算一下，每年傅院士来河南理工大学工作近四个月的时间，2005～2016年差不多有50个月了，也就是将近1500天，在这么长的时间里，傅院士的一言一行都给我留下非常深刻的印象，下面我就几件事情谈一下傅院士对我们学院及学科的发展所给予的帮助和支持。

2005年，为支持我们材料学科建设，鼓励、奖励优秀师生，傅恒志院士在当年接受聘任时即决定每年从该校给他的薪酬中拿出20万元，加上校方配套的10万元，共30万元作为资金来源，设立“金属材料及加工工程学科发展基金”，这也是我校第一个院士基金，用于支持材料学科进行国内外学术交流，开展学术活动，奖励品学兼优的材料及相关学科在校的硕士、博士研究生及取得科研成果的教师，目前该基金已经评奖十一届，受益师生达1000多人次。2015年，傅恒志院士和赵振业院士还共同设立了“材料学科发展基金”，旨在拓宽资助范围，奖励材料学科在校本科生，进一步推动了材料学科的快速发展。

2005年傅院士受聘担任我校教授的时候，我们金属材料及加工工程学科的底子还很薄，那时整个学科只有十几个人，并且几乎没有实验室和大型的实验设备，学科方向也不明确，正是傅院士利用学校的引进人才基金，带着我们经过反复的论证，创建了河南理工大学材料物理冶金研究所，帮助凝练并形成了凝固技术与亚稳材料、材料先进连接技术与相变理论及材料加工过程数值模拟等学术研究方向并取得重要进展，极大地促进了学科的建设与发展，他还积极倡导并推动建立了材料科学学术报告会制度，并亲自做学术报告。

这些年来，给我印象最深也是对我触动最大的并不是傅院士的学术水平和造诣，而是他那种活到老、学到老的虚心学习、孜孜求知、学而不厌的治学精神，作为一个80多岁的老人，视力和听力都减弱了很多，但是却没有影响老人的学习。傅院士常说的一句话就是“其实我也不懂，在一些领域也是外行”，就充分体现了他谦虚的作风。每当遇到不是很熟悉的知识的时候，傅院士总能追本溯源，从头学起，认认真真、脚踏实地地去学习。我从事的研究方向是金属玻璃与高熵合金，当时想研究熵在非晶与高熵合金中的作用，我去请教傅院士，让我吃惊的是，傅院士对我说，对非晶合金的研究他也不是很熟悉，后来傅院士经过多方查询文献资料，针对高熵合金和熵做了两次学术报告。在有关熵的学术报告中，他详细地论证了熵概念的提出及其在材料热力学研究中的作用，特别是提到熵的统计学意义及玻尔兹曼公式将热力学宏观量的熵与微观量概率联系起来，使热力学与统计热力学发生关系，从而奠定了统计热力学的基础。玻尔兹曼去世后，将玻尔兹曼公式作为墓志铭刻在墓碑上。这一段内容使我记忆尤为深刻，将终生难忘。另一次报告的题目是“高熵合金探讨”，当时适逢河南理工大学庆祝百年华诞，傅院士在报告的开头写到“恭祝母校百年华诞！1946～1947年焦作工学院学生傅恒志鞠躬”，字里行间切实体现了一个莘莘学子的母校情怀，令在场的广大师生深深感动，爆发出经久不息的掌声。

如今傅院士已经80多的高龄了，却还在全身心地投入到忘我的工作中，用他丰富的知识财富和经验为国家为人类做着自己的贡献。每当望着他花白的头发、蹒跚的步伐和背影，心中充满了无限的敬意。衷心祝愿傅老师健康长寿、硕果永存！

我身边的丰碑

李　强

2006年博士毕业后，我到河南理工大学材料科学与工程学院工作，工作中接触到了傅恒志先生，并有幸作为先生的秘书得到了先生的指点。

当时根据学院安排，我暂时担任了科研秘书的工作，傅恒志先生稍早一点聘任至学校并设立了“金属材料及加工工程学科发展基金”，作为科研秘书的我同时兼任了基金的业务秘书，这样由于工作关系能够经常接触到傅恒志先生，至今已经10年有余。这10余年的耳濡目染与先生的有意教导，对我的生活、工作、科研都具有指导性的意义，在一些关键的节点是先生的指导，甚至是无意的熏陶致使我能够有更好的发展。傅先生对问题的理解总能够高屋建瓴、一语中的，先生推行的一些工作，事后总能让我们受益匪浅，先生发自骨髓的教育意识总能够让我们在简单的接触中感触到教育大师的风范并受益，这里只简单列举几例。

材料科学与工程学院新建之初，设备极其缺乏，傅先生使用院士科研启动基金为铸造、焊接等方向购置了10余台设备，包含雾化沉积设备、扩散连接设备等，这些设备的购置为相关学科尤其是这些前沿方向的研究工作提供了设备基础，极大地促进了这些工作的展开。

学院的壮大是伴随着青年教师的引进而实现的，大量刚刚走上工作岗位的青年教师与现有的科研条件并不匹配，需要磨合与适应。为促进青年教师的快速成长，为加快青年教师科研工作的启动，科研能力的提升，先生专门捐献工资设立了“金属材料及加工工程学科发展基金”。基金中设立了实验室启动基金为实验室的良好运行奠定了基础；设立了奖励，鼓励教师、研究生努力做好科研工作；设立了科研基金，数十项科研基金的立项使青年教师走上了科研的快车道，经历科研基金的铺垫与锤炼，许多教师获得了自然科学基金、省科技资助项目，还有个别教师获得了863项目、21世纪人才项目、国

作者信息：河南理工大学材料科学与工程学院副教授。

际合作项目等。科研工作轰轰烈烈开展时，先生一边促使教师科研能力的提升，一边鼓励与帮助开展学术交流，增加见识与相互了解。邀请知名学者到学校交流，数十名知名院士、杰青、长江学者的学术报告，加深了教师对学术前沿的理解。另一方面又提前预估到了青年教师基本知识的缺乏，增设了基本知识学术讲座。

傅先生推行的学术报告制度特别是后来增设的基础知识讲座，对教师产生了极其重要的影响。基础知识讲座要求开展一次讲座，随后开展一次或者几次答疑与讨论，直到大家将相应的知识点及例子都清晰理解为止。这些基础知识讲座用行动明确指出了大家的缺陷与未来需要努力的方向，有助于大家进一步夯实科研基础。曾经有一个基础知识讲座是“过渡金属d-电子理论与材料发展”，其中的部分内容是讲多元高温合金的设计并有相应的例证。后来，在一个课题中我使用了这个多元合金的设计方法，制备了一种新型铜基耐磨材料，并成功地批量化应用到了高铁的接地装置中。

作为傅先生的秘书，在日常生活接触中受到了无形的教诲并受益匪浅。为促进河南省经济发展，提升科技工作者对经济发展服务能力，提升企业创新能力，河南省组织部组织了“博士服务团”活动，选聘部分博士研究生在企业进行挂职锻炼并指导企业提升科技水平。2015年我获得了一次这样的机会，当时我很犹豫，企业的挂职会促使长期在学校学习工作的我深入了解企业，促使自己更快成长，在企业工作一年，我自己也相信能够为企业提供一点技术服务与帮助，但是面临课题的结题、学院的相关工作、学校业绩点的考核、职称的评定，我也清楚，若到企业挂职，科研工作会受到影响、学院工作会受到影响、个人收入会有所降低、职称评定也会延迟。在犹豫中我想到了傅先生对我说过的一句话，“现在对高水平检索论文的重视是学校发展的一个阶段性产物，最终的科研成果还要着重在能够为社会经济发展服务，能够促使生产力的提升并生产出更优质的产品”，傅先生的这句无意之语，促使我下定了抓住这次机会的决心。一年的企业工作经历，增强了我对产品的了解，企业也依据我设计的方案，提升了产品的质量。我获得了企业的认可，企业也增强了竞争力。

傅先生的事迹不胜枚举，其一言一行均可能让人从中受益。

良师益友有恒志　静水深流不言休

——回忆我与西北工业大学傅恒志院士交往的难忘情缘

郭友军

傅恒志院士今年87岁了。他拥有60年党龄，也即将迎来从教70周年华诞。作为晚辈，认识傅恒志院士时间也比较晚，但我尊之敬之，也满心欢喜，想为他写下一些文字，以纪念我们共同经历的不平凡岁月中所凝聚起来的值得珍惜和思念的友情。

在我的心里，他永远是我敬重又喜爱的良师益友，他对我的关怀和帮助，犹如静水深流，永不言休。

启迪深思　教诲深刻

幼逢抗战，他在颠沛流离的童年中成长；亲历“文革”，他在崎岖不平的道路上壮志难酬；成绩斐然，他是我国著名材料及冶金学家，中国工程院院士。

“荆棘漫道向阳走，跌宕起伏不回头。耕耘求索丝无尽，残烛成灰身方休。”——傅恒志院士曾用这样的四句话激励自己。他87岁了，还心怀大志，不断求索。他的学术成就，我无法多言，更无力多评。

我并非傅恒志院士的学生，但在工作学习和生活，他对我帮助指导很多。我更想说：在人生道路的选择方面，他是启我深思的老师。这是实实在在的话。

我1976年来到西工大，长期在学校从事专职摄影工作，致力于用镜头记录学校建设发展的轨迹。这些年来，自己之所以还能在专业方面，有所成长和建树，说起来，还和当年傅恒志院士给我的点拨和建议有深刻的关系。

1984年，西工大调整领导班子，第一次采用投票民意测验的方式选举校长。傅恒志就高票当选。上任伊始，又恰逢当时中宣部、教育部、航空部联合确定西工大为校长负

作者信息：西北工业大学宣传部摄影师、副研究员。

责制试点院校。

20世纪八九十年代，改革开放的大潮风起云涌，高校内外，“下海经商”等成了社会的热门词。当时，西工大在以傅恒志为校长的一班人带领下，正处在难得的发展机遇期。

当时，曾有不少媒体，允诺更加优厚的待遇，希望我过去从事专职摄影记者。说实在话，我有点动心。在一次会议之后的闲聊当中，我偶然和傅恒志院士聊起了这样的想法。原本以为，这件事情也就这么过去了。没想到，几天后，他专门托人叫我过去，“要和我聊聊”。

他语重心长地和我说：“小郭啊，那天我们聊起过你未来的发展。我心里一直在想，如果你考虑好，想要到报社去，我非常鼓励，也很高兴。但是，我更希望你能留下来。你想想看，全国的报社有上千家，从事摄影工作的少说也有十几万，想要做出点成绩来，那可不容易；而全国的大学有多少，重点高校也不过几十所，其中从事摄影工作的有几个呢？现在我们西工大，作为全国知名的重点大学，从事摄影工作的空间和平台，与报社相比，都更适合你。你是学校唯一的专职摄影，也是学校的‘宝贝’和人才，希望你能认真考虑考虑，留下来和我们一起干。”

作为校长，傅恒志对于我个人问题的思考，不人云亦云，又切中肯綮，更显得弥足珍贵。他对于“大学摄影工作”的分析，教我眼界大开。

随后，在他的直接关注下，学校的新闻宣传，特别是新闻摄影等工作，得到了重点加强。在日后的工作中，我多次拜读了他的其他著作与论文，倾听了他的演讲与谈话，深感他造诣极高，民族特色突出，时代精神强烈，言语活泼，行文酣畅，笔锋犀利，一针见血，观点鲜明，意境深远，堪耐品嚼，启人深思。

“时间比奖励更能体现成果的价值”，多年后，尽管自己在专业上获得了诸多奖励，但回想起当年傅恒志院士的教诲，都甚为感慨，深以为是。他是我在工作生活当中真正的良师益友，是他的指点，让当时年少轻狂的我，能坚守一份高校摄影工作的质朴和纯真。

傅恒志院士在教育方面还有许多精辟的见解。这同他在哲学、历史、社会学、管理学等方面的造诣密切相关。他对教育的认识与论述是十分系统、非常本质、极富创见的，既站在历史高度上具有战略意义，又身处我国实际中可以具体操作，既继承了我国优秀的教育传统，又吸取了世界先进的教育经验。可惜的是，因为工作业务繁忙，我没有更多的机会亲身接受教益，相互研讨，深为遗憾。

耄耋老人 快乐真福

从领导岗位退下来后，傅恒志院士与我，反而联系更多，情思万千。他的风采总是能在我的镜头里找到神合之处。

于我而言，傅恒志院士不仅亦师亦友，更是让我羡慕的“好老头”。他身体康健、思维敏捷、精力充沛……用陕西当地话来形容，他就是一个“老小伙儿”。

前几天，他叮嘱我帮忙搜集下之前的图片。我打开电脑，很快就整理出100多张近年来他的各种照片。

翻看这些图片，若要说出他给我留下什么深刻而特殊的印象，我想可以用四个关键词“快、乐、真、福”来漫说，希望从中窥见一个在现代生活与教育科技之间探索的知识分子的性情特点和精神指向，以及他抱守的学术姿态和人生情怀。

言其“快”，是傅恒志院士快人快语，写文章做学问有一种“快刀斩乱麻”式的速度。同时，他对学术质量的要求，又希望“耐得住寂寞”般地出精品。他拥有能把快慢结合的“真功夫”。生活中的他，是一个闲不着的大忙人，读书、开会、做报告等，一本接着一本，一程又是一程，其文其人，酣畅淋漓。这种痛“快”感，不得不让吾辈汗颜。

话说其“乐”，傅恒志院士之乐，抑或是他的一种活法？傅恒志院士之乐，不止在于乐趣，似乎更像是夹杂着学术范儿、接地气的那种“乐呵呵”。与他交流的时候，常常能听到爽朗的笑声。于是私下想，人的确需要拥有一份平常心境，快乐才能常驻。正因为拥有了快乐，才活得有滋味，以至于“不知老之将至”。一个人只有修炼到这等地步，才能笑傲人生，也才能迈出轻松快慰的步伐，渐行渐远……

傅恒志院士是有“真”性情之人。其中应包括两种气味，一是天真，二是真实。因为天真，他无名利束缚，故而自由自在如天马行空；因为天真，他的人生与学术研究兴味日渐浓厚。这种天真，是一种自觉的天真、一种理性的天真。至于真实，指的是他不仅活得真实、活得朴实，还在于他对所关注问题或对象能看到真相，说出真话。

谈及“福”之于傅恒志院士，算来应有“五福”：首先，一个人的一生能从事自己热爱的工作，专事于凝固理论与技术及高温合金的研究及教学工作，是有福的。其次，待遇优厚也好，粗茶淡饭也罢，随欲而行，这应是人生之福。再者，一生经历坎坷，有艰辛也有幸运。如今著述等身，为人敬仰，多么幸福。此外，随着岁月的流逝，依然激情如酒，守持一份本真。身体还未发福，精神却已发福，说明日子有咀嚼不完的滋味，岂非是一种福气？其五，值耄耋之年，个人健康、家庭平安，心中尚有无尽的情趣。

我作为晚辈，写出以上感受与认识，书不尽言，言不达意，聊表心情，衷心祝愿他平安喜乐、健康长寿、青春常驻。

（2016年11月8日）

在傅先生身边工作的日子

郭景杰

傅先生2000年作为双聘院士正式来哈工大工作。到哈工大后，雷霆权院士建议他组建一个课题组，这样有利于将来研究工作的开展。因为傅先生在西工大一直从事先进材料定向凝固和电磁约束成形理论与技术的研究工作，而哈工大我所在的课题组在合金熔炼和先进材料电磁加工方面做了大量研究工作。傅先生经过认真考察选择了我所在的课题组作为他的研究梯队的基础。我特别幸运成了傅先生的助手。

傅先生到哈工大后面临的第一重要问题是选择研究方向。傅先生在先进材料，特别是高温合金的定向凝固研究方面是国际国内的著名学者，积累了丰富的知识和经验。但是当时对钛铝合金还没有进行过深入的研究，而哈工大当时主要研究对象就是钛铝合金。由于钛铝合金具有比强度高、耐热性好等优点，被认为是21世纪最重要的耐热材料之一，有望作为航空发动机的高压压气机和低压涡轮叶片用材料，从而显著提高飞机的性能。钛铝合金有应用前景的部分基本存在包晶相变，而包晶相变又是21世纪凝固理论研究的前沿领域。因此，如何将哈工大的钛铝合金方面的研究与定向凝固相结合，进行既有迫切理论研究需要，又有应用背景的大尺寸钛铝合金定向凝固方向的研究，成为傅先生考虑的重点。可是钛铝合金与高温合金不同，它具有很高的活性，钛铝合金一旦熔化可以与任何材料发生化学反应，污染合金及恶化钛铝合金的使用性能。通常定向凝固需要熔化和凝固同时进行，熔体与坩埚接触时间较长，用普通定向凝固方法进行大尺寸钛铝合金定向凝固会产生更严重的化学反应，而光悬浮熔化定向凝固技术可以实现无污染，但是无法制备大尺寸定向凝固试样。

当时国内外还没有制备大尺寸钛铝合金定向凝固样件的技术。傅先生查阅了大量资料和深入了解了哈工大钛铝合金熔化和铸造情况，发现国内外钛铝合金熔化几乎都使用冷坩埚进行，很好地解决了钛合金熔化过程中的污染问题。他想能否将冷坩埚技术引入

作者信息：哈尔滨工业大学材料学院教授、博士生导师。

到钛铝合金定向凝固中来，以解决大尺寸钛铝合金试样定向凝固过程中污染问题。因为冷坩埚具有很快的冷却速度，侧向散热非常严重，而定向凝固需要形成单向热流。经过思考和分析，傅先生创造性地提出了复合电磁冷坩埚定向凝固技术。该技术核心是冷坩埚由两部分组成：上半部分是纯冷坩埚，下半部分冷坩埚内表面衬一层高温陶瓷材料。实验时控制固液界面在冷坩埚中间部位，钛铝合金熔体只与冷坩埚软接触或不接触，凝固的钛铝合金部分只与耐高温陶瓷层接触，从而避免污染问题。后经过进一步分析，复合冷坩埚定向凝固控制工艺窗口较小，固液界面很难控制在理想位置。虽然冷坩埚具有很强的侧向散热能力，但是采用感应加热方法，存在集肤效应，表面加热速度也很快，如果在表面某一薄层内的加热速度与散热速度相等，那么内部就会形成近单向热流，这可以通过调整加热功率和频率来实现。

基于以上认识，傅先生提出了大尺寸钛铝合金试样冷坩埚定向凝固这一全新的研究方向。该方向一经提出，许多人都表示质疑，包括一些国内外的著名专家，他们认为用冷坩埚无法实现钛合金的定向凝固，因为冷坩埚的侧向散热太强了。的确，它与其他定向凝固方法的重要区别是它没有像其他定向凝固方法那样存在明显的热区和冷区，它的加热区也是冷却区。如果单单考虑冷坩埚而不考虑感应加热这一重要因素确实无法实现定向凝固，但是如果考虑到大多数人忽略的感应加热这一重要因素，除表面一薄层外内部绝大部分可以实现近单向热流，从而实现定向凝固。随后的钛合金和钛铝合金的电磁冷坩埚定向凝固温度场数值模拟结果也证明了这一点。这样一个崭新的研究方向——钛铝合金电磁冷坩埚定向凝固诞生了。

确定了研究方向后，一个紧迫的任务是建立相应的研究平台。傅先生提出了多功能、高精度、宽抽拉范围的要求，即该设备不但能够高精度和宽抽拉范围完成定向凝固，而且可以熔化和铸造钛合金件，并亲自主持设计和修改方案。因为该设备不但涉及冶金和凝固方面知识，而且涉及电机和机械方面的知识，傅先生要求必须要请相关领域的专家开一个论证会，对设计方案进行认真细致的讨论。例如，选择什么电机和驱动方式能够保证抽拉运行的精度，电机和机械方面的专家给出了许多好的建议，使设计方案更具有创新性和实用性。设备制造完成后各项指标都达到了设计要求。

实验设备制造完成后，傅先生首先安排他在哈工大招收的第一个博士生陈瑞润开始进行钛合金电磁冷坩埚定向凝固方面的研究。陈瑞润博士生经过10个月的实验，经历了失败，如拉漏或拉断，总结经验和进行分析，优化工艺参数；再失败，例如，尽管解决了拉漏或拉断问题，但是还没有获得具有定向凝固组织的试样，再进一步优化工艺参数，终于制备出了世界上第一根大尺寸钛合金定向凝固试样，从而真正从实验上证明了钛铝合金电磁冷坩埚定向凝固的可行性。之后进一步实验，陈瑞润又取得了一批原创性研究成果。后来又安排了若干名博士生进行钛合金和钛铝合金电磁冷坩埚定向凝固方面的研究，范围不断扩大，材料也从钛合金、钛铝合金扩展到多晶硅的电磁冷坩埚定向凝固，再到陶瓷材料的电磁冷坩埚定向凝固。研究内容从电磁冷坩埚设计，到多场耦合计算及其与材料熔化与定向凝固的相关性等。2015年在法国戛纳召开的“2015材料电磁加工国际会议”上特邀傅先生课题组作钛铝合金电磁冷坩埚定向凝固方面的大会特邀报告，受到国内外专家高度赞扬。

傅先生对研究工作十分重视，可以说是殚精竭虑、呕心沥血。不但表现出高超的创新能力，而且展现出严谨求实的科学作风和深厚的理论基础。当时傅先生在哈工大的研究工作主要包括两大部分：一个是偏重应用基础的钛铝合金电磁冷坩埚定向凝固理论与技术，另一个是偏重基础研究的包晶合金定向凝固行为的研究。针对这两个部分，安排了十几个博士研究生开展研究。傅先生对于每个研究生的研究内容，实验方案和预期目标都十分关心，通常要查阅大量相关文献，进行分析和梳理，与学生一起讨论和分析，指导学生开展研究工作。尽管有些学生并不是傅先生名下的研究生，傅先生一视同仁。记得我的博士生李新中和骆良顺准备博士论文过程中，傅先生经常与他们讨论研究工作遇到的问题和提出解决的方法，有时傅先生还亲自推导几页描述凝固过程的表达式。每年傅先生根据课题组研究情况，都要查阅大量相关资料，为组内老师和学生作专题报告，这些报告都包含着傅先生的创新性思维和深厚的理论功底。我记得有些学生研究工作仅停留在微观组织和宏观性能水平上，不能进一步深入。傅先生做了充分准备，做了材料设计中的电子理论与材料性能的相关性方面的报告，对老师和学生向更高水平研究迈进起到了重要的引领和启发作用。傅先生考虑问题之全面，理论基础之深入，都给我留下了深刻的印象，成为我终身学习的榜样。

在课题组管理方面，傅先生让我当课题组组长，他全力指导和支持我的工作。由于研究工作的日益系统和深入，课题数目一直上升，课题组人员也在不断增加，高峰是达到15人，其中8名教授博导，2名副教授，1名高级工程师和2名助教，以及2名行政人员。当时有人比我评教授要早，资格更老一些。总是对我说，“景杰，我跟你是合作关系，不是领导与被领导的关系，我们都是傅老师的助手，我只听傅老师的”。我说我非常同意你的观点，傅老师指到哪里我们就到哪里。傅老师知道后每次组内开会，他都会说，景杰是我的领导，我听他的。傅先生这样一说，我的工作就顺畅很多。

傅先生来到哈工大后，为哈工大开辟了电磁冷坩埚定向凝固这一崭新的学术方向，争取到了30余项国家重要研究项目，涵盖了几乎所有的各种国家重要项目。培养了一批优秀的年轻教授和研究生，其中苏彦庆教授获得国家杰出青年基金，苏彦庆教授、丁宏升教授和陈瑞润教授被评为教育部新世纪人才，创建了国内外独一无二的多功能冷坩埚定向凝固实验室，为我校铸造专业的进一步发展做出了重要贡献。

傅先生对国家和人民的无比忠诚，对教育事业的无限热爱，对科学研究的一丝不苟和勇于创新的精神，对学生慈父般的言传身教工作方法是我们永远学习的楷模！

衷心地祝愿傅先生和仲老师身体健康、工作顺利、生活美满！

益重青青志　风霜恒不渝

——写在我的导师傅恒志院士从教70周年之际

历长云

我与爱人许磊非常荣幸被纳入“老科学家学术成长资料采集工程”的采集对象，撰写一篇关于“傅先生从教70周年纪念文章”，刚收到邀请函时，内心甚是惶恐，受教先生十二载，与先生相处的点点滴滴萦绕于心，却久久无法动笔，究其原因，是不敢落笔，怕庸俗的文字无法表达这份情感。

2004年3月，我进入哈工大材料加工专业攻读博士，并有幸拜入傅恒志院士的门下，但博士第一学期主要进行理论课程学习，并未与导师见面。初识先生则是到了2004年9月进入课题组之后，记得当时参加课题组开展的阶段性工作汇报活动，会议室里，一位精神矍铄的白发老者端坐在会议桌前，经师兄师姐介绍得知那就是傅先生。活动过程中，课题组内每位老师和学生的研究方向各不相同，所涉及的知识差异很大、领域很多。先生对大家的阶段总结都做了认真倾听，并和大家针对研究中存在的问题展开了讨论，耐心解答了大家的问题，对下一步的研究工作还提出了许多建设性的意见。当时，我很诧异先生能熟知这么多领域的研究，从心底敬佩他渊博的知识、认真严谨的科研精神和敏锐的科研洞察力。当获知那时傅先生已75岁高龄，他的眼睛因眼疾刚做完手术不久，而且听力也严重下滑，是在依靠助听器的情况下，完成对大家工作的指导，更是深深折服于他的这种敬业精神。即便如今先生已87岁，这种工作态度依然没有改变，仍然亲自指导学生。

2007年6月博士毕业后，我有幸来到先生的母校河南理工大学材料学院工作。先生不仅在科研方面获得了巨大成就，还心系母校的发展。从2004年起，先生受河南理工大学校领导的邀请，到母校帮助材料学院的成立和发展。经过学校和傅先生等众多学者的努力，2005年材料学院正式成立，成立之初，学院的科研基础非常薄弱，在了解分析了

作者信息：河南理工大学材料学院教授。

学院教师的科研背景后，先生为学院整合了几个研究方向，并将自己的科研经费拿出来资助研究课题的发展。为了调动教师和同学的积极性，先生还将自己的退休金奉献出来，奖励那些有突出成果的教师和优秀的学生。在先生的努力推动下，材料学院的科研实力快速提高，每年都有教师获得国家自然科学基金面上项目、青年基金、联合基金等资助项目，也不断有青年教师获得省杰出人才、省杰出青年等殊荣。

先生曾经在听取研究生工作汇报时，发现许多同学虽然在使用软件进行模拟研究，但对其中的模型和理论知识并不清楚。因此，从2014年起，先生主动提出开展关于“元素与材料之间关系”系列知识讲座，并在讲座之后进行相应的讨论。在讲座和讨论中，先生用浅显易懂的语言，由浅入深地将材料性能、组织结构与原子结构、化学键、电子结构等之间的关系进行讲解，极大地激发了教师和同学的学习和研究兴趣。大家都说，先生的讲座对他们的工作和学习帮助很大，听了先生的讲座有一种豁然开朗的感觉。可谁曾想过已过耄耋之年的先生为了组织这个讲座要付出了多么大的代价！

近两年先生的身体健康状况越发不佳，他的视野只有正常人的五分之一，所以在讲座中，需要专门用台灯照射讲义，才能让自己看得见。他的听力也不如从前，由于长期借助助听器，导致助听器对他听力的帮助越来越小，每次讨论，先生都需要全神贯注地倾听，导致三个小时的讨论结束后，先生的精神异常疲惫，而且在每一个讲座之前，先生都会提前半个多月做精心准备，反复地修改讲义和幻灯片。有时为了确保每一个数据的准确，先生还会查阅大量的中、英文书籍和期刊。在帮助先生修改讲座幻灯片时，他非常谦逊地对我们说：“我做这些讲座，只是起到抛砖引玉的作用，帮助青年教师和同学们强化材料科学基础理论知识。我不是专业做物理研究的，对于讲座中涉及的部分物理知识，我也不能十分确定，为了不给大家讲错，我也只能边学边教，我们互教互学。”

先生在科研上取得的成就很高，对别人的帮助很多，但生活却十分简朴，而且不愿给别人增添麻烦。先生每年都在河南理工大学工作3个月，学校为了照顾他的生活起居，准备为他请个保姆，可先生坚决不用。先生每年在河南理工大学工作期间，我和爱人经常去看望先生，每每总是能看到先生和师母亲自做饭、收拾家务，到现在仍然如此。先生经常对我们说：“我现在老了，身体不如以前了，可也不能给学校、给别人带来麻烦。”

与先生相处12年，时刻能感受到先生的爱国之情。先生在“文化大革命”期间受到过不公正对待，还蹲过牛棚，但先生没有丝毫怨言，文革形势稍转，先生就和同事一起，克服各种困难，在定向凝固领域取得开创性的成绩，为国家的科研事业做出巨大贡献。先生还曾给我们讲述师昌绪、高景德、吴自良、李恒德等西北工学院前辈“古路坝七星夜读”的故事。通过先生的讲述，我们能够深刻地感受到在那艰苦的年代里，前辈那种为中华民族生存而苦读，为中华民族崛起而奋斗的伟大精神。

也许正是因为有着这样一颗爱国之心，一丝不苟、精益求精的治学态度和踏实认真、锲而不舍的科研作风，所以先生能在冶金材料领域做出如此辉煌的成就。

我的老师傅恒志先生

郭学锋

“师者，所以传道授业解惑也”。按照《师说》一文对教师的解释，也许并不能完全用来概括许多一生奋斗在教学科研一线的科学家。如中国工程院院士——我的老师傅恒志先生。先生不仅在传道、授业和解惑方面取得了骄人的成就，为我国材料学科培养了大量高级技术人才，而且为我国金属材料学科与平台建设及高等学校的发展与科学管理等诸多方面都做出了巨大的贡献。

初闻先生是在20世纪80年代初，那是在大学高年级阶段，专业任课老师陆续给我们讲到一些关于先生从事教学与科研的感人事迹。我第一次见到先生是1983年，先生应邀在西安交通大学材料系做一场有关高温合金方面的报告。后来在西工大上学期间，很荣幸学习了先生为我们讲授的“非平衡热力学”课程，先生的一言一行对我们后来的发展起到了鼓舞和导向作用。从第一次见到先生到现在已有30多年了，回顾过去，先生在诸多方面都给我留下了深刻的印象，为我后来的发展奠定了深厚的基础，尤其在治学、学科研究与发展和科学管理方面受益匪浅。

严谨的治学风格　言传身教平易近人

热力学是材料学者必须掌握的一门学问，而其中平衡热力学是一门理论性强、难度大的课程。先不论非平衡热力学发展是否成熟，仅就其系统而严谨的概念和理论推导，对培养高层次专门人才起到不可估量的作用。先生在讲授该课程的过程中，采用了自学加辅导讲解的方式。对每一个章节设定学习时间和学习目标，然后进行辅导讲解。讲解过程中由浅入深，穿插着大量的问题由学生回答。这种教学方法的特点有三：一是学生必须尽自己最大的努力，从教材层次上“完整”理解所学的内容。这就要求学习过程中不仅需要领会，而且需要发现问题，记录下来，在后面先生辅导时进行讨教和讨论。这

作者信息：河南理工大学材料科学与工程学院教授。

种讨论不仅能够搞清疑点，而且可以对所学的内容融会贯通。二是要求不能只停留在理解的层面，而必须能够完整系统地论述出所学的知识。后来慢慢才明白，先生是有意培养学生的讲授能力，为本学科培养后续教学人才。三是辅导不等于先生的讲课，而是一种学术讨论。每次辅导，都会将书本上的内容和目前的研究相关联。这为我们后来从事高等教育奠定了很好的基础，起到了很好的示范作用。同样是一门课程，先生教会我们的不仅是如何学习，同时也教会我们如何讲解，如何联系和应用到科学研究中。也正是从那时起，我对严师出高徒有了新的理解。严格不仅是针对学生，而传授者自身严谨对待学问的态度，才能真正感染学生，正所谓言传身教，潜移默化吧。

先生在河南理工大学工作期间，每年都为师生讲授材料科学的理论知识。比如一年前，在先生86岁高龄，视力减弱到只能看到一条直线，听力严重受损的情况下，仍然给学院师生讲解过渡金属电子空位理论与材料发展的基础知识。他认为，作为材料科学工作者，必须具有深厚的专业基础。而恰恰这些基础知识又是一般学者和研究生普遍忽略的部分，这也正是为什么我国学者总是比西方学者研究深度相对较浅的根源。为此，先生克服身体疾病与困难，从最基本的也是最难的讲起，从过渡金属d-层电子理论与材料发展，逐步延伸到多电子系统与交换关联势，再深入到d-电子理论在合金发展中的应用。这些内容不仅为从事金属材料的研究工作者打下了基础，还架起了金属材料组织与性能研究和计算材料研究的桥梁，为计算材料研究补充了金属材料的基础。作为材料科学工作者，我们知道为准备这些基础材料科学的讲授是需要花费大量时间和精力的，先生在年近90高龄的情况下，如此的奉献精神使我们备受感动和教育。在这些内容的讲解过程中，每一个投影都经过多次的修改。投影文字上的圈圈点点透露先生不知为之付出过多少个日日夜夜。这对于一个科学家而言，要挤出这些时间是多么不易，多么宝贵！

更为可贵的是，先生总是延续多年的教学风格，设定专门的辅导时间进行辅导答疑。他不仅与教师讨论，还与研究生和高年级本科生讨论。那种平易近人的教学风格，为人之师的个人魅力值得我们晚辈努力学习。

致力于推动学科发展　为年轻学者搭建研究平台

改革开放初期的80年代，我在西安理工大学工作，西安市铸造学会和陕西省铸造学会合作成立了《铸造技术》杂志编辑部，编辑发行《铸造技术》杂志。这本杂志为铸造学科的发展起到了非常重要的作用，不仅推动了铸造技术与应用的发展，工艺与实践水平的提高，还造就了一批学术人才。傅恒志先生不仅是编辑部成立的发起人，而且是最早杂志评审稿件的专家。这本杂志培养了大批一线技术人员，也造就了一批研究人才，为我国铸造事业的发展奠定了坚实的基础。

先生不仅与老一代科学家在西工大等学校搭建了高水平的国家研究平台，为河南理工大学的发展也倾注了大量的心血。在老先生的指导下，10年间河南理工大学材料科学与工程学院建成了一支高水平科研与教学队伍，现有博士生导师5人，教授16人，博士学位的教师55人，2个省级特色专业，1门国家级双语教学示范课程，1支省级教学团队，拥有矿业工程博士后流动站、矿业工程材料博士学位授权点。在先生的指导下建设了一批高水平的科研平台，河南省“煤炭节能减排材料与技术”工程实验室、河南省“矿业工程材料”高等学校重点学科开放实验室、河南省“凝固技术与亚稳材料”院士工作站、河南省“非平衡凝固与亚稳材料”4个创新型科技团队，河南省“环境友好型无机材料”重点实验室培育基地、河南省“矿物加工与矿用材料”高等学校工程技术研究中心等。这些平台的建设，无不渗透着先生的心血；这些平台的建设，为国家培养了一批批年轻的科研人员，送走了一批批年轻的研究生。所有这些，远远超出了传统意义上一个科学家自身的价值，远远超出了传道授业解惑的范畴。

鼓励做好学术的同时　做好管理工作

傅先生不仅是一位科学教育与研究者，也是一位教学与科研管理者，他是国务院任命的西工大前校长。先生要求自己的学生，在有条件的情况下勇于担当，承担相应的合理的教学与科研的管理工作，通过努力更好更快地推动我国教育和科研事业的发展。先生的学生中，不但有中国科学院和工程院院士，有大学和研究所的高级研究人员、博士生导师，而且有多位在学校和研究所的重要岗位上从事着科学与教育的管理工作。他们在这些岗位上发挥着比单独从事教学和研究更重要的作用，这些都与先生平时的言传身教密不可分。

傅恒志先生博学、严谨、务实、睿智、谦逊。他为学科所做出的贡献远远超出了传统意义上一个科学家自身的价值，远远超出了传道授业解惑的范畴。这里所讲的不过是先生为祖国材料科学的发展贡献的一个小小的部分。最后，我深深地祝福先生健康长寿，为祖国的未来培养出更多的专门人才。

凝固学术前沿的不倦开拓者

——致敬傅恒志院士从教70周年

黄卫东

2011年初春的西工大校园里，一则学术活动的海报惊艳了无数师生的眼球，82岁高龄的傅恒志院士要作一场关于“宇宙大爆炸”的学术报告！一个长期耕耘在凝固科学与技术领域的材料科学家要跨界去讲宇宙学前沿，这里面有何玄机？难道凝固科学还能同宇宙学搭上边？这则海报激起了西工大师生强烈的好奇心，时任西工大校长姜澄宇教授也饶有兴致地前去聆听报告。

时光回溯到1982年，傅先生为我们这届硕士研究生上凝固技术课，关于非平衡态热力学的理论把我们带到了那时凝固科学的最前沿。热力学是凝固科学以至于整个材料科学必不可少的理论基础。我们在大学里学习的热力学知识仅限于平衡态热力学框架之内，那时的凝固理论体系整体上也都建立在平衡态热力学理论的基础上。但先生告诉我们，实际的凝固过程都是处于非平衡态，很多重要的凝固现象不能在平衡态热力学理论的框架中得到很好描述，凝固理论进一步的发展需要寻求非平衡态热力学的支撑。先生为我们的大师兄毛协民博士安排的博士研究方向，就是实验测定凝固过程中固液界面溶质再分配的非平衡特性。在以后的很多年间逐渐建立起来的非平衡凝固理论，界面的非平衡特性始终是其中的核心内容，可见先生在世界凝固学术界是一位开拓前沿的先驱。

20个世纪80年代中期，正是我在做博士研究的时期，远离平衡态的自组织现象成为那个时代最炙手可热的世界学术前沿。比利时的普利高津教授以他的耗散结构理论，即对远离平衡态热力学及化学反应花样的自组织行为的研究成果，获得1977年诺贝尔化学奖。这个成就激励了世界学术界对宇宙间普遍存在的非平衡自组织现象开展广泛深入的研究，相关的非线性科学成为那个时代最耀眼的横断科学。这是一个学术新思潮激动

作者信息：西北工业大学凝固技术国家重点实验室主任，教授，博士生导师，教育部长江学者。

人心的年代，似乎所有的宏观运动变化都同非平衡自组织有着深刻的内在关联，影响所及，不仅自然科学界，一时间连哲学界、经济学界甚至文学界都在讨论耗散结构论。正是这样一个时代背景，使我倾心关注远离平衡态热力学和非线性科学对我们理解凝固过程将会有什么帮助，沿着这个思路进行研究，我证实了凝固形态选择具有所有非平衡自组织系统共性的历史相关性的现象，这是我博士学位论文中最重要的学术贡献。而先生在我们硕士课程中讲述的非平衡态热力学知识和对凝固过程非平衡特性的开拓性研究工作，对我后来的研究工作起到了十分重要的启蒙作用。

写到这里，似乎并没有回答本文开头提到的凝固学同宇宙学有何关联，读者或许还是不清楚先生为什么要关注宇宙大爆炸问题。其实不然，普利高津教授进行远离平衡态热力学研究的主要驱动力，正是来自于试图统一对宇宙演化的时间箭头的相互矛盾的科学知识。热力学第二定律的熵增大原理，表明宇宙遵循一个退化的时间箭头发展。热力学第二定律的提出者克劳修斯据此断言，我们生存于其间的宇宙终将按照热力学第二定律指引的时间方向走向死亡，即著名的克劳修斯热寂论。这是一个何其悲观的结论，从感情上来说，没有人愿意接受这样一个伤害人类尊严的归宿。问题是，这个结论是基于有史以来最为严谨的伟大的热力学理论的一个看起来非常严格的科学推断，人类的理性和感性在这里似乎不可调和。

恩格斯从宇宙不是孤立体系的角度对热寂论推论的前提进行了批判，但他把一个科学问题交给了一个具有不确定性的哲学论断——我们怎么证明宇宙是开放体系还是孤立体系？另一方面，生物学上的进化论表明，地球上的演化过程遵循一个进化的时间箭头——我们分明看见一个持续了数十亿年的进化过程。无机界和有机界似乎遵循相反的时间发展箭头，一百多年间，这两个科学领域相安无事，各自按照各自对自然规律的理解在各自划定的疆域内持续发展。但科学界绝不会永远容忍科学知识在最基本的层次上存在矛盾，总会有一些伟大的科学家试图统一我们对自然的认识。沿着非平衡态热力学的方向去寻求统一两个相反时间箭头的认识，成为很多伟大科学家的追求。昂萨格对线性不可逆过程热力学的研究成果获得1968年的诺贝尔化学奖，但时间箭头的矛盾问题并没有得到解决，因为在近平衡的线性不可逆区域不可能产生自组织行为。普利高津的震撼性发现，是在远离平衡的非线性不可逆区域，可以自发产生有序的宏观花样，生物进化过程终于得到了热力学理论的支持，而我们也终于意识到无机系统的凝固花样也是一种典型的非平衡自组织行为。时间箭头的矛盾在地球范围内至此得到了完美的解决。然而，从整个宇宙的范围看，时间箭头的矛盾并未解决。这个矛盾的最终解决，是在把万有引力引入热力学体系之后才终于完成的。对于地球上的热力学过程，在绝大多数场合完全无须考虑万有引力的作用，内能中只需要考虑电磁相互作用（核力一般不参与材料

凝聚了傅老师的心血，他为全院师生树立了学习的榜样！

傅老师经常教导我们不仅要干好工作，还要关心国家大事。2014年，《习近平谈治国理政》著作刚出版，他就购买赠送给我们班子成员每人一本，今年傅老师又为我们购买了习近平《在纪念红军长征胜利80周年大会上的讲话》单行本，建议我们认真阅读，了解习总书记的治国理政的大战略，要求我们把人才培养与国家发展需要结合起来，德育为先，他还坚持每年与本科生座谈，谈人生、谈理想、谈学习方法，鼓励青年学子立志成才。

傅老师不仅推动了我校材料学科的发展，对我个人的成长也是关怀备至。他把自己的管理经验、西工大和哈工大的学科建设经验都毫无保留地教给我，今年3月份来焦作时，傅老师给我带来了一本厚厚的西工大材料学院领导岗位竞聘演讲稿，他告诉我他全程听过这些老师的竞聘演讲后，感觉他们提出了真知灼见的材料学科建设思路、方法和途径，值得我们学习和借鉴，于是傅老师就一个一个地找参加竞聘的老师索要演讲材料，傅老师把这本沉甸甸的演讲稿递给我时，我感动得泪流满面，心想傅老师呀，您为我们操碎了心，无论走到哪里总是惦记着怎样帮助我们提高能力、发展材料学科。在学术上傅老师也给予了细心的指导和关怀，每当他的专著出版时总是及时送给我，他的各种学术报告和讲座总是要留给我电子版或纸质材料，傅老师还主动把我们的成果和优势向外进行宣传，并且帮忙邀请与我们的研究方向相近的知名科学家来校指导我们团的科研，极大地促进了我们的科研能力提高，近几年团队成员每年都能获得2～3项国家自然科学基金项目。

傅老师对我们的指导和关怀难以一一叙说，他博学严谨、平易近人的人格魅力和统揽全局的大家风范，给我们晚辈莫大的启迪和教益，遇到问题请教傅老师时，他总是能从战略的高度给予指点，使我学到很多分析问题和解决问题的思路和方法，明白了许多为人处世的道理，受益匪浅。

衷心祝愿傅老师健康长寿、阖家幸福！

吾爱吾师

沈　军

初见先生

我少年时候就非常喜欢飞机，觉得很神秘，自然也觉得高不可攀。20世纪80年代末90年代初，西工大在全国声名鹊起，影响越来越大，因此当时的校长傅恒志先生也就更为大家所熟知。我也开始对西工大这所研究飞机制造的大学产生了强烈的兴趣。那时候没有网络，查找信息还真是不容易，但我还是通过各种途径开始关注西工大铸造专业、傅老师的研究工作，知道傅老师的研究主要集中在定向凝固、高温合金、组织超细化、磁性材料等领域，也了解到西工大要建凝固技术国家重点实验室。随着了解的增加，更加确定要考西工大、考傅老师博士研究生的决心。1992年在我的硕士研究生导师西安交通大学周庆德教授的推荐下，第一次见到了傅老师。我印象中先生身材高大挺直、气质儒雅、风度翩翩。当时博士生导师非常少，每个导师招的学生数量也有限制，考博士被录取很不容易，傅老师又是学术界的泰斗、西工大校长，声望很高、工作也非常繁忙，我心里很是忐忑。但是见面不久让人感觉到先生非常和蔼、平易近人、长者风范，问了我有关学习工作的情况和我报考博士的愿望和想法后，同意并鼓励我报考，一下子消除了我的紧张情绪，更坚定了我报考的决心。

高瞻远瞩的创新精神

在博士入学半年后，有一天通知我参加课题组会议，讨论我的课题。在会上，傅老师提出了利用电磁场形成一个无形的容器，替代模壳，用电磁压力直接约束和成形合金，并实现定向凝固的思路，目的是让冷却介质直接对合金进行冷却，大幅提高高温合金的温度梯度及冷却速率，获得细密的定向凝固组织，提高材料的力学性能和寿命，对

作者信息：西北工业大学材料学院教授，博士生导师。

活性合金可以完全避免其与模壳材料的化学反应，消除污染。这是一个完全的创新性想法，充满新奇，令人神往。当傅老师决定让我来进行这方面的研究时，我一方面觉得该课题极具挑战性，很有意义和前景，但同时由于是全新的领域，属于交叉学科，国内外没有直接文献可查，课题组也没有前期工作积累，心中很没把握，思想压力很大。这个时候先生及时给我鼓励，大概意思是，这个构想在基本原理上是没有问题的，有科学道理的，虽然要转化成实际的技术还有许多理论和实际的问题，但这个方向是没有错的，科学研究既要严密严谨，更要有大胆的尝试精神。先生那种敢为人先的气魄和理性客观的分析给了我很大的鼓励与信心，激发了攻克难关的勇气。

在将该原理转成具体的技术过程中，遇到了非常大的困难，没有设备，经费非常有限。傅老师提出我们自己大胆进行设备的设计。我和师弟李金山一起开始了工作，经过近一年的努力，我们画了大量的图纸，结合废旧设备的框架、抽拉系统，加工组合成了一台初级的电磁成形定向凝固设备。将理论构思转化成具体的技术过程中，出现了各种各样的问题，远远超出了提前的预期，在经历了很多次实验的失败后，未免灰心丧气。这个时候，先生常常到实验现场，如果白天工作繁忙的话，常常是晚上到实验现场，一起观察过程、讨论问题、指点迷津，给了我们莫大的鼓励和信心。经过一年多的努力工作，终于制备出了圆形截面的电磁成形棒锭，具有光洁的表面和细密的定向凝固组织。对参数和工艺方案掌握后，不久就制备出了矩形等多种截面的样件。先生的创新思想，受到国内外同行的关注和高度的称赞，国际凝固界的著名前辈Kurz、Trivedi教授还到实验室进行了参观，我国材料学界的泰斗师昌绪先生在《科技日报》上发文将电磁成形定向凝固技术列为高温合金领域的几项原始创新成果之一。

在这些工作的基础上，由先生和胡壮麒院士等结合中国科学院沈阳金属研究所、东北大学、哈工大、北科大、大连理工大学等单位的工作，及时把握凝固理论和成形方面的最新发展趋势和走向，提出了国家自然科学基金重大项目“金属熔体凝固控制与若干先进成形过程基础研究”，这是国内第一个关于凝固领域的国家自然科学基金重大项目，涉及外场作用下的凝固理论和先进的凝固成形技术，提出了许多从来没有提出的凝固问题，或一些重要而没有从机理上搞清楚的凝固问题，属于前沿研究领域，许多研究内容不仅在国内，在国际上也是领先的和首次提出的，对凝固理论和技术的发展意义深远。在先生、胡院士等老一辈科学家的带领和亲历亲为下，经过五年的研究，解决了许多理论问题，形成了系统性的理论框架，并在此基础上开辟了许多新的材料加工技术。

近些年来，先生年事渐高，但创新意识更锐，结合国家航空航天材料的发展，提出了一系列的研究新方向，如金属间化合物及高熔点合金的定向凝固、陶瓷材料的定向凝固、高熵合金等的制备，以及这类先进材料的晶体取向的理论基础研究等，并指导西工大、哈工大的研究团队在国内率先开展了研究。目前已经在以上各个领域取得很多丰硕的研究成果，比如，在钛铝金属间化合物的晶体取向方面的研究，走在世界的前列，在国际重要刊物上发表了大量的学术论文。从理论的研究、计算到材料的设计和性能提升，以及成形制备等方面形成了系统性的工作。目前利用电磁成形技术结合籽晶法已经制备出了世界上尺寸最大的具有定向片层组织的钛铝合金铸锭，材料的综合性能得到了大幅提升，并进一步向更大尺寸发展，试图进入实际应用。

活跃的学术氛围

多年和先生相处，深有感受的是，先生不仅自己眼界宽阔，问题看得深远，有强烈的创新意识和强烈的对国家的责任感，将科技创新和国家发展的重大需求紧密结合，而且循循善诱，指导和鼓励教师、研究生充分发挥自己的潜能，大胆地提出各种想法。先生和大家讨论问题时，从来不是先定观点，而是不断地引导大家、活跃气氛、激发新的思想，非常喜欢有新意的观点，即使不成熟也大加赞赏。因此，在先生面前，不是怕说得不好受责备，而是唯恐提不出新的点子。每当大家各抒已见、讨论气氛热烈的时候，也是先生最高兴愉快的时候。

我记得在实验过程中，一直有个问题困扰我们，感应器的设计或电流、频率的等参数的选择，如果关注了熔体的成形，往往就无法满足温度场的要求，反之也同样，难以达到成形力场和温度场控制同时满足要求的状态，即使静态下勉强满足了要求，在动态抽拉下，也常常失去平衡，可调节的参数窗口非常窄。合理的感应器设计及实验参数的匹配，单靠实验探索需要的量非常大，时间成本太高，而且未必能找到众多参数合理的匹配范围。先生认真听取汇报后，认为这些参数对成形和加热的作用必然存在联系，其定量关系有规律可循，鼓励我从理论上进行深入分析，并提出了许多建议，最后在先生的指导和启发下，我提出了热力比的概念并推出了定量化模型，明晰了关键因素对电磁力和加热能的定量贡献份额及变化规律，使得实际控制中，参数的合理配置问题一下子迎刃而解，研究工作在理论和实验两个方面得到长足的进展。这个时候，我看到了先生发自内心的高兴和欣慰。这样的例子很多，不只是对我，对其他的青年教师、研究生也是如此。

我们取得的一些进步，不仅是先生在方向上的引领，而且在具体的工作中都给出了许多实实在在的指导、启发和点拨。先生睿智坚韧，虽然年长我们许多，但思想却非常活跃，思维超前、极具感召力，和先生在一起，我们一点也不拘谨，先生幽默风趣，时常和我们开开玩笑，气氛热烈。那段时间，大家畅所欲言，相互辩论，相互激发，工作真成了最大的乐趣，是课题组最好的时候，也是我最开心、学术进步最快的阶段，现在我仍然非常怀念那段时间。

坚韧、严谨的工作作风

如果说先生在开拓科研领域和把握科研方向上充满创新思维的话，那么在具体的工作中，则是持之以恒的坚韧和一丝不苟的严谨。

在傅老师的领导下，我们研究团队的研究课题多是具有自主知识产权的，没有现成的设备可买，因此设备必须自行研制。在这个过程中，我感受到了先生高度的责任感、严谨的工作作风、坚定的意志和孜孜不倦的耐心，以及协调、任用各种不同特长人员的高超能力。当时为了研制电磁约束成形设备，傅老师组织开会讨论了数十次，查找了大量的设备文献，并请相关企业工程师来现场指点，如找西安电炉研究所的工程师请教不同频率电源的电子开关等问题，并和设备制造企业的工程师反复面对面进行交流，听取他们在制造加工中的具体工艺及各种加工方法的特点和所受的限制，以便我们在提出设计方案时充分考虑后期加工的可操作性。先生要求我们充分利用基础理论好、计算水平高的优势，和厂方协同配合、合作设计，经过多次反复交流，最终拿出设计方案。为了保证设备设计中不出现漏洞，傅老师找到西工大许多相关专业很有名望和丰富实践经验的教授、工程师请教和把关，如杨秉政、沈允文、刘昌旭等，对设备加工制造前的各种设计、加工、制造、功能等可能存在的问题，详细讨论、提前化解，以避免加工完成后再出现问题而返工。最终，制造出了性能优良并具有自主知识产权的电磁成形定向凝固设备，满足了我们研究中的各种实验需要，为进一步研究奠定了坚实的基础，极大地锻炼了青年教师、研究生的动手能力，真正深切体会了理论知识是如何转换为实际工作能力的过程。我们年轻人互相开玩笑说，经历了这一个过程，我们完全有能力开办公司，专门生产各种真空晶体生长炉了。这种集思广益、环环相扣、严谨细致、坚韧不懈的工作作风对我们影响至深，是先生给我们的宝贵财富。现在我独立带课题组时，也以这样的方法设计、加工了多台设备，这种作风就这样一直延续、传承了下来。

另一件对我影响非常深刻的事情就是撰写《航空航天材料定向凝固》这本近百万字的著作的过程，先生提出了该书的基本构思和框架结构，并多次开会和大家讨论，一次又一次的完善，最后确定了各章的核心内容及各章之间的关联及前后顺序，并编写了大纲。先生已经80多岁了，眼神也不好，但是非常认真地撰写了其中的大部分章节，先生的桌子上堆积着厚厚的、一遍又一遍修改的书稿，每一页上都密密麻麻的粘了许多小字条，给出文献的来源，存在的问题，符号、数字表达的意思等。本着对读者高度负责的精神，在长达两年多的时间中，先生不仅整天埋首书卷，呕心沥血地写作、查找、核对，而且召开了十几次会议讨论写书中存在的问题，及时指导和修正，并单独和其他参与写作的教师不断地交流、讨论，一次次的提出进一步修改意见。除了让每个人对自己编写的内容反复修改和校对外，还让编写者之间相互修改，避免了因惯性思维而造成的难以发现的错误。先生精益求精、一丝不苟的精神给我留下了极其深刻的印象，深深地感动了我，也让我深切体会到什么是责任和使命！我记得傅老师由于对一个文献上一张图中的单位存在疑惑，而查阅了好几份文献，仍然不能确定是否合适，最后直接找到该文献的作者才确定下来。

总之，先生在学术上眼界开阔，站在研究的前沿，并不断开拓新的研究领域、引领学术研究方向；对工作持之以恒、孜孜不倦、坚韧不拔、细致严谨；指导青年教师和研究生总是激励启发，给人以最大的信心，使人对科研工作产生浓厚的兴趣，让人充满创造的激情！先生立德立言、言传身教，无论做人还是做事都是我们学习的楷模，也是我们不断检视自己的一面明镜。最后，学生以一首小诗来表达对导师的爱戴和敬仰之情：

高瞻拨迷云，妙思众不同。
恒心铸国器，孜孜勤耕耘。
德高成砥柱，诣深交远朋。
伏枥不言老，教化点滴中。

（2016年12月15日）

朴实。这是社会各界特别是航空界各工厂、科研院所对西工大毕业学生工作能力和工作态度的普遍反映和赞誉。“一新”意谓“创新”，是后来添加的。

“文化大革命”后，全国各行各业都百废待兴，国防、军工企业尤需急起直追。是时一大批有真才实学、脚踏实地、埋头基层工作的人才，被发掘、提携到行政或技术岗位的领导。据当时有关单位的调研和统计，在这些领导岗位上的西工大人占一半以上，后来有人称这为“西工大”现象。据航空学院最近的统计资料：我校20世纪70年代以后的毕业学生，有40多位担任了我国航空航天领域的正职领导或部队的将军，有150多位担任副总师或副职。

大约20世纪80年代末，在傅恒志校长主持下领导班子专门召开了一次会议研讨校风问题，他在肯定学校培养人才方面取得成绩的同时，指出在国际改革开放的时代，我们培养的学生的不足，即缺乏“敢想敢干、改革创新”的精神。也就是说在我校的校风中，除了要继续发扬“三实”作风外，还应强调突出“创新”。说实话，凭我们当时的认识高度，提出“创新”，仅仅只是停留在我们培养的学生能紧跟时代的步伐，更好地为国家四个现代化服务，供学校朝一流的方向发展，不落人后，绝没有像现在党中央所提出的“创新是引领发展的第一动力”，是实现国富民强、中华民族伟大复兴的必由之举那样的高度。但由此开始，即从90年代开始，西工大的校风就把“三实”改为“三实一新”了。

XX型通用无人机的立项

1991年，学校接到国防科工委通知要在全国包括我们在内的三个航空院校竞选一个设计和制造XX型通用无人机的总师单位。这个项目虽然不是一个十分庞大和复杂的工程，但却包括总体和结构设计、动力系统、控制系统、摄像系统、起降系统等，是一个系统工程，且质量指标高，时间进度紧且带有“军令”性质的任务，其艰巨性对一个学校来说不言而喻。但是这是一个好几千万的国防科技项目，真使得我们处于“欲接畏难、欲罢不甘”的境地。这时傅校长找我等多方听取意见，然后召集领导班子共议，这次会议从晚上8点左右一直开到深夜，经过深入讨论，大家认识到项目难度不小，但学校还是有一定实力，只要我们团结一致，奋发努力，定能众志成城，如果我们能拿下主完成这一任务，这不仅可使我校无人机的研制水平有质的跃升，为学校争光涂上浓彩的一笔，更重要的是能为国家的国防科技事业做出又一新的贡献。最后由傅恒志校长果断决策、一锤定音、全力以赴、争取主项。会上接着决定这项目由我来主抓。当时，我深有千斤重担、临危受命之感。

经国防科工委批准主项后，即发文任命由原航空工业部军机司副司长担任项目总指挥，负责督促、领导和协调全国有关的研制单位，我担任副总指挥兼现场总指挥，主要负责总师单位内部的人员配备、班子建立、遴选总师、讨论方案、审定生产节点等，最终，经过全体同志夜以继日的艰苦奋斗，终于顺利地保质保量并按时完成了任务，完满地通过国家鉴定，得到省和国家的褒奖。

这一系统工程项目的完成，又一次体现了西工大人能迎着困难上的创新潜力和上下齐心、团结协作的正能量。是时，以傅恒志校长为首的领导班子做出果断决策的那一个深夜会谈是不会忘却的记忆。

（2016年12月22日）

我的人生导师傅恒志先生

孟 添

最近朋友圈里反复推送的一篇软文——《耶鲁大学校长：感恩的能力是一种核心竞争力》引起朋友圈热议。实际上这是美国耶鲁大学校长彼得·沙洛维在2014年毕业典礼上的演讲。在演讲中，沙洛维以“感恩”为主题，与毕业生真挚地分享了自己对感恩的感悟与理解，鼓励毕业生怀着一颗感恩的心继续前行。岁月如梭，光阴荏苒，转眼间来到美国学习已经两年有余。每每回首几年来的学习与奋斗历程，最让我难忘和感恩的是我的人生导师傅恒志先生。

傅先生是材料及冶金学领域的知名专家。认识傅老缘于一次很偶然的机会，却没想到，从此之后傅老给了我一次又一次的指导和推荐，让我由一个懵懂青涩的中学生，一步步成长为涉足大飞机和航空发动机领域的本科生、研究生，直至漂洋过海来到美国俄亥俄州立大学，师从著名航空发动机专家、美国工程院院士Benzakein教授，从事航空发动机方向的学习和研究。

记得那是2010年高考后填报志愿时，虽然我果断回绝了父亲让我读经济类专业的建议，断了父亲“子承父业”的念想，内心却也搞不清究竟要选择什么专业。这时父亲说要给我介绍一个大人物，并说对我的专业选择一定有指导作用。这就是大名鼎鼎的傅恒志院士——我父亲所在的河南理工大学的教授。

对于一名中学生来说，能见到大名鼎鼎的工程院院士、著名的材料学家，真是既激动又紧张。怀揣着几分不安，我来到傅老办公室。当我看到他慈祥的目光、和蔼的笑容，聆听到他温和的话语后，紧张情绪一下就缓和了下来。傅老深入浅出地讲解分析了国家几个重要行业的人才急需情况，针对我的高考成绩，推荐我报考北航大飞机相关专业，将来为国家航空事业做出贡献。在傅老的指引下，我如愿成为北航飞行器适航工程专业首批学生，从此开始了以航空报国为目标的学业历程。

作者信息：美国俄亥俄州立大学航空航天工程专业在读博士生。

在本科学习的四年间，我不断得到傅老的指导。从基础到专业，从理论到实践，从国内到国外，每次求教，傅老都耐心细致，循循善诱。他多次讲到，适航认证，关乎飞机从设计、飞行到退役的全过程，如果达不到适航标准，即便我国造出了大飞机，也无法出口或者降落到国外。我国这方面的人才缺口很大，他再三嘱咐我要学好专业知识。大学四年，在傅老的教导与嘱托下，我取得了一点小小的成绩。2013年暑假赴美，在美国普渡大学邓新燕教授的指导下，对蜂鸟进行观察，研究扑翼飞行器的飞行机理；和罗建斌博士共同探讨高铁气动特征，并发表文章；与谢健博士探究通航活塞发动机的故障，讨论针对性解决方案，其后在2013年法国图卢兹第三届国际适航会议上宣读论文，并有幸成为唯一一个获得优秀论文奖的本科生。

拥有国际化的视野，到欧美航空发达国家学习，一直是傅老对我的希望。在傅老的鼓励下，我先后申请了美国、加拿大、英国大学的博士、硕士项目，最终获得杜克大学等七所大学录取通知。经傅老指点与推荐，我最终选择了俄亥俄州立大学的博士项目，师从著名航空发动机专家、美国工程院院士Benzakein教授，并顺利获得国家留学基金委的全额资助。

航空报国，家国情怀，是傅老一直以来对我的教诲。我在请他给我写推荐信时，他语重心长地说道：“我国航空业发展滞后，航空发动机技术落后是重要原因。航空发动机作为飞机的‘心脏’，可以说是一个国家综合国力、工业基础和科技水平的集中体现。中国需要一大批具有国际视野和专业水准的有志之士潜心这个领域，支持你就是支持国家的航空事业！”他在给专家的推荐信中写道：“我希望各位专家能给予他鼓励和支持，帮助他顺利赴美国深造，并早日学成归来，为国家航空事业做出贡献！”与其说傅老这是给留学基金委专家的推荐，不如说是对我的殷切期待，让我既感责任重大，又觉动力满满。

与傅老接触以来，每一次请教都让我受益匪浅。在我人生遇到困惑、学习遇到问题时，都有傅老的精心指导。他是我学习航空的启蒙人、引路人，我庆幸有这么一位循循善诱的人生导师！我会谨记傅老教诲，仰望星空，脚踏实地，航空报国，不辜负傅老对我的期望。

我衷心祝愿傅老身体安泰、健康长寿！

高而致远

——傅院士指导我学习做研究

耿兴国

哲学家维特根斯坦说“世界是事实的总和，不是事件的总和”。但一个人的成长却往往是关键时刻的几个关键事件，就决定了进程和方向。回顾自己学做研究的经历，正是在傅先生远见卓识的指引下，引导着我们这些学生晚辈转型走上了科学研究之路。

应用科学研究的转型之始

我是1982年1月由应用物理本科毕业留校任教，初出茅庐的我还处于一种学生读书的幼稚状态，以为只有量子力学、相对论和基本粒子才是物理科学研究的前沿，而我参加的一次博士论文答辩打破这种幼稚状态。我记得那是20世纪80年代初校园里贴出的第一个铸造学博士答辩的公告，它吸引我参加并旁听了毛协民博士的学位论文答辩。他是傅先生指导的中国自己培养的第一个铸造学博士答辩，他答辩中关于界面溶质分配的研究和我所学的物理基础密切相关，显示出物理原理在应用和分析中的重要作用和科学价值。在那崇拜知识的年代，我牢牢地记住并崇拜指导这第一位中国自己培养的铸造学博士的导师傅恒志教授。同时这种应用研究的内容和方法，也开启了我思想解放与科研转型的大门。

随后我实际参与实验室发展的经历，更让我渴望成为傅先生的学生，得到先生的直接教诲。那时傅老师对物理与材料科学研究相结合高度重视，亲自倡导和大力支持，物理实验室开始建设高温熔融金属热物理特性测量的研究基地，培养物理与凝固交叉研究的人才。就是在这个研究基地和搭建的实验装置上，逐渐培养起我对凝固中科学问题的兴趣和积累了一些相关基础知识。

这期间一个关键的事件，更激发了我最初的研究志向。是傅老师随后担任了西工

作者信息：西北工业大学理学院教授，博士生导师。

大校长，亲自主持了一次面对全校的钕铁硼第三代磁体的科学报告会，其精彩内容和所展示的第三代磁体的广阔应用前景，让我认定要跟着傅先生做研究，成为傅老师的研究生，做当时最热门的稀土永磁钕铁硼，走在世界最前列。

在自己希望要跨过科学研究门槛的关键节点，这一系列的事件，改变了我原来对物理科学研究狭隘幼稚的认识，真正转型到应用物理与凝固科学交叉的方向上来。

凝练关键的科学问题

我于1995年春终于如愿正式成为傅先生的博士生，在此前后傅老师一直让我接触了解了多位博士和博士后的研究工作，阅读了国内外相关重要文献，把握研究的现状与前沿。在此基础上，傅老师以深刻精辟的学术思想和研究理念，分析了国内外凝固理论发展的现状与趋势，指出低速定向凝固的研究与技术已趋于成熟，快速凝固（特别以激光熔融为代表的技术）在蓬勃发展。同时在两者的转折区即亚快速定向凝固区间，其理论基础和规律逐渐上升为基本和关键的科学问题之一。指出研究团队通过多年来研发的超高梯度定向凝固技术已可实现可控亚快速定向凝固的关键实验，在系统实验研究基础上，深入探索亚快速定向凝固界面前沿溶质过冷特性及演化规律，不仅可能还是理论研究的突破口。

傅老师高瞻远瞩的这种学术境界与敏锐眼光，犹如拨开重重迷雾投射出的明亮阳光照耀了我学习研究的道路，去直面基本科学问题，提炼出关键科学技术难题，再通过持续实验研究积累为技术进步创造条件，直至理论分析的深入和真正有所突破，这就是傅院士教导我学做科研时的重要方法。

傅院士近年来把研究的焦点会聚在包晶生长的定向凝固领域，这是涉及超导材料、稀土永磁材料和金属间化合物等一大类小平面生长的共性问题，并对众多功能材料生长制备领域都有着重要应用价值与科学指导意义。傅老师在错综复杂的影响因素中，始终把相位关系即晶体的各向异性作为最关键要素来进行调控和研究。抓住这一关键思想，让我再次感受到导师高屋建瓴的学术眼光，同时也启发我吸纳导师这一重要的学术思想于我的研究之中。我引入准晶体各向异性的结构特征，提出构建流体减阻的力学超材料的设计，获得了国家自然科学基金委员会五位评委一致认为“创意新颖”的评价。感谢导师的深刻学术思想给我的启迪，成为指导我去做创新研究的重要源泉之一。

活到老学到老　活跃在科学研究的前沿

傅老师做学问非常专注与执着。在傅先生关注的包晶生长相位关系领域，为了引导我们入门，专门推荐我们去研读一篇重要的关于包晶生长中相位关系的英文综述论文，但该文描述的相位关系复杂，我读了两三遍都未得其真义，没了耐心。当时傅先生已近80岁高龄还亲自手绘了相位图，并摘选出关键段落给我讲读，帮我真正搞清包晶生长中相位耦合关系。这一次研读文献的经历，让我深深感受到院士做研究的专注与认真。先生正是以这种锲而不舍的毅力和专注思考研究的精神，现在以近90岁的高龄，依然学术思维活跃，不断延拓高水平科学研究的学术生涯，继续指导团队在高温合金研究的前沿努力耕耘。

记得我第一次学写英文论文，堆砌了一堆英文句子就送请老先生审阅。傅院士拿出自己平时阅读英文文献时记录下的好句型和表达方式的笔记本，教导我平时就要做充分地积累，集腋成裘，才能逐渐熟练学会用地道的英语方式来表达清楚自己的学术思想。看着院士的笔记本，我感悟到学术大师的突出才能，也是日积月累从点滴汇聚成宏大有序的知识和智慧体系的。

我作为院士的弟子，得到傅老师谆谆教诲，但有些习惯性思维却短期难以纠正。例如，我思维焦点老在转移，不够专一。傅先生就多次告诫我，做研究要专一，要专注，要盯住一个好的学术方向，持之以恒，以咬定青山不放松的精神，扎进去长期积累，才能有志者事竟成，否则将一事无成。先生身体力行，率身垂范，活到老，学到老，专注研究，不断攀登学术高峰，堪称我们后辈的楷模。我自身的素养远未达到傅先生的要求与期望，但我衷心感激导师让我认识到自己的弱点，明确努力提升自身科学素养的突破点。

傅院士是指引我做研究的恩师，他给予了我们极其宝贵的精神财富，使我们在自己学习、研究和工作中受益终生。

在恩师90华诞之际，送上学生衷心的美好祝福，是您的学术成就和深刻思想引导我们在各自研究工作的道路上努力开拓前行。

下面学生用一段短文来表达对恩师的敬佩与感激之情：

高而致远

傅先生德高望重，造诣风范众仰止。
成就卓著于斐然，深远高远而久远。
率身垂范培育我，精神财富励后生。
今九十华诞泰斗，寿比南山不老松。

从点滴琐事看傅恒志院士

张向锋　仝兆景

傅恒志院士是中国工程院院士，是我校和西工大、哈工大教授。他满怀对母校的拳拳之心，在古稀之年回归母校，在我校学科建设、科研进步、青年教师培养和学生指导等方面继续发挥着光和热，为河南理工大学新的百年征程，书写下属于他的厚重篇章。

傅院士曾经说过："自古学者两事，道德、文章。对知识分子来说，既要业务上精益求精，又要有'先天下之忧而忧，后天下之乐而乐'的情操，既应是业务上的专家，又应该做无产阶级的革命战士。"在学术追求和道德情操方面，他矢志于格物致知，潜心于求索创新，以高深的学术造诣和高尚的道德追求为科技工作者和教育工作者树立了学习和奋斗的榜样。

傅院士在河南理工大学师生的心目中的形象身体伟岸、心胸豁达、平易近人、严于律己，他情系母校，心怀师生。

他坚守学术追求，逆境中保持内心坚守；矢志科技报国，浩劫中不失本色。傅恒志院士在十年"文化大革命"期间，在当时那"知识越多越反动"的是非颠倒气氛下，他作为一棵"知识与技术的参天大树"，而"树大招风"。在当时"欲加之罪何患无辞"的"狂风恶浪"之中，他被蛮横地扣上"反动学术权威""苏修特务"等大帽子在陕西宝鸡接受劳动改造。在劳动改造期间，他被强迫住牛棚，还被迫与家人划清界限，遭受可怕的凌辱与打击。在炎热的夏季收割麦子时，批斗人员肆意刁难，故意不给他镰刀，让他用手一把把地拔麦子。稍有怨言就被组织批斗，由于傅院士的个子高，批斗人员说他的头抬的太高太傲气，就用手砍他的脖子，造成颈椎的损伤错位，直到现在，傅院士的颈部仍然是强直的状态。他曾经一度不堪折磨出现精神问题，但凭着惊人的意志和不屈的毅力，挺过了"文化大革命"的"狂风恶浪"。即使是被凌辱批斗，都不能使他放弃自己的学术追求和技术思考，因为他深信自己所做的学术研究和技术革新都是为了报效祖国。

作者信息：河南理工大学校医院副院长。

不惧在身的病与患，悉心发扬光和热。到2016年，傅院士已经87岁了，他患有青光眼，视力不好，且物理视野狭窄，医生提醒他需要长期监测眼压，但他全身心投入工作中，一旦工作就忘记医生的提醒。在他年事较高，上下楼行动十分不便的情况下，他在河南理工大学工作期间坚持给学生做报告，不遗余力地给青年教师和研究生开展技术和科研指导。

傅院士追求实效，不图虚名。他的听力不好，虽然带着助听器，由于背景声音嘈杂，助听器的放大后的声音效果也不好，遇到国际国内大型的学术交流会议邀请，他主动说明不能在会议上发言和交流，为了不影响会议进程，他都一一谢绝不参加。

在河南理工大学邀请他为我校特聘教授前，傅院士担心不能为学校发展提供支持，很长时间没有明确同意。在2005年，我校校领导偕同处级干部共20余人同赴他西安的家中盛情邀请，我校师生的诚意彻底打动了傅院士，他于76岁那年正式受聘为我校特聘教授。他受聘到我校以来，对自己严格要求，每年都要保证到河南理工大学工作至少三个月，每次到河南理工大学时都要按原计划做学术报告，并对报告次数有明确保证。

傅院士公私分明，严于律己。3月的焦作，总是春风初到、寒意未尽，有一年3月份傅院士到河南理工大学工作时，焦作的暖气已经停止供应，但天气比较湿冷，由于傅院士的房间一冬天没有暖气，冷得像冰窖。傅院士的爱人仲老师考虑到傅院士的身体问题，给校办说房间的温度这么低，能不能拿个温湿度计测量一下。校办的老师购买了一个温湿度计给他送去后，傅院士知道了，他说那是学校的财产，他坚决不用，要用也要自己买来的，不能麻烦学校。

傅院士生活俭朴，生活中可谓做到至勤至俭。平时吃饭时他不追求华丽精致，从不铺张浪费。平时他喜欢吃水果特别是苹果，遇到苹果坏了一半，他都舍不得扔掉，把变色的部分削掉再吃。

生活如此节俭的傅院士对学生和青年教师科研和教育投入却很大方。河南理工大学每年给傅院士30万的聘金，傅院士拿出20万作为奖学金的基金，奖励给取得优异成绩的青年教师和学生。

傅院士平易近人、和蔼可亲。为了给他营造舒适宜人的生活工作环境，学校后勤工作人员在院士楼附近种上秀竹，植上常绿灌木，铺上如茵的绿草。面对如此宜人的环境，经常有附近的老师和家属带孩子在楼前玩耍。学校的工作人员怕影响傅院士工作和休息，曾经给傅院士建议把院子大门锁上，但傅院士说，他喜欢看到老师和孩子们在如此优美的环境里面散步玩耍，这样显得院子很有生机和活力。一件普通的小事足以彰显傅院士宽广的心胸和豁达的品格。

傅院士对自己严格要求，守信守时。他给学校和学院做学术报告，都要提前几天精心准备，提前做好内容记录备忘。他担心自己行动迟缓，他总是比约定报告时间提前十几分钟到会场。

傅院士视自己为河南理工大学的普通一员，从不搞特殊化。按相关政策，院士如果岁数较大，可以安排保姆，但傅院士坚持不用保姆，他多次强调自己能够安排好自己的工作和生活，即使他爱人没和他一起来焦作时也是自己生活，不让学校安排照顾。最终，在傅院士一个人在焦作的时间，学院安排了一个勤学好问的研究生晚上住到他家里，一方面可向傅院士请教学习，另一方面对傅院士生活工作也有个协助照应。

傅院士患有腰椎间盘突出，有一年春季由于天气太冷，诱发了严重的腿疼，难以行走，需要定期做理疗。校医院的医生考虑他年岁较高，又腿疼行走不便，为了不让他来回跑，就热心的带上理疗仪器到傅院士家里为他做治疗，傅院士立即给校医院的工作人员说明不能给他搞特殊化。为了减少理疗次数，傅院士每天起床后在卫生间用热水冲洗患肢，症状缓解后就继续坚持工作。

潜心科学研究，忘记身体病痛。傅院士患有青光眼，为了控制他的病情，医院建议他需要定期做眼压监测，眼压最好控制在15mmHg以下，但他忙于工作经常忘记去医院做相关的监测，是校医院的医生一次次地催促他，但他还是由于工作太忙，腾不出一个多小时的时间去市医院测眼压，常常是一拖再拖。

傅院士心系学校，情怀感恩。由于他身体原因，校医院的医生帮他做细致的检查和治疗，为了表达谢意，他在自己行动不便的情况下，执意委托老伴给校医院送了花篮，感谢他们的悉心治疗。

傅院士坚持学习，养成良好的学习习惯。他在视力不好的情况下，也坚持每天都要读书学习、写作到晚上十点。每天坚持学习的良好习惯一坚持就是半个多世纪。

傅院士几十年来养成的另一个好习惯就是做读报剪藏。他在视力非常吃力的情况下，每天坚持认真读报，学习国家的政治、科技、经济等领域的现状和政策，遇到比较重要的内容，他总是把它剪下来备用保留。

傅院士注意身体锻炼，他的锻炼和运动也体现了对学校的满腔热情。来河南理工大学时，他坚持有时间围绕馨月湖走路和跑步，他说只有保持健康的体魄才能更好地为河南理工大学服务，不能让人说在河南理工大学是图个名；他还说，如果不能为学校工作的话，愧对学校和学院领导老师对他的殷切期望和关心。只要他在河南理工大学一天，就要对学校科研进步、青年教师培养、学生教育起到实际有效的作用。

傅院士平易近人、以诚待人。他坚持去实验室和学科带头人办公室指导交流，对他身边的老师和学生非常客气。他甚至抽时间与帮他们打扫庭院卫生的清洁工谈心交流，询问清洁工的工作和家庭情况，给他们一些好的建议。就连清洁工也深感院士的热情关怀，还时常给院士送来自己种的蔬菜以表谢意。

新世纪　新思想　新贡献

——傅恒志院士在高温金属材料领域的创新和发展

刘　林

进入21世纪以来，以航空航天代表的高新产业成为引领世界科技发展的重要引擎，航空发动机被誉为“工业之花”，是迄今为止最复杂的机械系统，成为衡量一个国家科技、工业和国防实力的重要标志。涡轮和导向叶片是航空发动机的核心部件，决定着发动机的性能，其研制难度极大，是最精密复杂的单体工业零件，被称为“皇冠上的明珠”。航空发动机叶片通常采用高温合金或金属间化合物制成，具有非常优异的高温性能，能在接近1800℃的高温下承受复杂应力，这得益于这类材料在特定的晶体取向上的优异性能，如果制成的叶片其晶体取向哪怕只偏离理想值几度，其性能就会大幅度下降，可谓“失之毫厘，差之千里”。因此精确控制晶体取向就成为发动机叶片成功制备的关键。认识到这一重要性，从21世纪开始，傅恒志院士带领学术团队主攻金属间化合物和高温合金叶片材料和工艺的研发。

抓住本质　实现镍基单晶高温合金晶体取向精确控制

长期以来，我国镍基单晶高温合金叶片的铸造缺陷居高不下，严重影响了我国国防建设和国民经济发展。一些部门和单位多次组织公关，但都未能取得明显效果。傅恒志院士急国家之所急，下决心解决这一难题。他深入现场调研，查阅文献资料，经分析发现，叶片晶体取向偏离在缺陷中占有很大比重，而取向偏离的本质原因是对晶体生长机理及影响因素掌握不够。基于渊博的知识和敏锐的洞察力，傅恒志院士认为，晶体生长方向受材料的晶体学择优取向和定向凝固热流方向的共同制约，以前的研究并未注意到这一本质原因，基于这个新思想，他提出了一系列解决方案。由于这是个新的领域，傅

作者信息：西北工业大学材料学院教授，博士生导师。

恒志院士在学校举行了多次专题讲座，为研究生和青年教师讲授晶体取向控制的原理和方法，还对他们进行一对一的具体指导。在他的带领和指导下，西工大已经在高温合金晶体取向控制研究取得重要进展。由于在该领域的重要影响，傅恒志院士被邀请在2012年“全国固态相变与凝固学术会议”作专题报告，并为北京航空材料研究院等单位做学术报告，并对科研人员进行现场指导，帮助他们进行技术攻关。

巧妙设计 攻克钛铝金属间化合物晶体取向控制难题

在众多的金属间化合物中，钛铝基合金不仅具有良好的耐高温和抗氧化性能，但其密度还不及镍基高温合金的一半，是一种航空航天发动机非常理想的耐高温材料。相对于高温合金，钛铝基合金晶体取向控制难度更大。这是由于在常规钛铝合金力学性能最优方向为〈$11\bar{2}0$〉方向，而初生相的择优生长方向则为〈0001〉晶向，两者正好垂直，如何使热力学不稳定的非择优取向〈$11\bar{2}0$〉进行稳定生长？这看似不太可能，但傅恒志院士知难而上，创新性地提出采用旋转籽晶技术，即在定向凝固中，预置〈$11\bar{2}0$〉籽晶，使其晶体强制沿此方向生长，并创造合适的动力学条件以实现热力学上的不稳定生长。在他的努力下，哈工大团队建立了相应的实验条件，傅恒志院士又指导研究生攻克了坩埚反应、生长稳定性等一个个科学和技术方面的难题，终于采用籽晶技术成功制备了符合要求的钛铝样品，该成果获得2013年黑龙江省科技成果一等奖。

志矢不渝 勇攀科学新高峰

为了推动从国家层面深入研究晶体取向问题，2008年，傅恒志院士向国家自然科学基金委员会建议设立一个重点项目。在他的努力下，“高温金属材料晶体生长取向选择机理与控制”已经获得立项，由西工大、哈工大和中国科学院金属研究所等单位协同攻关，对镍基单晶高温合金和γ-钛铝金属间化合物的晶体取向选择机理及其控制进行深入研究，目前该项目正在顺利进行。

傅恒志院士的著作《先进材料定向凝固》于2008年正式出版，受到广泛好评，获得2012年度国家新闻出版总署“三个一百”原创出版工程。此后，他顺应航空航天技术的发展趋势，又提出撰写一部针对性更强的《航空航天材料定向凝固》。这部著作倾注了傅恒志院士在高温材料晶体取向研究的全部心血和所取得的最新进展，并亲自撰写了该书的重量章节“定向凝固晶体生长取向与界面各向异性”，该书于2015年由科学出版社出版。中国材料研究学会名誉理事长周廉院士在该书的序中写道“本书必将推动凝固科学及材料科学的发展，特别是航空发动机当前使用的高温结构材料的研制具有重要的指导意义”。

在傅恒志院士的倾力指导下，研究团队已经在国内外重要学术刊物上发表了60多篇有关晶体取向的论文，提出了叶片晶体取向控制的技术原型，工业上精确控制取向已经初见曙光。这是傅恒志院士21世纪对材料科学技术发展的重要贡献。

耕耘逐梦 初心永继

傅恒志院士从教70年纪念文集

第八部分

专业学术论文名录

（1962～2016年）

[1] Нехедзи Ю А, Хэн-чжиВ Фу, Хорошайлов Г. Исслевование литейных свойств никелевых жаропрочных сплавов в вакууме. Научно-технический нфо-рмацщонный бюллетень, Металлургия , 1962

[2] Нехедзи Ю А, Хэн-чжиВ Фу, Хорошайлов Г. Влияние тугоплавких элементов на структуру и свойства никелевых жаропрочных сплавов. Сборник научных докладов по теории жаропрочности, 1962

[3] 傅恒志. 高温合金蠕变的几个问题. 西北工业大学科学报告会论文, 1962: 1-10

[4] 傅恒志. 钼、铌等难熔元素对合金性能的影响. 西北工业大学学报, 1963, 2: 9-18

[5] 傅恒志. 硼、铈对铸造耐热合金组织及性能的影响. 西北工业大学学报, 1963, 2: 19-28

[6] 傅恒志. 真空熔化对镍铬基耐热合金组织及铸造性能的影响//全国第一次高温合金会议论文集: 航空材料研究报告汇编, 1964: 79-88

[7] 傅恒志. 钼、铌对镍铬基铸造耐热合金组织及性能的影响. 金属学报, 1965, 8(2): 212-220

[8] 傅恒志. 高温合金非平衡状态的凝固特征. 西北工业大学学报, 1978, 2: 122-133

[9] 傅恒志. 铸造高温合金的结晶特性. 机械工程材料, 1978, 5: 14-24

[10] 傅恒志. 凝固区间高温合金组成相变化规律的研究. 陕西机械, 1980, (增刊): 84-97

[11] 傅恒志. 预测高温合金中拓扑相(TCP)的新方法. 机械工程材料, 1980, 6: 21-26

[12] 傅恒志, 史正兴, 方晓华, 薛玉芳, 孙承业. 高温合金中初生碳化物的形成与变化. 特种铸造及有色合金, 1983, 3: 16-21

[13] 毛协民, 史正兴, 王乐仪, 傅恒志. 宽结晶间隔二元铝合金定向凝固特性的研究. 金属科学与工艺, 1983, 2(1): 28-35

[14] 毛协民, 傅恒志, 史正兴, 刘慧铭. 熔体过热对Al-Cu合金某些定向凝固特性的影响. 金属学报, 1983, 19(3): A244-A250

[15] 蒋海林, 薛延禄, 史正兴, 傅恒志. Ni-Cr-Mo三元合金定向凝固界面形态与溶质分配. 西北工业大学学报, 1983, 1(1): 109-119

[16] 黎斌仙, 刘桂荣, 郑宝湖, 史正兴, 傅恒志. 提高定向K38合金力学性能的途径. 中国航空科技文献, 1984: 152-157

[17] 毛协民, 傅恒志, 周尧和. Al-Cu二元合金在非平衡凝固时界面处溶质分配对平衡的偏离. 西北工业大学学报, 1985, 3(1): 11-19

[18] 刘家钧, 傅恒志, 史正兴, 薛延禄. 钴基高温合金在定向凝固条件下的液固界面形态与溶质再分配//铸造高温合金论文集. 北京: 国防工业出版社, 1985: 16-23

[19] 刘林, 傅恒志, 史正兴. 凝固参数对定向凝固镍基铸造高温合金中MC碳化物生长特性

的影响. 航空学报, 1986, 7(2): 181-186

[20] 毛协民, 傅恒志, 周尧和. 液固界面在非平衡凝固中的行为. 金属科学与工艺, 1986, 5(3): 1-11

[21] 李建平, 史正兴, 傅恒志. 镍基高温合金凝固界面形态与显微组织的关系. 航空材料, 1986, 6(2): 1-9

[22] 傅恒志, 毛协民. 凝固过程的模化与综合. 铸造技术, 1986, 5: 50-55

[23] 毛协民, 傅恒志, 周尧和. 电磁搅动对Al-Cu合金凝固特性的影响. 铸造技术, 1987, 2: 37-40

[24] 傅恒志, 刘林, 方晓华, 史正兴, 薛延禄. 镍基高温合金中MC碳化物生长规律的研究. 西北工业大学学报, 1987, 5(3): 279-287

[25] 史正兴, 李建平, 傅恒志. 镍基高温合金凝固界面形态与显微组织关系的研究//冶金部钢铁研究总院五室//第六届全国高温合金年会论文集, 1987: 189-195

[26] 殷时桥, 毛协民, 史正兴, 傅恒志. 用微机控制铝合金定向凝固参数及组织结构的探讨. 航空材料, 1987, 7 (1): 34-39

[27] 傅恒志, 刘林, 方晓华, 史正兴, 薛延禄. 镍基高温合金中MC碳化物生长形态的特征研究//冶金部钢铁研究总院五室//第六届全国高温合金年会论文集, 1987: 363-371

[28] 陈钟敏, 史正兴, 傅恒志, 王乐仪, 李昌贵, 程传伞, 宗后定, 何江宁. 铁、铬含量和凝固速率对可加工稀土钴永磁合金中塑性相数量的影响. 金属材料研究, 1988, 14(2): 17-20, 60

[29] 张克福, 毛协民, 傅恒志. HRS定向凝固过程中固/液界面位置控制. 航空学报, 1988, 9(10): B484-B490

[30] Zhou W C, Zhang L T, Fu H Z. Modification of the hydrofluoric acid leaching technique: Ⅰ, corundum-mullite-glassy phase materials. Journal of the American Ceramic Society, 1988, 71(5): 395-398

[31] 周万城, 张立同, 傅恒志. 逐步回归方法在高温陶瓷材料相计算方面的应用. 硅酸盐学报, 1988, 16(3): 265-269

[32] Fu H Z, Liu X C, Zheng X S, Wang L Y, Tang W. The studies of directional solidified Re-Co magnets. IEEE Transactions on Magnetics, 1989, 25(5): 3797-3799

[33] Li C G, Song H D, Wang L Y, Shi Z X, Tang W, Liu X C, Fu H Z. The effect of introduction of a ductile phase on REPM. IEEE Transactions on Magnetics, 1989, 25(5): 3753-3755

[34] Zhou W C, Zhang L T, Fu H Z. Application on the stepwise-regression method in

calculating high temperature ceramic phases. Journal of the American Ceramic Society, 1989, 72(7): 357-359

[35] 刘林, 傅恒志. Ni基高温合金中MC碳化物的Raman光谱及键能计算. 材料科学进展, 1989, 3(5): 460-462

[36] 刘林, 傅恒志, 史正兴. 高温合金中碳化物的初生形貌与晶体结构的关系. 金属学报, 1989, 25(4): A280-A287

[37] 史正兴, 陈继志, 刘新才, 王乐仪, 傅恒志, 李昌贵, 高旭山, 宋后定. Zr和V对可加工RE-Co永磁合金组织和性能的影响. 材料科学进展, 1989, 3(6): 511-516

[38] 刘林, 傅恒志. Ni基高温合金中MC碳化物生长的理论形貌. 材料科学进展, 1989, 3(5): 396-400

[39] Shi Z X, Cheng J Z, Liu X C, Fu H Z, Wang L Y. Studies on the crystal orientation and magnetic hardening of workable Re-Co permanent magnet//34th Annual Conference on Magnetism and Magnetic Materials, Boston Massachusetts, 1989

[40] Zhang K F, Mao X M, Fu H Z. Control of solid/liquid interface position in the HRS process. Seventh International Conference on Mathematical and Computer Modeling, Chicago: International Science and Technology, 1989: 228-231

[41] 李建国, 储双杰, 刘忠元, 史正兴, 傅恒志. 定向凝固超细柱晶组织及其形成条件//国家自然科学基金重大项目: 非平衡凝固若干理论问题及其应用研究. 西安: 西北工业大学凝固技术国家重点实验室, 1990: 1-7

[42] Liu L, Fu H Z, Shi Z X. Relationship between primary morphology and crystal growth structure of carbides growing in superalloys. Acta Metallurgic Sinica, 1990, 3(1): A46-A51

[43] Li J P, Shi Z X, Fu H Z. Effect of solidification interface morphologies on microstructure of Nickel-base superalloys. Advanced Aerospace Materials/Process Conference, California, 1990: 152-161

[44] Fu H Z, Liu L, Fang X H, Shi Z X, Xue Y L. Growth morphologies of primary MC carbides in Nickel base superalloys//Advanced Aerospace Materials/Process Conference, California, 1990: 98-114

[45] 郭喜平, 傅恒志, 史正兴. 单晶高温合金的研究进展. 材料科学与工程, 1990, 8(4): 1-6, 28

[46] Zhou W C, Zhang L T, Fu H Z. Variation of the amount and composition of glassy phase in aluminum silica shell moulds//The 92nd Annual Meeting of the American Ceramic Society. Dallas: American Ceramic Society, 1990

[47] Zhou W C, Fu H Z, Zhang L T. Devitrification of silica fibers: Ⅰ Effect of manufacturing method//The 92nd Annual Meeting of the American Ceramic Society. Dallas: American Ceramic Society, 1990

[48] Zhou W C, Fu H Z. Devitrification of silica fibers: Ⅱ Effect of aluminum and boron oxide// The 92nd Annual Meeting of the American Ceramic Society. Dallas: American Ceramic Society, 1990

[49] 周万成, 傅恒志. 溶胶凝胶法制备玻璃纤维. 硅酸盐学报, 1990, 9(4): 38-43

[50] 刘林, 傅恒志, 史正兴, 方晓华. Ni-Al-C-Ti(Hf、Nb、Ta)四元合金的凝固组织. 航空材料学报, 1990, 10(2): 1-6

[51] Zou G R, Chen Z M, Shi Z X, Fu H Z. Preparation and properties of unidirectional columnar crystal of NdFeB alloys. Rare Metals, 1990, 9(4): 283-286

[52] Shi Z X, Liu X C, Wang L Y, Fu H Z. Machinable Re-Co permanent magnets. Bilatral German Chinese Symposium on Rare Earth Magnets: 7-10 May, 1990 in the Physik-Zextrum Bad Honnef FRG, 1990

[53] 陈钟敏, 谢发勤, 史正兴, 王乐仪, 傅恒志. 定向凝固/热压Pr-Fe-B永磁合金及其热压工艺//第三届全国钕铁硼会议论文集, 1990: 87-89

[54] 陈钟敏, 邹光荣, 史正兴, 傅恒志, 王乐仪. Nd-Fe-B永磁合金单向柱晶的制备与特性. 材料科学进展, 1990, 4(6): 552-525

[55] 陈钟敏, 谢发勤, 史正兴, 王乐仪, 傅恒志. 铸造Pr-Fe-B永磁合金及其微观结构. 中国稀土学报, 1990, 8(3): 281-283

[56] 李建国, 毛协民, 傅恒志. 快速生长枝-胞转变过程的界面结构和微观组织. 金属学报, 1990, 26(4): A309-A311

[57] Zhou W C, Fu H Z, Zhang L T. Structure study of silica fibers made by different methods// Superconductivity and Ceramic Superconductors. Westerville: American Ceramic Society, 1991

[58] Zhou W C, Fu H Z, Zhang L T, Sun X M. Effect of OH and water vapor on the crystallization of silica fibers. Westerville: American Ceramic Society, 1991

[59] Zhou W C, Fu H Z, Zhang L T. Formation of absorbed and combined water in silica fibers during leaching. Ceramic Transactions Glasses for Electronic Applications, 1991, 20: 205-211

[60] Zhou W C, Fu H Z, Zhang L T, Sun X M, She S Y, Ma J Z. Effects of impurities and manufacturing method of the devitrification of silica fibers. Journal of the American

Ceramic Society, 1991, 74(5): 1125-1128

[61] Chen Z M, Xie F Q, Shi Z X, Wang L Y, Fu H Z. Effect of grain size, Cu addition and Pr substituted by Nd intrinsic coercivity of cast Pr-Fe-B magnets. Journal of Applied Physics, 1991, 70(5): 2868-2870

[62] 陈钟敏, 邹光荣, 史正兴, 傅恒志. 定向凝固条件下$Nd_2Fe_{14}B$枝晶的择优生长方向. 航空学报, 1991, 12(3): 210-212

[63] 周万城, 傅恒志. OH和水蒸汽环境对高纯SiO_2纤维析晶性能的影响. 宇航材料工艺, 1991, 2: 48-50

[64] 周万城, 傅恒志. Na_2O-B_2O_3-SiO_2系玻璃纤维制备中没有发生分相. 高技术通讯, 1991, 2: 21-22, 39

[65] 周万城, 傅恒志. 不同方法制备的SiO_2纤维的析晶性能. 高技术通讯, 1991, 1: 12-14

[66] Mao X M, Li J G, Fu H Z, Shi Z X. An investigation on morphologies and microsegregation of directionally solidified HS-21 superalloy at medium cooling condition//Advanced Structure Materials Symposia Proceedings, 1991: 853-856

[67] 毛协民, 李建国, 傅恒志. 柱晶侧向分枝及侧枝消失历程的研究. 西北工业大学学报, 1991, 9(3): 340-344

[68] 冯风, 史正兴, 傅恒志, 孙家华. NASAIR-100合金不同凝固界面形态的组织及固溶处理. 西北工业大学学报, 1991, 9(4): 373-380

[69] 陈钟敏, 谢发勤, 王乐仪. 铸造/热压Pr-Fe-B永磁合金的定向凝固特性. 西北工业大学学报, 1991, 9(4): 381-387

[70] Chen Z M, Xie F Q, Wang L Y, Shi Z X, Fu H Z. Microstructure and preferred orientation of cast hot pressed Pr-Fe-B alloy in directional solidification. Rare Metals, 1991, 10(3): 170-175

[71] Chen Z M, Xie F Q, Shi Z X, Wang L Y, Fu H Z. R-Fe-B magnets by cast hot press process. Chinese Journal of Metal Science Technology, 1991, 7(5): 313-316

[72] 陈钟敏, 谢发勤, 史正兴, 王乐仪, 傅恒志. 定向凝固/热压R-Fe-B永磁合金的研究. 材料科学进展, 1991, 5(6): 477-481

[73] 陈钟敏, 谢发勤, 史正兴, 王乐仪, 傅恒志. 铸造Pr-Fe-B磁体热压变形均匀性及其对组织和磁性能的影响. 金属材料研究, 1991, 17(3): 35-36, 50

[74] 陈钟敏, 谢发勤, 史正兴, 王乐仪, 傅恒志. 铸造/热压Pr-Fe-B磁体的矫顽力及其与晶粒的关系. 金属学报B, 1991, 27(5): 345-348

[75] 郭喜平, 惠超英, 史正兴, 傅恒志. 单晶高温合金高温蠕变断口的SEM观察. 新疆大学

学报, 1991, (增刊): 160-161

[76] 郭喜平, 史正兴, 傅恒志. 单晶高温合金组织的电子显微分析. 新疆大学学报, 1991, (增刊): 158-159

[77] 郭喜平, 史正兴, 傅恒志, 孙家华. 固溶温度对一种镍基高温合金组织的影响. 北京科技大学学报, 1991, 13 (增刊): 146-150

[78] 郭喜平, 史正兴, 孙家华, 傅恒志. NASALR100单晶的凝固界面形态与组织研究//第三届中国青年材料科学研讨会论文集, 1991: 72-74

[79] 郭喜平, 惠超英, 史正兴, 孙家华, 傅恒志. 热处理对各种界面凝固的NASAIR100单晶组织的影响//第三届中国青年材料科学研讨会论文集, 1991: 75-78

[80] Mao X M, Fu H Z, Oeters F. Morphological transition between cells and dendrites. Chinese Journal of Metal Science & Technology, 1991, 7: 405-410

[81] Li J G, Mao X M, Fu H Z. Interface morphologies and microstructures during dendrite to cell transition at high growth rate. Acta Metallurgica Sinica, 1991, 4(1): A71- A74

[82] 李建国, 毛协民, 傅恒志, 史正兴. Al-Cu合金高梯度定向凝固过程中的形态转变. 材料科学进展, 1991, 5(6): 461-465

[83] 刘新才, 唐卫, 史正兴, 王乐仪, 傅恒志. 稀土钴晶体生长方向和易磁化轴平行的成分空间. 西北工业大学学报, 1991, 9(增刊): 124-129

[84] 储双杰, 李建国, 刘忠元, 史正兴, 傅恒志. 钴基高温合金K10超细柱晶的研究. 中国航空科技文献, HJB910923, 1991: 1-7

[85] Chen Z M, Shi Z X, Wang, L Y, Fu H Z. Microstructure and magnetic properties developed by hot pressing of cast Pr-Fe-B Magnets. Journal of Applied Physics, 1992, 71(6): 2799-2804

[86] 李建国, 储双杰, 刘忠元, 史正兴, 傅恒志. 中速定向凝固K10高温合金的组织和偏析的研究. 机械工程学报, 1992, 28(1): 86-90

[87] Chen Z M, Shi Z X, Wang L Y, Fu H Z. Microstructure and coercivity of hot pressed Pr-Fe-B magnets with addition and neodymium substitution for praseodymium. Materials of Science and Engineering B, 1992, 12: 243-246

[88] Chen Z M, Shi Z X, Wang L Y, Fu H Z. Development of microstructure and preferred orientation of directionally solidified Pr-Fe-B permanent magnet alloy. Journal of Alloys and Compounds, 1992, 179: 61-67

[89] 李建国, 储双杰, 刘忠元, 傅恒志. 宽变冷速对定向凝固合金枝晶偏析的影响. 航空学报, 1992, 13(1): A117-A120

[90] 储双杰, 李建国. 超高速定向凝固钴基合金的结晶组织. 中国有色金属学报, 1992, 2(6): 69-71

[91] 万华明, 刘林, 田荫棠, 傅恒志. 多面体晶体从金属熔体中生长的形态分析. 西北工业大学学报, 1992, 10(3): 318-322

[92] 郭喜平, 史正兴, 傅恒志. 凝固界面形态对一种镍基单晶高温合金组织和性能的影响. 航空学报, 1992, 13(7): A448-A452

[93] 陈钟敏, 史正兴, 王乐仪, 傅恒志. 铸造Pr-Fe-B磁体的热压变形研究. 金属学报, 1992, 28(3): B121-B126

[94] 刘忠元, 杨爱敏, 李建国, 史正兴, 傅恒志. 镍基高温合金超细定向柱晶的凝固特性. 材料科学进展, 1992, 6(6): 481-486

[95] 刘新才, 傅恒志. 定向凝固工艺参数对稀土钴永磁合金易磁化轴的影响. 材料科学进展, 1992, 6(6): 495-497

[96] Fu H Z, Li J G, Mao X M, Liu Z Y, Shi Z X. Superfine columnar crystals and the forming mechanism//Proceeding of the First Pacific Rim International Conference on Advanced Materials and Processing, 1992: 157-162

[97] Mao X M, Fu H Z, Frenk A, Kurz W. Coupled zone of Co-Cr-C alloys under laser remelting conditions//PRICM-1 Proceedings, 1992: 115-119

[98] Guo X P, Fu H Z, Shi Z X, Sun J H. Influence of solid liquid interface shapes and solution heat treatment on the microstructure and mechanical properties of a Nickel base single crystal superalloy NASIAR 100//PRICM-1 Proceedings, 1992: 163-168

[99] 耿兴国, 刘林, 欧阳洁, 傅恒志. 镍基高温合金中TiC生长形貌与键能研究//PRICM-1, Proceedings, 1992: 295-297

[100] 魏朋义, 傅恒志. Al-Ni-X(X=B, Zr, Ce, Sr)系新型晶粒细化剂的研究//PRICM-1 Proceedings, 1992: 302-304

[101] 刘林, 傅恒志, 张蓉, 庞述先, 王六定. 初生相在异质合金熔体中的溶解及其结晶特性// PRICM-1 Proceedings, 1992: 305-307

[102] 李德林, 毛协民, 傅恒志. 动力学深过冷定向凝固的可行性研究//PRICM-1 Proceedings, 1992: 322-323

[103] 魏朋义, 傅恒志. 快凝棒状共晶生长机制//PRICM-1 Proceedings, 1992: 324-327

[104] 何国, 毛协民, 傅恒志. 改变热流方向时枝晶组织形态及其形成机制研究//PRICM-1 Proceedings, 1992: 348-351

[105] 蔡英文, 傅恒志, 毛协民, 李建国. 合金非平衡凝固的微观动力学机制//PRICM-1

Proceedings, 1992: 356-359

[106] 毛协民, 李建国, 傅恒志. 局部凝固时间对快速生长时枝胞转变的影//PRICM-1 Proceedings, 1992: 360-363

[107] 何国, 李建国, 毛协民, 傅恒志. 定向凝固平界面的结构稳定性判据//PRICM-1 Proceedings, 1992: 368-371

[108] 余乐年, 毛协民, 张克福, 傅恒志. 非平衡非线性的凝固组织形成及演化的机理和条件的探索//PRICM-1 Proceedings, 1992: 408-411

[109] 刘新才, 傅恒志. 稀土钴永磁合金非平衡定向凝固过程的研究. 稀土, 1992, 13(5): 29-30

[110] 储双杰, 李建国, 刘忠元, 史正兴, 傅恒志. 超高速定向凝固条件下钴基高温合金特性的研究. 西北工业大学学报, 1993, 11(1): 113-116

[111] 张克福, 毛协民, 傅恒志. 三维铸件定向凝固过程模拟Ⅰ——稳态定向凝固过程的边界元解. 航空学报, 1993, 14(2): 72-78

[112] 毛协民, 傅恒志, Frenk A, Kurz W. Co-Cr-C合金在激光熔池中γ-Co与$Cr_{7-x}Co_xC_3$共晶生长的计算机模拟实验研究. 材料科学进展, 1993, 7(2): 93-98

[113] 张克福, 毛协民, 傅恒志. 三维铸件定向凝固过程模拟Ⅱ——非稳态定向凝固过程边界元解. 航空学报, 1993, 14(4): B187- B192

[114] 毛协民, 李建国, 傅恒志, 史正兴. 时空条件对枝胞转变的影响——高速凝固时柱晶侧枝消失机制的探讨. 自然科学进展, 1993, 3(1): 35-41

[115] 刘新才, 史正兴, 傅恒志. 高磁能积稀土钴永磁合金的非平衡凝固过程. 材料科学进展, 1993, 7(3): 185-188

[116] 李德林, 毛协民, 傅恒志. 太阳能级硅的电磁悬浮熔炼. 太阳能学报, 1993, 14(3): 222-225

[117] Mao X M, Li J G, Fu H Z, Shi Z X. Effect of T-S condition on D-C transition. Progress in Nature Science, 1993, 3 (5): 447-454

[118] 傅恒志, 毛协民, 李建国. 液固相变中的界面形态选择//中国材料研究学会, 中国金属学会材料科学学会. 93全国相变学术会议论文集, 1993: 8-15

[119] 何国, 毛协民, 傅恒志. 一次枝晶间距模型及单晶高温合金中的验证. 材料科学进展, 1993, 7 (6): 467-472

[120] 周万城, 傅恒志, 张立同. 高纯SiO_2纤维析晶性能的研究. 西北工业大学学报, 1993, 11 (4): 499-503

[121] 唐卫, 傅恒志, 邹光荣, 史正兴. 烧结NdDyFeB磁体加热过程中的热力学与动力学现

象. 稀有金属材料与工程, 1993, 22 (6): 21-26

[122] 傅恒志, 郭喜平, 史正兴, 孙家华. 单晶高温合金在各种界面形态下 γ′ 相的析出特征与蠕变寿命的关系//铸造高温合金论文集, 1993: 13-20

[123] Liu L, Sommer F, Fu H Z. Effect of solidification conditions on MC carbides in a Nickel base superally In 738 LC. Scripta Metallurgica et Materialia, 1994, 30 (5): 587-591

[124] Mao X M, Li J G, Fu H Z. Effect of local solidification time on dendrite to cell transition at high growth rate. Materials Science and Engineering, 1994, 183(1-2): 233-238

[125] 何国, 李建国, 毛协民, 傅恒志. 涡轮叶片材料及制造工艺的研究进展. 材料导报, 1994, 1: 12-16

[126] Chu S J, Li J G, Liu Z Y, Shi Z X, Fu H Z. On morphologies, microsegregation, and mechanical behavior of directionally solidified cobalt base superalloy at medium cooling rate. Metallurgical and Materials Transaction, 1994, 25(3): 637-642

[127] Tang W, Fu H Z, Zou G R, Shi Z X. Relations between development of microstructure and magnetic properties of sintered NdDyFeB magnets. Rare Metals, 1994, 13(1): 53-57

[128] 蔡英文, 毛协民, 李建国, 傅恒志. 强制性晶体生长降速过程胞晶距调整机制. 人工晶体学报, 1994, 23(增刊): 39

[129] 王祖锦, 毛协民, 傅恒志. 晶体生长形态演化过程一次枝晶间距调整机制. 人工晶体学报, 1994, 23(增刊): 22

[130] 何国, 毛协民, 傅恒志. 单晶高温合金液固界面的各向异性行为. 人工晶体学报, 1994, 23(增刊): 24

[131] 毛协民, 张军, 林猛华, 李德林, 傅恒志. 太阳能电池硅片电磁悬浮熔炼离心铸造机的研制. 人工晶体学报, 1994, 23(增刊): 317

[132] 张军, 尚羽, 毛协民, 李德林, 傅恒志. 太阳电池硅片ELCC技术用复合梯度涂层的研究. 太阳能学报, 1994, 15 (2): 157-161

[133] He G, Li J G, Mao X M, Fu H Z. Model for coarsening of SDAS and its verification in multicomponent SC super alloys. Transactions of Nonferrous Metals Society of China, 1994, 4: 67-70

[134] 傅恒志, 毛协民, 李建国. 液固相变中的界面形态选择. 材料研究学报, 1994, 8 (3): 209-217

[135] 张军, 毛协民, 李德林, 傅恒志. 低成本太阳电池硅片EICC技术(1)探索研究. 功能材料, 1994, 25(4): 293-295

[136] 郭喜平, 傅恒志, 孙家华. 单晶高温合金中 γ′ 筏形组织的形成及转动. 金属学报,

1994, 30: 321-326

[137] 郭喜平, 史正兴, 傅恒志. 改进单晶高温合金性能的途径. 航空学报, 1994, 15 (7): 853-859

[138] Cai Y W, Li J G, Mao X M, Fu H Z. Monotectic solidification in space//Proceedings of Third China Russia Ukraine Symposium on Astronautical Science and Technology, Xian, 1994: 712-715

[139] Cai Y W, Li J G, Mao X M, Fu H Z. Microscopic kinetics of nonequilibrium solidification. Acta Metallurgica Sinica, 1994, 7 (2): 84-88

[140] 沈跃飞, 李建国, 傅恒志. 镍基高温合金DD3超细柱晶的组织研究. 光子学报, 1994, 23: 75-80

[141] 何国, 李建国, 毛协民, 傅恒志. 凝固过程中的界面各向异性. 物理, 1994, 23: 724-727

[142] 蔡英文, 李建国, 傅恒志. 单晶淬冷Cu-Pb亚偏晶合金的凝固特征. 材料科学与工程, 1994, 12: 52-53

[143] 丁浩, 傅恒志. 凝固过程对热裂纹形成的影响. 铸造技术, 1995, 5: 33-36

[144] 唐卫, 傅恒志, 邹光荣. 烧结NdDyFeB磁体致密化过程的研究. 西北工业大学学报, 1995, 13 (1): 17-20

[145] 王祖锦, 傅恒志. 低速凝固与亚快速凝固界面非稳定演化规律实验研究. 西北工业人学学报, 1995, 13 (2): 320-322

[146] 何国, 李建国, 毛协民, 傅恒志. 界面动力学对平界面稳定性的影响. 材料研究学报, 1995, 9 (1): 7-12

[147] 何国, 李建国, 毛协民, 傅恒志. 单晶高温合金固液界面形状及对凝固组织的影响. 航空材料学报, 1995, 15 (1): 9-14

[148] 刘忠元, 李建国, 傅恒志, 佘力, 陈荣章, 王罗宝. 凝固速率对DZ22合金力学性能和组织的影响. 材料工程, 1995, 6: 15-18

[149] 郭喜平, 傅恒志. 单晶高温合金的高温蠕变断裂. 材料工程, 1995, 6: 3-6

[150] 张军, 毛协民, 刘卫东, 傅恒志. 高频感应加热设备双频输出的设计与实践. 热加工工艺, 1995, 5: 276-278

[151] 魏朋义, 李建国, 傅恒志, 桂钟楼. 单晶高温合金DD3亚结构超细化定向凝固工艺研究. 材料工程, 1995, 6: 10-11

[152] 周万城, 傅恒志, 张立同, 徐培苍, 王永强, 王志海. 不同方法制备的高纯SiO_2纤维的结构及其形式. 硅酸盐学报, 1995, 23(5): 170-175

[153] 曹禄华, 丁浩, 傅恒志. 浇注温度和炉膛保温温度对定向凝固Al-0.6wt%Cu合金热裂

倾向的影响//1995新型材料研讨会论文集, 1995, 6: 109-110

[154] 蔡英文, 李建国, 傅恒志. 快速凝固Cu-Pb亚偏晶合金的自生复合行为. 材料工程, 1995, 4: 20-22

[155] 沈军, 李金山, 李建国, 傅恒志. 电磁自约束定向生长条件下若干影响温度场因素的研究. 材料工程, 1995, 6: 154-156

[156] 蔡英文, 李建国, 毛协民, 傅恒志. 超高温度梯度场中的Al-Bi偏晶共生行为. 材料研究学报, 1995, 9: 208-212

[157] Shen J, Li J S, Li J G, Fu H Z. Some characteristics of liquid metal meniscus in electromagnetic filed. Transactions of NFsoc, 1995, 5(4): 27-31

[158] 郭喜平, 傅恒志, 孙家华. 高温度梯度改进单晶高温合金的性能. 材料研究学报, 1995, 9: 213-218

[159] Guo X P, Shi Z X, Fu H Z. Improvements in mechanical properties of single crystal superalloy. Chinese Journal of Aeronautics, 1995, 8: 45-53

[160] 刘忠元, 李建国, 傅恒志. 凝固速率对定向凝固合金DZ22枝晶臂距和枝晶偏析的影响. 金属学报, 1995, 31(7): A330-A332

[161] 丁浩, 傅恒志, 罗栓柱, 刘忠元, 张克福. 化学成分对定向凝固Al-Cu合金热裂倾向的影响. 金属学报, 1995, 31(8): A376-A380

[162] 丁浩, 刘忠元, 罗栓柱, 傅恒志. 浇注温度及炉膛保温温度对定向凝固Al-0.6wt%Cu合金热裂倾向的影响//材料工程编辑部. 1995新型金属材料研讨会论文集, 1995: 109-110

[163] Zhang J, Mao X M, Wen H Q, Fu H Z. Induction melting of semiconductor silicon without a crucible//Proceedings 2nd PRICAM, Korea, 1995: 217-221

[164] Liu Z Y, Li J G, Shi Z X, Fu H Z. Effect of solidification rate on microstructures of directionally solidified superalloy DZ22. Chinese Journal of Aeronautics, 1995, 8(4): 282- 286

[165] Wei P Y, Fu H Z, Reif W. Preparation of Al-Si ingots with full eutectic-like microstructure at low cooling rate. Acta Metallurgica Sinica, 1995, 9: 49-55

[166] 沈军, 李金山, 李建国, 傅恒志. 电磁场中金属液柱的形状、稳定性及表面流动的研究//现代科技新进展——西北工业大学首届研究生学术报告年会论文集. 西安: 西北工业大学出版社, 1995: 438-442

[167] 温宏权, 张军, 毛协民, 傅恒志. 太阳能电池硅片ELCC技术模具温场的计算机模拟. 太阳能学报, 1996, 17 (1): 32-37

[168] Guo X P, Fu H Z. Stress rupture behavior of the single crystal super alloy NASAIR 100 at 1050℃. Zeitschriftfür Metallkunde, 1996, 87 (4): 315-320

[169] 刘忠元, 李建国, 傅恒志, 佘力, 陈荣章, 王罗宝. 两种定向凝固方法DZ22合金的力学性能和组织. 材料研究学报, 1996, 10(1): 13-18

[170] 蔡英文, 范新会, 李建国, 傅恒志. 原子簇在熔体晶体生长中的作用. 西北工业大学学报, 1996, 14(2): 323-324

[171] 耿兴国, 傅恒志, 刘林, 王祖锦. 快速单向约束性生长超细晶体的新模型. 材料研究学报, 1996, 10(2): 145-148

[172] 魏朋义, 傅恒志, Reif W. 熔体搅拌Al-12.0%Si合金的组织细化. 中国有色金属学报, 1996, 6 (1): 98-102

[173] 傅恒志, 王祖锦. 亚快速单向凝固晶体生长的非稳态演化. 材料研究学报, 1996, 10 (3): 253-258

[174] 范新会, 蔡英文, 魏朋义, 李建国, 傅恒志. 单晶连铸技术研究. 材料研究学报, 1996, 10 (3): 264-266

[175] 范新会, 李建国, 傅恒志. 单晶连铸技术研究评述. 材料导报, 1996, 3: 1-6

[176] 毛协民, 傅恒志. 激光熔池中Co-Cr-C共晶系合金的凝固组织形态选择. 上海大学学报(自然科学版), 1996, 2(2): 205-211

[177] 耿兴国, 傅恒志, 刘林, 王祖锦. 快速单向约束性生长超细晶体的新模型. 材料研究学报, 1996, 10(2): 145-148

[178] 谢发勤, 张军, 毛协民, 李德林, 傅恒志. 深过冷熔体激发快速定向凝固. 材料科学与工艺, 1996, 4(3): 102-106

[179] 温宏权, 毛协民. 张军, 傅恒志. 太阳能级硅的电磁约束感应熔炼. 太阳能学报, 1996, 17(4): 250-253

[180] 丁浩, 傅恒志, 刘忠元, 陈荣章, 刘伯操, 钟振纲, 唐定中. 定向凝固Rene 125合金热裂倾向性研究. 航空材料学报, 1996, 16 (1): 6-11

[181] 丁浩, 傅恒志, 刘忠元, 罗栓柱. 浇注温度对定向凝固Al-Cu合金热裂的影响. 材料工程, 1996, 4: 32-33

[182] 魏朋义, 傅恒志, Reif W. 熔体温度对块凝Al-Si过共晶合金系带微观组织及性能的影响. 金属学报, 1996, 32(8): 817-822

[183] 丁浩, 傅恒志, 刘忠元, 罗栓柱. 抽拉速率对铝合金定向凝固热裂形成的影响. 材料科学与工艺, 1996, 4: 76-80

[184] 丁浩, 傅恒志, 刘忠元, 罗栓柱. 炉膛温度对定向凝固Al-Cu合金热裂的影响. 铸造技

术, 1996, 5: 43-46

[185] 周镇华, 李建国, 傅恒志. 定向凝固技术及其研究进展. 材料导报, 1996 (6): 1-6

[186] 魏朋义, 李建国, 傅恒志. 高温度梯度定向凝固高温合金单晶初始生长过程非稳态自组织行为. 材料研究学报, 1996, 10 (6): 580-586

[187] Fu H Z, Gen X G, Li J G, Zhang J. Near rapid directional solidification and its superfine microstructure. Acta Metallurgica Sinica, 1996, 9(6): 497-502

[188] 沈军, 李金山, 李建国, 傅恒志, 曾凡昌, 崔正山. 电磁自约束定向生长条件下影响温度场的若干因素. 中国有色金属学报, 1996, 6(4): 119-122

[189] 何国, 周寿增, 李建国, 魏朋义, 傅恒志. 我国稀土超磁滞伸缩材料的研究与应用现状. 材料导报, 1996, 5: 12-17

[190] 杨道敏, 丁浩, 董晓滨, 傅恒志. 晶界状态对合金热裂倾向的影响. 铸造技术, 1996, 6: 348-349

[191] 范新会, 魏朋义, 李建国, 傅恒志. 单晶连铸技术原理及实验研究. 中国有色金属学报, 1996, 6(4): 106-109

[192] Xie F Q, Zhang J, Mao X M, Li D L, Fu H Z. Rapid directional solidification exited from bulk supercooled melt. Journal of Materials Processing Technology, 1997, 63: 776-778

[193] 谢发勤, 薛玉芳, 张军, 傅恒志. Cu-5wt%Ni合金的深过冷及快速凝固. 西北工业大学学报, 1997, 15 (1): 163-164

[194] 沈军, 李金山, 李建国, 傅恒志. 电磁约束成型中感应圈约束行为研究. 西北工业大学学报, 1997, 15(1): 156-158

[195] Guo X P, Fu H Z, Sun J H. Influence of solid/liquid interfaces on the microstructure and stress-rupture life of the single-crystal Nickel-base superalloy NASAIR100. Metallurgical and Materials Transaction, 1997, 28(4): 997-1009

[196] 范新会, 魏朋义, 李建国, 傅恒志. 工艺参数对单晶连铸线材表面质量的影响. 中国有色金属学报, 1997, 7(1): 137-141

[197] 刘志义, 傅恒志. DD8高温合金平界面区及胞晶界面区的晶粒竞争生长. 中国有色金属学报, 1997, 7(1): 164-168

[198] 丁浩, 傅恒志, 刘忠元, 董晓滨. 定向凝固热裂纹的形成过程. 稀有金属材料与工程, 1997, 26(1): 19-21

[199] 刘忠元, 李建国, 史正兴, 傅恒志. 定向凝固方法对DZ-22合金初熔温度的影响. 宇航学报, 1997, 18(1): 76-79

[200] 沈军, 蔡英文, 李建国, 傅恒志. 影响电磁约束定向样件表面质量的因素分析. 材料工

程, 1997, 3: 16-19

[201] 杜炜, 魏朋义, 李建国, 傅恒志, 孙家华. 镍基单晶高温合金DD2梯度定向凝固行为. 航空材料学报, 1997, 17(2): 1-5

[202] 耿兴国, 傅恒志. 亚快速凝固中枝晶→细胞晶转变的理论研究. 金属学报, 1997, 33(7): 673-676

[203] 张军, 傅恒志, 谢发勤, 沈军, 李建国. 金属熔体的电磁成形与凝固. 材料研究学报, 1997, 11(6): 1-11

[204] 刘志义, 傅恒志. DD8镍基高温合金定向凝固界面形态的晶体取向及抽拉方式效应. 稀有金属材料与工程, 1997, 26(5): 13-17

[205] 丁浩, 刘忠元, 傅恒志. 定向凝固叶片类铸件热裂规律性研究. 航空学报, 1997, 18(5): 615-618

[206] 丁浩, 傅恒志, 刘忠元. 凝固收缩补偿与合金的热裂倾向. 金属学报, 1997, 23(9): 921-926

[207] 魏朋义, 傅恒志, 毛协民, 王祖锦. 高温度梯度定向凝固振荡性微观结构的特征和形成机制. 中国有色金属学报, 1997, 7(3): 127-131

[208] 傅恒志, 何国, 李建国. 单晶高温合金定向凝固过程中晶体竞争生长观察. 金属学报, 1997, 33(12): 1233-1238

[209] 魏朋义, 张军, 傅恒志, 钟振纲, 孙家华. 电子束区熔DD2合金定向凝固特性及单晶制备//96中国材料研讨会: 材料设计与加工, 1997: 685-688

[210] 杜炜, 魏朋义, 李金山, 李建国, 傅恒志, 孙家华. 高梯度定向凝固对DD2单晶高温合金组织的影响//96中国材料研讨会: 材料设计与加工, 1997: 689-693

[211] 范新会, 魏朋义, 李建国, 傅恒志. 连续铸造铝单晶线材的制备工艺与性能//96中国材料研讨会: 材料设计与加工, 1997: 694-697

[212] 许振明, 李建国. 铜单晶连铸技术的研究//孙国雄. 第九届中国铸造学术会议论文集. 沈阳: 东北大学出版社, 1997, 8: 345-348

[213] 许振明, 李建国, 傅恒志. 连续铸造铜单晶的组织及性能//第六届全国青年材料研讨会论文, 1997

[214] Fu H Z, Geng X G, Li J G, Zhang J. Sub-high rate direction solidification. Journal of Materials Science and Technology, 1998, 14: 9-14

[215] Du W, Li J G, Fu H Z. Solidification and microsegregation behaviors of Nickel-base single crystal superalloy solidified at medium cooling rate. Transactions of Nonferrous Metals Society of China, 1998, 8(1): 83-87

[216] 张军, 毛协民, 傅恒志. 电磁悬浮熔炼离心铸造设备的研制. 太阳能学报, 1998, 19 (2): 161-166

[217] 张军, 毛协民, 傅恒志. 离心铸造太阳电池硅化片液态成形机制的研究. 太阳能学报, 1998, 19(3): 282-286

[218] 李金山, 李双明, 李建国, 傅恒志. 钢的电磁铸造工艺与实验研究. 铸造技术, 1998, 4: 36-38

[219] 储双杰, 吴人洁, 魏朋义, 李建国, 傅恒志. 定向凝固Al_2O_3/Al-4.5Cu复合材料的弯曲性能与断裂特征. 科学通报, 1998, 43: 995-1002

[220] Chen G, Cai Y W, Li J G, Fu H Z. Research and applications of melt heat treatment. Journal of Hebei University of Science and Technology, 1998, 19(1): 6-12

[221] Fu H Z, Du W, Guo X P. Microstructure improvement of single crystal superalloys//The First Sino-France Workshop on Prospect of Advanced Materials Towards 21st Century, 1998: 24-26

[222] 陈光, 蔡英文, 李建国, 傅恒志. 熔体热处理研究及其应用. 河北科技大学学报, 1998, 19(1): 6-12

[223] 耿兴国, 傅恒志, 李建国. 纯物质自由枝晶生长特征的Fourier变换研究. 光子学报, 1998, 27(6): 504-507

[224] 张军, 刘艳红, 李建国, 傅恒志. 单晶高温合金电子束区熔定向凝固组织演化规律//中国航空工业总公司. 中国航空科技报告(HK98010), 1998

[225] 马书伟, 郑运荣, 杜炜, 魏朋义, 李建国, 傅恒志. $Ni_3Al+Ni_7Hf_2$共晶合金的微观结构及凝固行为研究. 金属学报, 1998, 34(3): 237-241

[226] 李金山, 张军, 李建国, 傅恒志. 钢的电磁约束成型定向凝固工艺研究. 西北工业大学学报, 1998, 16(1): 133-137

[227] 傅恒志, 张军. 电磁流体力学与材料工程//中国材料研究学——中国科学技术前沿. 北京: 高等教育出版社, 1998: 187-226

[228] Xu Z M, Li J G, Fu H Z. Continuous casting technology of copper single crystal rod. Transactions of Nonferrous Metals Society of China, 1998, 8(2): 277-281

[229] 许振明, 李建国, 耿关祥, 傅恒志. 连续铸造铜单晶棒材的工艺参数及性能. 人工晶体学报, 1998, 27(3): 281-286

[230] 杜炜, 魏朋义, 李建国, 傅恒志. 镍基单晶高温合金亚结构细化和偏析研究. 西北工业大学学报, 1998, 16(3): 364-367

[231] Du W, Li J S, Li J G, Fu H Z, Wei P Y. Dendrite refining and eutectic transformation

behavior of Nickel-base single crystal superalloy. Chinese Journal of Aeronautics, 1998, 11(1): 61-65

[232] 杜炜, 魏朋义, 李建国, 傅恒志, 孙家华. 中速生长条件下单晶高温合金组织及偏析研究. 金属学报, 1998, 34(4): 356-361

[233] 蔡英文, 苏俊义, 李建国, 傅恒志. 约束凝固枝晶尖端扩散场的Zener近似因子. 西安交通大学学报, 1998, 32 (10): 43-46

[234] 傅恒志. 未来航空发动机材料面临的挑战与发展趋向. 航空材料学报, 1998, 18(4): 52-61

[235] 李双明, 李建国. 液态金属的无容器近终成形. 稀有金属材料与工程, 1999, 28(1): 5-9

[236] 李双明, 李建国, 沈军, 李金山, 张军, 傅恒志. 液态金属电磁成形的数值计算. 钢铁研究学报, 1999, 11(4): 13-17

[237] 邹光荣, 傅恒志, 姜战军, 胡世平, 王文照. 取向度对Nb-Fe-B烧结磁体及磁化过程和磁性相的影响//中国材料研究学会. 材料研究与应用新进展——98中国材料研讨会. 北京: 化学工业出版社, 1999: 341-343

[238] 谢发勤, 傅恒志. Cu-5.0%Ni合金的深过冷定向凝固研究//中国材料研究学会. 材料研究与应用新进展——98中国材料研讨会. 北京: 化学工业出版社, 1999: 491-494

[239] 耿兴国, 傅恒志, 李建国, 陈光, 蔡英文. 铝锰合金近绝对稳定极限的定向凝固实验研究//中国材料研究学会. 材料研究与应用新进展——98中国材料研讨会. 北京: 化学工业出版社, 1999: 494-497

[240] 杜炜, 李建国, 傅恒志. 高梯度定向凝固单晶高温合金组织及性能//中国材料研究学会. 材料研究与应用新进展——98中国材料研讨会. 北京: 化学工业出版社, 1999: 497-500

[241] 张军, 李金山, 李双明, 李建国, 傅恒志. 液态金属电磁约束成形定向凝固过程中的频率效应//中国材料研究学会. 材料研究与应用新进展——98中国材料研讨会. 北京: 化学工业出版社, 1999: 501-504

[242] 沈军, 李建国, 傅恒志, 苏俊义. 作用于中小尺寸板状熔体表面电磁压力的分布. 中国有色金属学报, 1999, 9 (增刊): 171-177

[243] Zhang J, Liu Y H, Li J G, Fu H Z. Directional solidification of monocrystal superalloy by electron beam floating zone-melting. Journal of Materials Science, 1999, 34: 2507-2511

[244] 范新会, 李建国, 傅恒志. 单晶连铸凝固过程中的组织演化. 材料研究学报, 1999, 13(4): 347-352

[245] 范新会, 李建国, 傅恒志. 固液界面与单晶连铸表面质量. 材料研究学报, 1999, 13(3):

320-322

[246] Fu H Z. Xie F Q. Solidification characteristics of near rapid and super-cooling directional solidification. Transactions of Nonferrous Metals Society of China, 1999, 9(4): 659-667

[247] 范新会, 李建国, 傅恒志. 单晶连铸铝线材的导电性能. 中国有色金属学报, 1999, 9(1): 87-90

[248] 许振明, 李丽, 李建国, 傅恒志. 连续铸造铜单晶的晶体取向与竞争生长. 人工晶体学报, 1999, 28(2): 188-193

[249] 许振明, 李建国, 傅恒志. OCC技术研究现状及其进展. 特种铸及有色合金, 1999 (1): 32-35

[250] Guo X P, Fu H Z, Sun J H, Kusabiraki K. Deformed microstructure of the single-crystal superalloy NASAIR 100 at 1050℃. Metallurgical and Materials Transaction, 1999, 30A: 2843-2852

[251] 陈光, 俞建威, 孙彦臣, 傅恒志. 熔体热历史对Al–Cu合金定向凝固界面稳定性的影响. 材料研究学报, 1999, 13(5): 497-500

[252] 陈光, 俞建威, 傅恒志. 熔体热历史对定向凝固界面稳定性的影响. 金属学报, 1999, 35(增刊2): 199-202

[253] 张军, 李建国, 傅恒志. 单晶高温合金高梯度定向凝固特性的比较研究. 金属学报, 1999, 35(增刊2): 220-223

[254] 李金山, 郝启堂, 寇宏超, 李双明, 李建国, 傅恒志. 金属熔体感应加热与约束成形特性研究. 金属学报, 1999, 35(增刊2): 241-243

[255] 于金江, 张军, 傅恒志, 赵京晨. 亚共晶Ni-Nb合金定向凝固过程中初生相的析出行为. 金属学报, 1999, 35(增刊2): 254-257

[256] 陈光, 李建国, 傅恒志. 先进定向凝固技术. 材料导报, 1999, 13(5): 5-7

[257] Chen G. Yu J W. Fu H Z. Influence of the melt heat history of the solid/liquid interface morphology evolution in unidirectional solidification. Journal of Materials Science Letters, 1999, 18: 1571-1573

[258] 许振明, 李建国, 李金山, 傅恒志. 连续铸造铜单晶的力学性能和电阻率. 中国有色金属学报, 1999, 9(3): 577-581

[259] 许振明, 李金山, 李建国, 傅恒志. 连铸铜单晶工艺数参数的匹配及其对铸棒表面质量和组织的影响. 中国有色金属学报, 1999, 9(增刊1): 221-228

[260] 沈军, 陈光, 李建国, 傅恒志. 板状坯件的电磁约束成形//中国材料研究学会. 材料研究与应用新进展——98中国材料研讨会. 北京: 化学工业出版社, 1999: 939-942

[261] 李双明, 李金山, 郝启堂, 张军, 李建国, 傅恒志. 液态金属的双频电磁成形实验研究// 中国材料研究学会. 材料研究与应用新进展——98中国材料研讨会 (下卷). 北京: 化学工业出版社, 1999: 958-961

[262] Shen J, Li J G, Fu H Z, Su J Y. Analysis of electromagnetic pressure on thin plate melt. Chinese Science Bulletins, 1999, 44(23): 2141-2144

[263] 于金江, 张军, 傅恒志, 刘耀辉, 于思荣. 混杂短纤维对Al_2O_{3f}+C_f/ZL109性能的影响. 西北工业大学学报, 1999, 17(增刊): 94-97

[264] 陈凤明, 李金山, 李建国, 傅恒志. 电磁约束成形定向凝固过程的非线性温度场分析. 西北工业大学学报, 1999, 17(增刊): 102-106

[265] 谢发勤, 李金山, 傅恒志. Cu-Ni 单相合金的深过冷定向凝固过程研究. 科学通报, 1999, 44(18): 1947-1950

[266] 李双明, 郝启堂, 李金山, 寇宏超, 傅恒志. 液态金属双频电磁成形中磁感应强度和电磁压力的数值计算. 材料科学与工艺, 1999, 7(增刊): 28-32

[267] 寇宏超, 郝启堂, 李金山, 李双明, 傅恒志. 金属熔体电磁成形过程研究. 材料科学与工艺, 1999, 7(增刊): 104-107

[268] 李双明, 李建国, 沈军, 李金山, 张军, 傅恒志. 液态金属电磁成形的理论模型. 钢铁研究学报, 2000, 12(3): 5-9

[269] Xie F Q, Li J S, Fu H Z. An investigation on supercooling directional solidification process of Cu-Ni single phase alloy. Chinese Science Bulletin, 2000, 45(2): 131-134

[270] 李双明, 李金山, 郝启堂, 寇宏超, 沈军, 傅恒志, 贾均, 郭景杰. 金属熔体的电磁近终成形技术. 中国机械工程, 2000, 11(1-2): 73-76

[271] 刘志义, 雷毅, 傅恒志. DD8镍基高温合金单晶制备中的杂晶长大机制. 金属学报, 2000, 36(1): 1-6

[272] Fu H Z, Geng X G. Characteristics of S/L interface evolution during high rate directional solidification// Lei T Q, Chen Y Y. Proceeding of International Symposium on Materials Science and Technology, 2000: 31-35

[273] Zhang W M, Du W, Fu H Z. Effect of solidification condition on microstructure and mechanical properties of single crystal superalloy. Journal of Materials Science & Technology, 2000, 17(1): 89-90

[274] Yu J J, Zhang J, Fu H Z. Microstructure characteristics of Ni-Nb near eutectic alloy during EBFZM directional solidification. Journal of Materials Science & Technology, 2000, 17(1): 97-98

[275] 邹光荣, 傅恒志, 胡世平, 姜战军, 王文照. 取向度对Nd-Fe-B磁体磁性能均匀性的影响. 稀有金属材料与工程, 2000, 29(3): 149-152

[276] 丁宏升, 贾均, 傅恒志, 郭景杰, 李金山, 刘源. 热处理对铸造Ti15-3合金显微组织和力学性能的影响. 材料科学与工艺, 2000, 8(2): 12-15

[277] Ding H, Fu H Z. Effect of grain boundary's state on the hot cracking tendency of directionally solidified Al-Cu and Rene'125 alloys. Rare Metal Materials and Engineering, 2000, 29(4): 228-230

[278] Xu Z M, Li J G, Fu H Z. Crystallization growth of single crystal Cu by continuous casting. Journal of Materials Science & Technology, 2000, 16(3): 345-347

[279] Guo Z Q, Fu T, Fu H Z. Crystal orientation measured b XRD and annotation of the butterfly diagram. Material Characterization, 2000, 44: 431-434

[280] Zhou Z H, Fu H Z. Rapid directional solidification from highly under cooled Cu 5wt% Ni alloy melts. Journal of Materials Science Letters, 2000, 19: 1491-1494

[281] Cai Y W, Fu H Z. Mesoscopic kinetics of nonequilibrium solidification. Journal of Applied Physics, 2000, 87(11): 7735-7739

[282] Shen J, Li J G, Fu H Z. Electromagnetic confinement and shaping for a plate-form part. Journal of Materials Processing Technology, 2000, 102: 109-114

[283] 邹光荣, 傅恒志, 姜战军, 胡世平, 王文照. 晶粒取向对Nb-Fe-B烧结磁体磁性能的影响. 西北工业大学学报, 2000, 18(4): 657-660

[284] 李双明, 李金山, 郝启堂, 寇宏超, 傅恒志, 贾均, 郭景杰. 金属熔体电磁成形技术的现状和前景. 先进制造与材料应用技术, 2000, 6: 6-10

[285] 李双明, 郝启堂, 李金山, 寇宏超, 傅恒志, 贾均, 郭景杰. 交变电磁场下金属熔体的电磁约束连续成形与凝固. 材料导报, 2001, 15(3): 10-12

[286] Yu J J, Zhang J, Wang F, Li J S, Fu H Z. Microstructure evolution of Ni, Cr, Al-TaC in situ composite directionally solidified under a high temperature gradient. Materials Science and Engineering A, 2001, 311: 200-204

[287] 李双明, 张丰收, 郝启堂, 李晓历, 傅恒志, 贾均, 郭景杰. 高温合金电磁软接触近净成形定向凝固研究. 材料科学与工艺, 2001, 9 (2): 185-188

[288] 丁宏升, 傅恒志, 贾均, 郭景杰, 李金山. 钛合金熔体活度计算及合金与铸型的界面反应. 材料科学与工艺, 2001, 9 (2): 130-134

[289] 李金山, 寇宏超, 俞建威, 张万明, 刘林, 傅恒志. 中小尺寸高温合金件的无接触电磁成形. 材料科学与工艺, 2001, 9 (2): 126-129

[290] 陈光, 颜银标, 崔鹏, 俞建威, 李金山, 傅恒志. 熔体过热对Sb-Bi合金凝固组织的影响. 材料科学与工艺, 2001, 9 (2): 113-116

[291] Fu H Z, Geng X G. Characteristics of S/L interface evolution during high rate directional solidification. Journal of Materials Science and Technology, 2001, 17(3): 299-302

[292] Cai Y W, Zhang G L, Li J S, Chen G, Fu H Z. Effect of melt heat treatment on the solid/liquid interface morphology of directional solidification. Science and Technology of Advanced Materials, 2001, 2: 169-172

[293] Cai Y W, Fu H Z. A multi-layer interface partition model for non-equilibrium solidification. Science and Technology of Advanced Materials, 2001, 2: 165-168

[294] Fu H Z, Geng X G. High rate directional solidification and its application in single crystal superalloys. Science and Technology of Advanced Materials, 2001, 2: 197-204

[295] Fu H Z, Xie F Q. The solidification characteristics of near rapid and supercooling directional solidification. Science and Technology of Advanced Materials, 2001, 2: 193-196

[296] 傅恒志, 耿兴国. 快速定向凝固中的界面不稳定//中国金属学会材料科学学会. 全国相变与凝固学术会议论文及摘要集, 2001: 37-44

[297] 沈军, 俞建威, 曹海峰, 寇宏超, 刘林, 傅恒志. 高温合金真空电磁成形过程中温度场与电磁压力之间耦合关系的研究. 中国学术期刊文摘 (科技快报), 2001, 7(7): 916-918

[298] 于金江, 张军, 王峰, 傅恒志. Ni, Cr, Al-TaC自生复合材料的定向凝固组织特性. 材料科学与工程, 2001, 19 (3): 48-53

[299] Geng X G, Fu H Z. The transition mode of dilute binary alloys during directional solidification near to the absolute stability limit. Science and Technology of Advanced Materials, 2001, 2: 209-212

[300] Zhang J, Tan Y Y, Li S M, Li J G, Fu H Z. The frequency effect on electromagnetic confinement and shaping of liquid metal. Science and Technology of Advanced Materials, 2001, 2: 205-208

[301] 寇宏超, 李金山, 沈军, 杜三明, 刘林, 张永振, 傅恒志. 电磁成形耐热不锈钢的实验研究. 钢铁研究学报, 2001, 13 (5): 15-18

[302] 寇宏超, 李金山, 沈军, 杜三明, 刘林, 张永振, 傅恒志. 耐热不锈钢电磁成形过程的稳定性. 铸造, 2001, 50 (4): 195-197

[303] 寇宏超, 李金山, 张丰收, 沈军, 刘林, 傅恒志. 钢的电磁铸造及其研究进展. 铸造技术,

2001, 3: 73-76

[304] Shen J, Hou J P, Fu H Z, Su J Y. Study on the interaction between the shape and the temperature field of the melt in the electromagnetic shaping process. Science and Technology of Advanced Materials, 2001, 2 : 213-217

[305] 郝启堂, 李双明, 张丰收, 傅恒志. 多功能电磁成形定向凝固设备的研制. 特种铸造及有色合金, 2001, 2: 81-82

[306] 郝启堂, 李双明, 张丰收, 傅恒志, 马余选, 于润康. 定向凝固设备中宽调速抽拉系统的研制. 中国铸造装备与技术, 2001, 4: 16-17

[307] 郑运荣, 马书伟, 张军, 黄卫东, 傅恒志. Ni_3Al+Ni_7Hf_2定向共晶合金的凝固行为. 材料工程, 2001, 7: 3-6

[308] 刘贵仲, 苏彦庆, 郭景杰, 丁宏升, 贾均, 傅恒志. Ti-6Al-4V合金熔体中各组元挥发趋势. 材料科学与工艺, 2001, 9 (2): 175-177

[309] 李双明, 郝启堂, 李金山, 冠宏超, 傅恒志, 贾均, 郭景杰. 液态金属双频电磁约束成形过程研究. 稀有金属材料与工程, 2001, 30 (6): 418-421

[310] Shen J, Pei X F, Hou J P, Li J G, Fu H Z. Effect of coupling between melt shape and temperature field on electromagnetic shaping. Transactions of Nonferrous Metals Society of China, 2001, 11 (1): 40-44

[311] Ding H S, Jia J, Guo J J, Su Y Q, Fu H Z, Li J S. Thermodynamic analysis on interaction between molten Ti alloys and oxide molding materials. Journal of Materials Science & Technology, 2001, 17 (1): 99-100

[312] 陈光, 俞建威, 谢发勤, 傅恒志. 熔体过热历史对Ni基高温合金定向凝固界面形态的影响. 金属学报, 2001, 37 (5): 488-492

[313] 丁宏升, 傅恒志, 贾均, 郭景杰, 李金山. 钛合金熔体活度计算及合金与铸型的界面反应. 材料科学与工艺, 2001, 2: 130-134

[314] 杜三明, 李金山, 寇宏超, 沈军, 张永振, 傅恒志. 高温合金样件无接触电磁成形的实验研究. 铸造技术, 2001, 6: 58-60

[315] 傅恒志, 沈军, 郝启堂, 李双明, 李金山. 高熔点大比重合金真空电磁约束成形. 稀有金属材料与工程, 2001, 30(增刊): 482-487

[316] Shen J, Yu J W, Li S M, Cao H F, Liu L, Fu H Z. Analysis and experiment of heat-force ratio in electromagnetic shaping process with dual-frequency coils//Hanada S, Zhong Z, Nam S W, Wright R N. The Fourth Pacific Rim International Conference on Advanced Materials and Processing (PRICM4), 2001: 385-388

[317] Fu H Z, Shen J, Hao Q T, Li S M, Li J S. Electromagnetic confinement and solidification control of Ni-base superalloys under vacuum//Hanada S, Zhong Z, Nam S W, Wright R N. The Fourth Pacific Rim International Conference on Advanced Materials and Processing (PRICM4) 2001: 365-368

[318] 李金山, 胡锐, 刘林, 傅恒志. 高性能铜基功能材料的研究与应用//系统工程学术论坛: 资源环境信息化工程, 2001: 153-161

[319] 李金山, 张万明, 寇宏超, 李双明, 张丰收, 胡锐, 刘林, 傅恒志. CMSX-2合金组织细化对 γ′ 定向粗化行为的作用研究. 材料热处理学报, 2002, 23 (1): 1-4

[320] 李金山, 张万明, 寇宏超, 李双明, 杜炜, 刘林, 傅恒志. CMSX-2合金位错组态与凝固组织的关系. 中国有色金属学报, 2002, 12(1): 61-64

[321] 李金山, 张万明, 寇宏超, 李双明, 张丰收, 胡锐, 刘林, 傅恒志. 原始组织对高温合金热处理组织和力学性能的影响. 中国有色金属学报, 2002, 12(2): 290-230

[322] 李双明, 郝启堂, 李金山, 寇宏超, 傅恒志, 贾均, 郭景杰. 金属熔体双频电磁成形的理论和实验研究. 材料工程, 2002, 1: 22-28

[323] 耿兴国, 陈光, 傅恒志. 熔体过热对定向凝固界面形态稳定性的影响. 金属学报, 2002, 38(3): 225-229

[324] 张丰收, 寇宏超, 李金山, 沈军, 傅恒志, 刘林. 特种合金无接触电磁成形过程中的屏蔽效应及凝固特性研究. 材料热处理学报, 2002, 23(2): 8-11

[325] 郭景杰, 苏彦庆, 贾均, 傅恒志. TiAl基合金熔铸技术研究现状与发展//第184次香山科学会议：21世纪的材料成形加工技术与科学论文集, 2002, 6: 129-134

[326] 张丰收, 李双明, 卢百平, 沈军, 傅恒志. 特种合金软接触电磁近终成形技术的基础研究. 铸造技术, 2002, 23(4): 227-229

[327] 傅恒志, 沈军, 郝启堂, 李双明, 李金山. 镍基高温合金真空电磁约束成形与定向凝固. 中国有色金属学报, 2002, 12(6): 1081-1086

[328] 徐春梅, 郭建亭, 李谷松, 傅恒志. 抽拉速率对定向凝固NiAl-Cr(Mo, Hf)合金组织及力学性能的影响. 材料工程, 2002: 103-107

[329] Guo J J, Liu G Z, Su Y Q, Ding H S, Jia J, Fu H Z. The critical pressure and impeding pressure of Al evaporation during induction skull melting processing of TiAl. Metallurgical and Materials Transaction A, 2002, 33(10): 3249-3253

[330] Liu G Z, Su Y Q, Guo J J, Ding H S, Jia J, Fu H Z. Change law of real vapor pressure of Al element in Ti-*x*Al(*x*=25-50) melt during LSM process. Transactions of Nonferrous Metals Society of China, 2002, 12(2): 222-226

[331] Liu G Z, Su Y Q, Guo J J, Ding H S, Jia J, Fu H Z. Evaporation of multi-component in Ti-25Al-25Nb melt during induction skull melting process. Transactions of Nonferrous Metals Society of China, 2002, 12(4): 587-591

[332] Ding H S, Zhou J Z, Jia J, Guo J J, Su Y Q, Fu H Z. Microstructure and mechanical properties of high strength as-cast Ti-15-3 alloy. Transactions of Nonferrous Metals Society of China, 2002, 12(3): 445-449

[333] 李双明, 杜炜, 张军, 李金山, 刘林, 傅恒志. CMSX-2单晶高温合金高梯度定向凝固下过渡区的组织演化特征. 金属学报, 2002, 38: 1195-1198

[334] 于金江, 张军, 勾宏图, 孙晓峰, 傅恒志, 胡壮麒. Ni, Cr, Al-TaC自生复合材料拉伸及破坏行为(Ⅰ室温拉伸). 材料工程, 2002, 208: 80-82

[335] 于金江, 张军, 勾宏图, 孙晓峰, 傅恒志, 胡壮麒. Ni, Cr, Al-TaC自生复合材料拉伸及破坏行为(Ⅱ高温拉伸). 材料工程, 2002, 208: 83-86

[336] 谢发勤, 李金山, 傅恒志. 负温度梯度熔体中晶体生长取向与控制. 甘肃工业大学学报, 2002, 28: 19-22

[337] 耿兴国, 陈光, 傅恒志. 过热合金熔体的几种物性滞后效应. 材料科学与工程, 2002, 20: 549-551

[338] Su Y Q, Cui H B, Guo J J, Liu Y, Jia J, Fu H Z. Numerical simulation of the liquid-liquid phase separation and microstructure evolution of Al-In immiscible alloy during cooling. Journal of Harbin Institute of Technology, 2002 (9): 149-154

[339] 傅恒志, 苏彦庆, 郭景杰, 徐达鸣. 高温金属间化合物的定向凝固特性. 金属学报, 2002, 38: 1127-1132

[340] 卢百平, 李双明, 张丰收, 沈军, 刘林, 傅恒志. 变截面送料电磁成形过程的稳定性. 铸造技术, 2003, 24: 137-140

[341] 毕晓勤, 胡锐, 李金山, 傅恒志. 高梯度定向凝固设备. 铸造技术, 2003, 24: 184-185

[342] 张铁军, 苏彦庆, 丁宏升, 郭景杰, 贾均, 傅恒志. 移动磁场铸造用感应器的磁感应强度及分布. 特种铸造及有色合金, 2003(3): 9-11

[343] Zhang T J, Guo J J, Su Y Q, Ding H S, Bi W S, Jia J, Fu H Z. Effect of traveling magnetic field on mould-filling length of the A357 melt during casting thin walled plate. Journal of Materials Science & Technology, 2003, 19: 43-46

[344] 苏彦庆, 郭景杰, 贾均, 傅恒志. ISM方法TiAl合金过程中热爆成因分析. 材料科学与工艺, 2003, 11: 128-131

[345] Fu H Z, Shen J, Li S M, Li J S, Liu L. An investigation on electromagnetic shaping and

solidification behavior of superalloys under vacuum environment. Materials Science Forum, 2003, 426: 773-778

[346] Shen J, Yu J W, Li S M, Liu L, Fu H Z. Research on the coupling between electromagnetic pressure and temperature field in dual-frequency electromagnetic shaping process. Materials Science Forum, 2003, 426: 3855-3860

[347] Li S M, Li J S, Hao Q T, Kou H C, Li J G, Fu H Z. Research on the dual-frequency electromagnetic shaping of liquid metal. Journal of Materials Processing Technology, 2003, 137: 204-207

[348] Xu D M, Guo J J, Fu H Z, Bi W S. Influence of dendrite morphologies and solid-back diffusion on macrosegregation in directionally solidified blade-like casting. Materials Science and Engineering A, 2003, 344: 64-73

[349] 李双明, 张丰收, 郝启堂, 傅恒志, 贾均, 郭景杰. 高温合金叶片类铸件电磁软接触成形过程研究. 稀有金属材料与工程, 2003, 32: 443-446

[350] 傅恒志, 魏炳波, 郭景杰. 凝固科学技术与材料. 中国工程科学, 2003, 5: 1-15

[351] 傅恒志, 郭景杰, 苏彦庆, 刘林, 徐达鸣, 李金山. TiAl金属间化合物的定向凝固和晶向控制. 中国有色金属学报, 2003, 13: 797-810

[352] Liu G Z, Guo J J, Su Y Q, Guo J Z, Jia J, Fu H Z. Evaporation loss of components during induction skull melting of Ti-13Al-29Nb-25Mo. International Journal of Cast Metals Research, 2003, 16: 466-472

[353] Shang J L, Li B S, Guo J J, Fu H Z. Microstructure evolution during preparation of in-situ Tib reinforced titanium matrix composites. Transactions of Nonferrous Metals Society of China, 2003, 13: 315-319

[354] Liu G Z, Guo J J, Su Y Q, Guo J Z, Jia J, Fu H Z. Critical and impeding pressure of Al evaporation during ISM processing of NiAl. Journal of Materials Science & Technology, 2003, 19: 571-575

[355] Xu D M, Guo J J, Fu H Z, Su Y Q, Li Q C. Numerical solution to T-φ_3-C_L coupling in binary dendrite solidification with any solid-back diffusion effects. Transactions of Nonferrous Metals Society of China, 2003, 13: 1149-1154

[356] 沈军, 傅恒志, 刘林. 合金电磁约束成形及组织控制研究进展. 材料导报, 2003, 8: 76-78

[357] 卢百平, 沈军, 张丰收, 宋啸, 刘林, 傅恒志. 小截面送料双频电磁成形的实验研究. 特种铸造及有色合金, 2003, 2: 21-23

[358] 张丰收, 李双明, 卢百平, 沈军, 傅恒志, 刘林. 特种合金软接触电磁成形稳定性分析. 热加工工艺, 2003, 1: 12-14

[359] 俞建威, 沈军, 卢百平, 曹海峰, 刘林, 傅恒志. 一种新的六面体有限元网格算法. 计算机工程与设计, 2003, 24: 22-25

[360] 刘贵仲, 苏彦庆, 郭景杰, 丁宏升, 贾均, 傅恒志. Ti-13Al-29Nb-2.5Mo(wt%)合金ISM熔体过程中多组元挥发损失. 稀有金属材料与工程, 2003, 2: 108-112

[361] 白云峰, 徐达明, 郭景杰, 傅恒志. 采用温度回升法对任意结晶区间的铸件凝固结晶潜热的数值计算. 金属学报, 2003, 39: 623-629

[362] 郭景杰, 李新中, 苏彦庆, 吴士平, 刘畅, 傅恒志. 二元合金等轴枝晶生长相场模拟. 特种铸造及有色合金, 2003, 6: 1-5

[363] 张军, 杨亮, 刘林, 傅恒志. 电子束悬浮区熔定向凝固жC36的组织分析. 钢铁研究学报, 2003, 15: 228-231

[364] 沈军, 卢百平, 俞建威, 刘林, 傅恒志. 高温合金定向凝固坯件的电磁无接触成形. 钢铁研究学报, 2003, 15: 313-316

[365] Li J S, Hao Q T, Li S M, Kou H C, Li J G, Fu H Z. Research on the non-linear temperature field of molten metal shaped by an electromagnetic field in DS processing. Journal of Materials Processing Technology, 2003, 137: 145-150

[366] 徐达鸣, 傅恒志, 郭景杰, 贾钧, 李庆春. 一种合金枝晶凝固微观溶质再分布统一模型. 哈尔滨工业大学学报, 2003, 35: 1156-1161

[367] Su Y Q, Zhang T J, Guo J J, Ding H S, Bi W S, Jia J, Fu H Z. Physical simulation of mold-filling processing of thin-walled casting under traveling magnetic field. Journal of Materials Science & Technology, 2004 , 20: 29-32

[368] 张铁军, 丁宏升, 苏彦庆, 毕维生, 吴世平, 郭景杰, 贾均, 傅恒志. 移动磁场电磁力对铸件表面粗糙度的影响. 特种铸造及有色合金, 2004, 1: 28-30

[369] Yu J J, Zhang J, Li J G, Fu H Z, Hu Z Q. The structure between TaC fibers and matrix interface in a Ni, Cr, Al-TaC in-situ composite. Materials Letters, 2004, 58: 1130-1133

[370] 李双明, 刘林, 李晓历, 傅恒志. 包晶合金定向凝固界面前沿的形核分析. 金属学报, 2004(40). 20-26

[371] 徐达明, 傅恒志, 郭景杰, 贾均, 李庆春. 金属过冷熔体等轴枝晶生长的相场方法研究. 金属学报, 2004, 40: 31-35

[372] 徐春梅, 郭建亭, 傅恒志. 高温热处理时(DS)NiAl-Cr(Mo)-Hf共晶合金显微组织和显微硬度的影响. 金属学报, 2004, 40: 57-61

[373] 傅恒志, 魏炳波, 郭景杰. 凝固科学技术与材料发展. 特种铸造与有色合金(年会专刊), 2004: 1-6

[374] 徐达明, 傅恒志, 李庆春. 材料凝固成形多尺度多场量耦合计算机模型化. 中国基础科学, 2004, 3: 17-24

[375] Fu H Z, Shen J, Liu L, Hao Q T, Li S M, Li J S. Electromagnetic shaping and solidification control of Ni-base superalloys under vacuum. Journal of Materials Processing Technology, 2004, 148: 25-29

[376] Guo J J, Liu G Z, Su Y Q, Jia J, Fu H Z. Theoretical calculation of the real vapor pressure of Al during ISM processing of Ni-*x*Al(at. pot)(*x*=25-50)alloy. Journal of Materials Science & Technology, 2004, 20: 189-192

[377] Li B S, Shang J L, Guo J J, Fu H Z. Formation of TiB_w reinforcement in in-situ titanium matrix composites. Journal of Materials Science, 2004, 39(3): 1131-1133

[378] Wu S P, Li B S, Guo J J, Zhang C J, Jia J, Fu H Z. Numerical simulation for mold-filling of thin-walled aluminum alloy casting in travelling magnetic field. China Foundry, 2004, 1(2): 89-93

[379] Li X Z, Guo J J, Li Q C, Su Y Q, Liu C, Wu S P, Fu H Z. Phase-field simulating of interface and microstructure evolution at high growth velocities during directional solidification of $Ti_{55}Al_{45}$ alloy. Rare Metal Materials and Engineering, 2004, 33: 195-198

[380] Guo J J, Li X Z, Su Y Q, Liu C, Wu S P, Fu H Z. Phase-field simulating of the formation of cellular dendrite sreuctures during directional solidification of $Ti_{55}Al_{45}$ alloy. Rare Metal Materials and Engineering, 2004, 33: 180-183

[381] 卢百平, 沈军, 俞建威, 刘林, 傅恒志. 双频电磁约束成形过程的温度场研究. 西北工业大学学报, 2004, 22: 287-291

[382] 赵成志, 吴士平, 苏彦庆, 贾均, 傅恒志. Cr含量对Cu-In-Cr三元合金组织的影响. 铸造, 2004, 2: 105-109

[383] 苏彦庆, 毕维生, 黄俊勇, 张铁军, 郭景杰, 丁宏升, 吴士平, 贾均, 傅恒志. 用于电磁铸造的移动磁场发生器上的磁场分布规律及其作用分析. 特种铸造及其有色合金(年会专刊), 2004: 35-38

[384] 丁宏升, 陈瑞润, 毕维生, 郭景杰, 贾均, 傅恒志. 钛合金冷坩埚电磁约束铸造工艺研究. 特种铸造及其有色合金(年会专刊), 2004: 39-41.

[385] 胡锐, 李金山, 毕晓勤, 朱冠勇, 傅恒志. 石墨/铜基复合材料真空气相浸渗过程的动力学研究. 西北工业大学学报, 2004, 22: 296-300

[386] Ding H S, Chen R R, Guo J J, Bi W S, Fu H Z, Zhang C J. The mechanism of hot crack formation in Ti-6Al-4V during cold crucible continuous casting. China Foundry, 2004, 1: 28-34

[387] Bai Y F, Xu D M, Bao L H, Guo J J, Fu H Z. FEM/FDM-joint simulation for transport phenomena in directionally solidifying shaped TiAl casting under electromagnetic field. ISIJ International, 2004, 44: 1173-1179

[388] Xu D M, Y. Bai Y F, Guo J J, Fu H Z. Numerical simulation of heat mass and momentum transport behaviors in directionally solidifying alloy castings under electromagnetic field using an extended direct-SIMPLE scheme. International Journal for Numerical Method in Fluids, 2004, 46: 767-791

[389] Guo J T, Xu C M, Xu D M, Fu H Z. The effect of solidification rate on microstructure and mechanical properties of an eutectic NiAl-Cr (Mo)-Hf alloy. Materials Letters, 2004, 58: 3233-3236

[390] 俞建威, 沈军, 刘林, 傅恒志. 电磁成形中矩形截面板件所受电磁压力的三维有限元分析. 材料科学与工程学报, 2004, 22(6): 787-790

[391] 崔红保, 傅恒志. 高温度梯度下Al-In偏晶合金定向凝固组织的演化规律. 金属学报, 2004, 40: 1253-1256

[392] Ding H S, Chen R R, Wang Y L, Fu H Z, Guo J J, Bi W S, Jia J. Continuous casting and directional solidification of titanium alloys with cold crucible. Materials Science Forum, 2004, 475-479: 2575-2578

[393] 李金山, 朱丹, 傅恒志. 高温超导YBCO的定向凝固. 稀有金属材料与工程, 2004, 33: 1238-1242

[394] 卢百平, 沈军, 俞建威, 刘林, 傅恒志. 电磁成形高温合金大宽厚比板状件的实验研究. 稀有金属材料与工程, 2004, 33: 1295-1298

[395] Zhang J, Yu J J, Fu H Z. High-temperature tensile fracture behavior of directionally solidified Ni. Cr. Al-TaC eutectic superalloy. Acta Metall Sinica, 2004, 17(4): 455-459

[396] 赵成志, 郭景杰, 傅恒志. Cu-23%Zn合金组织随冷却速度变化规律. 铸造, 2004, 53(8): 595-598

[397] 耿兴国, 傅恒志. Al-Mn合金快速定向凝固组织中的带状结构. 西北工业大学学报, 2004, 22: 247-250

[398] Li B S, Shang J L, Guo J J, Fu H Z. In situ observation of fracture behavior of in situ TiB_W/Ti composites. Materials Science and Engineering A, 2004, 383: 316-322

[399] Ding H S, Chen R R, Guo J J, Bi W S, Fu H Z, Zhang C J. The mechanism of hot crack formation in Ti-6Al-4V during cold crucible continuous cast. China Foundry, 2004, 1(2): 28-34

[400] Fu H Z, Liu L. Progress of directional solidification in processing of advanced materials. Materials Science Forum, 2005: 607-612

[401] Su Y Q, Zhang G X, Guo J J, Jia J, Fu H Z. Investigation on a fabrication technique of TiAl sheet. Materials Science Forum, 2005, 475-479: 805-808

[402] Guo J J, Liu G H, Su Y Q, Ding H S, Jia J, Fu H Z. Skull variation during the induction skull melting processing of γ-TiAl alloy. Materials Science Forum, 2005, 475-479: 809-812

[403] 陈瑞润, 丁宏升, 毕维生, 郭景杰, 贾均, 傅恒志. 钛合金冷坩埚电磁约束铸造工艺研究. 特种铸造及有色合金, 2005, 25(6): 39-41

[404] 苏海军, 张军, 王常帅, 刘林, 傅恒志. 激光超高温度梯度凝固条件下Al_2O_3/YAG共晶自生复合陶瓷的组织特征//2005年全国材料科学与工程学术会议, 2005

[405] 张军, 苏海军, 傅恒志. 激光区熔定向凝固Al_2O_3/YAG/ZrO_2共晶自生复合陶瓷的微观组织与力学性能//中国力学学会学术大会, 北京, 2005

[406] Zhang J, Su H J, Zhang J S, Liu L, Fu H Z. Experimental research on Al_2O_3/YAG/ZrO_2 eutectic ceramic in-situ composite with laser-zone remelting//ICCM-15, Durban, 2005

[407] Shen J, Yu J W, Lu B P, Liu L, Fu H Z. Investigation on the electromagnetic contactless shaping and directional solidification of plates of stainless steel and superalloy under vacuum. Materials Science Forum, 2005, 475-479: 2647-2650

[408] 李双明, 吕海燕, 李晓历, 刘林, 傅恒志. 包晶合金的定向凝固与生长. 稀有金属材料与工程. 2005, 34(2): 234-239

[409] Su Y Q, Liu G Z, Peng J J, Guo J J, Jia J, Fu H Z. Melting throughout time and energy consumption for TiAl alloys during ISM process. Transactions of Nonferrous Metals Society of China, 2005, 15: 1-6

[410] 苏彦庆, 骆良顺, 毕维生, 丁宏升, 郭景杰, 贾均, 傅恒志. 置氢对Ti6Al4V合金室温组织的影响. 材料科学与工艺, 2005, 13(1): 103-107

[411] 傅恒志, 李新中, 刘畅, 苏彦庆, 李双明, 郭景杰. Ti-Al包晶合金定向凝固及组织选择. 中国有色金属学报, 2005, 15(4): 495-505

[412] Ding H S, Chen R R, Guo J J, Bei W S, Xu D M, Fu H Z. Directional solidification of titanium alloys by electromagnetic confinement in cold crucible. Materials Letters, 2005,

59: 741-745

[413] Guo J J, Li X Z, Su Y Q, Wu S P, Li B S, Fu H Z. Phase-field simulation of structure evolution at high growth velocities during directional solidification of $Ti_{55}Al_{45}$ alloy. Intermetallics, 2005, 13 : 275-279

[414] Su Y Q, Liu C, Li X Z, Guo J J, Li B S, Jia J, Fu H Z. Microstructure selection during the directionally peritectic solidification of Ti-Al binary system. Intermetallics, 2005, 13 : 267-274

[415] 刘畅, 苏彦庆, 李新中, 郭景杰, 贾均, 傅恒志. Ti-(44-50)Al合金定向包晶凝固过程中的组织演化. 金属学报, 2005, 41(3): 260-266

[416] 俞建威, 沈军, 刘林, 傅恒志. 电磁成形中对不同宽厚比的矩形件所受电磁压力的三维有限元模拟分析. 中国有色金属学报, 2005, 14(9) : 1494-1500

[417] 李双明, 马伯乐, 李晓历, 刘林, 傅恒志. 定向凝固下共晶合金中相的竞争生长. 中国科学 (E 辑), 2005, 35(5): 479-489

[418] 李双明, 马伯乐, 吕海燕, 刘林, 傅恒志. Cu-70%Sn包晶合金高温度梯度定向凝固的组织及其尺度. 金属学报, 2005, 41(4): 411-416

[419] Li S M, Liu L, Li J S, Hao Q T, Fu H Z. Dual-frequency electromagnetic confinement of liquid aluminum. Journal of Materials Processing Technology, 2005, 166: 449-454

[420] Li S M, Lv H Y, Zhang R, Liu L, Fu H Z. Directionally solidified microstructures and peritectic phase growth of Cu-75%Sn peritectic alloy. Transactions of Nonferrous Metals Society of China, 2005, 15(2): 379-383

[421] 李新中, 郭景杰, 苏彦庆, 吴士平, 傅恒志. 定向凝固包晶合金带状组织的形成机制及相选择 1. 带状组织的形成机制. 金属学报, 2005, 41(6) : 593-598

[422] 郭景杰, 李新中, 苏彦庆, 吴士平, 傅恒志. 定向凝固包晶合金带状组织的形成机制及相选择 2. 相选择. 金属学报, 2005, 41(6) : 599-604

[423] 骆良顺, 苏彦庆, 郭景杰, 贾均, 傅恒志. Ti6Al4V合金渗氢氢化组织及氢脆机制的研究. 稀有金属材料工程, 2005, 34(4) : 526-530

[424] 陈瑞润, 丁宏升, 毕维生, 郭景杰, 贾均, 傅恒志. 电磁冷坩埚技术及其应用. 稀有金属材料工程, 2005, 34(4) : 510-514

[425] 苏彦庆, 刘畅, 毕维生, 丁宏升, 李邦盛, 关兴举, 郭景杰, 贾均, 傅恒志. Ti-45Al合金定向凝固组织. 稀有金属材料工程, 2005, 34(5) : 768-772

[426] 郭景杰, 苏彦庆, 刘贵仲, 贾均, 傅恒志. ISM过程凝壳及挥发对熔体成分的影响. 稀有金属材料工程, 2005, 34(增刊3): 740-745

[427] Liu L, Zhang J, Huang T W, Fu H Z. Interface morphologies and microstructure of a single crystal superalloy under high thermal gradient directional solidification. Materials Science Forum, 2005, 475-479: 665-668

[428] Guo J J, Liu G Z, Su Y Q, Ding H S, Jia J, Fu H Z. The variation of the skull during induction skull melting processing of TiAl alloy. Materials Science Forum, 2005, 475-479: 809-812

[429] 苏彦庆, 郭景杰, 贾均, 傅恒志. TiAl金属间化合物应用研究及组织控制. 稀有金属材料工程, 2005, 34(增刊3): 694-698

[430] 吴士平, 厉长云, 郭景杰, 李邦盛, 毕维升, 贾均, 傅恒志. Ti合金构件立式离心铸造充型过程数值模拟. 稀有金属材料工程, 2005, 34(增刊3): 609-612

[431] 白云峰, 徐达鸣, 郭景杰, 李邦盛, 傅恒志. 超强静磁场对钛合金定向凝固行为影响的数值模拟. 稀有金属材料工程, 2005, 34(增刊3) : 72-175

[432] 李邦盛, 尚俊玲, 郭景杰, 傅恒志. 原位TiB晶须增强钛基复合材料的磨损机制. 摩擦学学报, 2005, 25(1) : 18-22

[433] 邹敏明, 张军, 刘林, 傅恒志. 熔体超温处理对铝铜合金凝固组织的影响. 中国有色金属学报, 2005, 15(2) : 31-34

[434] 贺谦, 刘林, 邹光荣, 李双明, 李厚朴, 傅恒志. Nd-Fe-B包晶合金定向凝固组织的研究. 材料工程, 2005, 6: 17-19

[435] Wu S P, Liu D G, Guo J J, Li B S, Fu H Z. Modelling solidification microstructure for Ti-45at%Al alloy ingot by cellular-automatic method. Transactions of Nonferrous Metals Society of China, 2005, 15(2): 291-295

[436] Xu D M, Bai Y F, Fu H Z, Guo J J. Heat, mass and momentum transport behaviors in directionally solidifying blade-like casts in different electromagnetic fields described using a continuum model. International Journal of Heat and Mass Transfer, 2005, 48: 2219-2232

[437] Liu C, Su Y Q, Bi W S, Guo J J, Jia J, Fu H Z. Phase and its morphologies of Ti-45%Al alloy directionally solidified at different growth rates. Transactions of Nonferrous Metals Society of China, 2005, 15(2): 296-299

[438] Su Y Q, Liu G Z, Peng J J, Guo J J, Jia J, Fu H Z. Melting throughout time and energy consumption for TiAl alloys during ISM process. Transactions of Nonferrous Metals Society of China, 2005, 15(1): 1-6

[439] Zhang J, Cui C J, Han M, Chen J, Xu N S, Liu L, Fu H Z. Microstructure and property of

Czochralski-grow Si-$TaSi_2$ eutectic in situ composite for field emission. Journal of Crystal Growth, 2005, 276: 92-96

[440] 苏彦庆, 毕维生, 黄俊勇, 张铁军, 关兴举, 郭景杰, 丁宏升, 吴士平, 贾均, 傅恒志. 电磁铸造移动磁场发生器磁场分布规律及其作用分析. 特种铸造及有色合金, 2005, 25(1): 10-12.

[441] 傅恒志, 魏炳波, 郭景杰. 凝固科学技术与材料//凝固科学技术与材料发展. 北京: 国防工业出版社, 2005: 2-24

[442] 徐达鸣, 郭景杰, 傅恒志, 贾均, 李庆春. 材料凝固成形多尺度多场量耦合计算机模型化//凝固科学技术与材料发展. 北京: 国防工业出版社, 2005: 221-233

[443] 李新中, 郭景杰, 苏彦庆, 刘畅, 吴士平, 傅恒志. 金属熔体凝固微观组织模拟的相场方法研究. 特种铸造及有色合金, 2005, 25(4): 222-225.

[444] 李邦盛, 王狂飞, 吴士平, 米国发, 毕维生, 郭景杰, 傅恒志. TiAl合金熔模精铸件缩孔形成的数值模拟及预测. 特种铸造及有色合金, 2005, 25(5): 280-283.

[445] 王狂飞, 李邦盛, 张哲, 郭景杰, 熊艳才, 傅恒志. 镍基高温合金铸造叶片表面细化机理的研究. 铸造技术, 2005, 26(6): 525-527.

[446] 李邦盛, 尚俊玲, 郭景杰, 傅恒志. 原位TiB/Ti复合材料的熔铸制备及其显微组织. 材料研究学报, 2005, 19(4): 375-381.

[447] Li X Z, Guo J J, Su Y Q, Wu S P, Fu H Z. Phase-field simulation of formation of cellular dendrites and fine cellular structures at high growth velocities during directional solidification of Ti56Al44 alloy. Transactions of Nonferrous Metals Society of China, 2005, 15(3): 529-535

[448] Li X Z, Guo J J, Su Y Q, Wu S P, Fu H Z. Phase-field simulation of dendrite growth for binary alloys with complicate solution models. Transactions of Nonferrous Metals Society of China, 2005, 15(4): 769-776.

[449] Liu D R, Wu S P, Guo J J, Fu H Z. Simulation of columnar-to-equiaxed transition in solidified Al-Cu alloy ingots by stochastic model. International Journal of Cast Metals Research, 2005, 18(3): 257-265

[450] 李邦盛, 吴士平, 尚俊玲, 郭景杰, 傅恒志. 原位钛基复合材料中TiB的生成热力学及动力学. 宇航材料工艺, 2005, 35(4): 42-46

[451] Wu S P, Liu D R, Guo J J, Fu H Z. Effect of process variable on grain growth in simulating solidification microstructure of Ti-45%Al alloy ingot by stochastic Model. Transactions of Nonferrous Metals Society of China, 2005, 15: 1094-1102

[452] 胡锐, 张黄莉, 耿兴国, 李金山, 傅恒志, 冯勇, 张平祥, 周廉. 大块高温超导氧化物单晶生长研究中关键问题探讨. 稀有金属材料与工程, 2006, 35(6): 845-849.

[453] 耿兴国, 李金山, 傅恒志, 刘骞, 苏克和, 张翠萍, 周廉. $YB_2Cu_3O_7$和YB_2CuO_3能隙结构的计算. 稀有金属材料与工程, 2006, 35(6): 921-924

[454] Su Y Q, Luo L S, Li X Z, Guo J J, Yang H M, Fu H Z. Well aligned in situ composites in directionally solidified Fe-Ni peritectic system. Applied Physics Letters, 2006, 89: 231918

[455] Luo L S, Su Y Q, Guo J J, Fu H Z. Formation of titanium hydride in Ti-6Al-4V alloy. Journal of Alloys and Compounds, 2006, 425(1-2): 140-144

[456] Wu S P, Liu D R, Guo J J, Li C Y, Su Y Q, Fu H Z. Numerical simulation of microstructure evolution of Ti-6Al-4V alloy in vertical centrifugal casting. Materials Science and Engineering A, 2006, 426(1-2): 240-249

[457] Liu D R, Guo J J, Wu S P, Su Y Q, Fu H Z. Numerical prediction for columnar to equiaxed transition in solidified Ti-Al intermetallic alloy ingots by stochastic model. Materials Science and Technology, 2006, 22(1): 29-38

[458] Liu D R, Guo J J, Wu S P, Su Y Q, Fu H Z. Stochastic modeling of columnar-to-equiaxed transition in Ti-(45-48at%)Al alloy ingots. Materials Science and Engineering A, 2006, 415(1-2): 184-194

[459] Li C Y, Wu S P, Guo J J, Su Y Q, Bi W S, Fu H Z. Model experiment of mold filling process in vertical centrifugal casting. Journal of Materials Processing Technology, 2006, 176(1-3): 268-272

[460] Li C Y, Wu S P, Guo J J, Fu H Z. Hydraulic modeling of mould filling behaviour during vertical centrifugal casting processing. International Journal of Cast Metals Research, 2006, 19(4): 237-240

[461] Cui H B, Guo J J, Su Y Q, Ding H S, Wu S P, Bi W S, Xu D M, Fu H Z. Microstructure evolution of Cu-Pb monotectic alloys during directional solidification. Transactions of Nonferrous Metals Society of China, 2006, 16(2): 783-790

[462] Li C Y, Wu S P, Guo J J, Su Y Q, Lei X Q, Fu H Z. Numerical simulation and experimental investigation of two filling methods in vertical centrifugal casting. Transactions of Nonferrous Metals Society of China, 2006, 16(5): 1035-1040

[463] Wang Y L, Ding H S, Guo J J, Bi W S, Xu D M, Fu H Z. Effects of processing parameters on the surface quality of directionally solidified titanium alloy slab with cold crucible.

China Foundry, 2006, 3(1): 30-35

[464] Ding H S, Wang Y L, Guo J J, Jia J, Fu H Z. Electromagnetic characteristics of cold crucible in an induction coil for melting purpose. Journal of Harbin Institute of Technology, 2006, 13(2): 141-145

[465] 刘东戎, 吴士平, 郭景杰, 苏彦庆, 傅恒志. 考虑包晶反应的Ti-(45-48)Al合金锭凝固组织模拟. 金属学报, 2006, 42(4): 437-442

[466] 李新中, 苏彦庆, 郭景杰, 吴士平, 傅恒志. 定向凝固包晶相变微观组织演化的相场方法研究Ⅰ: 三相交节点的延伸. 金属学报, 2006, 42(6): 559-605

[467] 苏彦庆, 李新中, 郭景杰, 吴士平, 傅恒志. 定向凝固包晶相变微观组织演化的相场方法研究Ⅱ: 形核控制的微观组织模拟. 金属学报, 2006, 42(6): 606-610

[468] 王艳丽, 丁宏升, 毕维生, 郭景杰, 傅恒志. 钛合金定向凝固矩形电磁冷坩埚内的磁场分布特性. 稀有金属材料与工程, 2006, 35(10): 1597-1601

[469] 崔春娟, 张军, 韩民, 陈军, 许宁生, 刘林, 傅恒志. Si-$TaSi_2$共晶自生复合场发射材料的组织与性能. 科学通报, 2006, 51: 2915-2919

[470] 苏彦庆, 骆良顺, 毕维生, 郭景杰, 傅恒志. 定向凝固过程中共生生长的形态稳定性. 中国有色金属学报, 2006, 16(7): 1125-1135

[471] 吴士平, 历长云, 郭景杰, 苏彦庆, 毕维生, 傅恒志. 立式离心铸造过程中熔体横截面的变化规律. 中国有色金属学报, 2006, 16(9): 1517-1521

[472] 历长云, 吴士平, 郭景杰, 傅恒志, 张颖, 薛伟. 立式离心铸造熔体充填量的研究与模拟. 特种铸造及有色合金, 2006, 26(2): 80-82

[473] 苏彦庆, 郭景哲, 刘畅, 郭景杰, 贾均, 傅恒志. 定向凝固技术与理论研究的进展. 特种铸造及有色合金, 2006, 26(1): 25-30

[474] 陈瑞润, 丁宏升, 毕维生, 郭景杰, 傅恒志. 电磁约束成形用冷坩埚内磁场分布规律. 特种铸造及有色合金, 2006, 26(10): 615-617

[475] 杨慧敏, 苏彦庆, 骆良顺, 丁宏升, 郭景杰, 贾均, 傅恒志. 含Nb的TiAl合金PAM过程质量变化. 特种铸造及有色合金, 2006, 26(9): 596-598

[476] 苏彦庆, 毕维生, 吕国伟, 郭景杰, 贾均, 傅恒志. 用于电磁铸造的行波磁场发生器上磁场分布及其引起的充型特点. 特种铸造及有色合金(年会专刊), 2006: 420-422

[477] Chen R R, Ding H S, Guo J J, Bi W S, Fu H Z. Continuous and directional solidification technology of titanium alloys with cold crucible. Transactions of Nonferrous Metals Society of China, 2006, 16(A02): 154-159

[478] Su Y Q, Li X Z, Guo J J, Wu S P, Ding H S, Fu H Z. Phase and microstructure selection

in directionally solidified peritectic alloys with convection. Transactions of Nonferrous Metals Society of China, 2006, 16(A02): 53-58

[479] 李新中, 苏彦庆, 郭景杰, 吴世平, 傅恒志. Ti-45%Al合金界面形态及微观结构演化的相场模拟. 中南大学学报, 2006, 37(5): 856-861

[480] 龚峰, 沈军, 刘林, 傅恒志. 定向凝固过程流动、传热、传质的耦合数值模拟- I 数学模型. 自然科学进展, 2006, 16(8): 1038-1041

[481] 罗文忠, 沈军, 李庆林, 满伟伟, 郑循强, 刘林, 傅恒志. 抽拉速率对Ti-43Al-3Si合金籽晶法定向凝固组织的影响. 金属学报, 2006, 42(12): 1238-1242

[482] 侯建平, 沈军, 傅恒志. 电磁成形定向凝固三维非线性温度场数学模型. 材料科学与工艺, 2006, 14(2): 148-151

[483] 李双明, 蒋冰轮, 马伯乐, 刘林, 傅恒志. Ni-24.19wt%Nb过共晶合金跃迁减速定向凝固下初生Ni_3Nb相的消失. 航空材料学报, 2006, 26(3): 35-40

[484] 蒋冰轮, 李双明, 刘林, 傅恒志. 定向凝固速率对Cu-7.9%Co包晶合金凝固组织的影响. 稀有金属材料与工程, 2006, 35(11): 1712-1715

[485] 马伯乐, 李双明, 刘林, 傅恒志. Ni-Ni_3Nb共晶合金跃迁变速定向凝固下的组织演化. 材料科学与工艺, 2006, 14(4): 381-384

[486] 钟宏, 李双明, 刘林, 傅恒志. 定向凝固包晶合金低速共生生长与带状组织. 材料导报, 2006, 20(9): 98-104

[487] 吕海燕, 李双明, 刘林, 傅恒志. Cu-55Sn亚包晶合金的定向凝固组织研究. 特种铸造及有色合金, 2006, 26(12): 753-756

[488] 骆良顺, 苏彦庆, 李新中, 郭景杰, 杨慧敏, 傅恒志. Fe-Ni 包晶合金定向凝固中的组织演化//2006年全国博士生学术论坛论文集, 2006: 388

[489] 胡锐, 何其武, 王一川, 寇宏超, 李金山, 毕晓勤, 傅恒志. 凝固速率对Cu-1.0wt%Cr合金界面形态及枝晶演变的影响. 材料热处理学报, 2006, 27(1): 33-35

[490] 李建峰, 李金山, 寇宏超, 陈忠伟, 胡锐, 王一川, 傅恒志, 周廉. 熔体处理对A357合金枝晶搭接点的影响. 中国有色金属学报, 2006, 16(3): 470-475

[491] 马卫锋, 寇宏超, 李金山, 王一川, 周廉, 傅恒志. W纤维增强Zr基非晶复合材料的界面研究现状. 材料导报, 2006, 20(4): 64-66

[492] Mei J N, Li J S, Kou H C, Fu H Z, Zhou L. Research development of Ti-based bulk metallic glasses and its composites. 稀有金属材料与工程, 2006, 35(增刊1): 198-201

[493] 陈忠伟, 胡锐, 李金山, 寇宏超, 何平, 李玉龙, 傅恒志. 定向凝固水平连铸多晶铜的动态本构方程. 稀有金属材料与工程, 2006, 35(3): 383-387

[494] 胡锐, 潘红雄, 李金山, 王新虎, 赵新伟, 傅恒志. Ni含量预应量对Fe基形状记忆合金形状记忆效应的影响. 材料热处理学报, 2006, 27(4): 11-14

[495] Zhang J, Su H J, Liu L, Fu H Z. Laser zone-remelted alumina-based eutectic in-situ composite//International Conference on Processing & Manufacturing of Advanced Materials (Thermec’2006), Vancouver, 2006

[496] Su H J, Zhang J, Liu L, Fu H Z. Fracture toughness and microstructure characteristic for in-situ Al_2O_3/YAG/ZrO_2 eutectic composite by laser remelting//Sih G, Tu S, Wang Z. International Conference of Multiscaling Associated with Structural and Material Integrity under Elevated Temperature: Fracture Mechanics and Applications 2006(FM2006), 2006: 319-323

[497] Su H J, Zhang J, Liu L, Fu H Z. Al_2O_3/$Y_3Al_5O_{12}$ (YAG) eutectic ceramic in-situ composite by laser rapid solidification//Proceedings of the 7th ICFDM 2006, International Conference on Frontiers of Design and Manufacturing, 2006: 403-406

[498] 苏海军, 张军, 王长帅, 刘林, 傅恒志. 激光区熔定向凝固Al_2O_3/YAG/ZrO_2共晶陶瓷的显微组织与断裂韧性//全国博士生学术论坛优秀博士论文(材料科学与工程), 2006: 318-325

[499] Li J F, Kou H C, Wang A J, Li J S, Hu R, Fu H Z. Dendrite coherency point of A357 alloys. Transactions of Nonferrous Metals Society of China, 2006: 1532-1536

[500] 苏海军, 张军, 王红, 刘林, 傅恒志. 激光快速熔凝Al_2O_3/YAG共晶自生复合陶瓷的制备与组织特征//全国博士生学术论坛优秀博士论文(航空宇航科学与技术), 2006: 58-64

[501] 傅恒志, 骆良顺, 苏彦庆, 郭景杰, 李双明, 刘林. 包晶合金定向凝固中的共生生长. 中国有色金属学报, 2007, 17(3): 349-359

[502] 王狂飞, 李邦盛, 任明星, 米国发, 郭景杰, 傅恒志. Ti-44at%Al合金小尺寸铸件柱状晶/等轴晶演化过程模拟. 物理学报, 2007, 56(6): 3337-3343

[503] 骆良顺, 苏彦庆, 郭景杰, 李新中, 傅恒志. 考虑包晶反应的包晶层片共生生长模型. 中国科学(G辑), 2007, 37(3): 313-321

[504] 钟宏, 李双明, 吕海燕, 刘林, 邹光荣, 傅恒志. Nd-Fe-B包晶合金的定向凝固组织及相选择. 中国科学(G辑), 2007, 37: 303-312

[505] 吕海燕, 李双明, 刘林, 傅恒志. Cu-70%Sn合金定向凝固中包晶相的生长. 中国科学(G辑), 2007, 37: 322-329

[506] Xu D M, Guo J J, Fu H Z. A unified microsegregation model deduced from a multi-scale dendrite solidification modeling//SP07-Proceedings of the 5th Decennial International

Conference on Solidification Processing, 2007: 94-98

[507] Cui C J, Zhang J, Li B, Han M, Liu L, Fu H Z. Microstructure characteristics and interface morphology evolvement of Si-$TaSi_2$ eutectic in situ composite for field emission. Journal of Crystal Growth, 2007, 299: 248-253

[508] Cui C J, Zhang J, Wu G M, Su H J, Han M, Liu L. The preferential orientation of the directionally solidified Si-$TaSi_2$ eutectic in situ composite. Journal of Crystal Growth, 2007, 309: 93-96

[509] Cui C J, Zhang J, Han M, Chen J, Xu N S, Liu L, Fu H Z. Microstructure and properties of Si-$TaSi_2$ eutectic in situ composite for field emission. Chinese Science Bulletin, 2007, 52: 584-589

[510] Liu L, Huang T W, Zou M M, Zhang J, Fu H Z. Directional solidification under high thermal gradient of a Ni-based single crystal superalloy//Proceedings of the 5th Decennial International Conference on Solidification Processing, 2007: 113-116

[511] Liu L, Shen J, Fu H Z. A preliminary study of electromagnetic confinement and directional solidification of platy specimens of stainless steels. Steel Research International, 2007, 78 (5): 398-401

[512] Liu L, Xie F Q, Zhang J, Fu H Z. Recent activities on directional solidification at the state key laboratory of solidification processing. Materials Science Forum, 2007, 539-543: 3106-3111

[513] Liu L, Huang T W, Zhang J, Fu H Z. Microstructure and stress rupture properties of single crystal superalloy CMSX-2 under high thermal gradient directional solidification. Materials Letters, 2007, 61: 227-230

[514] 赵新宝, 刘林, 张卫国, 徐义库, 傅恒志. 单晶高温合金晶体取向的研究进展. 材料导报, 2007, 21(10): 62-66

[515] 唐峰涛, 屈敏, 刘林, 傅恒志. Al-4%Cu合金定向凝固凝温度梯度变化及界面形态演化规律. 铸造技术, 2007, 28(5): 646-652

[516] 沈军, 彭桂林, 傅恒志. 电磁无接触成形过程熔体形状的数值模拟及实验研究. 稀有金属材料与工程, 2007, 36(9): 1517-1522

[517] 罗文忠, 沈军, 李庆林, 傅恒志. TiAl合金定向全片层组织的籽晶法制备. 金属学报, 2007, 43(12): 1287-1292

[518] 罗文忠, 沈军, 李庆林, 满伟伟, 傅恒志. Ti-47Al合金籽晶法定向凝固过程中的组织演化. 金属学报, 2007, 43(9): 897-902

[519] Li S M, Jiang B L, Ma B L, Fu H Z. Halo formation in directional solidification of Ni-Ni_3Nb hypereutectic alloy. Journal of Crystal Growth, 2007, 299: 178-183

[520] Li S M, Fu H Z. Liquid concentration distribution and planar interface instability at an abruptly changing pulling velocity in directional solidification. Science in China Series E, 2007, 50(1): 118-126

[521] 唐玲, 李双明, 傅恒志. 热溶质对流对定向凝固Al-Al_2Cu过共晶合金组织的影响. 稀有金属材料与工程, 2007, 36(4): 617-620

[522] 宋艳平, 李双明, 傅恒志. 高温度梯度定向凝固下Ni-NbC合金的组织演化. 航空材料学报, 2007, 27(3): 6-10

[523] Zhong H, Li S M, Lv H Y, Liu L, Zou G R, Fu H Z. Solidification microstructure selection of the peritectic Nd-Fe-B alloys. Science in China Series G, 2007, 50(4): 432-441

[524] Lv H Y, Li S M, Liu L, Fu H Z. Peritectic phase growth in directionally solidified Cu-70%Sn alloy. Science in China Series G, 2007, 50(4) : 451-459

[525] Zhang J, Su H J, Liu L, Fu H Z. Laser zone-remelted alumina-based eutectic in situ composite. Materials Science Forum, 2007, 539-543: 832-836

[526] Zhang J, Su H J, Liu L, Fu H Z. Microstructure and mechanical properties of Al_2O_3/YAG eutectic ceramic in situ composite prepared by laser zone melting. Materials Science Forum, 2007, 561-565: 999-1002

[527] Zhang J, Cui C J, Wu G N, Liu L, Fu H Z. Directional solidification of Si-$TaSi_2$ eutectic in situ composite with electron beam floating zone melting//Proceedings of the 5th Decennial International Conference on Solidification Processing, 2007: 218-221

[528] Su H J, Zhang J, Cui C J, Liu L, Fu H Z. Rapid solidification of $Al_2O_3/Y_3Al_5O_{12}/ZrO_2$ eutectic in situ composites by laser zone remelting. Journal of Crystal Growth, 2007, 307(2): 448-456

[529] 苏海军, 张军, 王长帅, 刘林, 傅恒志. 激光区熔定向凝固Al_2O_3/YAG/ZrO_2共晶陶瓷的显微组织与断裂韧性. 北京科技大学学报, 2007, 29(2): 205-210

[530] 苏海军, 张军, 刘林, 傅恒志. 激光快速熔凝Al_2O_3/YAG 共晶陶瓷的制备与组织. 北京航空航天大学学报, 2007, 33(7): 846-849

[531] 崔春娟, 张军, 苏海军, 王红, 刘林, 傅恒志. Si-$TaSi_2$共晶自生复合场发射材料的定向凝固组织特征. 无机材料学报, 2007, 22 (5): 1019-1023

[532] 崔春娟, 张军, 李波, 刘林, 傅恒志. Si-$TaSi_2$场发射阴极阵列制备工艺的研究. 功能材

料, 2007 , 38(11): 1806-1809

[533] 张丰收, 沈军, 贺跃辉, 傅恒志, 刘林. 特种合金电磁软接触定向凝固冷却新工艺. 材料科学与工艺, 2007, 15(4): 445-448

[534] 卢百平, 沈军, 刘林, 傅恒志. 电磁成形中大宽厚比板状件感应加热特性. 稀有金属材料与工程, 2007, 36(10): 1767-1771

[535] Su Y Q, Liu C, Li X Z, Guo J J, Fu H Z. Microstructure evolution of Ti-Al peritectic system during the initiated stage of directional solidification. Materials Science Forum, 2007, 546-549: 1447-1450

[536] Su Y Q, Luo L S, Guo J J, Li X Z, Fu H Z. Investigation on coupled growth in a peritectic system// Jones H. Proceedings of the 5th Decennial International Conference on Solidification Processing, 2007, 23-25: 263-267

[537] Su Y Q, Liu C, Yang H M, Guo J J, Fu H Z. Directional solidification microstructures of TiAl alloys//Modern Materials and Technologies 2007 Proceedings of Materials of International Ⅷ Russia-China Symposium, 2007, 17-18: 23-28

[538] Cui H B, Guo J J, Su Y Q, Ding H S, Bi W S, Li X Z, Fu H Z. Effect of Cr addition on microstructure and wear resistance of hypomonotectic Cu-Pb alloy. Materials Science and Engineering A, 2007 , 448: 49-55

[539] Wu S P, Liu D R, Guo J J, Su Y Q, Fu H Z. Influence of process parameters on CET in Ti-Al alloy ingot with consideration of shrinkage cavity formation: A computer simulation. Journal of Alloys and Compounds, 2007, 441: 267-277

[540] 崔红保, 郭景杰, 苏彦庆, 吴士平, 李新中, 傅恒志. 过偏晶合金颗粒生长和熟化的相场法模拟. 金属学报, 2007, 43(9): 907-912

[541] 陈瑞润, 郭景杰, 丁宏升, 苏彦庆, 毕维生, 刘林, 贾均, 傅恒志. 冷坩埚熔铸技术的研究及开发现状. 铸造, 2007, 56(5): 443-450

[542] 丁宏升, 郭景杰, 苏彦庆, 贾均, 傅恒志. 我国铸造有色合金及其特种铸造技术发展现状. 铸造, 2007, 56(6): 561-566

[543] 李邦盛, 任明星, 傅恒志. 微精密铸造工艺研究进展. 铸造, 2007, 7: 673-678

[544] 王狂飞, 李邦盛, 米国发, 郭景杰, 傅恒志. Ti44Al合金胞/枝晶转变及其生长过程的数值模拟. 金属学报, 2007, 43(2): 211-216

[545] Bai Y F, Xu D M, Guo J J, Fu H Z. Computer simulation of solidification transport behaviors in blade-like castings under transverse static magnetic fields up to 25T. Steel Research International, 2007, 78(5): 391-397

[546] Xu D M, Bai Y F, Xiong J C, Fu H Z. Coupled modeling foreectromagnetic solidification transport processes of alloy castings//Han Q Y, Ludtka G, Zhai Q J. Materials Processing under the Influence of External Fields, Proceedings of a symposia sponsored by TMS (The Minerals, Metals & Materials Society), TMS 2007 Annual Meeting & Exhibition, 2007: 173-181

[547] 丁宏升, 陈瑞润, 毕维生, 郭景杰, 王艳丽, 刘林, 傅恒志. 工艺参数对冷坩埚定向凝固钛合金宏观组织的影响. 稀有金属材料与工程, 2007, 7: 1241-1244

[548] 王艳丽, 丁宏升, 郭景杰, 傅恒志. TiAl基合金感应熔炼自由液面的变化规律研究. 材料科学与工艺, 2007, 15(2)

[549] Su H J, Zhang J, Liu L, Fu H Z. Processing, microstructure, and properties of laser remelted $Al_2O_3/Y_3Al_5O_{12}$ (YAG) eutectic in situ composite. Transactions of Nonferrous Metals Society of China, 2007, 6: 1259-1264

[550] Guo J J, Li X Z, Luo L S, Su Y Q, Fu H Z. Phase and microstructure selection from initial transient to steady state during directional solidification of peritectic alloys//Proceedings of the 5th Decennial International Conference on Conference on Solidification Processing, 2007: 268-271

[551] Cao H T, Hu R, Kou H C, Li J S, Gao E Z, Fu H Z, Zhou L. Analysis on the ceasing mechanism of the YBCO crystal growth during melting growth process by unidirectional solidification. Materials and Superconductors, 2007: 2091-2096

[552] 梅金娜, 李金山, 寇宏超, 邢历谦, 傅恒志, 周廉. $Ti_{40}Zr_{25}Ni_8Cu_9Be_{18}$非晶合金的晶化行为研究. 稀有金属材料与工程, 2007, 36(7): 1215-1218

[553] 陈春生, 李金山, 马卫锋, 寇宏超, 胡锐, 周廉, 傅恒志. Wf/ZrTiCuNiBe非晶合金复合材料的界面特征与性能. 稀有金属材料与工程, 2007, 36(8): 1390-1393

[554] 张青绒, 李金山, 王一川, 寇宏超, 胡锐, 周廉, 傅恒志. Ni对Mg-Cu-Tb非晶合金形成及力学性能的影响. 中国有色金属学报, 2007, 10(2): 304-307

[555] 毕晓勤, 傅恒志, 胡锐, 李金山. 定向凝固速度对Cu-Cr合金形貌的影响. 金属热处理, 2007, 32(8): 36-40

[556] 苏海军, 张军, 刘林, 傅恒志. 激光区熔定向凝固$Al_2O_3/Y_3Al_5O_{12}$ (YAG)共晶的组织与断裂韧性. 材料科学与工艺, 2007, 6: 741-745

[557] 李晓历, 李金山, 胡锐, 寇宏超, 唐玲, 傅恒志. 定向凝固下Cu-0.5Cr合金的界面形态和组织演化. 特种铸造及有色合金, 2007, 27(9): 666-669

[558] 高恩志, 李金山, 曹海涛, 胡锐, 陈忠伟, 傅恒志, 张平祥. 定向凝固法制备YBCO超导

棒材研究. 材料科学与工艺, 2007, 15(5): 679-684

[559] 胡锐, 郑永健, 寇宏超, 李金山, 薛祥义, 周廉, 傅恒志. Al对Ti-Zr-Ni-Cu-Be非晶合金热稳定性和力学性能的影响. 特种铸造及有色合金, 2007, 27(3): 168-171

[560] 李晓历, 李金山, 胡锐, 寇宏超, 傅恒志. 定向凝固Cu-1.0%Cr合金中带状组织及其形成机制. 金属学报, 2007, 43(12): 1256-1260

[561] 傅恒志. 电磁冷坩埚定向凝固技术的研究与开发//薛群基. 面向2020的化工、冶金与材料. 北京: 化学工业出版社, 2007: 618-627

[562] Zhang J, Su H J, Tang B, Liu L, Fu H Z. Fractal characteristic of laser zone remelted Al_2O_3/YAG eutectic in situ composite. Journal of Crystal Growth, 2008, 310: 490-494

[563] Cui C J, Zhang J, Jia Z W, Su H J, Liu L, Fu H Z. Microstructure and field emission properties of the Si-$TaSi_2$ eutectic in situ composite by electron beam floating zone melting technique. Journal of Crystal Growth, 2008, 310(1): 71-77

[564] Su H J, Zhang J, Cui C J, Liu L, Fu H Z. Rapid solidification behaviour of $Al_2O_3/Y_3Al_5O_{12}$ (YAG) binary eutectic ceramic in situ composites. Materials Science and Engineering A, 2008, 479: 380-388

[565] 邹敏明, 张军, 刘林, 傅恒志. 熔体超温处理对DD3单晶高温合金二次枝晶间距的影响. 金属学报, 2008, 44(2): 155-158

[566] 邹敏明, 张军, 刘林, 傅恒志. 熔体过热时间对DD3单晶高温合金凝固组织的影响. 金属学报, 2008, 44(2): 150-154

[567] 邹敏明, 张军, 刘林, 傅恒志. 熔体超温处理对DD3镍基单晶高温合金凝固组织的影响. 金属学报, 2008, 44(1): 59-63

[568] 王红, 张军, 崔春娟, 刘林, 傅恒志. 难熔金属单晶的电子束悬浮区熔定向凝固. 材料工程, 2008, 2: 71-75

[569] Su H J, Zhang J, Cui C J, Liu L, Fu H Z. Growth characteristic of $Al_2O_3/Y_3Al_5O_{12}$ (YAG) eutectic ceramic in situ composites by laser rapid solidification. Journal of Alloys and Compounds, 2008, 456: 518-523

[570] Wang Y P, Li B S, Ren M X, Yang C, Fu H Z. Microstructure and compressive properties of AlCrFeCoNi high entropy alloy. Materials Science and Engineering A , 2008, 491: 154-158

[571] 张成军, 傅恒志, 徐达鸣, 郭景杰, 苏彦庆. 双相γ-α_2钛合金片层承载力的数学模型及预测. 材料科学与工艺, 2008, 16(1): 1-5

[572] Zhang C J, Xu D M, Fu H Z, Bi W S, Su Y Q, Guo J J. To eliminate the composition

transient zone in directional solidification of TiAl alloys. Journal of Crystal Growth, 2008, 310: 3604-3609

[573] Luo L S, Su Y Q, Guo J J, Li X Z, Yang H M, Fu H Z. Producing well aligned in situ composites in peritectic systems by directional solidification. Applied Physics Letters, 2008, 92: 061903

[574] Luo L S, Su Y Q, Guo J J, Li X Z, Li S M, Zhong H, Liu L, Fu H Z. Peritectic reaction and its influences on the microstructures evolution during directional solidification of Fe-Ni alloys. Journal of Alloys and Compounds, 2008, 461: 121-127

[575] Su Y Q, Luo L S, Guo J J, Li X Z, Fu H Z. Spacing selection of cellular peritectic coupled growth during directional solidification of Fe-Ni peritectic alloys. Journal of Alloys and Compounds, 2009, 474(1-2): L14-L17

[576] Zhong H, Li S M, Lv H Y, Liu L, Zou G R, Fu H Z. Microstructure evolution of peritectic $Nd_{14}Fe_{79}B_7$ alloy during directional solidification. Journal of Crystal Growth, 2008, 310: 3366-3371

[577] 傅恒志, 丁宏升, 陈瑞润, 毕维生, 王艳丽, 白云峰, 徐达鸣, 苏彦庆, 郭景杰. 钛铝合金电磁冷坩埚定向凝固技术的研究. 稀有金属材料与工程, 2008, 37(4): 565-570

[578] 李双明, 傅恒志. 定向凝固速率跃迁下平界面处液相溶质浓度变化及界面失稳. 中国科学(E辑), 2008, 38(3): 402-410

[579] 郭勇冠, 李双明, 刘林, 傅恒志. DZ125高温合金定向凝固微观组织的CA法模拟. 金属学报, 2008, 44(3): 365-370

[580] Li S M, Song Y P, Ma B L, Tang L, Fu H Z. Effect of an abrupt change growth velocity on directionally solidified microstructures of Ni-24.19wt%Nb hypereutectic alloy. Materials Science and Engineering A, 2008, 475: 117-123

[581] Zou M M, Zhang J, Liu L, Fu H Z. Microstructure evolution of Ni-base single crystal superalloy under different melt holding time. Materials Science & Technology, 2008, 16(S 1): 86-90

[582] Ma L, Hu R, Li J S, Kou H C, Fu H Z, Zhou L. Research on growth orientation and directional solidification mechanism of YBCO. Rare Metal Materials and Engineering, 2008, 37(2): 251-254

[583] Liu Y, Hu R, Li J S, Kou H C, Li H W, Chang H, Fu H Z. Deformation characteristic of as-received Haynes230 nickel base superalloy. Materials Science and Engineering A, 2008, 497: 283-289

[584] Li B S, Wang Y P, Ren M X, Yang C, Fu H Z. Effects of Mn, Ti and V on the microstructure and properties of AlCrFeCoNiCu high entropy alloy. Materials Science and Engineering A, 2008, 498: 482-486

[585] Mei J N, Li J S, Kou H C, Fu H Z, Zhou L. Effects of Nb on the formation of icosahedral quasicrystalline phase in Ti-rich Ti-Zr-Ni-Cu-Be glassy forming alloys. Journal of Non-Crystalline Solids, 2008, 354: 3332-3335

[586] 钟宏, 李双明, 吕海燕, 刘林, 邹光荣, 傅恒志. Nd-Fe-B包晶合金高梯度定向凝固实验研究. 特种铸造及有色合金, 2008, 28(4): 251-253.

[587] Ma W F, Kou H C, Chen C S, Li J S, Hu R, Xing L Q, Zhou L, Fu H Z. Interfacial characteristics and dynamic mechanical properties of W_f/Zr-based metallic glass matrix composites. Transactions of Nonferrous Metals Society of China, 2008, 18(1): 77-818

[588] 张利民, 耿兴国, 李金山, 傅恒志, 苏克和, 周廉. $YBa_2Cu_3O_7$ 能隙及低温电子比热容的第一性原理计算. 稀有金属材料与工程, 2008, 37(2): 215-281

[589] Ma W F, Kou H C, Chen C S, Li J S, Chang H, Zhou L, Fu H Z. Compressive deformation behaviors of tungsten fiber reinforced Zr-based metallic glass composites. Materials Science and Engineering A, 2008, 486: 308-312

[590] 胡敏, 李金山, 胡锐, 刘毅, 寇宏超, 傅恒志. Haynes230合金凝固过程中的相变及元素偏析. 稀有金属材料与工程, 2008, 37(8): 848-850

[591] 李晓历, 李金山, 唐玲, 胡锐, 寇宏超, 傅恒志. 定向凝固下Cu-Cr合金初始凝固的平界面距离及界面失稳. 稀有金属材料与工程, 2008, 37(4): 613-616

[592] Liu D M, Hu R, Li J S, Liu Y, Kou H C, Fu H Z. Isothermal oxidation behavior of haynes 230 alloy in air at 1100℃. 稀有金属材料与工程, 2008, 37(9): 1545-1548

[593] Zhao G W, Xu D M, Fu H Z. ThermoCalc-based numerical computations for temperature, fraction of solid-phase and composition couplings in alloy solidification. International Journal of Materials Research, 2008, 99(6): 680-688

[594] 杨慧敏, 苏彦庆, 郭景杰, 骆良顺, 李新中, 傅恒志. B元素对Ti-46Al和Ti-46Al-5Nb合金柱状晶组织的影响. 金属学报, 2008, 44(10): 1213-1218

[595] Liu A H, Li B S, Nan H, Sui Y W, Guo J J, Fu H Z. Interaction between γ-TiAl alloy and zirconia. China Foundry, 2008, 5(1): 49-51

[596] 任明星, 李邦盛, 杨闯, 傅恒志. 微尺度型腔内液态金属流动规律模拟研究. 物理学报, 2008, 57(8): 5063-5071

[597] 任明星, 李邦盛, 杨闯, 傅恒志. 纳米压痕法测定微铸件硬度及弹性模量. 中国有色金

属学报, 2008, 18(2): 231-236

[598] 任明星, 李邦盛, 杨闯, 傅恒志. 纳米压痕法测定微铸件室温蠕变速率敏感指数. 金属学报, 2008, 44(3): 272-276

[599] 任明星, 李邦盛, 杨闯, 傅恒志. 金属型微铸造工艺成型微铸件的组织演变. 材料研究学报, 2008, 22(4): 384-388

[600] Li B S, Liu A H, Nan H, Bi W S, Guo J I, Fu H Z. Wettability of TiAl alloy melt on ceramic moulds in electromagnetic field. Transactions of Nonferrous Metals Society of China, 2008, 18(3): 518-522

[601] 刘爱辉, 李邦盛, 隋艳伟, 于杰, 郭景杰, 傅恒志. Ti/ZrO_2和TiAl/ZrO_2反应的差热分析. 中国有色金属学报, 2008, 18(5): 794-798

[602] 王狂飞, 郭景杰, 米国发, 李邦盛, 傅恒志. Ti-5at.%Al合金定向凝固过程中显微组织演化的计算机模拟. 物理学报, 2008, 57(5): 3048-3058

[603] Wang K F, Li B S, Mi G F , Guo J J, Fu H Z. Modeling of cell/dendrite transition during directional solidification of Ti_2Al alloy using cellular automaton method modeling. Journal of Iron and Steel Research International , 2008 , 15(3): 82286

[604] Hu X W, Li S M, Liu L, Fu H Z. Microstructure evolution of directionally solidified Sn-26%Sb hyperperitectic alloy. China Foundry , 2008, 5(3): 167-171

[605] 邹敏明, 张军, 刘林, 傅恒志. 熔体过热对镍基高温合金凝固组织及性能的影响研究. 材料工程, 2008, 5: 71-74

[606] 邹敏明, 张军, 刘林, 傅恒志. 熔体超温处理对镍基高温合金γ'相的细化作用. 稀有金属材料与工程, 2008, 37(9): 1530-1533

[607] Su H J, Zhang J, Liu L, Fu H Z. Growth characteristic and fracture toughness of laser rapidly solidified Al_2O_3/YAG/ZrO_2 ceramic eutectic in-situ composite. Advanced Materials Research, 2008, 33-37: 495-500

[608] 苏海军, 张军, 刘林, 傅恒志. Al_2O_3/$Y_3Al_5O_{12}$ (YAG)/ZrO_2亚共晶自生复合陶瓷激光区熔定向凝固研究. 材料科学与工艺, 2008, 16(增刊1): 47-51

[609] 吕海燕, 李双明, 钟宏, 刘林, 傅恒志. 激光快速熔凝Cu-75%Sn包晶合金中e相向包晶η相的转变. 金属学报, 2008, 44(7): 843-847

[610] 屈敏, 刘林, 唐峰涛, 傅恒志. 试样直径对Al-Cu合金定向凝固温度梯度和一次枝晶间距的影响. 中国有色金属学报, 2008, 18(2): 282-287

[611] 屈敏, 刘林, 唐峰涛, 张卫国, 黄太文, 傅恒志. Al-Cu合金定向凝固枝晶尖端开裂及间距调整机制. 中国有色金属学报, 2008, 18(10): 1814-1818

[612] Luo W Z, Shen J, Min Z X, Fu H Z. Lamellar orientation control of TiAl alloys under high temperature gradient with a Ti-43Al-3Si seed. Journal of Crystal Growth, 2008, 310: 5441-5446

[613] 屈敏, 刘林, 张卫国, 张军, 傅恒志. 抽拉速率对定向凝固Al-4%Cu合金枝晶界面特征的影响. 金属学报, 2008, 44(9): 1051-1056

[614] 卢百平, 沈军, 刘林, 傅恒志. 耐热不锈钢真空双频电磁约束成形. 稀有金属材料与工程, 2008, 37(6): 1103-1107

[615] 苏海军, 张军, 刘林, 傅恒志. 定向凝固Al_2O_3/YAG共晶自生复合材料的组织形态及非规则共晶生长. 金属学报, 2008, 44(4): 457-462

[616] Su H J, Zhang J, Tian J J, Liu L, Fu H Z. Preparation and characterization of Al_2O_3/$Y_3Al_5O_{12}$/ZrO_2 ternary hypoeutectic in situ composites by laser rapid solidification. Journal of Applied Physics, 2008, 104(2): 971

[617] 胡小武, 李双明, 刘林, 傅恒志. 二元包晶合金定向凝固研究进展. 材料科学与工程, 2008, 26(2): 302-306

[618] 胡小武, 李双明, 刘林, 傅恒志. Sn-16%Sb包晶合金的定向凝固组织演化研究. 铸造, 2008, 57(5): 446-450

[619] 屈敏, 刘林, 张卫国, 张军, 傅恒志. Al-0.85wt%Cu合金胞晶定向凝固组织演化特征. 材料科学与工艺, 2008, 16(增刊1): 102-105

[620] 马卫锋, 寇宏超, 李金山, 陈春生, 杜三明, 周廉, 傅恒志. 钨丝增强Zr基非晶复合材料动力学行为及断裂特性. 中国有色金属学报, 2008, 18(6): 1045-1050

[621] 李晓历, 李金山, 胡锐, 寇宏超, 傅恒志. Cu-1.0% Cr亚共晶合金定向凝固组织演化. 航空材料学报, 2008, 28(5): 2-5

[622] Liu L, Hang T, Zou M, Zhang W, Zhang J, Fu H Z. The effects of withdrawal and melt overheating histories on the microstructure of a nickel-based single crystal superalloys. Superalloy, 2008, 9: 287-293

[623] 傅恒志. 定向凝固TiAl基合金组织选择及晶向控制//中国工程院化工、冶金与材料工程学部第七届学术会议论文集: 现代化工、冶金与材料技术前沿, 2009: 1107-1113

[624] Liu Y, Hu R, Li J S, Kou H C, Li H W, Chang H, Fu H Z. Hot working characteristic of as-cast and homogenized Ni-Cr-W superalloy. Materials Science and Engineering A, 2009, 508: 141-147

[625] Mi G F, Liu X Y, Wang K F, Fu H Z. Application of numerical simulation technique to casting process of value block. Iron Steels Research International, 2009, 16(4): 12-17

[626] Cui C J, Zhang J, Su H J, Liu L, Fu H Z. Growth mechanism of the directionally solidified Si-$TaSi_2$ eutectic in situ composite. Journal of Crystal Growth, 2009, 311: 2555-2559

[627] Zou M M, Zhang J, Li B, Liu L, Fu H Z. Refined Dendrite and precise orientation of Niekel-based monocrystal superalloy with melt superheating treatment. Journal of Modern Physics B, 2009, 23(6/7): 1105-1109

[628] Zhang J, Li B, Zou M M, Wang C S, Liu L, Fu H Z. Microstructure and stress rupture property of Ni-based monocrystal superalloy with melt superheating treatment. Journal of Alloys and Compounds, 2009, 484: 53-756

[629] Su H J, Zhang J, Liu L, Fu H Z. Microstructure and mechanical properties of a directionally solidified $Al_2O_3/Y_3Al_5O_{12}/ZrO_2$ hypoeutectic in-situ composite. Composites Science and Technology, 2009, 69(15-16): 2657-2667

[630] Su H J, Zhang J, Liu L, Fu H Z. Effects of laser processing parameters on solidification microstructures of ternary Al_2O_3/YAG/ZrO_2 eutectic in situ composite and its thermal property. Transactions of Nonferrous Metals Society of China, 2009, 19(6): 1533-1538

[631] 张卫国, 刘 林, 黄太文, 赵新宝, 余竹焕, 傅恒志. 高温度梯度定向凝固冷却率对DZ4125合金 γ'相的影响. 金属学报, 2009, 45: 592-596

[632] Su H J, Zhang J, Deng Y F, Liu L, Fu H Z. A modified preparation technique and characterization of directionally solidified $Al_2O_3/Y_3Al_5O_{12}$ eutectic in situ composites. Scripta Materialia, 2009, 60: 362-365

[633] 葛丙明, 刘林, 黄太文, 张军. 傅恒志, 于波, 苏贵桥, 刘孝福, 娄延春. 液态金属冷却法在高温合金定向凝固中的应用. 铸造, 2009, 58(9): 910-917

[634] Luo W Z, Shen J, Min Z X, Fu H Z. A band microstructure in directionally solidified hypo-peritectic Ti-45Al alloy. Materials Letters, 2009, 63: 1419-1421

[635] 罗文忠, 沈军, 闵志先, 傅恒志. TiAl合金定向凝固过程中与坩埚材料的界面反应研究. 稀有金属材料与工程, 2009, 38(8): 1441-1445

[636] 罗文忠, 沈军, 闵志先, 傅恒志. γ-TiAl合金中片层组织取向的控制. 稀有金属材料与工程, 2009, 38(10): 1864 1869

[637] 张建飞, 沈军, 任慧平, 苏慧平, 傅恒志. NiAl基复合材料的强韧化方法及机理. 材料导报, 2009, 23(6): 19-23

[638] 黄太文, 刘林, 张卫国, 张军, 傅恒志. 抽拉速率跃迁对定向凝固单晶高温合金DD3一次枝晶间距和微观偏析的影响. 金属学报, 2009, 45(10): 1225-1231

[639] 罗钦雁, 李双明, 傅恒志. 定向凝固μ-PD法的研究进展. 材料导报, 2009, 23(9): 89-92

[640] Qu M, Liu L, Tang F T, Zhang J, Fu H Z. Effect of sample diameter on primary dendrite spacing of directionally solidified Al-4%Cu alloy Transactions of Nonferrous. Metals Society of China, 2009, 19: 1-8

[641] 郑元斌, 李双明, 李臻熙, 朱鹏超, 傅恒志. 抽拉速率对Ti-47.5Al-2Cr-2Nb-0.2B合金的定向凝固组织的影响. 航空材料学报, 2009, 29(4): 12-15

[642] 康茂东, 李双明, 刘林, 傅恒志. DZ125高温合金定向凝固中的枝晶竞争生长及溶质分布模拟. 特种铸造及有色合金, 2009, 29(6): 512-515

[643] 朱鹏超, 李双明, 郑元斌, 傅恒志. 定向凝固恒速和跃迁加速下Cu-12.58%Mg过共晶合金的凝固组织演变. 铸造, 2009, 58(6): 543-545

[644] 陈波, 刘林, 张卫国, 傅恒志. 试样截面尺寸变化对高温合金DZ125定向凝固组织的影响. 铸造, 2009, 58(6): 589-592

[645] 毕晓琴, 傅恒志. 过共晶Cu-Cr合金定向凝固组织中α相的形成机制研究. 铸造, 2009, 58(7): 710-716

[646] 余竹焕, 刘林 , 赵新宝, 张卫国, 张军, 傅恒志. 碳在镍基单晶高温合金中作用研究的进展. 铸造, 2009, 58(9): 918-924

[647] Hu X W, Li S M, Chen W J, Gao S F, Liu L, Fu H Z. Primary dendrite arm spacing during unidirectional solidification of Pb–Bi peritectic alloys. Journal of Alloys and Compounds, 2009, 484: 631-636

[648] Zhang W G, Liu L, Zhao X B, Huang T W, Yu Z H, Qu M, Fu H Z. Effect of cooling rates on dendrite spacings of DZ125 alloy under high thermal gradient. Rare Metals, 2009, 28(6): 633-638

[649] Zhang W G, Liu L, Huang T W, Zhao X B, Qu M, Yu Z H, Fu H Z. Influence of directional solidification variables on primary dendrite arm spacing of Ni-based superalloy DZ125. China Foundry, 2009, 6(4): 300-304

[650] 赵新宝, 刘林, 余竹焕, 刘刚, 傅恒志. X射线衍射法测量单晶高温合金的取向. 稀有金属材料与工程, 2009, 38(7): 1280-1283

[651] Zhao X B, Liu L, Zhang W G, Liu G, Zhang J, Fu H Z. Segregation behavior of alloying elements in different oriented single crystal nickel based superalloys. Materials Letters, 2009, 63(30): 2635-2638.

[652] 吕海燕, 李双明, 钟宏, 刘林, 邹光荣, 傅恒志. 激光表面快凝下Ndl3.5Fe79.75B6.75过包晶合金的组织演化. 中国有色金属学报, 2009, 19(2): 322-327

[653] Su Y Q, Wang L, Luo L S, Jiang X H, Guo J J, Fu H Z. Deoxidation of Titanium alloy using hydrogen. International Journal of Hydrogen Energy, 2009, 34: 8958-8963

[654] Su Y Q, Luo L S, Guo J J, Li X Z, Fu H Z. Spacing selection of cellular peritectic coupled growth during directional solidification of Fe-Ni peritectic alloys. Journal of Alloys and Compounds, 2009, 474: 14-17

[655] Su Y Q, Liu X W, Zhao L, Wang L, Guo J J, Fu H Z. Effects of hydrogenation on ambient deformation behaviors of Ti-45Al alloy. Transactions of Nonferrous Metals Society of China, 2009, 19(2): 403-408

[656] Su Y Q, Ye X C, Guo J J, Fu H Z. Study on vacuum suction casting for TiAl-based alloys. Rare Metal Materials and Engineering, 2009, 38(9): 1505-1508

[657] Wang L, Su Y Q, Ye X C, Luo L S, Guo J J, Fu H Z. The preparation of Ti-6Al-4V alloy rod and blade by metal mold suction casting and the effects of hydrogen on them. Advanced Materials Research, 2009,79-82: 1659-1662

[658] Su Y Q, Ye X C, Guo J J, Luo L S, Wang L, Fu H Z. Permanent mold Suction casting for TiAl based alloys. Advanced Materials Research, 2009, 79-82: 1651-1654

[659] Su Y Q, Liu D M, Li X Z, Luo L S, Guo J J, Fu H Z. Microstructure evolution of directionally solidified Al-25at.%Ni peritectic alloy. Advanced Materials Research, 2009, 79-82: 1655-1658

[660] 关兴举, 杨慧敏, 张莉, 田金华, 苏彦庆, 郭景杰, 傅恒志. W对γ-TiAl基合金单向凝固组织的影响. 特种铸造及有色合金, 2009, 29(2): 108-111

[661] Zhang C J, Fu H Z, Xu D M, Bi W S, Guo J J, Su Y Q. Feasibility of integrated seed making and directional solidification of TiAl alloy using cold crucible. Trans of Nonferrous Metals Society of China, 2009, 19: 330-334

[662] 赵光伟, 徐达鸣, 宋梦华, 傅恒志, 杜勇, 贺跃辉. 基于微观偏析统一模型及Thermo-Calc的三元合金凝固路径耦合计算. 金属学报, 2009, 45(8): 956-963

[663] 李邦盛, 任明星, 杨闯, 傅恒志. 微尺度铸件室温蠕变性能微尺度效应研究. 机械工程学报, 2009, 45(2): 178-183

[664] 隋艳伟, 李邦盛, 刘爱辉, 郭景杰, 傅恒志. 离心铸造钛合金力学性能变化规律. 稀有金属材料与工程, 2009, 38(2): 251-254

[665] 隋艳伟, 李邦盛, 刘爱辉, 郭景杰, 傅恒志. 离心铸造钛合金熔体补缩过程渗流流量及相似准则. 稀有金属材料与工程, 2009, 38(4): 594-598

[666] 隋艳伟, 李邦盛, 刘爱辉, 郭景杰, 傅恒志. 离心铸造钛合金熔体补缩过程渗流流动物

理模拟. 稀有金属材料与工程, 2009, 38(9): 1537-1541

[667] Wang Y P, Li B S, Fu H Z. Solid solution or intermetallics in a high-entropy alloy. Advanced Engineering Materials, 2009, 11(8): 641-644

[668] Yang C, Li B S, Ren M X, Fu H Z. Kinetics of wetting of liquid on a solid surface. Science in China Series B: Chemistry, 2009, 52(7): 868-873

[669] 樊江磊, 李新中, 郭景杰, 苏彦庆, 傅恒志. 定向凝固Ti-43Al-3Si合金的组织演化规律Ⅰ: 初始过渡区组织演化规律. 金属学报, 2009, 45(3): 302-307

[670] 李新中, 樊江磊, 郭景杰, 苏彦庆, 傅恒志. 定向凝固Ti-43Al-3Si合金的组织演化规律Ⅱ: 稳态生长区组织演化规律. 金属学报, 2009, 45(3): 308-313

[671] 李新中, 孙涛, 彭鹏, 苏彦庆, 郭景杰, 傅恒志. 定向凝固Ti-50at%Al合金组织演化及其片层取向控制. 金属学报, 2009, 45(11): 1336-1343

[672] 李新中, 孙涛, 于彩霞, 苏彦庆, 曹勇智, 郭景杰, 傅恒志. 定向凝固Ti-(44-54)at%Al合金凝固相的选择. 金属学报, 2009, 45(12): 1479-1486

[673] 丁宏升, 聂革, 陈瑞润, 毕维生, 郭景杰, 傅恒志. TiAl基合金方坯冷坩埚电磁约束铸造工艺研究. 特种铸造及有色合金, 2009, 29(5): 393-395

[674] 王学龙, 胡锐, 薛祥义, 王一川, 傅恒志. 孔径分布对多孔镍孔体积分形维数的影响. 材料导报, 2009, 23(2): 12-14

[675] 李金山, 罗明波, 胡锐, 寇宏超, 李宏伟, 王一川, 傅恒志. 低压辅助熔渗3D-C/Cu复合材料的组织和界面特性. 特种铸造及有色合金, 2009, 29(8): 687-689

[676] 姚健, 李金山, 马卫锋, 寇宏超, 王一川, 傅恒志. 块体$Ti_{40}Zr_{25}Ni_8Cu_9Be_{18}$非晶合金的低温压缩行为. 中国有色金属学报, 2009, 19(8): 1443-1448

[677] Mei J N, Li J S, Kou H C, Fu H Z, Zhou L. Formation of Ti-Zr-Ni-Cu-Be-Nb bulk metallic glasses. Journal of Alloys and Compounds, 2009, 467: 235-240

[678] Hu X W, Li S M, Gao S F, Liu L, Fu H Z. Research on lamellar structure and microhardness in directionally solidified ternary Sn-40. 5Pb-2.6Sb eutectic alloy. Journal of Alloys and Compounds, 2010, 493: 116-121

[679] Hu X W, Li S M, Gao S F, Liu L, Fu H Z. Microstructure formation at low velocity during directional solidification of Pb-Bi peritectic alloys. Advanced Materials Research, 2010, 97-101: 971-974

[680] 刘刚, 刘林, 赵新宝, 张卫国, 金涛, 张军, 傅恒志. 一种镍基单晶高温合金的高温度梯度定向凝固组织及枝晶偏析. 金属学报, 2010, 46(1): 77-83

[681] 闵志先, 沈军, 王灵水, 冯周荣, 刘林, 傅恒志. 定向凝固镍基高温合金DZ125平界面生

长的微观组织演化. 金属学报, 2010, 46 (9): 1075-1080

[682] 闵志先, 沈军, 冯周荣, 王灵水, 刘林, 傅恒志. 定向凝固DZ125合金的溶质分配系数及偏析行为的研究. 金属学报, 2010, 46(12): 1543-1548

[683] Su H J, Zhang J, Deng Y F, Song K, Liu L, Fu H Z. Directional solidification and characterization of $Al_2O_3/Er_3Al_5O_{12}$ eutectic in situ composite by laser zone remelting. Materials Science Forum, 2010, 654-656: 1347-1350

[684] Su H J, Zhang J, Deng Y F, Liu L, Fu H Z. Growth and characterization of nanostructured Al_2O_3/YAG/ZrO_2 hypereutectics with large surfaces under laser rapid solidification. Journal of Crystal Growth, 2010, 312(24): 3637-3641

[685] Su H J, Zhang J, Song K, Liu L, Fu H Z. Investigation of the solidification behavior of Al_2O_3/YAG/YSZ ceramic in situ composite with off-eutectic composition. Journal of the European Ceramic Society, 2010, 31: 1233-1239

[686] Li S M, Jiang B L, Fu H Z. Microstructure evolution and compression properties of a directionally solidified Ni-24.8%Nb hypereutectic alloy. Materials Science Forum, 2010, 654-656: 1351-1354

[687] 王常帅, 张军, 邹敏明, 刘林, 傅恒志. DZ125合金熔体超温处理过程中的弛豫现象. 金属学报, 2010, 46(6): 674-680

[688] Wang C S, Zhang J, Liu L, Fu H Z. Microstructure evolution of directionally solidified DZ125 superalloy with melt superheating treatment. Journal of Alloys and Compounds, 2010, 508: 440-445

[689] Zhao X B, Liu L, Yu Z H, Zhang W G, Fu H Z. Microstructure development of different orientated nickel-base single crystal superalloy in directional solidification. Materials Characterization, 2010, 61(1): 7-12

[690] Zhao X B, Liu L, Yu Z H, Zhang W G, Zhang J, Fu H Z. Influence of directional solidification variables on the microstructure and crystal orientation of AM3 under high thermal gradient. Journal of Materials Science, 2010, 45: 6101-6107

[691] 冯周荣, 沈军, 王伟, 闵志先, 傅恒志. 扩散条件下抽拉速率对Fe-4.2Ni合金定向凝固组织演化的影响. 金属学报, 2010, 64(3): 311 317

[692] Feng Z R, Shen J, Min Z X, Wang L S, Fu H Z. Two phases separate growth in directionally solidified Fe-4. 2Ni alloy. Materials Letters, 2010, 64: 1813-1815

[693] Hu X W, Li S M, Gao S F, Liu L, Fu H Z. Peritectic transformation and primary α-dendrite dissolution in directionally solidified Pb-26%Bi alloy. Journal of Alloys and

Compounds, 2010, 501: 110-114

[694] 胡小武, 李双明, 高斯峰, 刘林, 傅恒志. Pb-30%Bi包晶合金定向凝固的两相微观组织研究. 铸造, 2010, 59: 445-449

[695] 胡小武, 李双明, 高斯峰, 刘林, 傅恒志. Pb-Bi包晶合金凝固过程的DSC差热分析. 特种铸造及有色合金, 2010, 30: 589-593

[696] 全琼蕊, 李双明, 傅恒志. 凝固速率跃迁对定向凝固Al-40%Cu过共晶合金初生Al_2Cu相的影响. 金属学报, 2010, 46(04): 500-505

[697] 高斯峰, 刘林, 胡小武, 葛丙明, 张军, 傅恒志. 镍基高温合金定向凝固过程中雀斑缺陷研究进展. 材料科学与工程学报, 2010, 1: 255-261

[698] Liu L, Huang T W, Qu M, Liu G, Zhang J, Fu H Z. High thermal gradient directional solidification and its application in the processing of nickel-based superalloys. Journal of Materials Processing Technology, 2010, 210: 159-165

[699] Yu Z H, Liu L, Zhao X B, Zhang W G, Zhang J, Fu H Z. Effect of solidification rate on MC-type carbide morphology in single crystal Ni-base superalloy AM3. Transactions of Nonferrous Metals Society of China, 2010, 20: 1835-1840

[700] Yu Z H, Liu L, Zhao X B, Zhang W G, Zhang J, Fu H Z. Effect of carbon additions on the microstructure of a single crystal Ni-based superalloy AM3. China Foundry, 2010, 7(4): 352-356

[701] Yu Z H, Liu L, Zhao X B, Zhang W G, Zhang J, Fu H Z. Effect of solidification parameters on the microstructures of a single crystal Ni-based superalloy AM3. China Foundry, 2010, 7(3): 217-223

[702] 苏慧平, 沈军, 张建飞, 傅恒志. NiAl-Mo共晶复合材料定向凝固组织特性研究. 稀有金属材料与工程, 2010, 39(6): 1009-1012

[703] Zhang Y H, Su Y Q, Guo J J, Fu H Z. Influence of heating rate on heat decomposition of TiH2. Rare Metal Materials and Engineering, 2010, 39(6): 1107-1110

[704] Liu X W, Su Y Q, Luo L S, Fu H Z. Effect of hydrogen on hot deformation behaviors of TiAl alloys. International Journal of Hydrogen Energy, 2010, 35(24): 13322-13328

[705] Liu D M, Su Y Q, Li X Z, Fu H Z. Influence of thermal stabilization on the solute concentration of the melt in directional solidification. Journal of Crystal Growth, 2010, 312(24): 3658-3664

[706] Fan J L, Li X Z, Su Y Q, Fu H Z. The microstructure parameters and microhardness of directionally solidified Ti-43A1-3Si alloy. Journal of Alloys and Compounds, 2010,

506(2): 593-599

[707] Yang C, Li B S, Ren M X, Fu H Z. Gypsum bonded investment for micro-structure casting of $ZnAl_4$. China Foundry, 2010, 7(3): 270-274

[708] Su Y Q, Liu X W, Luo L S, Fu H Z. Deoxidation of Ti-Al intermetallics via hydrogen treatment. International Journal of Hydrogen Energy, 2010, 35(17): 9214-9217

[709] Su Y Q, Liu X W, Luo L S, Fu H Z. Hydrogen solubility in molten TiAl alloys. International Journal of Hydrogen Energy, 2010, 35(15): 8008-8013

[710] Fan J L, Li X, Su Y Q, Fu H Z. Dependency of microhardness on solidification processing parameters and microstructure characteristics in the directionally solidified Ti-46Al-0.5W-0.5Si alloy. Journal of Alloys and Compounds, 2010, 504(1): 60-64

[711] Su Y Q, Liu D M, Li X Z, Fu H Z. Preparation of the initial solid-liquid interface and melt in directional solidification of Al-18at%Ni peritectic alloy. Journal of Alloys and Compounds, 2010, 312(16-17): 2441-2448

[712] 骆良顺, 王新, 苏彦庆, 李新中, 郭景杰, 傅恒志. 基于连续切片的三维重构技术在材料凝固组织研究中的应用. 材料导报, 2010, 24(5): 1-5

[713] Su Y Q, Xu Y J, Zhao L, Fu H Z. Effect of electromagnetic force on melt induced by traveling magnetic field. Transactions of Nonferrous Metals Society of China, 2010, 20(4): 662-667

[714] Zhang Y H, Su Y Q, Ye X C, Fu H Z. Influence of melt hydrogenation during induction skull melting process on the solidification microstructure of Ti-6Al-4V alloy. China Foundry, 2010, 7(2): 109-112

[715] Liu J P, Luo L S, Su Y Q, Xu Y J, Li X Z, Chen R R, Guo J J, Fu H Z. Numerical simulation of intermediate phase growth in Ti/Al alternate foils. Transactions of Nonferrous Metals Society of China, 2010: 598-603

[716] 刘江平, 苏彦庆, 郭景杰, 骆良顺, 傅恒志. γ-TiAl基合金薄板制备技术. 特种铸造及有色合金, 2010, 30(2): 65-70

[717] 任明星, 李邦盛, 傅恒志. 微尺度下液态Zn-4Al合金停止流动机理研究. 铸造, 2010, 59(8): 1121-1124

[718] Yang C, Li B S, Ren M X, Fu H Z. Studies of microstructures made of Zn-Al alloys using microcasting. International Journal of Advanced Manufacturing Technology, 2010, 46(1-4): 173-178

[719] 骆良顺, 张宇民, 张凤海, 苏彦庆, 李琨, 陈大勇, 郭景杰, 傅恒志. 微量钴合金化的因

瓦合金模具铸造成形实验研究. 铸造, 2010, 59(10): 1012-1015

[720] 丁宏升, 廖博超, 陈瑞润, 聂革, 郭景杰, 傅恒志. 冷坩埚定向凝固TiAl 基合金热处理. 材料热处理学报, 2010, 31(6): 186-192

[721] 丁宏升, 郭景杰, 陈瑞润, 傅恒志. TiAl基合金冷坩埚定向凝固研究现状与发展趋势. 中国材料进展, 2010, 29(2): 321-326

[722] Li X Z, Liu D M, Sun T, Su Y Q, Guo J J, Fu H Z. Phase-field simulation of lamellar growth for a binary eutectic alloy. Transactions of Nonferrous Metals Society of China, 2010, 20(2): 302-307

[723] Yang X W, Zhang T B, Hu R, Li J S, Xue X Y, Fu H Z. Microstructure and hydrogenation thermokinetics of $ZrTi_{0.2}V_{1.8}$ Alloy. International Journal of Hydrogen Energy, 2010, 35: 11981-11985

[724] Jiang C P, Li J S, Kou H C, Dai J B, Xue X Y, Fu H Z. Microstructure, phase and microhardness distribution of laser-deposited Ni-based amorphous coating. International Journal of Surface Science and Engineering, 2010, 4: 296-303

[725] Li F P, Li J S, Kou H C, Jiang C P, Xue X Y, Fu H Z. Deposition of Fe-based metallic glass coatings by Air Plasma Spraying process. International Journal of Surface Science and Engineering, 2010, 4: 288-295

[726] Huang X X, Li J S, Hu R, Bai G H, Fu H Z. Evolution of oxidation in Ni-Cr-W alloy at 1100℃. Rare Metal Materials and Engineering, 2010, 39(11): 1908-1911

[727] 许玮, 胡锐, 高媛, 寇宏超, 李金山, 傅恒志. 碳纳米管增强铜基复合材料的载流摩擦磨损性能研究. 摩擦学学报, 2010, 30(3): 303-307

[728] Yang X W, Li J S, Zhang T B, Hu R, Xue X Y, Fu H Z. Role of defect structure on hydrogenation properties of $Zr_{0.9}Ti_{0.1}V_2$ alloy. International Journal of Hydrogen Energy, 2011, 36(15): 9318-9323

[729] Mei J N, Soubeyroux J L, Blandin J J, Li J S, Kou H C, Fu H Z, Zhou L. Nanocrystallization-induced large room-temperature compressive plastic strain of $Ti_{40}Zr_{25}Ni_8Cu_9Be_{18}$ BMG. Journal of Alloys and Compounds, 2011, 509(5): 626-1629

[730] Mei J N, Soubeyroux J L, Blandin J J, Li J S, Kou H C, Fu H Z, Zhou L. Structural relaxation of $Ti_{40}Zr_{25}Ni_8Cu_9Be_{18}$ bulk metallic glass. Journal of Non-crystalline Solids, 2011, 357(1): 110-115

[731] Mei J N, Soubeyroux J L, Blandin J J, Li J S, Kou H C, Fu H Z, Zhou L. Homogeneous deformation of $Ti_{41.5}Cu_{37.5}Ni_{7.5}Zr_{2.5}Hf_5Sn_5Si_1$ bulk metallic glass in the supercooled liquid

region. Intermetallics, 2011, 19(1): 48-53

[732] 彭聪辉, 常辉, 胡锐, 樊江昆, 柏广海, 傅恒志. 高温合金的静态再结晶动力学. 航空材料学报, 2011, 31(2): 8-12

[733] Liu G, Liu L, Ai C, Ge B M, Zhang J, Fu H Z. Influence of withdrawal rate on the microstructure of Ni-base single-crystal superalloys containing Re and Ru. Journal of Alloys and Compounds, 2011, 509: 5866-5872

[734] Liu G, Liu L, Ai C, Ge B M, Zhang J, Fu H Z. Effects of Re and Ru on the solidification characteristics of nickel-base single-crystal superalloys. Metallurgical and Materials Transactions A, 2011, 42(9): 2733-2741

[735] 王常帅, 张军, 刘林, 傅恒志. DZ125定向凝固镍基高温合金组织与熔体超温处理时间的相关性. 稀有金属材料与工程, 2011, 40(2): 307-310

[736] Wang C S, Zhang J, Liu L, Fu H Z. Effect of melt superheating treatment on directional solidification interface morphology of multi-component alloy. Journal of Materials Science & Technology, 2011, 27(7): 668-672

[737] Zhang J, Su H J, Song K, Liu L, Fu H Z. Microstructure, growth mechanism and mechanical property of Al_2O_3-based eutectic ceramic in situ composites. Journal of the European Ceramic Society, 2011, 31: 1191-1198

[738] 邓杨芳, 张军, 苏海军, 宋衎, 刘林, 傅恒志. 激光区熔$Al_2O_3/Er_3Al_5O_{12}$共晶自生复合陶瓷的组织与断裂韧性. 无机材料学报, 2011, 26: 841-846

[739] 丁智, 张军, 王常帅, 苏海军, 刘林, 傅恒志. DZ125镍基高温合金高温持久断裂后的位错组态. 金属学报, 2011, 47(1): 47-52

[740] Su H J, Zhang J, Yu J Z, Liu L, Fu H Z. Directional solidification and microstructural development of $Al_2O_3/GdAlO_3$ eutectic ceramic in situ composite under rapid growth conditions. Journal of Alloys and Compounds, 2011, 509(12): 4420-4425

[741] Su H J, Zhang J, Yu J Z, Liu L, Fu H Z. Rapid solidification and fracture behavior of ternary metastable eutectic Al_2O_3/YAG/YSZ in situ composite ceramic. Materials Science and Engineering A, 2011, 528(4-5): 1967-1973

[742] Su H J, Zhang J, Liu L, Fu H Z. Growth characteristics of directionally solidified Al_2O_3-YAG-ZrO_2 ternary hypereutectic in situ composites under ultra-high temperature gradient. International Journal of Minerals Metallurgy and Materials, 2011, 18(1): 121-125

[743] Su H J, Zhang J, Liu L, Fu H Z. Fabrication and characterization of $Al_2O_3/GdAlO_3$ eutectic ceramic in situ composite by laser zone remelting. Advanced Materials Research.

Advanced Materials Research, 2011, 160-162: 773-776

[744] Su H J, Zhang J, Liu L, Fu H Z. Preparation development of high-quality solar-grade multi-crystalline silicon by directional solidification. Advanced Materials Research, 2011, 311-313: 1389-392

[745] 杨初斌, 刘林, 赵新宝, 刘刚, 张军, 傅恒志. <001>和<011>取向DD407单晶高温合金枝晶间距和微观偏析. 金属学报, 2011, 47(10): 1246-1250

[746] Hu X W, Li S M, Gao S F, Liu L, Fu H Z. Effect of melt convection on primary dendrite arm spacing in directionally solidified Pb-26%Bi hypo-peritectic alloys. Transations of Nonferrous Metals Society of China, 2011, 21(1): 65-71

[747] Zhao X B, Liu L, Zhang W G, Qu M, Zhang J, Fu H Z. Analysis of competitive growth mechanism of stray grains of single crystal superalloys during directional solidification process. Rare Metal Materials and Engineering, 2011, 40(1): 9-13

[748] Zhao X B, Liu L, Zhang W G, Yu Z H, Fu H Z. Microstructure and orientation variation during cell/dendrite transition in directional solidification of a single crystal nickel-base superalloy. Materials Chemistry and Physics, 2011, 125: 55-58

[749] Zhao X B, Liu L, Yang C B, Li Y F, Zhang J, Li Y L, Fu H Z. Influence of crystal orientation on cellular growth of a nickel-base single crystal superalloy. Journal of Alloys and Compounds, 2011, 509: 9645-9649

[750] Zhao X B, Liu L, Gao S F, Li Y F, Zhang J, Li Y L, Fu H Z. Effect of orientation on the microstructure of a nickel-based crystalline superalloys. Materials Research and Technology, 2011, 46(12): 1291-1295

[751] Zou M M, Zhang J, Li B, Zhu L J, Liu L, Fu H Z. Effect of melt overheating history on the microstructure of Ni-base single crystal superalloy. Advanced Materials Research, 2011, 217-218: 692-696

[752] 余竹焕, 刘林, 赵新宝, 张卫国, 张军, 傅恒志. 碳对镍基单晶高温合金AM3凝固组织的影响. 稀有金属材料与工程, 2011, 40(8): 1407-1411

[753] Feng S K, Li S M, Luo Q Y, Fu H Z. Thermoelectric properties of directionally solidified Bi_2Te_3 alloys under high thermal gradient. Advanced Materials Research, 2011, 197-198: 1109-1112

[754] Li S M, Quan Q R, Li X L, Fu H Z. Increasing the growth velocity of coupled eutectics in directional solidification of off-eutectic alloys. Journal of Crystal Growth, 2011, 314: 279-284

[755] 李克伟, 李双明, 傅恒志. 电弧熔炼态Laves相Cr_2Nb/Cr合金的微观组织演变. 金属学报, 2011, 47(6): 663-670

[756] Min Z X, Shen J, Feng Z R, Wang L S, Wang L, Fu H Z. Effects of melt flow on the primary dendrite spacing of Pb-Sn binary alloy during directional solidification. Journal of Crystal Growth, 2011, 320(7): 41-45

[757] 闵志先, 沈军, 熊义龙, 王伟, 杜玉俊, 刘林, 傅恒志. 高温度梯度定向凝固镍基高温合金DZ125的组织演化. 金属学报, 2011, 47(4): 397-402

[758] Min Z X, Shen J, Liu L, Fu H Z. Effect of traveling magnetic field on dendrite growth of Pb-Sn alloy during directional solidification. Transactions of Non-ferrous Metals Society of China, 2011, 21(9): 1976-1980

[759] Zhang J F, Shen J, Shang Z, Feng Z R, Wang L S, Fu H Z. Regular rod-like eutectic spacing selection during directional solidified $NiAl_9Mo$ eutectic in situ composite. Journal of Crystal Growth, 2011, 329: 77-81

[760] Chen R R, Huang F, Guo J J, Ding H S, Su Y Q, Yang J R, Fu H Z. Effect of parameters on the grain growth of silicon ingots prepared by electromagnetic cold crucible continuous casting. Journal of Crystal Growth, 2011, 332: 68-74

[761] Liu D M, Li X Z, Su Y Q, Guo J J, Fu H Z. Microstructure evolution of directionally solidified Ti-(50-52)%Al alloy. Intermetallics, 2011, 19: 1132-1136

[762] Liu D M, Li X Z, Su Y Q, Luo L S, Zhang B, Guo J J, Fu H Z. Directional solidification of Cu-20Sn alloy at low speed: From peritectic coupled growth to banding. Materials Letters, 2011, 65(11): 1628-1631

[763] Liu D M, Li X Z, Su Y Q, Guo J J, Fu H Z. Microstructure evolution in directionally solidified Ti-(50, 52) at%Al alloys. Intermetallics, 2011, 19: 175-181

[764] Fan J L, Li X Z, Su Y Q, Chen R R, Guo J J, Fu H Z. Directional solidification of Ti-49 at.%Al alloy. Applied Physics A: Materials Science & Processing, 2011, 105(1): 239-248

[765] Liu D M, Li X Z, Su Y Q, Luo L S, Zhang B, Chen R R, Guo J J, Fu H Z. An analysis of non-equilibrium peritectic reaction driven by solute diffusion under a temperature gradient. Journal of Crystal Growth, 2011, 334: 195-199

[766] Fan J L, Li X Z, Su Y Q, Chen R R, Guo J J, Fu H Z. Dependency of microstructure parameters and microhardness on the temperature gradient for directionally solidified Ti-49Al alloy. Materials Chemistry and Physics, 2011, 130: 1232-1238

[767] Fan J L, Li X Z, Su Y Q, Chen R R, Guo J J, Fu H Z. Microstructure evolution of

directionally solidified Ti-46Al-0.5W-0.5Si alloy. Journal of Crystal Growth, 2011, 337(1): 52-59

[768] 赵光伟, 李新中, 徐达鸣, 傅恒志. 三元合金单相凝固路径的统一解析模型. 金属学报, 2011, 47(9): 1135-1140

[769] 闫二虎, 李新中, 徐达鸣, 郭景杰, 傅恒志. Al-11.80Cu-24.22Mg三元包共晶合金的凝固机制. 金属学报, 2011, 11: 1464-1469

[770] Yang J R, Chen R R, Ding H S, Guo J J, Fu H Z. Columnar crystal growth of $Ti_{46}Al_{0.5}W_{0.5}Si$ alloys directional solidified by rectangular cold crucible. Advanced Materials Research, 2011, 154-155: 743-751

[771] Su Y Q, Wang L , Luo L S, Liu X W, Guo J J, Fu H Z. Investigation of melt hydrogenation on the microstructure and deformation behavior of Ti-6Al-4V alloy. International Journal of Hydrogen Energy, 2011, 36(1): 1027-1036

[772] Liu X W, Su Y Q, Luo L S, Li K, Dong F Y, Guo J J, Fu H Z. Effect of hydrogen treatment on solidification structures and mechanical properties of TiAl alloys. International Journal of Hydrogen Energy, 2011, 36(4): 3260-3267

[773] Yang H M, Su Y Q, Luo L S, Chen H, Guo J J, Fu H Z. The directional solidification of TiAl-based alloy: Determination of the primary phase of Ti-50Al-5Nb alloy. Rare Metal Materials and Engineering, 2011, 40(1): 1-3

[774] 任明星, 李邦盛, 傅恒志. 微尺度铸件充型过程的数值模拟. 中国有色金属学报, 2011, 21(7): 1675-1680

[775] Su Y Q, Guo J J, Fu H Z. Modelling generation mechanism of defects during permanent mould centrifugal casting process of TiAl alloy exhaust valve. Materials Science and Technology, 2011, 27(1): 246-251

[776] Liu J P, Su Y Q, Xu Y J, Luo L S, Guo J J, Fu H Z. First phase selection in solid Ti/Al diffusion couple. Rare Metal Materials and Engineering, 2011, 40(5): 753-756

[777] Luo L S, Li X Z, Liu J P, Guo J J, Chen R R, Fu H Z. Effect of traveling magnetic field on gas porosity during solidification. Transactions of Nonferrous Metals Society of China, 2011, (21): 1981-1985

[778] 王亮, 苏彦庆, 王书杰, 骆良顺, 郭景杰, 傅恒志. 液态置氢对TC21合金组织及硬度的影响. 稀有金属材料与工程, 2011, 40(2): 321-324

[779] 叶喜葱, 苏彦庆, 郭景杰, 张月红, 傅恒志. TiAl 基合金叶片吸铸成形缺陷的数值模拟. 稀有金属材料与工程, 2011, 40(2): 247-250

[780] 骆良顺, 张宇民, 苏彦庆, 王新, 郭景杰. 傅恒志包晶合金定向凝固过程中的对流效应及带状组织形成机制Ⅰ. 实验结果. 金属学报, 2011, 47: 275-283

[781] 骆良顺, 傅恒志, 张宇民, 李新中, 苏彦庆, 郭景杰. 包晶合金定向凝固过程中的对流效应及带状组织形成机制Ⅱ. 理论分析. 金属学报, 2011, 47: 284-290

[782] 黄锋, 陈瑞润, 郭景杰, 丁宏升, 杨劼人, 苏彦庆. 傅恒志冷坩埚原理及其在多晶硅制备中的应用. 材料工程, 2011, 7: 90-96

[783] Chen R R, Huang F, Guo J J, Ding H S, Yang J R, Fu H Z. Experimental study on hot melt splashes during electromagnetic continuous casting silicon. Vacuum, 2011, 86: 409-414

[784] 吴士平, 郭景杰, 张军, 傅恒志. 钛合金铸件精密成形理论与技术研究进展. 中国材料进展, 2011, 30(7): 16-23

[785] Chen R R, Huang F, Guo J J, Ding H S, Yang J R, Fu H Z. Electromagnetic characteristics of square cold crucible designed for silicon preparation. China Foundry, 2011, 8(2): 206-211

[786] 高斯峰, 刘林, 王柠, 赵新宝, 张军, 傅恒志. 镍基单晶高温合金DD3制备过程中晶粒演化和选晶行为的EBSD研究. 金属学报, 2011, 47(10): 1251-1256

[787] Gao S F, Liu L, Zhao X B, Huang T W, Zhang J, Fu H Z. Effects of spiral geometries on grain selection during casting of single crystal superalloys. Materials Science and Technology, 2011, 27(12): 1783-1787

[788] 葛丙明, 刘林, 张胜霞, 张军, 李亚峰, 傅恒志. 抽拉速率对定向凝固叶片状DZ125高温合金微观组织的影响. 金属学报, 2011, 47(11): 1470-1476

[789] Su H J, Zhang J, Wang H F, Song K, Liu L, Fu H Z. Effect of solidification path on the microstructure of Al_2O_3-Y_2O_3-ZrO_2 ternary oxide eutectic ceramic system. Journal of the European Ceramic Society, 2012, 32: 3137-3142

[790] Song K, Zhang J, Jia X J, Su H J, Liu L, Fu H Z. Solidification microstructure of laser floating zone remelted Al_2O_3/YAG eutectic in situ composite. Journal of Crystal Growth, 2012, 345: 51-55

[791] Gao S F, Liu L, Wang N, Zhao X B, Zhang J, Fu H Z. Grain selection during casting Ni-base single-crystal superalloys with spiral grain selector. Metallurgical and Materials Transactions A, 2012, 43(10): 3767-3775

[792] Yang C B, Liu L, Zhao X B, Li Y F, Zhang J, Fu H Z. Dendrite morphology and evolution mechanism of nickel-based single crystal superalloys grown along the〈001〉and

〈011〉orientations. Progress in Natural Science: Materials International, 2012, 22(5): 407-413

[793] Su H J, Zhang J, Liu L, Fu H Z. Preparation, microstructure and dislocation of solar grade multicrystalline silicon by directional solidification from metallurgical grade silicon. Transaction of Nonferrous Metals Society of China, 2012, 22: 2548-2553

[794] 刘刚, 刘林, 张胜霞, 杨初斌, 张军, 傅恒志. Re和Ru对镍基单晶高温合金组织偏析的影响. 金属学报, 2012, 48(7): 845-852

[795] 宋衎, 张军, 贾晓娇, 苏海军, 刘林, 傅恒志. 激光悬浮区熔定向凝固Al_2O_3/YAG/ZrO_2三元过共晶合金的微观组织. 金属学报, 2012, 48(2): 220-226

[796] 贾晓娇, 张军, 苏海军, 宋衎, 刘林, 傅恒志. 激光悬浮区熔Al_2O_3基共晶复合材料微观组织与力学性能. 金属学报, 2012, 48(12): 1479-1486

[797] 葛丙明, 刘林, 张军, 傅恒志, 汤鑫, 曹腊梅. 凝固参数对DZ125合金叶片类铸件组织和性能的影响. 稀有金属材料与工程, 2012, 41(5): 841-846

[798] 胡勤, 刘林, 赵志龙, 张军, 傅恒志. NiAl-Re 共晶定向凝固制备Re 纳米丝的初步研究. 稀有金属材料与工程, 2012, 41(10): 1862-1866

[799] Gao S F, Liu L, Xu Y K, Yang C B, Zhang J, Fu H Z. Influences of processing parameters on microstructure during investment casting of nickel-base single crystal superalloy DD3. China Foundry, 2012, 9(2): 159-164

[800] Su H J, Zhang J, Guo W, Yu J Z, Liu L, Fu H Z. DTA analysis on the solidification behavior of the Al_2O_3-Y_2O_3-ZrO_2 ternary oxide system and microstructural investigation. Materials Science Forum, 2012, 706-709: 2424-2427

[801] 赵新宝, 刘林, 杨初斌, 张军, 李玉龙, 傅恒志. 镍基单晶高温合金凝固缺陷研究进展. 材料工程, 2012, 1: 93-98

[802] Li K W, Li S M, Xue Y L, Fu H Z. Halo formation in arc-melted Cr-Nb alloys. Journal of crystal growth, 2012, 357: 30-34

[803] 赵朋, 李双明, 傅恒志. 定向凝固Al-40%Cu合金三维微观组织重构及共晶间距演变. 金属学报, 2012, 48(1): 33-40

[804] 冯松科, 李双明, 罗钦雁, 傅恒志. 定向生长BiTe-SbTe三元合金热电材料的组织与性能. 稀有金属材料与工程, 2012, 41(5): 894-898

[805] Li K W, Li S M, Xue Y L, Fu H Z. Microstructure variation in the arc-melted Cr-Cr_2Nb hypereutectic alloy. Advanced Materials Research, 2012, 548: 328-332

[806] Feng Z R, Shen J, Min Z X, Wang L S, Fu H Z. New initiating mechanism of coupled

growth in directionally solidified Fe-Ni peritectic system in diffusive regime. Materials Letters, 2012, 67: 14-16

[807] Zhang J F, Shen J, Shang Z, Feng Z R, Wang L S, Fu H Z. Microstructure and room temperature fracture toughness of directionally solidified NiAl-Mo eutectic in situ composites. Intermetallics, 2012, 21: 18-25

[808] Shang Z, Shen J, Zhang J F, Wang L, Fu H Z. Effect of withdrawal rate on the microstructure of directionally solidified NiAl-Cr(Mo) hypereutectic alloy. Intermetallics, 2012, 22: 99-105

[809] Shang Z, Shen J, Zhang J F, Wang L, Fu H Z. Perfect cellular eutectic growth in directionally solidified NiAl-Cr(Mo) hypereutectic alloy. Journal of Crystal Growth, 2012, 354: 152-156

[810] Wang L, Shen J, Qin L, Feng Z R, Wang L S, Fu H Z. The effect of the flow driven by a travelling magnetic field on solidification structure of Sn-Cd peritectic alloys. Journal of Crystal Growth, 2012, 356: 26-32

[811] 王雷, 沈军, 冯周荣, 傅恒志. Pr对Sn-Cd包晶合金凝固组织的影响. 材料科学与工艺, 2012, 20(4): 93-99

[812] 杜玉俊, 沈军, 熊义龙, 王雷, 傅恒志. 电磁约束成形的技术特点及其发展前景. 材料导报, 2012, 26: 118-122

[813] Zhang T B, Wang X F, Hu R, Li J S, Yang X W, Xue X Y, Fu H Z. Hydrogen absorption properties of $Zr(V_{1-x}Fe_x)_2$ intermetallic compounds. International Journal of Hydrogen Energy, 2012, 37(3): 2328-2335

[814] Li J, Hu R, Kou H C, Fu H Z. The effect of $M_{23}C_6$ carbides on the formation of grain boundary serrations in a wrought Ni-based superalloy. Material Science & Engineering A, 2012, 536: 37-44

[815] Hu R, Bai G H, Li J S, Zhang J Q, Zhang T B, Fu H Z. Precipitation behaviour of grain boundary $M_{23}C_4$ and its effect on tensile properties of Ni-Cr-W based superalloy. Material Science & Engineering A, 2012, 548: 83-88

[816] Liu D M, Li X Z, Su Y Q, Luo L S, Peng P, Guo J J, Fu H Z. Secondary dendrite arm migration by temperature gradient zone melting during peritectic solidification. Acta Materialia, 2012(60): 2679-2688

[817] Liu D M, Li X Z, Su Y Q, Luo L S, Guo J J, Fu H Z. Solute redistribution during planar growth of intermetallic compound with nil solubility. Intermetallics, 2012(26): 131-135

[818] Su Y Q, Liu D M, Li X Z, Luo L S, Guo J J, Fu H Z. Isothermal coupled growth in directionally solidified Cu-20wt%Sn alloy. Metallurgical and Materials Transaction A, 2012(43): 4219-4223

[819] Su Y Q, Wang S J, Luo L S, Guo J J, Fu H Z. Morphological characteristics of triple junction region and process of the peritectic reaction during directional solidification of Cu–Ge alloys. Journal of Alloys & Compounds, 2012(539): 44-49

[820] Su Y Q, Wang S J, Luo L S, Wang L, Guo J J, Fu H Z. Gradient microstructure of TC21 alloy induced by hydrogen during hydrogenation. International Journal of Hydrogen Energy, 2012, (37): 19210-19218

[821] Dong F Y, Su Y Q, Luo L S, Wang L, Wang S J, Guo J J, Fu H Z. Enhanced plasticity in Zr-based bulk metallic glasses by hydrogen. International Journal of Hydrogen Energy, 2012, (19): 14697-14701

[822] Dong F Y, Su Y Q, Luo L S, Wang L, Wang S J, Guo J J, Fu H Z. Deoxidation of bulk metallic glasses by hydrogen arc melting. Materials Letters, 2012, (83): 1-3

[823] Dong F Y, Su Y Q, Luo L S, Guo J J, Fu H Z, Li Z X, Wang B Y. Characterization of hydrogen-induced structural changes in Zr-based bulk metallic glasses using positron annihilation spectroscopy. Journal of Materials Research, 2012, 27(20): 1-6

[824] Su Y Q, Dong F Y, Luo L S, Guo J J, Han B S, Li Z X, Wang B Y, Fu H Z. Bulk metallic glass formation: The positive effect of hydrogen. Journal of Non-Crystalline Solids, 2012, (358): 2606-2611

[825] Chen H, Su Y Q, Luo L S, Li X Z, Wang Z T, Guo J J, Fu H Z. Influence of silicide on fracture behavior of a fully lamellar Ti-46Al-0.5W-0.5Si alloy. China Foundry, 2012, 9(2): 108-113

[826] Nie G, Ding H S, Chen R R, Guo J J, Fu H Z. Microstructural control and mechanical properties of Ti-47Al-2Cr-2Nb alloy by directional solidification electromagnetic cold crucible technique. Materials and Design, 2012, 39: 350-357

[827] Ding H S, Nie G, Chen R R, Guo J J, Fu H Z. Influence of oxygen on microstructure and mechanical properties of directionally solidified Ti-47Al-2Cr-2Nb alloy. Materials and Design, 2012, 41: 108-113

[828] Ding H S, Nie G, Chen R R, Guo J J, Fu H Z. Directional solidification of TiAl-W-Si alloy by electromagnetic confinement of melt in cold crucible. Intermetallics, 2012, 31: 264-273

[829] Ding H S, Nie G, Chen R R, Guo J J, Fu H Z. High temperature deformation behaviors of polysynthetically twinned (PST) Ti-47Al-2Cr-2Nb alloy. Materials Science & Engineering A, 2012, 558: 747-754

[830] Kang H J, Li X Z, Su Y Q, Liu D M, Guo J J, Fu H Z. 3-D morphology and growth mechanism of primary Al_6Mn intermetallic compound in directionally solidified Al-3at.% Mn alloy. Intermetallics, 2012, 23: 32-38

[831] Zhao G W, Li X Z, Xu D M, Guo J J, Fu H Z, Du Y, He Y H. Numerical computations for temperature, fraction of solid phase and composition couplings in ternary alloy solidification with three different thermodynamic data-acquisition methods. Calphad, 2012, 36: 155-162

[832] Li X Z, Fan J L, Su Y Q, Liu D M, Guo J J, Fu H Z. Lamellar orientation and growth direction of α phase in directionally solidified Ti-46Al-0. 5W-0. 5Si alloy. Intermetallics, 2012, 27: 38-45

[833] Fan J L, Li X Z, Su Y Q, Guo J J, Fu H Z. Effect of growth rate on microstructure parameters and microhardness in directionally solidified Ti-49Al alloy. Materials and Design, 2012, 34: 552-558

[834] Peng P, Li X Z, Su Y Q, Liu D M, Guo J J, Fu H Z. Effect of peritectic reaction on dendrite coarsening in directionally solidified Sn-36at. %Ni alloy. Journal of Materials Science, 2012, 47(16): 6108-6117

[835] Liu G H, Li X Z, Su Y Q, Liu D M, Guo J J, Fu H Z. Microstructure, microsegregation pattern and the formation of B2 phase in directionally solidified Ti-46Al-8Nb alloy. Journal of Alloys and Compounds, 2012, 541: 275-282

[836] Yang J R, Chen R R, Ding H S, Guo J J, Su Y Q, Huang F, Fu H Z. Temperature distribution and operating efficiency in rectangular cold crucible directional solidifying $Ti_{46}Al_{0.5}W_{0.5}Si$ alloys. Materials and Computational Mechanics, 2012, 117-119: 335-338

[837] Fan J L, Li X Z, Su Y Q, Chen R R, Guo J J, Fu H Z. Effect of thermal stabilization on microstructure and mechanical property of directionally solidified Ti-46Al-0.5W-0.5Si alloy. Transactions of Nonferrous Metals Society of China, 2012, 22(5): 1073-1080

[838] Zhao G W, Li X Z, Xu D M, Guo J J, Fu H Z, Du Y, He Y H. Thermo-Calc and $T\text{-}f_S\text{-}C_L$ coupling based method to determine the solidification paths of alloys solidified under condition of Biot 0.1. Transactions of Nonferrous Metals Society of China, 2012, 22: 1-5

[839] Zhao G W, Li X Z, Xu D M, Guo J J, Fu H Z, Du Y, He Y H. Thermo-calc based

multicomponent microsegregation model and solidification paths calculations. China Foundry, 2012, 9(3): 269-274

[840] Zhao G W, Li X Z, Xu D M, Guo J J, Fu H Z, Du Y, He Y H. Thermo-Calc and T-f_S-C_L coupling based method to determine the solidification paths of alloys solidified under condition of Biot ≤0.1. Transactions of Nonferrous Metals Society of China, 2012, 22(1): 139-146

[841] Huang F, Chen R R, Ding H S, Guo J J, Su Y Q, Yang J R, Fu H Z. Feasibility of directional solidification of silicon ingot by electromagnetic casting. Materials Science in Semiconductor Processing, 2012, 15(4): 380-385

[842] Chen R R, Yang J R, Ding H S, Huang F, Su Y Q, Guo J J, Fu H Z. Effect of power parameter and induction coil on the magnetic field in cold crucible during continuous melting and directional solidification. China Foundry, 2012, 1: 15-19

[843] Huang F, Chen R R, Guo J J, Ding H S, Su Y Q, Yang J R, Fu H Z. Continuous melting and directional solidification of silicon ingot with an electromagnetic cold crucible. China Foundry, 2012, 1: 24-27

[844] Yang J R, Chen R R, Ding H S, Guo J J, Huang F, Fu H Z. Numerical calculation of flow field inside Ti-Al melt during rectangular cold crucible directional solidification. Transactions of Nonferrous Metals Society of China, 2012, 1: 157-163

[845] Chen R R, Yang J R, Ding H S, Huang F, Su Y Q, Guo J J, Fu H Z. Effect of configuration on magnetic field in cold crucible using for continuous melting and directional solidification. Transactions of Nonferrous Metals Society of China, 2012, 2: 404-410

[846] Chen R R, Ding H S, Yang J R, Huang F, Su Y Q, Guo J J, Fu H Z. Temperature field calculation on cold crucible continuous melting and directional solidifying $Ti_{50}Al$ alloys. Transactions of Nonferrous Metals Society of China, 2012, 3: 647-653

[847] Huang F, Chen R R, Ding H S, Guo J J, Su Y Q, Yang J R, Fu H Z. Experimental study on surface quality of silicon ingots prepared by electromagnetic continuous casting. Materials Science in Semiconductor Processing, 2012, 15(4): 340-346

[848] Chen R R, Ding H S, Li X Z, Su Y Q, Guo J J, Fu H Z. Directional solidification of Ti_6Al_4V ingots with an electromagnetic cold crucible by adjusting the meniscus. ISIJ International, 2012, 52(7): 1296-1300

[849] Chen R R, Yang J R, Ding H S, Huang F, Guo J J, Fu H Z. Magnetic field in a near-rectangular cold crucible designed for continuously melting and d directionally

solidifying TiAl alloys. Journal of Materials Processing Technology, 2012, 212: 1934-1940

[850] Chen R R, Huang F, Guo J J, Ding H S, Su Y Q, Yang J R, Fu H Z. Effects of technical parameters on initial silicon melting in round cold crucible continuous casting. Advanced Materials Research, 2012, 472-474: 740-743

[851] Huang F, Chen R R, Guo J J, Ding H S, Su Y Q, Yang J R, Fu H Z. Effects of parameters on the stability of silicon melt pool in cold crucible continuous casting. Advanced Materials Research, 2012, 472-475: 771-774

[852] Chen R R, Yang J R, Ding H S, Guo J J, Su Y Q, Huang F, Fu H Z. Study of solid/liquid interface of $Ti_{46}Al_{0.5}W_{0.5}Si$ ingot directionally solidified by a near-rectangular cold crucible. Advanced Materials Research, 2012, 472-475: 767-770

[853] Chen R R, Ding H S, Guo J J, Su Y Q, Fu H Z. Microstructure and mechanical properties of a rapid directional solidified $Ti_{47}Al$ alloy. Applied Mechanics and Materials, 2012, 117-119: 217-221

[854] Huang F, Chen R R, Ding H S, Guo J J, Su Y Q, Yang J R, Fu H Z. Grain growth behaviors of multicrystalline silicon during cold crucible continuous casting. Applied Mechanics and Materials, 2012, 117-119: 398-401

[855] Yang J R, Chen R R, Ding H S, Guo J J, Su Y Q, Huang F, Fu H Z. Temperature distribution and operating efficiency in rectangular cold crucible directional solidifying $Ti_{46}Al_{0.5}W_{0.5}Si$ Alloys. Applied Mechanics and Materials, 2012, 213(8): 1355-1363

[856] 赵光伟, 李新中, 徐达鸣, 傅恒志. 热扩散处理对不同冷速Al合金共晶相形貌及含量的影响. 中国有色金属学报, 2012, 22(2): 343-349

[857] 苏彦庆, 刘卫强, 骆良顺, 叶喜聪, 郭景杰, 傅恒志. TA15合金叶轮底漏式真空吸铸成形工艺研究. 稀有金属材料与工程, 2012, 41(1): 902-905

[858] 徐严谨, 苏彦庆, 骆良顺, 刘江平, 陈晖, 郭景杰, 傅恒志. 磁场在材料凝固技术中的应用研究现状. 稀有金属材料与工程, 2012, 41(3): 548-553

[859] Liu J P, Su Y Q, Luo L S, Chen H, Xu Y J, Guo J J, Fu H Z. Fabrication of wavy γ-TiAl based sheet with foil metallurgy. Transactions of Nonferrous Metals Society of China, 2012, 22: 72-77

[860] Peng P, Li X Z, Su Y Q, Liu D M, Guo J J, Fu H Z. Characterization of microstructural length scales in directionally solidified Sn-36%Ni peritectic alloy. Transactions of Nonferrous Metals Society of China, 2013, 23: 2446-2453

[861] Peng P, Li X Z, Su Y Q, Guo J J, Fu H Z. Secondary dendrite arm migration caused by temperature gradient zone melting in the directionally solidified Sn-40at.% Mn peritectic alloy. Journal of Materials Research, 2013, 28: 1196-1202

[862] Peng P, Li X Z, Su Y Q, Liu D M, Guo J J, Fu H Z. Primary dendrite distribution in directionally solidified Sn-36at.% Ni peritectic alloy. Journal of Materials Research, 2013, 28: 740-746

[863] Peng P, Li X Z, Su Y Q, Liu D M, Guo J J, Fu H Z. Effect of peritectic reaction on the migration of secondary dendrite arms in the presence of tertiary dendrites: Analysis of a directionally solidified Sn-36at.%Ni peritectic alloy. Journal of Materials Science, 2013, 48(6): 2608-2617

[864] Yan E H, Li X Z, Liu D M, Su Y Q, Guo J J, Fu H Z. Prediction of the solidification path of Al-4.37Cu-27.02Mg ternary eutectic alloy with a unified microsegregation model coupled with Thermo-Calc. International Journal of Materials Research, 2013, 3: 244-254

[865] Zhang Y, Li X Z, Guo J J, Su Y Q, Fu H Z. Effect of growth rate on characteristic lengths of microstructure in directionally solidified Ti-46Al-2Cr-2Nb-0.2B alloy. China Foundry, 2013, 5: 304-309

[866] Liu D M, Li X Z, Su Y Q, Guo J J, Luo L S, Fu H Z. Influence of initial solid-liquid interface morphology on further microstructure evolution during directional solidification. Applied Physics A-Materials Science & Processing, 2013, 110: 443-451

[867] 彭鹏, 李新中, 刘冬梅, 苏彦庆, 郭景杰, 傅恒志. 定向凝固Al-12%Ni过共晶合金组织演化. 金属学报, 2013, 49: 311-319

[868] 张元, 李新中, 刘国怀, 苏彦庆, 郭景杰, 傅恒志. 定向凝固Ti-46Al-2Cr-2Nb合金领先相及其生长取向与凝固进程的相关性. 金属学报, 2013, 49: 1061-1068

[869] 张元, 刘国怀, 李新中, 陈瑞润, 苏彦庆, 郭景杰, 傅恒志. 生长速度对定向凝固Ti-46Al-2Cr-2Nb合金领先相及微观组织的影响. 金属学报, 2013, 49: 1374-1380

[870] 任明星, 李邦盛, 傅恒志. 固溶体型高熵合金的形成条件. 中国有色金属学报, 2013, 23(4): 991-995

[871] Wang S J, Luo L S, Su Y Q, Dong F Y, Guo J J, Fu H Z. Two-phase separated growth and peritectic reaction during directional solidification of Cu-Ge peritectic alloys. Journal of Materials Research, 2013, 28(10): 1372-1377

[872] Wang S J, Luo L S, Su Y Q, Guo J J, Fu H Z. A lateral re-melting phenomenon of the primary phase below the temperature of peritectic reaction in directionally solidified Cu-

Ge alloys. Journal of Materials Research, 2013, 28(23): 3261-3269

[873] Yang J R, Chen R R, Ding H S, Guo J J, Su Y Q, Fu H Z. Flow field and its effect on microstructure in cold crucible directional solidification of Nb containing TiAl alloy. Journal of Materials Processing Technology, 2013, 213: 1355-1363

[874] Yang J R, Chen J R, Ding H S, Guo J J, Han J C, Fu H Z. Mechanism and evolution of heat transfer in mushy zone during cold crucible directionally solidifying TiAl alloys. International Journal of Heat and Mass Transfer, 2013, 63: 216-223

[875] Yang J R, Chen J R, Ding H S, Guo J J, Han J C, Fu H Z. Thermal characteristics of induction heating in cold crucible used for directional solidification. Applied Thermal Engineering, 2013, 25: 69-76

[876] Yang J R, Chen J R, Ding H S, Guo J J, Han J C, Fu H Z. Heat transfer and macrostructure formation of Nb containing TiAl alloy directionally solidified by square cold crucible. Intermetallics, 2013, 42: 184-191

[877] 陈瑞润, 王纪超, 马腾飞, 郭景杰, 丁宏升, 傅恒志. 冷坩埚定向凝固$Ti_{44}Al_6Nb$合金的组织演变规律. 金属学报, 2013, 49(11): 1356-1362

[878] 陈瑞润, 杜志强, 董书琳, 丁宏升, 苏彦庆, 郭景杰, 傅恒志. 率对电磁冷坩埚连续熔铸高铌钛铝合金温度场的影响. 中国有色金属学报, 2013, 22(3): 267-271

[879] 董福宇, 骆良顺, 苏彦庆, 郭景杰, 傅恒志. 氢对非晶合金影响的研究进展. 稀有金属材料与工程, 2013, 42(7): 1536-1540

[880] 赵新宝, 高斯峰, 杨初斌, 张军, 刘林, 傅恒志, 汤鑫, 曹腊梅. 镍基单晶高温合金晶体取向的选择及其控制. 中国材料进展, 2013, 32: 24-36

[881] 乔海滨, 刘林, 赵新宝, 汤鑫, 张军, 傅恒志, 李相辉, 曹腊梅. DD6单晶高温合金氧化物夹杂形成的热力学计算及分析. 材料工程, 2013, 7: 78-96

[882] Qin H U, Liu L, Zhao X B, Gao S F, Zang J, Fu H Z. Effect of carbon and boron additions on segregation behavior of directionally solidified nickel-base superalloys with rhenium. Transactions of Nonferrous Metals Society of China, 2013, 23: 3257-3264.

[883] Ge B M, Liu L, Zhang J, Li YF, Fu H Z, Liu X F. Microstructural evolution of directionally solidified DZ125 superalloy castings under different solidification methods. China Foundry, 2013, 10: 24-28

[884] Song K, Zhang J, Jia X J, Su H J, Liu L, Fu H Z. Longitudinal cross-section microstructure of growth striation in $Al_2O_3/Y_3Al_5O_{12}/ZrO_2$ directionally solidified eutectic ceramic prepared by laser floating zone. Journal of the European Ceramic Society, 2013,

33: 1123-1128

[885] Yang X Y, Zhang J, Su H J, Jie Z Q, Liu L, Fu H Z. Effect of growth rate on rod spacing and undercooling of Bridgman-grown Si-$TaSi_2$ eutectic in situ composite. Journal of Alloys and Compounds, 2013, 551: 643-648.

[886] Yang X Y, Zhang J, Su H J, Jie Z Q, Liu L, Fu H Z. Microstructure and field emission property of Bridgman-grown Si-$TaSi_2$ eutectic in situ composite. Materials Letters, 2013, 100: 212-215

[887] Yang X Y, Zhang J, Su H J, Jie Z Q, Liu L, Fu H Z. Solidification microstructure of Bridgman-grown Si-$TaSi_2$ eutectic in situ composite. Journal of Crystal Growth, 2013, 376: 59-65

[888] Yang X Y, Zhang J, Su H J, Jie Z Q, Liu L, Fu H Z. Preparation, microstructure characterization and corrosion behaviour of directionally grown $TaSi_2$ fiber arrays with sharp tip fabricated by selective wet etching. Corrosion Science, 2013, 75: 287-292

[889] Yang C B, Liu L, Zhan X B, Wang N, Zhang J, Fu H Z. Competitive grain growth mechanism in three dimensions during directional solidification of a nickel-based superalloy. Journal of Alloys and Compounds, 2013, 578: 577-584

[890] 杨初斌, 刘林, 赵新宝, 李亚峰, 张军, 傅恒志. 镍基高温合金胞状枝晶界面定向凝固过程中的双晶竞争生长. 稀有金属材料与工程, 2013. 42: 1622-1626

[891] Su H J, Zhang J, Ren Q, Liu L, Fu H Z. Laser zone remelting of $Al_2O_3/Er_3Al_5O_{12}$ bulk oxide in situ composite thermal emission ceramics: Influence of rapid solidification. Materials Research Bulletin, 2013, 48: 544-550

[892] Su H J, Zhang J, Liu L, Fu H Z. Preparation and microstructure evolution of directionally solidified Al_2O_3/YAG/YSZ ternary eutectic ceramics by a modified electron beam floating zone melting. Materials Letters, 2013, 91: 92-95

[893] 苏海军, 尉凯晨, 郭伟, 马菱薇, 于瑞龙, 张冰, 张军, 刘林, 傅恒志. 激光快速成形技术新进展及其在高性能材料加工中的应用. 中国有色金属学报, 2013, 23(6): 1567-1574

[894] Wang L, Shen J, Yin X, Du Y J, Xiong Y L, Fu H Z. Influences of travelling magnetic field on the dendritic structures of Sn-1.8Cd peritectic alloy during directional solidification. Applied Physics A-Materials Science & Processing, 2013, 112: 363-370

[895] Wang L, Shen J, Wang L S, Feng Z R, Fu H Z. Effect of travelling magnetic field on interface morphology in directionally solidified Sn-Cd alloy. Transactions of Nonferrous Metals Society of China (English Edition), 2013, 23(8): 2454-2459

[896] Zhang J F, Du Y J, Fu H Z. Microstructure investigation of directionally solidified NiAl-Cr(Mo)-xDy (x = 0, 0.1wt.%) hypereutectic alloys at different withdrawal rates. The Journal of the Minerals, Metals & Materials Society, 2013, 65(11): 1419-1425

[897] Wang L S, Shen J, Feng Z R, Fu H Z. Effect of rotating magnetic field on microstructure formation of directionally solidified Sn-1.6Cd peritectic alloy. Applied physics A, 2013, 113: 177-183

[898] Wang L S, Shen J, Shang Z, Fu H Z. Preparation of gradient material in Sn-Cd peritectic alloy using rotating magnetic field. Journal of Crystal Growth, 2013, 37: 532-38

[899] 王灵水, 沈军, 商昭, 王雷, 傅恒志. 对流条件下定向凝固包晶合金的相和微观组织选择. 金属学报, 2013, 49: 822-830

[900] 张建飞, 沈军, 商昭, 冯周荣, 傅恒志. 生长速率对NiAl-7.8Mo亚共晶合金定向凝固组织及界面形态的影响. 稀有金属材料与工程, 2013, 42(2): 263-267

[901] Zhang J F, Shen J, Shang Z, Wang L, Fu H Z. Directional solidification and characterization of NiAl-9Mo eutectic alloy. Transactions of Nonferrous Metals Society of China, 2013, 23(12): 3499-3507

[902] Feng Z R, Shen J, Wang W, Wang L S, Zhang J F, Fu H Z. Microstructure evolution in directionally solidified Fe-Ni alloy in diffusive regime. Metallurgical and Materials Transactions A, 2013, 44(2): 640-649

[903] 赵倩, 沈军, 杜玉俊, 熊义龙, 傅恒志. 抽拉速率对Ti-47Al-3Nb-0.3Si定向凝固组织的影响. 铸造, 2013, 62(5): 374-379

[904] Li K W, Li S M, Xue Y L, Fu H Z. Microstructure characterization and mechanical properties of a Laves-phase alloy based on Cr_2Nb. International Journal of Refractory Metals and Hard Materials, 2013, 36: 154-161

[905] Li K W, Li S M, Xue Y L, Fu H Z. Microstructure and mechanical properties of an arc-melted Cr-Cr_2Nb hypoeutectic alloy. Materials Science and Technology, 2013, 29: 742-748

[906] Li K W, Li S M, H. Zhong H, Xue Y L, Fu H Z. Solidification behavior and microstructural evolution of the Cr-Nb eutectic alloy. Crystal Research and Technology, 2013, 48: 430-438

[907] Li K W, Li S M , Zhao S X, Zhong H, Xue Y L, Fu H Z. Phase stability of the Laves phase Cr_2Nb in a two-phase Cr-Cr_2Nb alloy. Acta Metallurgica Sinica, 2013, 26: 687-692

[908] 潘智平, 李双明, 徐磊, 傅恒志. 定向凝固Cu-10.25%Mg过共晶合金中初生Laves相

Cu_2Mg枝晶三维形貌. 金属学报, 2013, 49(1): 92-100

[909] 孙洪元, 李双明, 冯松科, 傅恒志. Co-Sb合金定向凝固组织与相选择. 金属学报, 2013, 49(6): 682-688

[910] 李双明, 傅恒志. 非共晶点合金路迁加速定向凝固下耦合共晶组织生长的理论分析. 金属学报, 2013, 49(12): 1543-1548

[911] 郑媛, 胡锐, 李金山, 柏广海, 姚草根, 赵丰, 傅恒志. Ni-Cr-W系高温合金晶界特征分布的研究. 稀有金属材料与工程, 2013 (4): 766-770

[912] Li J S, Bai J, Wang J, Kou H C, Hu R, Fu H Z. Deformation behavior of a Ti-based bulk metallic glass composite with excellent cryogenic mechanical properties. Materials and Design, 2014, 53: 737-740

[913] Gao K, Li S M, Xu L, Fu H Z. Effect of solidification rate on microstructures and orientations of Al-Cu hypereutectic alloy in thin crucible. Crystal Research and Technology, 2014, 49(2-3): 164-170

[914] Gao K, Li S M, Xu L, Fu H Z. Effect of sample size on intermetallic Al_2Cu microstructure and orientation evolution during directional solidification. Journal of Crystal Growth, 2014, 394: 89-96

[915] Feng S K, Li S M, Li X, Fu H Z. Doping-dependent thermoelectric properties of $BiSb_3Te_6$ from first-principle calculations. Computational Materials Science, 2014, 95: 563-567

[916] Feng S K, Li S M, Fu H Z. First-principle calculation and quasi-harmonic Debye model prediction for elastic and thermodynamic properties of Bi_2Te_3. Computational Materials Science, 2014, 82: 45-49

[917] Li K W, Li S M, Wang X B, Zhong H, Xue Y L, Fu H Z. Microstructure and mechanical properties of Cr_2Nb-based laves phase alloys prepared by laser surface remelting. The Journal of the Minerals, Metals & Materials Society, 2014, 66(9): 1886

[918] 高卡, 李双明, 傅恒志. 定向凝固过共晶合金Al-Al_2Cu的组织演化及取向分析. 金属学报, 2014, 50(8): 962-970

[919] Yang L Y, Li S M, Zhong H, Ren R H, Fu H Z. Effect of abruptly changing withdrawal rate on solidification microstructure in directionally solidified Al-4.5wt%Cu alloy. China Foundry, 2014, 11(1): 8-13

[920] Feng S K, Li S M, Fu H Z. Probing the thermoelectric transport properties of n-type Bi_2Te_3 close to the limit of constitutional undercooling. Chinese Physics B, 2014, 23(11): 117202

[921] Feng S K, Li S M, Fu H Z. Study on lattice vibrational properties and Raman spectra of Bi_2Te_3 based on density-functional perturbation theory. Chinese Physics B, 2014, 23(8): 086301

[922] Su H J, Zhang J, Ma W D, Wei K C, Liu L, Fu H Z, Feng S P, Soh A K. In situ fabrication of highly-dense Al_2O_3/YAG nanoeutectic composite ceramics by a modified laser surface processing. Journal of the European Ceramic Society, 2014, 34: 739-744

[923] Wang N, Liu L, Gao S F, Zhao X B, Huang T W, Zhang J, Fu H Z. Simulation of grain selection during single crystal casting of a Ni-base superalloy. Journal of Alloys and Compounds, 2014, 586: 220-229

[924] Yang C B, Liu L, Zhao X B, Zhang J, Sun D J, Fu H Z. Formation of stray grains during directional solidification of a superalloy AM3. Applied Physics A: Materials Science and Processing, 2014, 114: 979-983

[925] Yang C B, Liu L, Luo N, Zhang J, Han B J, Liu G, Fu H Z. Orientation evolution of single-crystal superalloys under different solidification interface. Applied Physics A, Materials Science and Processing, 2014, 117: 1971-1975

[926] 陈先州, 张军, 赵新宝, 李亚峰, 刘林, 傅恒志. 凝固速率及铼对镍基单晶高温合金叶片小角度晶界的影响. 热加工工艺, 2014, 43(11): 1-5

[927] 张宏琦, 张军, 李亚峰, 赵新宝, 刘林, 傅恒志. 一种第三代镍基单晶高温合金铸件截面突变处的杂晶形成过程. 铸造, 2014, 63(2): 128-137

[928] 郭如峰, 刘林, 李亚峰, 赵新宝, 张军, 傅恒志. 液态金属冷却法制备DD403合金过程温度场和晶粒组织的数值模拟. 铸造, 2014, 63(2): 145-151

[929] 倪莉, 张军, 王博, 刘林, 傅恒志. 镍基高温合金设计的研究进展. 材料导报A, 2014, 28(2): 1-6

[930] Wang L, Shen J, Shang Z, Fu H Z. Microstructure evolution and enhancement of fracture toughness of NiAl-Cr(Mo)-(Hf, Dy) alloy with a small amount addition of Fe during heat treatments. Scripta Materialia, 2014, 89: 1-4

[931] Wang L, Shen J, Shang Z, Zhang J F, Chen J H, Fu H Z. Effect of Dy on the microstructures of directionally solidified NiAleCr(Mo) hypereutectic alloy at different withdrawal rates. Intermetallic, 2014, 44: 44-54

[932] Wang L, Shen J, Shang Z, Zhang J F, Du Y J, Fu H Z. Microstructure and mechanical property of directionally solidified NiAl-Cr(Mo)-(Hf, Dy) alloy at different withdrawal rates. Materials Science and Engineering A, 2014, 607: 113-121

[933] Shang Z, Shen J, Zhang J F, Wang L, Qin L, Fu H Z. Effect of microstructures on the room temperature fracture toughness of NiAl-32Cr-6Mo hypereutectic alloy directionally solidified at different withdrawal rates. Materials Science and Engineering A, 2014, 611: 306-312

[934] Shang Z, Shen J, Zhang J F, Wang L, Qin L, Fu H Z. Effects of withdrawal rate and temperature gradient on the microstructure evolution in directionally solidified NiAl-36Cr-6Mo hypereutectic alloy. Journal of the Minerals, Metals and Materials Society, 2014, 9: 1877-1885

[935] Qin L, Shen J, Feng Z R, Shang Z, Fu H Z. Microstructure evolution in directionally solidified Fe-Ni alloys under traveling magnetic field. Materials Letters, 2014, 115: 155-158

[936] Wang L S, Shen J, Wang L, Du Y J, Fu H Z. Formation mechanism of banded structure during directional solidification of Sn-Cd peritectic alloy under convection condition. Applied Physics A, 2014, 114: 769-776

[937] Du Y J, Shen J, Xiong Y L, Liu Z W, Zhao Q, Fu H Z. Determining the effects of growth velocity on microstructure and mechanical properties of Ti-47Al alloy using electromagnetic confinement and directional solidification. Journal of the Minerals, Metals and Materials Society, 2014, 66: 1914-1922

[938] Wang L S, Shen J, Xiong Y L, Du Y J, Fu H Z. Phase and microstructure selection during directional solidification of peritectic alloy under convection condition. Acta Metallurgica Sinica, 2014, 27(4): 585-592

[939] Kang H J, Li X Z, Wang T M, Liu D M, Su Y Q, Hu Z L, Guo J J, Fu H Z. Crystal-quasicrystal transition depending on cooling rates in directionally solidified Al-3Mn-7Be (at.%) alloy. Intermetallics, 2014, 44: 101-105.

[940] Li X Z, Peng P, Liu D M, Su Y Q, Guo J J, Fu H Z. Dendrite coarsening in directionally solidified Sn-36at.%Ni peritectic alloy in the presence of the migration of secondary dendrite arms. Materials Chemistry and Physics, 2014, 145: 203-212.

[941] Yan E H, Li X Z, Rettenmayr M, Liu D M, Su Y Q, Guo J J, Xu D M, Fu H Z. Design of hydrogen permeable Nb-Ni-Ti alloys by correlating the microstructures, solidification paths and hydrogen permeability. International Journal of Hydrogen Energy, 2014, 39: 3505-3516

[942] Yan E H, Li X Z, Liu D M, Su Y Q, Guo J J, Fu H Z. A skull-aided technique for

directional solidification of Nb-41Ni-40Ti hydrogen permeable alloy. Journal of Crystal Growth, 2014, 391: 78-84

[943] Liu D M, Li X Z, Su Y Q, Rettenmayr M, Guo J J, Fu H Z. Local melting/solidification during peritectic solidification in a steep temperature gradient: Analysis of a directionally solidified Al-25at%Ni. Applied Physics A, 2014, 116(4): 1821-1831

[944] Peng P, Su Y Q, Li X Z, Li J G, Guo J J, Fu H Z. Microstructural length scales in directionally solidified Sn-40at.%Mn peritectic alloy containing intermetallic compounds. Intermetallics, 2014, 55: 73-79

[945] 闫二虎, 李新中, 唐平, 苏彦庆, 郭景杰, 傅恒志. Nb-Ti-Co 氢分离合金近共晶点处的显微组织及其渗氢性能. 金属学报, 2014, 50: 71-78

[946] Wang Y Z, Ding H S, Zhang H L, Chen R R, Guo J J, Fu H Z. Microstructures and fracture toughness of Ti-(43-48)Al-2Cr-2Nb prepared by electromagnetic cold crucible directional solidification. Materials and Design, 2014, 64: 153-159

[947] 陈晖, 苏彦庆, 骆良顺, 李新中, 郭景杰, 傅恒志. 热处理 TiAl(W, Si)合金的拉伸性能及裂纹扩展. 稀有金属材料与工程, 2014, 43(1): 158-161

[948] Chen R R, Guo J J, Chen X Y, Dong S L, Ding H S, Su Y Q, Fu H Z. Progress in research on cold crucible directional solidification of titanium based alloys. China Foundry, 2014, 11(4): 332-338

[949] Dong S L, Chen R R, Guo J J, Ding H S. Su Y Q, Fu H Z. Microstructure control and mechanical properties of $Ti_{44}Al_6Nb_{1.0}Cr_{2.0}V$ alloy by cold crucible directional solidification. Materials Science and Engineering A-Structural Materials Properties Microstructure and Processing, 2014, 614: 67-74

[950] Gong H J, Li X Z, Xu D M, Guo J J, Fu H Z. Numerical simulation of transport phenomena during strip casting with EMB in a single belt caster. Journal of Central South University, 2014, 21(6): 2150-2159

[951] Huang F, Chen R R, Guo J J, Ding H, Su Y Q, Yang J R, Fu H Z. Electrical resistivity distribution of silicon ingot grown by cold crucible continuous melting and directional solidification. Materials Science in Semiconductor Processing, 2014, 23: 14-19

[952] Li X Z, Yan E H, Rettenmayr M, Liu D M, Su Y Q, Guo J J, Fu H Z. Hydrogen permeation behavior of $Nb_{30}Ti_{35}Ni_{35-X}Co_X$ (X=0, ···, 35) alloys containing high fractions of eutectic. International Journal of Hydrogen Energy, 2014, 39(17): 9366-9374

[953] 王亮, 张延宁, 骆良顺, 刘冬梅, 苏彦庆, 郭景杰, 傅恒志. Al-Y包晶合金非平衡凝固过

程及组织特征. 中国材料进展, 2014, 33(6): 343-348

[954] Liu G H, Zhang Y, Li X Z, Chen R R, Su Y Q, Guo J J, Fu H Z. Thermal stabilization treatment and the effect on the microstructure in directionally solidified Ti-52%Al alloy. Acta Metallurgica Sinica, 2014, 50(3): 329-336

[955] Su Y Q, Liu T, Li X Z, Chen R R, Ding H S, Guo J J, Fu H Z. Lamellar orientation control in directionally solidified TiAl intermetallics. China Foundry, 2014, 11(4): 219-231

[956] Wang L, Luo L S, Wu S P, Su Y Q, Wang S J, Wang G T, Guo J J, Fu H Z. The influence of melt hydrogenation on Ti600 alloy. International Journal of Hydrogen Energy, 2014, 39(11): 6089-6094

[957] Wang S J, Wang L, Luo L S, Su Y Q, Dong F Y, Guo J J, Fu H Z. Stability of remelting and solidification interfaces of triple-phase region during peritectic reaction at lower speed. Transactions of Nonferrous Metals Society of China, 2014, 24(6): 1951-1958

[958] 陈晖, 苏彦庆, 骆良顺, 李新中, 郭景杰, 傅恒志. 铸态全片层 Ti-46Al-0.5W-0.5Si 合金的室温力学性能. 稀有金属材料与工程, 2014, 43(2): 331-335

[959] Cui C, Zhang J, Xue T, Liu L, Fu H Z. Effect of solidification rate on microstructure and solid/liquid interface morphology of Ni-11.5wt%Si eutectic alloy. Journal of Materials Science & Technology, 2015, 31: 280-284

[960] 张军, 黄太文, 刘林, 傅恒志. 单晶高温合金凝固特性与典型凝固缺陷研究. 金属学报, 2015, 51: 1163-1178

[961] 徐继坤, 张军, 介子奇, 黄太文, 刘林, 傅恒志. 浇注温度和细化剂对 K4169 高温合金铸态组织的影响. 热加工工艺, 2015, 44: 34-37

[962] Shang Z, Shen J, Wang L, Du Y J, Xiong Y L, Fu H Z. Investigations on the microstructure and room temperature fracture toughness of directionally solidified NiAl-Cr(Mo) eutectic alloy. Intermetallics, 2015, 57: 25-33

[963] Zhang J F, Shen J, Shang Z, Wang L, Fu H Z. Elevated temperature tensile properties and deformation of directionally solidified NiAl-Mo in-situ composites. Materials Characterization, 2015, 99: 160-165

[964] Shang Z, Shen J, Wang L, Du Y J, Xiong Y L, Fu H Z. Effect of microstructure morphology on the high temperature tensile properties and deformation in directionally solidified NiAl-Cr(Mo) eutectic alloy. Materials Characterization, 2015, 109: 152-159

[965] Du Y J, Shen J, Xiong Y L, Shang Z, Wang L, Fu H Z. Lamellar microstructure alignment

and fracture toughness in Ti-47Al alloy by electromagnetic confinement and directional solidification. Materials Science and Engineering A, 2015, 621: 94-99

[966] Du Y J, Shen J, Xiong Y L, Shang Z, Fu H Z. Stability of lamellar microstructures in a Ti-48Al-2Nb-2Cr alloy during heat treatment and its application to lamellae alignment as a quasi-seed. Intermetallics, 2015, 61: 80-84

[967] Yang L Y, Li S M, Chang X Q, Zhong H, Fu H Z. Twinned dendrite growth during Bridgman solidification. Acta Mater, 2015, 97: 269-281

[968] Xue Y L, Li S M, Zhong H, Fu H Z. Characterization of fracture toughness and toughening mechanisms in Laves phase Cr_2Nb based alloys. Materials Science & Engineering A, 2015, 638: 340-347

[969] Li K W, Li S M, Wang X B, Zhong H, Xue Y L, Fu H Z. Improvement of room temperature fracture toughness in Cr_2Nb-based alloys by heat treatment. Materials Science & Engineering, 2015, 31(1): 59-62

[970] Xue Y L, Li S M, Zhong H, Li L P, Fu H Z. Microstructure Characterization and Fracture Toughness of Laves Phase-Based Cr-Nb-Ti Alloys. Acta Metallurgica Sinica (English Letter), 2015, 28(4): 514-520

[971] Xue Y L, Li S M, Li K W, Zhong H, Fu H Z. Probing the polytypic transition of Laves phase Cr_2Nb in the dual-phase Cr-20Nb-40Ti alloy. Materials Chemistry and Physics, 2015, 167: 119-124

[972] Xue Y L, Li S M, Zhong H, Li K W, Fu H Z. Phase selection and mechanical properties of a directionally solidified Cr-20Nb-40Ti alloy. Journal of Materials Research, 2015, 30(22): 3474-3783

[973] 薛云龙, 李双明, 李克伟, 张婷, 傅恒志. Laves 相Cr_2Nb-20Ti 合金定向凝固组织与取向生长. 稀有金属材料与工程, 2015, 44(2): 375-380

[974] 张婷, 李双明, 李克伟, 薛云龙, 钟宏, 傅恒志. 合金化元素Ti 对Laves 相Cr_2Nb力学性能及耐蚀性的影响. 稀有金属材料与工程, 2015, 44(3): 697-702

[975] 杨鲁岩, 李双明, 高卡, 钟宏, 傅恒志. 铝合金中孪生枝晶的研究进展. 稀有金属材料与工程, 2015, 44(7): 1809-1814

[976] 高卡, 李双明, 傅恒志. 定向凝固速率对Al-Al_2Cu过共晶合金中组织形态及取向变化的影响. 稀有金属材料与工程, 2015, 44(11): 2762-2767

[977] 王玉敏, 李双明, 钟宏, 傅恒志. 定向凝固DD6 单晶高温合金枝晶组织均匀性研究. 金属学报, 2015, 51(9): 1038-1048

[978] Peng P, Li X Z, Su Y Q, Li J G, Guo J J, Fu H Z. Dependence of microhardness on solidification processing parameters and dendritic spacing in directionally solidified Sn-Ni peritectic alloys. Journal of Alloys and Compounds, 2015, 618: 49-55

[979] Liu G H, Wang Z D, Li X Z, Su Y Q, Guo J J, Fu H Z, Wang G D. Continued growth controlling of the non-preferred primary phase for the parallel lamellar structure in directionally solidified Ti-50Al-4Nb alloy. Journal of Alloys and Compounds, 2015, 632(1): 152-160

[980] Peng P, Li X Z, Li J G, Su Y Q, Guo J J, Fu H Z. Influence of solutal convection on solute distribution of melt during preparation of directionally solidified Sn-36at.%Ni peritectic alloy. International Journal of Heat and Mass Transfer, 2015, 84: 73-79

[981] Li X Z, Liu D M, Chen R R, Yan E, Liang X, Rettenmay M, Su Y Q, Guo J J, Fu H Z. Changes in microstructure, ductility and hydrogen permeability of Nb-(Ti, Hf)Ni alloy membranes by the substitution of Ti by Hf. Journal of Membrane Science, 2015, 484: 47-56

[982] Li X Z, Liang X, Liu D M, Ruirun Chen, Chen R R, Rettenmayr M, Su Y Q, Guo J J, Fu H Z. Microstructural stability and its effect on hydrogen permeability in equiaxed and directionally solidified eutectic $Nb_{30}Ti_{35}Co_{35}$ alloys. International Journal of Hydrogen Energy, 2015, 40: 9026-9031

[983] Li X Z, Liu D M, Liang X, Chen R R, Rettenmayr M, Su Y Q, Guo J J, Fu H Z. Substantial enhancement of hydrogen permeability and embrittlement resistance of $Nb_{30}Ti_{25}Hf_{10}Co_{35}$ eutectic alloy membranes by directional solidification. Journal of Membrane Science, 2015, 496: 165-173

[984] Guo N N, Wang L, Luo L S, Li X Z, Su Y Q , Guo J J, Fu H Z. Microstructure and mechanical properties of refractory MoNbHfZrTi high-entropy alloy. Materials & Design, 2015, 81: 87-94

[985] Guo N N, Wang L, Su Y Q, Luo L S, Li X Z, Guo J J, Fu H Z. Microstructure and properties of novel quinarymulti-principal element alloys with refractory elements. China Foundry, 2015, 12(5): 163-169

[986] Guo N N, Wang L, Luo L S, Li X Z, Chen R R, Su Y Q , Guo J J, Fu H Z. Hot deformation characteristics and dynamic recrystallization of MoNbHfZrTi refractory high-entropy alloy. Materials Science and Engineering A, 2015, 651: 698-707

[987] 范学燚, 王亮, 杜志强, 苏彦庆, 骆良顺, 张建兵, 许纪刚, 徐达鸣, 郭景杰, 傅恒志. 行波磁场励磁电流对薄壁件充型和表面缩陷的影响. 稀有金属材料与工程, 2015, 44(11):

2803-2807

[988] Dong S L, Chen R R, Guo J J, Ding H S, Su Y Q, Fu H Z. Effect of power on microstructure and mechanical properties of $Ti_{44}Al_6Nb_{1.0}Cr_{2.0}V_{0.15}Y_{0.1}B$ alloy prepared by cold crucible directional solidification. Materials and Design, 2015, 67: 390-397

[989] Dong S L, Chen R R, Guo J J, Ding H S, Su Y Q, Fu H Z. Deformation behavior and microstructural evolution of directionally solidified TiAlNb-based alloy during thermo-compression at 1373-1573K. Materials and Design, 2015, 84(11): 18-132

[990] Chen R R, Dong S L, Guo J J, Din H S, Su Y Q, Fu H Z. Microstructure evolution and mechanical properties of TiAlNb alloy in different temperature gradients during directional solidification. Journal of Alloys and Compounds, 2015, 648: 667-675

[991] Dong S L, Chen R R, Guo J J, Ding H S, Su Y Q, Fu H Z. Effect of heat treatment on microstructure and mechanical properties of cast and directionally solidified high-Nb contained TiAl-based alloys. Journal of materials research, 2015, 30(21): 3331-3342

[992] Dong S L, Chen R R, Guo J J, Ding H S, Su Y Q, Fu H Z. Microstructure and tensile property of as-cast Ti-44Al-5.5Nb-1.0Cr-2.0V alloy. Transactions of Nonferrous Metals Society of China, 2015, 25: 1097-1105

[993] Fang H Z, Chen R R, Getman A, Guo J J, Ding H S, Su Y Q, Fu H Z. Effect of cyclic heat treatment on microstructure and mechanical properties of directionally solidified $Ti_{46}Al_6Nb$ alloy. Transactions of Nonferrous Metals Society of China, 2015, 6: 1097-1105

[994] Ding H S, Wang Y Z, Chen R R, Guo J J, Fu H Z. Effect of growth rate on microstructure and tensile properties of Ti-45Al-2Cr-2Nb prepared by electromagnetic cold crucible directional solidification. Materials and Design, 2015, 86: 670-678

[995] 丁宏升, 尚子博, 王永喆, 陈瑞润, 郭景杰, 傅恒志. 冷坩埚定向凝固Ti-47Al-2Cr-2Nb合金的拉伸与高周疲劳性能研究. 金属学报, 2015, 51 (5): 569-579

[996] Yang G, Kou H C, Liu Y, Yang J R, Wang J, Zhang S Y, Li J S , Fu H Z. Response of the solidification microstructure of a high Nb containing TiAl alloy to an isothermal high-temperature heat treatment. Intermetallics, 2015, 63: 1-6.

[997] 秦岭, 沈军, 杨功显, 李秋东, 傅恒志. 新型可脱离式隔热板对燃气轮机叶片定向凝固过程的影响. 稀有金属材料与工程, 2016, 45(5): 1284-1289

[998] Qin L, Shen, J, Fu H Z. The Suppression of the natural convection in the directional solidification processing of superalloy by the introduction of the traveling magnetic field: 2D and 3D simulation. High Temperature Materials and Processes, 2016, 35 (9): 881-893

[999] Li Y F, Liu L, Huang T W, Zhang J, Fu H Z. The process analysis of seeding-grain selection and its effect on stray grain and orientation control. Journal of Alloys and Compounds, 2016, 657: 341-347

[1000] Yao B, Su H J, Zhang J, Ren Q, Ma W D, Liu L, Fu H Z. Sintering densification and microstructure formation of bulk Al_2O_3/YAG eutectic ceramics by hot pressing based on fine eutectic structure. Materials & Design, 2016, 92: 213-222

[1001] Re Q, Su H J, Zhang J, Yao B, Ma W D, Liu L, Fu H Z, Huang T W, Guo M, Yang W C. Solid-liquid interface and growth rate range of Al_2O_3-based eutectic in situ composites grown by laser floating zone melting. Journal of Alloys and Compounds, 2016, 662: 634-639

[1002] Wang B, Zhang J, Huang T W, Yang W C, Su H J, Li Z R, Liu L, Fu H Z. Effect of Co on microstructural stability of the third generation Ni-based single crystal superalloys. Journal of Materials Research, 2016, 31: 1328-1337

[1003] Jie Z Q, Zhang J, Huang T W, Su H J, Li Y F, Liu L, Yang W C, Fu H Z. Enhanced grain refinement and porosity control of the polycrystalline superalloy by a modified thermall. Advanced Engineering Materials, 2016, 18: 1785-1791

[1004] Wang H F, Su H J, Zhang J, Li Y F, Liu L, Fu H Z. Effect of melt thermal history on solidification behavior and microstructural characteristics of a third-generation Ni-based single crystal superalloy. Journal of Alloys and Compounds, 2016, 688: 430-437

[1005] Ma W D, Zhang J, Su H J, Ren Q, Yao B, Liu L, Fu H Z. Microstructure transformation from irregular eutectic to complex regular eutectic in directionally solidified Al_2O_3/$GdAlO_3$/ZrO_2 ceramics by laser floating zone melting. Journal of the European Ceramic Society, 2016, 36: 1447-1454

[1006] Ren Q, Su H J, Zhang J, Ma W D, Yao B, Liu L, Fu H Z. Rapid eutectic growth of Al_2O_3/$Er_3Al_5O_{12}$ nanocomposite prepared by a new method: Melt falling-drop quenching. Scripta Materialia, 2016, 125: 39-43

[1007] Li Y F, Liu L, Huang T W, Wang H F, Zhang J, Fu H Z. Multi-scale characterization of stray grain in the platform of nickel-base single crystal turbine blade. Vacuum, 2016, 131: 181-187

[1008] Jie Z Q, Zhang J, Huang T W, Su H J, Zhang Y B, Liu L, Fu H Z. Effects of boron and zirconium additions on the fluidity, microstructure and mechanical properties of IN718C superalloy. Journal of Materials Research, 2016, 31: 3557-3566

[1009] Wang B, Zhang J, Huang T W, Su H J, Li Z R, Liu L, Fu H Z. Influence of W, Re, Cr, and Mo on microstructural stability of the third generation Ni-based single crystal superalloy. Journal of Materials Research, 2016, 31: 3381-3389

[1010] 王海锋, 苏海军, 张军, 黄太文, 刘林, 傅恒志. 熔体超温处理温度对新型镍基单晶高温合金溶质分配行为的影响. 金属学报, 2016, 52(4): 419-425

[1011] 胡松松, 刘林, 崔强伟, 黄太文, 张军, 傅恒志. 镍基高温合金定向凝固过程中的汇聚型双晶竞争生长. 金属学报, 2016, 52: 897-345

[1012] Jie Z Q, Zhang J, Huang T W, Liu L, Su H J, Shi Y L, Fu H Z. Effects of grain refinement on cast structure and tensile properties of super-alloy K4169 at high pouring temperature. China Foundry, 2016, 13: 47-52

[1013] Cui C J, Tian L L, Zhang J, Yu S N, Liu L, Fu H Z. Microstructure and property of directionally solidified Ni-Si hypereutectic alloy. Applied Physics A, Materials Science & Processing, 2016, 122: 213

[1014] Yang G, Kou H C, Yang J R, Li J S, Fu H Z. Microstructure control of Ti-45Al-8.5Nb-(W, B, Y) alloy during the solidification process. Acta Mater, 2016, 112: 121-131

[1015] Yang G, Kou H C, Zhang Y, J. Yang J R, Li J S, Fu H Z. Origin of Inhomogeneous Microstructure in As-cast Ti-45Al-8.5Nb-(W, B, Y) Alloy at Different Cooling Rates. Advanced Engineering Materials, 2016, 18: 1645-1650

[1016] Yang G, Kou H C, Yang J R, Li J S, Fu H Z. In-situ investigation on the β to α phase transformation in Ti-45Al-8.5Nb-(W, B, Y) alloy. Journal of Alloys and Compounds, 2016, 663: 594-600

[1017] Chen H S, Liu X H, Liu G F, Tang X D, Luo J H, Feng Y, Li J S, Fu H Z. Hot deformation behavior and processing map of Ti-6Al-3Nb-2Zr-1Mo titanium alloy. Rare Matal Materials & Engineering, 2016, 45(4): 901-906

[1018] Xue Y L, Li S M, Zhong H, Li K W, Fu H Z. Phase selections and mechanical properties of ternary Cr-Nb-Ti alloys under rapid solidification. Journal of Alloys and Compounds, 2016, 684: 403-411

[1019] Li X, Li S M, Feng S K, Zong H, Fu H Z. Directional solidification and thermoelectric properties of undoped Mg_2Sn crystal. Journal of Electronic Materials, 2016, 45(6): 2895-2903

[1020] Li X Z, Liu D M, Liang X, Chen R R, Markus R, Su Y Q, Guo J J, Fu H Z. Hydrogen transportation behavior of as-cast, cold rolled and annealed $Nb_{40}Ti_{30}Co_{30}$ alloy membranes. Journal of Membrane Science, 2016, 514: 294-304

[1021] Li X Z, Liang X, Liu D M, Chen R R, Markus R, Su Y Q, Guo J J, Fu H Z. Microstructure dependent hydrogen permeability in eutectic $Nb_{30}Ti_{35}Co_{35}$. International Journal of Hydrogen Energy, 2016, 41: 13086-13092.

[1022] Peng P, Li X Z, Su Y Q, Guo J J, Fu H Z. Microsegregation of peritectic systems in a temperature gradient: Analysis in directionally solidified Sn-36at.%Ni peritectic alloy. International Journal of Heat and Mass Transfer, 2016, 94: 488-497

[1023] Peng P, Li X Z, Li J G, Su Y Q, Guo J J, Fu H Z. On migration of primary/peritectic interface during interrupted directional solidification of Sn-Ni peritectic alloy. Scientific Reports, 2016, 6(24512): 1-9

[1024] Peng P, Li X Z, Li J G, Su Y Q, Guo J J, Fu H Z. Detachment of secondary dendrite arm in a directionally solidified Sn-Ni peritectic alloy under deceleration growth condition. Scientific Reports, 2016, 6(27682): 1-12

[1025] Wang Q, Ding H S, Zhang H L, Liu S Q, Chen R R, Guo J J, Fu H Z. Microstructure and compressive properties of directionally solidified Er-bearing TiAl alloy using cold crucible. Materials and Design, 2016, 99: 10-20

[1026] Wang Y Z , Ding H S, Chen R R, Guo J J, Fu H Z. Dependency of microstructure and microhardness on withdrawal rate of Ti-43Al-2Cr-2Nb alloy prepared by electromagnetic cold crucible directional solidification. China Foundry, 2016, 13(4): 289-293

[1027] Wang Y Z , Ding H S, Chen R R, Guo J J, Fu H Z. A high-Nb TiAl alloy with highly refined microstructure and excellent mechanical properties fabricated by electromagnetic continuous casting. China Foundry, 2016, 13(5): 342-345

[1028] Guo N N, Wang L, Luo L S, Li X Z, Chen R R, Su Y Q, Guo J J, Fu H Z. Microstructure and mechanical properties of refractory high entropy $(Mo_{0.5}NbHf_{0.5}ZrTi)_{BCC}/M_5Si_3$ in-situ compound. Journal of Alloys and Compounds, 2016, 660: 197-203

[1029] Guo N N, Wang L, Luo L S, Li X Z, Chen R R, Su Y Q , Guo J J, Fu H Z. Microstructure and mechanical properties of in-situ MC-carbideparticulates-reinforced refractory high-entropy $Mo_{0.5}$ $NbHf_{0.5}$ ZrTi matrix alloy composite. Intermetallics, 2016, 69: 74-77

[1030] Guo N N, Wang L, Luo L S, Li X Z, Chen R R, Su Y Q, Guo J J, Fu H Z. Effect of composing element on microstructure and mechanical properties in Mo-Nb-Hf-Zr-Ti multi-principle component alloys. Intermetallics, 2016, 69: 13-20

[1031] Liu T, Luo L S, Su Y Q, Wang L, Li X Z, Chen R R, Guo J J, Fu H Z. Effect of growth rate on microstructures and microhardness in directionally solidified Ti-47Al-1.0W-0.5Si alloy. Journal of Material Research, 2016, 31(5): 618-626

[1032] Liu T, Luo L S, Su Y Q, Guo J J, Fu H Z. Lamellar orientation control of Ti-47Al-0.5W-0.5Si by directional solidification using β seeding technique. Intermetallics, 2016, 73: 1-4

[1033] Liu T, Luo L S, Wang L, Guo N N, Li X Z, Chen R R, Su Y Q, Guo J J, Fu H Z. Influence of thermal stabilization treatment on microstructure evolution of the mushy zone and subsequent directional solidification in Ti-43Al-3Si alloy. Materials and Design, 2016, 97: 392-399

[1034] Liu T, Luo L S, Zhang D H, Wang L, Li X Z, Chen R R, Su Y Q, Guo J J, Fu H Z. Comparison of microstructures and mechanical properties of as-cast and directional solidified Ti-47Al-1W-0.5Si alloy. Journal of Alloys and Compounds, 2016, 682: 663-671

[1035] Luo L S, Liu T, Li K, Wang L, Li X Z, Chen R R, Su Y Q, Guo J J, Fu H Z. Microstructures, microsegregation and solidification path of directionally solidified Ti-45Al-5Nb. China Foundry, 2016, 13(2): 107-113

[1036] 骆良顺, 刘桐, 张延宁, 王亮, 李新中, 陈瑞润, 苏彦庆, 郭景杰, 傅恒志. 定向凝固Al-Y合金组织演化规律及小平面相的生长Ⅰ. Al-15Y(wt.%)共晶合金组织演化规律. 金属学报, 2016, 52(7): 859-865

[1037] 刘桐, 骆良顺, 张延宁, 王亮, 李新中, 陈瑞润, 苏彦庆, 郭景杰, 傅恒志. 定向凝固Al-Y合金组织演化规律及小平面相的生长Ⅱ. Al-53Y(wt.%)包晶合金组织演化规律. 金属学报, 2016, 52(7): 866-874

[1038] Guo N N, Wang L, Luo L S, Li X Z, Chen R R, Su Y Q, Guo J J, Fu H Z. Hot deformation characteristics and dynamic recrystallization of MoNbHfZrTi refractory high-entropy alloy. Materials Science and Engineering A, 2016, 651: 698-707

[1039] 王富鑫, 骆良顺, 王亮, 张东徽, 李新中, 苏彦庆, 郭景杰, 傅恒志. 合金成分和冷却速率对Al-Cu合金凝固过程中初生Al_2Cu相生长形貌的影响. 金属学报, 2016, 52(3): 361-368

[1040] Chen R R, Dong S L, Guo J J, Ding H S, Su Y Q, Fu H Z. Investigation of macro/microstructure evolution and mechanical properties of directionally solidified high-Nb

TiAl-based alloy. Materials & Design, 2016, 89(5): 492-506

[1041] Yang J R, Chen R R, Guo J J, Fu H Z. Temperature distribution in bottomless electromagnetic cold crucible applied to directional solidification. International Journal of Heat and Mass Transfer, 2016, 100: 131-138

[1042] Chen R R, Ma T F, Sun Z P, Guo J J, Ding H S, Su Y Q, Fu H Z. Deformation behavior and microstructural evolution of hydrogenated $Ti_{44}Al_6Nb$ alloy during thermo-compression at 1373-1523 K. Materials and Design, 2016, 108: 259-268

[1043] Chen R R, Ma T F, Sun Z P, Guo J J, Ding H S, Su Y Q, Fu H Z. The hydrogen absorption behavior of high Nb contained titanium aluminides under high pressure and temperature. International Journal of Hydrogen Energy, 2016, 41: 13254-13260

K-2846.01

ISBN 978-7-03-058124-2

定　价：298.00